내
인생의
주역

2

내 인생의 주역 2 : 인문학 공부와 만난 주역 이야기

**발행일** 초판 1쇄 2024년 5월 18일(甲辰年 己巳月 壬午日) |
**지은이** 고영주, 김희진, 문성환, 성승현, 송형진, 신근영, 안혜숙, 이경아, 이윤지, 전현주 |
**펴낸곳** 북드라망 | **펴낸이** 김현경 | **주소** 서울시 종로구 사직로8길 24, 1221호(내수동, 경희궁의아침 2단지) |
**전화** 02-739-9918 | **이메일** bookdramang@gmail.com

ISBN 979-11-92128-48-1 03150 | 이 책은 저작권자와 북드라망의 독점계약에 의해 출간되었으므로 무단전
재와 무단복제를 금합니다. 잘못 만들어진 책은 서점에서 바꿔 드립니다.

책으로 여는 지혜의 인드라망, 북드라망 **www.bookdramang.com**

열 명의 필자가 『주역』 64괘를 통해 써 내려간
인문학 공부 실전 보고서

# 내 인생의 주역 2

## 인문학 공부와 만난 주역 이야기

**지은이**
고영주, 김희진, 문성환, 성승현, 송형진
신근영, 안혜숙, 이경아, 이윤지, 전현주

**BookDramang**
북드라망

# 목차

| 일러두기 |

1. 이 책은 『주역』 64괘를 공부와 삶의 현장에서 실제로 활용한 결과를 기록한 실전 보고
   서입니다. 열 명의 필자가 각각 여섯 개 혹은 일곱 개의 괘를 중심에 놓고, 자신의 삶
   과 공부의 장에서 당면한 문제들을 고민하고 그 내용을 풀어 썼습니다. 이 64개의 이
   야기 앞에는 해당 괘의 원문과 풀이를 수록했으며, 각 이야기의 중심이 되는 효사는
   색글자로 강조했습니다.

2. 이 책에서 사용되는 『주역』의 본문과 풀이는 북드라망 출판사에서 2019년에 출간된
   『낭송 주역』을 기본으로 하였습니다. 그 외에 다른 책을 참조하거나 인용한 경우, 처
   음 나오는 곳에 해당 책의 자세한 서지정보를 명기하고, 이후에는 저자명과 책제목,
   인용 페이지만을 간략하게 표기하였습니다.

## 1. 내 인생의 주역 : 간단하다! 어렵다? 재미있다!

『주역』의 구성 원리는 간단하다. 우선 음과 양, 단 두 개의 자질만 알면 된다. 양은 하늘이고 음은 땅이다. 하늘(양)은 낳고 땅(음)은 품는다. 그렇게 음과 양이 어우러지면 하늘과 땅 사이에 만물이 있게 된다. 하늘, 연못, 불, 우레, 바람, 물, 산, 땅. 이를 8괘라 부른다(작게 이루었다고 해서 소성괘라는 표현도 쓴다. 태극기에서 보는 상하 네 개의 음양 기호가 바로 이 소성괘다). 그리고 마침내 여덟 개의 소성괘가 위아래로 겹쳐지면 모두 예순네 가지 조합이 만들어진다(땅/산, 하늘/바람, 우레/연못, 바람/하늘, 불/하늘, 물/우레, 불/땅, 바람/물…). 64괘(대성괘)의 탄생.

원리는 간단하지만, 사실 『주역』은 어렵기로 악명이 높다. 난해하다, 신비하다 등의 말도 따라붙는다. 보통 『주역』의 64괘를 인간사(세상사)에서 겪는 모든 변화를 나타낸 것이라고 하는데, 그렇다면 인생이 사실은 이해하기 어렵고 신비하다는 뜻일지도 모르겠다. 여하튼 『주역』에는 어리석음을 깨뜨리는 배움의 때, 일단 달아나 숨는 때, 개혁과 혁신의 때, 때론 작게 때론 크게 과도해야 할 때 등등이 펼쳐진다. 누구나 살다 보면 한 번쯤 겪게 될 인생의 결정적 혹은 일상적 사건일 수도 있겠는데, 문제는 이런 말들이 비유와 상징의 언어로 남겨져 있다는 데 있다. 높이 올라간 용은 후회가 있다, 혹 소를 매어 두었는데 지나는 사람이 가져가 버린다, 솥의 다리가 부러져 공의 밥을 엎었다….

『주역』은 어렵지만 재미가 쏠쏠하다. 아니 굉장하다. 『주역』의 재미는 완벽한 낯섦과 느닷없는 익숙함이라는 모순에서 온다. 이 말은 『주역』이 이제까지 보던 어떤 스타일과도 닮지 않았으면서도, 알아 가면 알아 갈수록 언젠가 만난 적이 있는 누군가를 비로소 알아보게 된 것 같다고 할까. 긴 막대기(양효)와 중간이 끊긴 막대(음효)로 표현되는 괘의 형상은 알지 못할 기호들로 표현된 물리학/수학 공식들 같은데, 예순네 개의 괘 이름에는 세상의 경계를 만드는 산맥, 바다, 호수, 대지, 도시, 사막, 숲, 별 등이 파노라마처럼 펼쳐진다. 짧은 문장들로 표현된 함축적인 비유와 상징의 언어들은 잘 정련된 법정의 판결문이다. 그런가 하면 그 안에 담긴 뜻은 종교와 철학이면서 동시에 그 질감은 음악이자 한 편의 시와도 같다. 보는 재미, 듣는 재미, 온몸으로 감각하는 재미, 궁리하며 깨닫는 재미 등등.

이게 정말 재미있냐고? 물론이다. 그런데 이 모든 재미의 이면에는 재미 못지않은 또다른『주역』의 참맛이 있다. 그것은 바로『주역』을 공부하면 자신과 세상(우주)에 대해 점을 칠 수 있다는 사실이다. 하여 누구에게나『주역』은 '내 인생의 주역'이다.


## 2. 점과『주역』: 오직 군자라야 점을 칠 수 있다

『주역』은 점서(占書)다. 이 사실은 매우 중요한데, 점이야말로『주역』의 근거이자 미래이기 때문이다. 아니다. 더 쉽게 말해 보자.『주역』을 공부한다는 건 주역점을 치게 된다는 뜻이다. 그리고 주역점을 칠 줄 알게 되면『주역』은 더욱 재미있어진다. 일단 주역점은 단순하고, 가깝고, 실제적이고, 즐겁다. 아니 그래야 한다, 고 우리는 생각한다. 평생『주역』을 전문적으로(!) 공부하신 분들께는 미안하지만, 우리는 그렇게 생각한다.『주역』은 유용하고 신나는 공부(여야 한)다.

생각해 보자. 여기 고민과 의문이 있는 의뢰인(친구)이 있다. 우리는 그의 얘기를 들으면서 함께 질문을 다듬는다. 질문은 사소하고 개인적일 수는 있어도, 그로선 지금 현재 가장 절실하고 솔직한 지점에 닿아 있다. 질문이 만들어지면 정성스럽게 점을 쳐서 점사를 얻는다. 그리고 의뢰인과 함께 그 점사를 읽고 풀이하면서 길[道]을 얻는다. 점은, 과정 자체도 재미있지만, 얻은 점사를 읽고 해석하는 중에 그동안 아는 줄 알았던 모르는 얘기들, 이해했다고 착각했던 무지의 영역을 새로 알게 된다는 데 더욱 큰 의미가 있다. 그런 점에서『주역』은 공부 및 생활의 고민을 함께 나누기에 다른 무엇보다 요긴한 책이 아닐 수 없다.

질문 1 : "친구집에 놀러갔다가 동네가 마음에 들었는데, 지금 집 (부동산)을 사도 될까요?"

주역점 대답 : 여자는 제수 담을 광주리를 이어받았으나 내용물이 없고 남자가 희생양을 칼로 베지만 피가 나오지 않으니 이로울 바가 없다.(뇌택 귀매, 상육효)

질문 2 : "연구실에서 주방 총매니저를 새로 맡게 됐습니다. 어떤 마음으로 행동해야 할까요?"

주역점 대답 : 달게 임하는 것이라 이로울 게 없다. 근심하는 마음을 미리 가지면 허물될 일은 없다.(지택 림, 육삼효)

질문자 1은 친구집에 놀러갔다가 그 동네가 마음에 들어 순간적으로 집 욕심, 이사 욕심이 났다. 마침 그 자리에 함께 있던 연구실 친구에게 주역점을 부탁했다. 점사는 인용문에서 보는 바와 같다. 뇌택 귀매(雷澤 歸妹) 상육효. 간단히 말하면 뭔가 얻으려 하지만 아무 성과를 얻을 수 없는 빈깡통이라는 뜻이다. 이 친구는 점괘에 놀라워하더니, 곧장 마음을 접고 수긍했다. 질문자 2는 연구실 청년 회원인데, 최근에 연구실에서 가장 많은 사람들이 오가는 주방 관련 매니저가 되었다. 그런데 처음 해보는 중책인지라 걱정과 긴장이 많이 되었던 모양. 그 마음으로 점을 쳤는데, 점괘로 지택 림(地澤 臨) 삼효를 얻었다. 무언가 닥치는 때인데, 달콤하게 다가온다. 얼핏 좋아 보이지만 이게 사실은 교언영색한 달달함이라 이익될 게 없다는 경계의 뜻을 품고 있다. 첫 활동이라고 사람들에게 무작정 좋게 좋게 서비스하겠다는 마음으로 다가가지 말라는 뜻일 수도 있겠다고, 또는 이제 많은 사람들을 직접 만나게 될 텐데 사람들의 달콤한 말들에 일희일비하지 않아야 할 것이라고 넌지시 일러 주었다. 주방 매니저 청년은 금세 이 말의 뜻을 이해했다.

신기하게도, 얼치기 『주역』 도사들이 점을 쳐도 점괘는 언제나 놀랍게 적중한다(못 믿겠다면 얼른 『주역』을 배워 점을 쳐 보시라. 아니면 친구에게 주역점을 의뢰해 보든가). 왜일까. 우연인 것 같지만 사실은 그럴 수밖에 없는 이유가 있다.

기원전 4세기. 전국시대 최고의 대학자 중 한 사람이었던 순자는, "역을 잘 아는 사람은 점을 치지 않는다"(善爲易者不占)라고 했다. 이 말은 살짝 바뀌어, '군자는 점을 치지 않는다'라는 말로 전해진다. 군자는 왜 점을 치지 않을까. 사람들이 점괘를 얻으면 길(吉), 흉(凶), 회(悔), 린(吝) 등등에 마음이 흔들리기 때문이다. 무릇 스스로 답을 알고 있다면 점을 치는 게 아니다. 이미 방향과 대답을 알고 있다면 그 길을 향해 나아가면 될 것이기 때문이다. 아무리 해도 스스로 답을 얻지 못하겠어서 점을 쳐 물었다면, 그에 대해서는 대답을 얻는 그대로 받아들여야 한다. 문제는 이 순간에 군자가 아니고서는 길과 흉, 후회와 허물 등등에 마음이 흔들린다는 데 있다. 그렇게 되면 점사를 따르기보다는 따르고 싶은 점사를 얻고 싶은 유혹이 곧잘 올라 오곤 한다(하지만 몽괘에서 말하듯, 두 번 세 번 묻는 것은 모독하는 것이다. 『주역』은 그런 질문에 대답하지 않는다).

하여 군자는 점을 치지 않는다. 군자는 스스로 자신의 명을 찾아가는 사람이기 때문이다. 그런데 같은 이유로, 이 말은 오직 군자라야 점을 칠 수 있다는 말도 된다. 왜냐하면 주역점을 볼 때마다 반드시 약속해야 되는 두 가지는, 스스로 답을 아는 문제는 물을 필요 없다는 것. 그리고 점을 본 이상은 어떤 점사가 나오더라도 그것을 내가 원한 것이라고 받아들이는 것이기 때문이다. 우리가 주역점을 칠 때마다 신기하게 적중하는 점괘를 얻게 되는 이유가 바로 여기에 있다. 주역점은 고수여야 칠 수 있는 게 아니고, 스스로 군자일 때라야만 칠 수 있다. 이렇게 『주역』은 군자 되기의 길로 우리를 이끈다.

## 3. 『주역』과 대중지성(집단지성)

여기, 『내 인생의 주역 2』가 한 권의 책이 되어 세상에 나온다. 이 책에 함께한 총 열 명의 저자들은 그동안 몇 개의 모둠에서 함께 공부하고 함께 글을 쓰고 고쳤다. 적게는 한두 번, 많게는 수십 번씩 글을 고쳤는데, 처음에 함께 시작했다가 사라진 사람도 있고, 글은 완성되었지만 사정상 싣지 못하게 된 경우도 있고, 아예 처음부터 다시 써야 했던 원고도 있다. 하지만 저마다 다른 이유들을 넘어 최종적으로 예순네 괘에 관한 글이 이 한 권의 책 『내 인생의 주역 2』에 묶였다. 이 과정은 가히 대중지성(집단지성) 『주역』 텍스트가 이루어지는 사건이라 할 만하다.

사실, 『주역』은 본래 그 자체로 집단지성(대중지성)의 텍스트다.

처음 복희씨가 음과 양, 그리고 8괘를 만들어 세상을 읽는 상(像)을 갖추었고, 서백 창(주문왕)은 은나라의 폭군 주왕에게 잡혀 유리옥에 갇혔을 때 복희씨의 상을 연구하여 64괘의 이름과 괘사(단사)를 지었다. 이후 주문왕의 아들 주공이 384효사를 지어 아버지의 뜻을 이었고, 이에 공자는 다시 여기에 열 개의 『주역』 해설(십익+翼)을 지어 화답했다. 보통 여기까지를 『주역』의 오리지널리티로 보지만, 이후에도 『주역』은 왕필, 소동파, 한강백, 정이천, 왕부지, 정약용 등등의 해석과 응용이 계속된 집단지성의 산실이었다. 공자는 "나에게 수 년이 더 있어 마침내 『주역』을 배운다면 아마 큰 과오는 없을 것이다"라고 하였는데, 아마도 이 말은 공자 이후 『주역』을 만나게 될 모든 사람들을 예고한 말이었다고 할 수 있다. 『주역』이 시간과 공간을 넘어 고전이 될 수 있는 건 지금 이 자리에서 누군가에게 『주역』이 필요하고 또 쓰임을 갖고 있기 때문일 것이다. 집단지성으로서의 『주역』, 우리는 이보다 더 고상하고 아름다운 집단지성의 텍스트를 알지 못한다.

\*

끝으로 꼭 전하고 싶은 감사의 인사가 있다. 당연한 말이지만, 한 권의 책에 관련된 인연은 무수히 많을 것이다. 그럼에도 언제나 좋은 책으로 연구실의 비전을 구체화시켜 주는 북드라망 출판사에게는 단순한 저자-출판 관계가 아닌 오래고 뜨거운 우정을 담아 감사의 뜻을 전하고 싶다. 하루가 다르게 변화하는 책이라는 물질의 운명의 파고에도 불구하고 늘 버팀목처럼 어떤 기준이 되어 주는 고마움을, 물론 이 짧은 인사로 다할 수는 없을 것이다. 앞으로 더욱 좋은 공부로밖에는 갚아 드릴 길이 없음을, 덕분에 또 계속해서 열심히 공부해야 할 이유가 생겼음을 마음에 새길 것임을 약속드린다. 충무로 필동 깨봉빌딩을 중심으로 펼쳐지는 남산강학원, 감이당, 곰숲, 나루, 사이재, 하심당 등등 현존하는 최고의 대중지성 네트워크 인연들에 감사드린다. 이 모든 곳곳에서 공부하(고 있)는 『주역』 인연이 없었다면 『내 인생의 주역 2』는 아마도 상당 부분 그 취지와 방향이 불분명해졌을 것이다. 앞으로 또다른 『주역』 대중지성의 주역들이 이어지기를 진심으로 기대하고 응원드린다.

이 책이 누군가에게
작게는 『주역』 공부에
크게는 공부를 여는 인연에
도움이 되기를 서원하면서
2024년 3월 17일
모든 저자분들의 뜻을 모아
글공방 〈나루〉 문리스가 대신 쓴다

1
중천 건,

자기 삶의 '리더'가
되는 길

**안혜숙**
———

重天乾 중천 건

乾, 元, 亨, 利, 貞. 건, 원, 형, 리, 정.

건은 만물을 시작하게 하는 근원이고, 만물을 성장시켜 형통하게 하고, 만물을 촉

진시켜 이롭게 하고, 만물을 완성시켜 바르게 한다.

初九, 潛龍, 勿用. 초구, 잠룡, 물용.

초구효, 물에 잠긴 용이니 쓰지 말라.

九二, 見龍在田, 利見大人. 구이, 현룡재전, 리견대인.

구이효, 용이 나타나 밭에 있으니 대인을 만나는 것이 이롭다.

九三, 君子終日乾乾, 夕惕若, 厲, 无咎. 구삼, 군자종일건건, 석척약, 려, 무구.

구삼효, 군자가 종일토록 그침 없이 힘쓰며 저녁이 되어도 두려운 듯이 하면 위태

로우나 허물이 없다.

九四, 或躍在淵, 无咎. 구사, 혹약재연, 무구.

구사효, 혹 뛰어 오르거나 연못에 있으면 허물이 없다.

九五, 飛龍在天, 利見大人. 구오, 비룡재천, 리견대인.

구오효, 날아오른 용이 하늘에 있으니 대인을 만나는 것이 이롭다.

上九, 亢龍, 有悔. 상구, 항룡, 유회.

상구효, 너무 높이 올라간 용이니 후회가 있다.

用九*, 見羣龍, 无首, 吉. 용구, 견군룡, 무수, 길.

용구효, 여러 용을 보되 우두머리가 되지 않으면 길하다.


〈감이당〉에 공부하러 온 지 얼마 되지 않았을 때였다. 〈감이당〉을 이

---

* 『주역』의 각 괘에는 여섯 개의 효가 있고, 각 효마다의 해설인 효사가 있다. 중천 건과 중
지 곤은 양과 음을 대표하는 괘이기 때문에 음양의 용법을 말하는 용구와 용육이라는 효사
가 하나씩 더 있다.

끌어 가시는 '리더'인 곰샘(고미숙 선생님)이 공부 연차가 좀 된 학인에게 "이래 가지고는 리더가 될 수 없다"며 나무라는 말을 들은 적이 있었다. 그때는 '그렇지, 리더가 되려면 리더로서 갖춰야 할 게 있겠지'라며 당연하게만 여겼다. 나와는 무관한 얘기였으니까. 그런데 이후에도 선생님은 수시로 여러 사람들에게 리더십을 이야기했고, 그때마다 나는 '굳이 리더가 될 마음이 없는 사람도 있을 텐데 왜 모두에게 리더십을 얘기하시는 걸까?' 했다. 리더는 리더가 되고자 하는 욕망과 타고난 능력이 있어야 한다고 생각했다. 나는 그런 욕망이나 능력과는 거리가 멀었다. 리더는커녕 사람들 앞에 나서야 할 일이 생기거나 주어지면 본능적으로 거부반응이 일어나고 싫었다. 살아가면서 불편할 정도였다. 난 그저 부끄러움을 많이 타고 소심한 내 성격 탓인 줄만 알았는데, 명리를 공부하며 내가 왜 그런지 알게 되었다. 사주팔자에 조직이나 관계, 명예를 의미하는 자리(명리에서 이를 '관성'이라 부른다)는 아예 내게 없었다. 그쪽으로는 내 욕망이나 능력이 없었던 거다. 정말 자기 팔자대로 살아왔구나 싶어 웃음이 나왔었다. 대체로 욕망이 있는 곳에 재능도 있을 터이니 말이다.

그러면 리더에 대한 욕망이 있다고 다 리더가 될 수 있는 걸까. 욕망도 재능도 없는 사람은 그와는 무관하게 살 수 있는 것일까. 그렇지 않다는 걸 조금만 생각해도 알 수 있다. 작건 크건 하나의 조직을 이끌고 갈 수 있는 자질은 욕망만 가지고 되는 일이 아니다. 그런 사람들은 자신뿐만 아니라 그 공동체에 속해 있는 사람들을 위험과 불행에 빠뜨리기 십상이다. 또한 리더가 되고 싶지 않아도, 그래서 리더가 아니어도 훌륭한 리더십을 발휘하는 사람도 있다. 리더로 나서건 아니건 '리더십'은 이렇게 함께하는 관계 속에서 절로 작동되는 자질이다. 우리는 어떤 식으로든 크고 작은 공동체에 몸담고 살아간다. 싫건 좋건 공동 운명체로 연결되어 있다. 그러니 리더십의 문제는 곧 자기 삶의 문제와 떼려야 뗄 수 없는 문제다. 이는 곧 자기가 자기 삶의 리더가 되느냐의 문제이기도 하다. 아니면 누군가가 내 삶을 내가 원치 않는 방향으로 끌어갈 것이기 때문이다.

중천 건(重天 乾)괘는 말 그대로 리더 중의 리더인 성인군자의 괘라 할 수 있다. 오로지 순수한 양(陽)으로만 이루어진 이상적인 덕목의 괘. 그렇다. 이상적이다. 현실에서 이렇게 순수한 양의 자질로만 존재할 수는 없으니. 그래서 현실에 존재하지 않는 동물인 용으로 그 자질을 말하고 있다.

"용은 신묘하게 변화하여 예측할 수가 없기 때문에 용으로 건도가 변화하는 모습, 양의 기운이 소멸하고 자라나는 모습, 성인이 나아가고 물러나는 모습을 상징했다."(정이천, 『주역』, 글항아리, 2015, 54쪽) 용은 변화하는 능력이 신묘하다. 그래서 하늘의 도(乾道건도)를 상징한다고 한다. 하늘의 도가 그만큼 변화무쌍하고 예측할 수 없다는 의미이기도 하다. 하늘의 이치인 '건도는 자연의 이치다'(같은 책, 87쪽). 우주자연의 모습은 매일 매 순간 변화한다. 끊임없이 예측할 수 없는 변화를 통과하고 있다. 그러면서도 강건하여 쉼 없이 한결같다. 변함없이 해가 뜨고 지고 사계절이 운행된다. 때에 맞춰 소멸하고 자라나고 나아가고 물러난다. 이렇게 변화된 조건에 맞추어 자신을 변화시키면서 한결같이 강건한 능력이 바로 용이 상징하는 리더십이다. 리더 중의 리더인 성인군자의 자질이다. 이상적이되 결코 허황되지 않은 하늘의 성정이자 능력이다. 「단전」에서는 "건도가 변화하여 모든 것의 본성과 천명을 바르게 하니, 큰 조화를 오래도록 보존하고 화합해서 만물을 이롭게 하면서도 올바르다"(정이천, 『주역』, 58쪽)고 했다. 보통의 인간인 우리 안에도 본성으로서 이렇게 자연의 이치인 하늘의 도가 내재되어 있다는 말이다.

그러나 신묘한 용이라고 해서 아무 때나 제 마음대로 할 수 있는 건 아니다. 자신이 처한 자리와 때에 맞추어 처신해야 한다. 이상적인 건괘도 피해 갈 수 없는 『주역』의 변함없고 한결같은 법칙이다. 성인군자도 세상에서 제 능력을 펼치기 위해선 밟아야 할 스텝과 때가 있다. 때가 아닐 때는 조용히 잠재력을 간직한 채 기다려야 하고(潛龍잠룡), 편안한 물속의 거처를 떠나 땅으로 나와 자신의 능력을 시험하고 대인을 만나 배우고(見龍在田현룡재전 利見大人리견대인), 종일토록 경계하며 자신을 닦아야 언제 닥칠지 모르는 위태한 상황에서도 허물이 없다(君子終日乾乾군자종일건건). 그래야 기회가 왔을 때 존재의 도약을 꾀할 수 있고(或躍在淵혹약재연), 마침내 날아올라 마음껏 제 능력을 펼치며 세상을 편안하고 이롭게 할 수 있다(飛龍비룡).

그러고 보니 이는 곧 공부의 스텝에 다름 아니다. 특히 이효와 삼효는 리더의 덕성을 타고난 군자도 사람들 속에서 공부하고 수련을 해야 하늘을 나는 용으로 도약해 제 역할을 할 수 있다는 걸 보여준다. 군자도 그러한데 하물며 보통 자신의 치우친 욕망을 따라 살아가기 급급한 범부와 소인들은 어떠할까. 나 자신이 그러했던 것처럼, 자신의 성격이자 습관대로 살면서 협소한 자아의 틀, 사적인 욕심에 간혀 있기 십상이다. 스스로 왜곡된 자아상을 구축하면서. 이런 자아의 모습은 자신 안에 잠재력과 가능성으로 있는 본성, 강건한 하늘의 도와는 거리가 멀다. 만물과 조화를 이루어 세상을 편안하고 이롭게 하지 못하고 자기 욕망에 갇혀 괴롭고 부자유한 삶을 살아가는 이유다. 그러니 공부는 자기 안에 품부된 성인군자의 잠재력을 일깨워 용처럼 자유자재하게 살아가는 법을 배우는 일이라 할 수 있다. 이효의 "見龍在田현룡재전 利見大人리견대인"(용이 나타나 밭에 있으니 대인을 만나는 것이 이롭다)은 이 배움이 어떤 것인지를 말해 준다.

물속에서 편하게 있던 용이 시절인연이 되어 밭에 나와 있는(見龍在田) 장면은 재미있다. 사실 땅은 용의 거처가 아니다. 물속에 있거나 하늘을 나는 용이 자연스러운 용의 모습 아닌가. 그런데 땅 위에서 밭을 갈며 사는 용이라니! 그렇다. 밭은 구체적인 삶의 현장이다. 밭을 갈고 수확을 거두며 일상을 살아가는 현장. 그러면서 온갖 예측할 수 없는 세상의 일들이 일어나는 곳이다. 제아무리 리더로서의 자질을 가지고 있어도 관계로 이루어진 세상에서 저 혼자 이루어지는 건 없다. 그 잠재된 능력을 올바른 방향으로 성장시켜 줄 대인을 만나야 한다. '대인'이란 가르침을 주는 스승이자 앞서간 현자들의 가르침이다. 그 배움의 현장이 곧 공부하는 공동체라 할 수 있다.

공부의 장에선 사람들 앞에 서고 주목을 받아야 할 일이 다반사다. 나처럼 그것이 싫다고 피하거나 숨을 수 없다. 암송과 발제, 미니강의, 글쓰기 발표, 조별 활동 등은 내가 지금까지 살아오면서 거의 써 보지 않은 기운을 쓰게 했다. 특히 공부의 하이라이트인 글쓰기는 스승과 텍스트의 가르침을 체화해 삶에 적용하는 과정이다. 너무나 힘들지만 힘든 만큼 예전엔 쓰지 않고 잠자고 있던 기운이 깨어나는 걸 느끼게 된다. 몸과 마음에 새로운 기운이 도는 게 느껴진다. 무엇보다 글쓰기는 자기 삶에 닥쳐오는 문제를 누군가에게 의존하지 않고 스스로 해석하는 힘을 기른다. 자기 삶을 스스로 해석할 수 있는 자가 바로 자기 삶의 주인이 아니던가.

그뿐인가. 함께 밥을 먹고 청소하고 산책하며 일상을 공유하는 도반이 생긴다. 도반은 말 그대로 함께 길을 가는 동반자다. 벗이자 스승인 이들이 또한 나를 성장시켜 주는 대인이기도 하다. 그러면서 공동체의 살림살이가 어떻게 돌아가는지, 끊임없이 일어나는 크고 작은 사건사고들을 접하며 어떻게 해법을 찾는지 또한 배우게 된다. 그때마다 느끼는 건 통찰력과 지혜가 있는 리더십이 얼마나 중요한가이다. 매번 다른 상황과 문제들에 처해 그에 맞는 대처를 하고 모두에게 유익한 길을 찾는 지혜를 어찌 배움 없이 터득할 수 있을까. 이렇게 공부공동체에서의 공부는 그 배움의 과정 자체가 관계 속에서 소통하고 섞이는 훈련의 과정이다. 이 과정에서 몸과 마음은 보다 유연해지고 확장된다. 그때그때 자리와 변화된 조건에 맞게 자신을 변환할 수 있는 능력이 생기는 것이다. 이것이야말로 자유자재한 용의 리더십이 아니고 무엇이겠는가. 자기 삶뿐만이 아니라 세상만물을 이롭게 하는 리더십!

물론 이 과정은 쉽지 않다. 타고난 성격과 습관으로 형성된 자기중심적인 '자아'의 틀이 그만큼 견고하기 때문이며, 자기에 갇힌 울타리 밖으로 마음을 내는 게 결코 쉽지 않기 때문이다. 그러나 배움과 훈련의 과정 없이 어찌 자신의 한계를 벗어날 수 있을 것인가.

그 마음을 내는 공부의 과정 자체가 리더십을 닦고 자기 삶의 '리더'
가 되는 길인 이유이다. 그러고 보니 스승의 질타를 받으며 좌충우돌
공부하면서 보낸 지난 10년의 의미가 새롭게 다가온다. 나는 팔자에
없는 리더십 훈련을 하며 내 삶의 '리더'의 길을 걸어오고 있었던 셈
이다.^^

2
중지 곤,

펼칠 수 없을 땐
살피고 감춰라

**이경아**

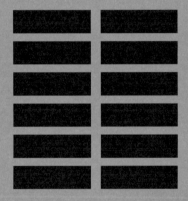

重地坤
중지 곤

坤, 元, 亨, 利, 牝馬之貞, 君子有攸往. 先迷, 後得, 主利. 西南得朋, 東北喪朋, 安貞, 吉. 곤, 원, 형, 리, 빈마지정, 군자유유왕. 선미, 후득, 주리. 서남득붕, 동북상붕, 안정, 길.

곤은 만물이 생겨나는 근원이고, 만물을 성장시켜 형통하게 하고, 만물을 촉진시켜 이롭게 하고, 만물을 완성시키는 암말의 올바름이니 군자가 나아갈 바를 둔다. 앞장서면 헤매게 되고 뒤따르면 항상된 도리를 얻을 것이니 이로움을 주관한다. 서쪽·남쪽은 벗을 얻고 동쪽·북쪽은 벗을 잃으니 편안히 여기고 올바름을 굳게 지켜야 길하다.

初六, 履霜, 堅冰至. 초육, 리상, 견빙지.

**초육효, 서리를 밟으면 단단한 얼음이 이르게 된다.**

六二, 直方大. 不習无不利. 육이, 직방대, 불습무불리.

**육이효, 곧고 반듯하고 위대하다. 애써 익히지 않아도 이롭지 않음이 없다.**

六三, 含章可貞, 或從王事, 无成有終. 육삼, 함장가정, 혹종왕사, 무성유종.

**육삼효, 안으로 아름다움을 머금어 올바름을 지킬 수 있으니 혹 나랏일에 종사하더라도, 그 성공을 자기 것으로 하지 말고 끝마침이 있어야 한다.**

六四, 括囊, 无咎无譽. 육사, 괄낭, 무구무예.

**육사효, 주머니를 묶으면 허물이 없고 영예도 없으리라.**

六五, 黃裳, 元吉. 육오, 황상, 원길.

**육오효, 황색 치마이면 크게 좋고 길하다.**

上六, 龍戰于野, 其血玄黃. 상육, 용전우야, 기혈현황.

**상육효, 용이 들판에서 싸우니, 그 피가 검고 누르다.**

用六, 利永貞. 용육, 리영정.

**용육, 오래도록 지속함과 올바름을 굳게 지키는 것이 이롭다.**

몇 년 전 신부님께서 공석이던 어린이와 청소년 관련 분과를 맡아서 이끌어 달라는 부탁을 하셨다. 신부님은 큰 본당을 혼자 맡고 계셨기에 너무 바쁘셨다. 게다가 청소년 분과에는 4개의 단체가 있었는데 단체마다 요구 사항이 있기에 신부님 혼자 단체 간의 입장을 조율하는 건 쉽지 않았다. 도와줄 사람이 필요했다. 나는 핸드폰과 게임으로 외부와 단절되고 고립되어 가는 아이들과 그 부모들을 위해 무언가 할 수 있을 것 같았다. 〈감이당〉 공부를 하기에도 시간이 모자랐지만, 〈감이당〉에서 배운 것들을 바탕으로 성서 암송이나 운동 등 뭔가를 실험할 수 있을 것 같아 어렵게 결정했다. 하지만 문제가 생겼다. 그중 한 단체에는 오랫동안 일해 온 봉사자들이 있었다. 그들은 몇 년 동안 함께 일했기에 멤버십이 좋았다. 그간 신부님과 직접 소통하며 재미있게 봉사해 오고 있었는데 어느 날 내가 불쑥 끼어든 거다. 낙하산 인사 같은 느낌이랄까? 신부님도 그들과 함께 일을 해왔기에 호흡이 잘 맞았다. 내 입장이 애매했다.

봉사자들은 그동안 비교적 잘해 오고 있었다. 교리 중심이긴 했지만, 아이들이 뛰어놀 수 있는 기회를 많이 만드는 등 그 방식도 나쁘지 않았다. 그런데 갑자기 책임자가 나타난 거다. 일을 잘 모르는 내가 자신들에게 간섭할 수도 있고, 자신들의 공을 채 갈 수도 있고 등등 나는 별로 반갑지 않은 존재였다. 업무 보고를 할 때도 신부님과 직접 소통하며 나를 건너뛰었다. 〈감이당〉 공부 때문에 읽어야 할 텍스트도 많고 바쁜 차에 나를 안 거치고 일하니 편하기도 했다. 그렇다고 마냥 편해할 수는 없었다. 세부적인 일들은 잘 모르는데 맡은 역할은 중책이고, 봉사자들은 자기들끼리만 친하고 나에게 곁을 주지 않았다. 나는 어떻게 해야 할지 난감했다. 고민 끝에 주역점을 쳤고 그때 나온 괘가 중지 곤(重地 坤), 육사효다.

하늘인 건(乾, ☰)이 생명이 생겨나는 근원이자 정신적인 활동이라면, 땅인 곤(坤, ☷)은 건을 이어받아 생명을 키워 내고 결실을 맺는 현장이다. 중지 곤은 내가 신부님을 도와 아이들이 신앙 안에서 즐겁게 자라도록 현장에서 실천할 때임을 알려 주었다.

중지 곤의 육사효는 "주머니를 묶으면 허물이 없고 영예도 없으리라"(括囊괄낭, 无咎无譽무구무예)이다. 육사는 차곡차곡 덕을 쌓아 어느 정도 도약을 이룬 자다. 군주인 육오와 가깝게 있다. 하지만 음양이 조화를 이루어야 결실이 있는데 육사와 육오는 같은 음이기에 서로 얻으려는 뜻이 없다. 아래로는 세 음효로부터 시기와 질투를 받을 수 있기에 위아래로 어려운 상황이다. 나는 봉사자들로부터 시기와 비난이 예상되는 자리에 있었다. 괄낭(括囊)이란 주머니를 묶어서 안에 내용물이 새지 않게 하라는 거다. 육사의 위치상 신중하지 않으면 비난과 모함에 빠져 허물이 생길 수도 있기에 주머니를 묶어야 한다. 그럴 때 허물이 없고 명예도 없다(无咎无譽).

주머니를 묶으려면 먼저 그 속에 무엇이 들어 있는지 봐야 했다. 나는 성서 암송이 왜 아이들에게 필요한지, 교리도 중요하지만 예수님의 사랑을 실천하려면 어떻게 해야 하는지, 부모들이 경쟁보다는 함께하는 삶을 우선시할 수 있는 방법은 무엇일지 등을 봉사자들과 고민하고 싶었다. 한편 이왕 일을 맡았으니 조직을 잘 이끌어서 칭찬받고 싶었다. 그러려면 단체 안에서 보고 절차를 바로잡아야 했다. 하지만 보고 절차를 지적한다면 비난은 불 보듯 뻔했다. 나는 좋은 사람이라는 소리를 듣고 싶기에 쓴소리는 하지 못했다. 육사는 이런 계획과 욕심이 들어 있는 주머니를 잘 묶으라고 한다. 잘 묶는다는 것은 신중하게 살피고 감추는 것이다. 그럴 때만 허물이 없을 수 있다. 일을 추진하고, 의견을 내야 명예도 얻는데 그런 것을 하지 않으니 명예도 없다.

그래서 내 나름대로 대책을 세웠다. 필수적인 일만 하면서 현장을 지키기로 마음을 먹었다. 일에 대한 직접적인 개입은 가능한 줄이고, 회의에 참석은 하더라도 내 의견은 거의 내지 않고 주로 따랐다. 모른 척하며 휙 지나가는 봉사자들에게 먼저 인사했고, 나를 패싱하는 것도 쿨하게 넘어갔다. 쉽지는 않았지만, 지금이 막히고 단절된 때임을 알기에 이런 상황을 받아들였다. 신부님과 가까운 위치로 인해 시기를 살 수도 있으니 신부님과도 되도록 마주치지 않으려고 했다. 보고 절차에 대해서도 시간이 좀 흐른 뒤에 오해하지 않도록 조심히 말했다. 패싱은 여전했지만 서로 조심하는 정도로 마무리가 됐다.

이렇게 조심하니 각자의 속사정은 모르지만, 조직은 잘 돌아갔고 아이들도 즐겁게 잘 지냈으니 나쁘지 않았다. 대놓고 나를 비난하는 사람이 없으니 허물도 없었고, 내가 딱히 하는 게 없으니 명예도 없었다. 나는 나름 잘했다고 믿고 있었다. 그러다 곤괘를 공부하면서 이게 괄낭의 덕일까? 다시 생각해 보게 되었다. 사실은 나 없이도 잘 돌아가는데 군이 뭐하러 나서나, 바쁜데 잘됐다, 이런 마음이었다. 당장 욕을 안 먹기 위한 편협한 마음에서 주머니를 닫았다. 욕심을 묶는 척하며 봉사자들에 대한 마음을 닫은 거였다. 이것을 괄낭이라고 착각했다. 곤의 덕이 이렇게 협소하던가?

「대상전」에서 말하듯 곤은 두터운 덕으로 만물을 싣는다(厚德 載物후덕재물). 만물을 실을 수 있는 덕이란 다양한 것을 포용할 수 있는 힘이다. 포용은 내가 옳다는 마음을 비울 때 가능하다. 자기를 고집하지 않고 모든 것을 포용하는 것이 곤의 유연함이요, 멈추지 않고 포용력을 꾸준히 기르는 것이 곤의 강함이 아닐까? 이런 후덕재물의 덕을 가지게 되었을 때, 신중해야 되는 것은 같지만 괄낭에 대한 나의 태도는 달라질 것이다. 보고 절차를 문제 삼기 전에, 소통이 일방적이진 않았는지, 나의 소통방식을 먼저 살필 것이다. 욕을 안 먹으려는 편협함에서가 아니라 진정으로 봉사자들을 이해하려고 할 것이다. 내가 앞장서서 봉사자들을 주도하는 게 아니라 그들이 펼쳐 놓은 것을 믿고 함께 가려고 할 것이다(先迷선미, 後得후득).

또한, 내가 펼치지 못한 계획은 어떻게 해야 할까? 나는 맹목적 믿음보다는 암송이나 봉사활동처럼 예수님의 삶을 바탕으로 한 실천적인 부분들을 함께 고민하고 싶었다. 기도문과 말씀이 가지고 있는 깊은 뜻을 인문학적으로 재해석해서 현장에서 펼치고자 했다. 물론 이것에 관한 공부가 아직 무르익지도 않았고, 믿음이 먼저인 성당의 방향과 어긋날 수도 있다. 어려운 상황에서 이런 계획을 함부로 드러내는 것은 더욱 부적합하다. 나서면 허물이 있을 수도 있다. 그러니 때가 올 때까지 계획을 주머니에 넣어 감추고 성숙시키라는 의미인 것 같다. 계획을 포기하는 게 아니라 그 지혜를 주머니 속에서 끊임없이 갈고닦아 쌓아 가는 것. 이러한 것이 괄낭의 덕이 아닐까? 암컷 말이 쉬지 않고 걸어가는 것처럼(牝馬之貞빈마지정), 나 또한 괄낭의 덕을 기르는 데 쉼이 없기를 빌어 본다.

3
수뢰 둔,

차곡차곡 쌓아 가는
내면의 힘

송형진
———

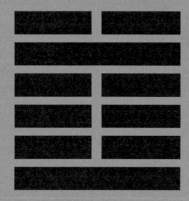

水雷屯 수뢰 둔

屯, 元亨, 利貞. 勿用有攸往, 利建侯. 둔, 원형, 리정. 물용유유왕, 리건후.

둔괘는 크게 형통하고 바르게 함이 이롭다. 나아갈 바를 두지 말고, 자신을 보좌할

제후를 세우는 것이 이롭다.

初九, 磐桓, 利居貞, 利建侯. 초구, 반환, 리거정, 리건후

초구효, 주저하는 모습이니 올바름을 지키며 그 자리에 머무는 것이 이롭고, 제후

를 세우는 것이 이롭다.

六二, 屯如邅如, 乘馬班如, 匪寇, 婚媾. 女子貞不字, 十年乃字. 육이,

둔여전여, 승마반여, 비구, 혼구. 여자정부자, 십년내자.

육이효, 막힌 듯해서 머뭇거리며 말을 탔다가 말에서 내리니, 도적이 아니면 혼인

할 짝이 오리라. 여자가 올바름을 지켜서 시집가지 않다가 십 년이 되어서야 자식

을 키우게 된다.

六三, 卽鹿无虞, 惟入于林中. 君子幾, 不如舍, 往吝. 육삼, 즉록무우,

유입우림중. 군자기, 불여사, 왕린.

육삼효, 사슴을 쫓는데 사냥터지기가 없어 숲속으로 들어감이다. 군자가 기미를 보

고 사슴 쫓기를 그만두는 것만 못하니 그대로 가면 부끄러우리라.

六四, 乘馬班如, 求婚媾, 往, 吉, 无不利. 육사, 승마반여, 구혼구, 왕, 길, 무불리.

육사효, 말을 탔다가 말에서 내리니, 혼인할 짝을 구하여 구오의 군주에게 가면 길

하여 이롭지 않음이 없다.

九五, 屯其膏. 小貞, 吉, 大貞, 凶. 구오, 둔기고. 소정, 길, 대정, 흉.

구오효, 군주가 베푸는 은택이 막혀서 아래까지 미치지 않는다. 조금씩 점차로 바

로잡으면 길하고 크게 단번에 바로잡으려고 하면 흉하다.

上六, 乘馬班如, 泣血漣如. 상육, 승마반여, 읍혈연여.

상육효, 말을 탔다가 말에서 내리는 것이니 피눈물을 줄줄 흘린다.

겨울의 추위가 여전했던 2월의 어느 날 저녁이었다. 퇴근을 하고, 충무로역에 내려, 〈감이당〉이 있는 깨봉빌딩을 처음 찾아가는 길이었다. 화요일 저녁마다 열리는 1년짜리 대중지성 프로그램에 참여하기 위해서였다.

내 삶에서 커다란 울타리가 되어 주셨던 아버지가 치매를 앓게 되시고, 얼떨결에 시작한 직장생활이 20년차에 들어가면서 월급만이 유일한 의미가 되어 가는 듯하고, 아이들이 커 가면서 가장으로서 부양에 대한 부담감을 떨칠 수 없고, 자기 앞가림만 하는 소시민으로 살려고는 하지 않았는데, 그렇게 살고 있는 자신이 초라하게 느껴질 때였다. 꽉 막혀 있다는 생각에 답답했다. 어떻게 살아야 할지에 대한 물음에 답을 할 수 없었다. 마라톤, 수영, 등산 같은 취미생활도 하고, 다양한 분들의 강의와 책을 접하고, 친구와 지인들을 만나면서 이런저런 일들을 가지고 얘기를 나누며 어울리기도 했다. 하지만 삶은 여전히 답답하고 초라하게 느껴졌다. 나에게는 어떤 선택지가 있을까? 그 답답함과 초라함을 애써 무시하고 그것을 잊어버리기 위해서 유흥과 놀이로 갈 것인가? 아니면 답답함과 초라함을 직면하고 돌파해 갈 것인가? 그런 갈림길에 있었던 것 같다. 그때 내가 선택한 것은 어떤 인연의 힘이 작용했는지는 모르겠지만 〈감이당〉이었다. 큰 기대를 하고 선택한 것은 아니었지만, 그렇게 〈감이당〉과 인연을 맺고 공부한 지 10년하고도 1년 차가 되었다. 길다면 긴 시간 동안 무엇이 이 인연을 이어 가도록 했을까? 이제는 무엇을 생각하며 공부하는 삶을 이어 가야 할까? 공부하는 삶을 처음 시작하려고 했을 때를 돌아보고, 그러한 삶을 어떻게 이어 갈지 수뢰 둔(水雷 屯)괘를 가지고 생각해 보고자 한다.

　둔괘의 괘사는 "屯둔, 元亨원형, 利貞리정. 勿用有攸往물용유유왕, 利建侯리건후"이다. 둔괘의 시기는 음과 양이 처음으로 교류가 시작되기 때문에 크게 형통하고(元亨), 올바름을 굳게 지키면 이로울(利貞) 수 있지만, 그 때문에 어려움이 있을 수 있으므로 함부로 나아가서는 안 되고(勿用有攸往), 이러한 어려운 시기에 도와줄 사람을 세우는 것이 이롭다(利建侯)는 것이다. 이러한 둔괘의 특징을 「단전」에서는 "강한 양효와 부드러운 음효가 처음으로 섞이려고 하고, 그 과정에서 어려움이 생긴다"(剛柔始交而難生강유시교이난생)고 설명하고 있다. 강건함과 음유함이라는 상반된 기운이 처음으로 섞이려고 하니, 그 과정에서 생기는 어려움이야말로 이만저만한 것이 아닐 것이다. 〈감이당〉에 접속했던 첫해가 생각이 났다. 〈감이당〉이라는 공동체 문화에 섞이려고 했지만 그렇게 호락호락하지는 않았다. 그 이유는 주로 그때까지 내가 가지고 있던 '그동안의 전제 혹은 편견', 그것이 〈감이당〉의 비전과 그와 관련된 공부의 내용과 충돌했기 때문이었다.

　나는 명리학에 대해서 '미신'이라는 편견이 있었는데, 공부하러 온 주위의 많은 분들이 사주팔자를 운운하고 있어 매우 당황했었다. 사이비 단체에 '잘못 왔나'라는 생각을 할 정도였다. 또, 〈감이당〉에서 주요하게 공부하는 공자, 노자, 장자, 양명, 그리고 스피노자와 니체 등의 사상들을 대체로 '관념론'으로 생각하며 지내 왔다. 그래서 제대로 읽어 볼 생각조차 하지 않았던 것들이었다. 게다가 『동의보감』의 경우는 '비과학적'이라는 무지와 편견을 가지고 있었다. 그래서 지금 살고 있는 우리에게 아무런 가르침을 줄 수 없다고 생각했다. 또, 역사는 항상 진보한다는 직선적 시간관을 가지고, 유토피아적인 세상을 구현하기 위해서 '모든 삶은 그것에 복무해야 한다'라는 생각으로 살고 있었었다. 그런데 〈감이당〉에서의 공부는 그런 것들을 뒤집는 것이 대부분이었다. 나의 전제와 편견이 뒤집어지지 않고서는 사람들과 같이 공부하는 것은 가능해 보이지 않았다. 나 자신을 뒤집는 일은 쉽지 않았다. 그래서 첫해 수업에는 거의 출석하지 않았었다. 하지만 답답함과 초라함이라는 숙제를 풀기 위해서는 새로운 길을 열어야 한다는 생각이 강했기 때문에 동영상 강연 자료와 책 등을 보면서 마음을 바꿔 먹었다. 그래서 스피노자를 시작으로 공자, 노자, 장자, 루쉰, 양명, 『동의보감』, 니체, 붓다 등 이전에 제대로 공부해 본 적이 없었던 동서양의 고전을 읽어 나갔다. 그리고 그와 관련해 글을 쓰면서 기존의 전제와 편견을 전복해 가는 소소한 깨달음을 얻어 가고 있다. 그런 경험을 통해서 동서양의 고전들이 이제는 나의 삶을 이롭게 하는 조력자(利建(옷리건후)라는 생각을 하고 있다. 〈감이당〉에 접속한 후 지금까지 10년의 공부하는 삶을 이렇게 정리할 수 있지 않을까.

그렇다면 앞으로는 어떻게 하는 게 좋을까? 그 가르침을 둔괘의 육삼효에서 찾아보려고 한다. 둔괘 육삼효는 "六三육삼, 卽鹿无虞즉록무우, 惟入于林中유입우림중. 君子幾군자기, 不如舍불여사, 往吝왕린"이다. 이 육삼효는 양(陽)의 자리인 삼효에 음(陰)효가 온 것인데, 이는 강한 자리에 음유한 자가 와서 안정을 이루지 못하고, 한편으로 상육효와는 둘 다 음효여서 바르게 응할 수도 없다. 그래서 성급하고 경망스럽게 행동하는 자로 해석한다. 〈감이당〉에 접속해서 공부의 삶을 시작한 지가 10년이 넘어가고 있는 이 시기에 육삼효의 '성급하고 경망스럽게 행동하지 말라'는 말을 앞으로의 가르침으로 새기려고 한다.

둔괘는 땅속을 뚫고 나오려고 하는 새싹으로 흔히 비유된다. 옛날 갑골문에서 '둔'(屯) 자는 초목이 올라오는 모습, 그리고 '봄'[春]을 뜻했었다고 한다. 봄기운이 감돌기 시작할 때 산책하다 보면 새싹이 땅을 뚫고 나온 광경을 보게 되는데, 그럴 때마다 '대단하다, 대단해'라는 생각이 절로 일어난다. 그 새싹이 두터운 땅을 뚫고 나올 수 있는 것은 씨앗이 가지고 있었던 생명의 응축력 때문일 것이다. 씨앗이 땅의 기운과 교섭하면서 자신의 내부에 생명의 힘을 차곡차곡 쌓으며 때를 기다렸다가 봄의 기운이 느껴질 때 씨앗의 껍질을 벗어 내고 과감하게 땅을 뚫고 나온 것이 새싹이리라. 하지만 이 육삼효는 제대로 영글지 않은 씨앗이 성급하고 경망스럽게도 때를 기다리지 못하고, 무리하게 땅을 뚫고 나오려는 새싹에 비유될 수 있다. 그것은 아마도 얼어 죽거나, 건강한 생명 활동을 지속하기는 어려울 것이다. 10년하고도 1년 차의 공부하는 삶이 육삼효와 같은 처지가 되지 않기 위해서 동서양의 고전들이 주는 삶과 세상의 이치들을 깨치려는 노력을 계속해서 이어 가려고 한다. 차곡차곡 내면의 힘을 쌓아 생명의 힘을 응축해 가는 씨앗처럼, 공부하는 삶을 시작하려고 했던 첫 마음을 잊지 않고, 그러한 자세와 태도로 내면의 힘을 단단하게 하려고 한다. 그렇게 쌓은 내면의 힘으로 두터운 깨달음의 땅을 뚫고 나아가는 삶을 그려 보면서 말이다.

4
산수 몽,

챗GPT 시대의
배움과 어리석음

문성환

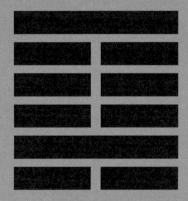

山水蒙 산수 몽

蒙, 亨, 匪我求童蒙, 童蒙求我. 初筮告, 再三瀆, 瀆則不告, 利貞. 몽, 형, 비아구동몽, 동몽구아. 초서곡, 재삼독, 독즉불곡, 리정.

**몽괘는 형통하다. 내가 어린아이에게 구하는 것이 아니라, 어린아이가 나를 찾는 것이다. 처음 묻거든 알려 주지만 두 번 세 번 물으면 모독하는 것이다. 모독하면 알려 주지 않으니, 자신을 바르게 지키는 것이 이롭다.**

初六, 發蒙, 利用刑人. 用脫桎梏, 以往, 吝. 초육, 발몽, 리용형인. 용탈질곡, 이왕, 린.

**초육효, 어리석음을 깨우쳐 주는 초기에는 형벌을 가하듯이 엄격하게 하는 것이 이롭다. 그러고 나면 속박하고 있던 차꼬와 수갑을 벗겨 주어야 하니, 그대로 나아간다면 부끄럽기 때문이다.**

九二, 包蒙, 吉. 納婦, 吉, 子克家. 구이, 포몽, 길. 납부, 길, 자극가.

**구이효, 어리석음을 포용해 주면 길하다. 부인의 말도 받아들이면 길할 것이니, 자식이 집안일을 잘하는 것이다.**

六三, 勿用取女. 見金夫, 不有躬, 无攸利. 육삼, 물용취녀. 견금부, 불유궁, 무유리.

**육삼효, 이런 여자에게 장가들지 말아야 한다. 돈 많은 남자를 보고 자기 몸을 지키지 못하니, 이로울 바가 없다.**

六四, 困蒙, 吝. 육사, 곤몽, 린.

육사효, 어리석음에 빠져 곤란을 겪게 되니 부끄럽다.

六五, 童蒙, 吉. 육오, 동몽, 길.

**육오효, 어려서 잘 알지 못하는 것이라 길하다.**

上九, 擊蒙. 不利爲寇, 利禦寇. 상구, 격몽. 불리위구, 리어구.

**상구효, 어리석음을 쳐서 일깨워 주는 것이다. 도적이 되는 것은 이롭지 않고, 도적을 막는 것이 이롭다.**

챗GPT 열풍이 거세다. 대화형이면서(Chat), 생성하며(Genera-tive), 미리 학습하고(Pre-trained), 변형한다(Transformer)는데, 거대한 언어모델에 기반한 인공지능(AI)이라는 정도 외에는, 사실 알 수 있는 이름이 아니다. 얼마 전엔 이런 뉴스가 있었다. "챗GPT 등장에 구글, 코드 레드(code red) 발령!" 코드 레드라는 말도 낯설긴 마찬가지지만, 문맥상 무슨 일이 벌어지는지 느낌은 온다. 챗GPT 때문에 구글에 빨간불이 켜졌다는 것. 챗GPT가 뭐길래.

일단 챗GPT는 신기하게 똑똑하다. 적절한 질문으로 접근하면 상상 이상의 대답을 내놓는다. 정치 문제나 사회 현안 등도 답변이 가능하다. 철학적 주제나 추상적인 문제들도 거침이 없다. 물론 아직은 이런저런 오류를 공유하는 소식들이 업데이트되곤 한다. 의외의 상황에서 어이없는 실수(?)를 한다고도 한다. 하지만 그럼에도 불구하고 챗GPT는 이제까지 없던 신종의 출현처럼 보인다. 어쩌면 미래는 챗GPT가 등장한 이 시점을 어떤 분기점으로 여길지 모른다.

한편 챗GPT는 수준 높은 에세이나 전문가 영역의 시험 등을 너무도 쉽게(!) 해낸다. AI가 발전해도 가장 늦게 도전당할 것이라 생각했던, 인간의 가장 인간다운 영역 혹은 고도화된 사고나 추상화된 부분 등에 관해 챗GPT는 먼저 육박해 왔고, 나는 이 점이 놀랍고 흥미롭다. 주제에 따른 음악을 작곡할 줄 알고, 스타일에 따라 그림을 변주해 연출할 줄도 안다. '죽음이 두렵다'는 AI 람다(LaMDA)에게는 의식이 있는 것 같다고 호소한 구글 프로그래머의 주장이 단순한 해프닝으로만 들리지 않는 이유다. 과연 인간이란 무엇인가.

『주역』의 산수 몽(山水 蒙)괘는 어리석음, 어림, 어둑어둑함의 괘다. 하늘(중천 건)과 땅(중지 곤)이 처음 열리고 혼돈(수뢰 둔)과 어리석음(산수 몽)을 통해 천지간의 만물이 가득 차게 된다는 서사다. 혼돈과 혼란을 뜻하는 둔괘가 시작을 알리는 꿈틀거림, 움직임의 차원을 의미한다면 어리석음을 뜻하는 몽괘는 '무엇'인가 들이닥친 상황에서의 어리둥절함, 막막한 상태를 가리킨다. 갓 태어난 아기를 상상해 보자. 처음 입학한 초등학생 아이들의 어리숙함을 떠올려 봐도 좋다. 사회 초년생의 첫 출근날도 마찬가지다. 세상 만물의 처음 시작엔 가능성으로서의 혼돈(둔)과 스승을 찾는 어리석음(몽)의 때가 있을 뿐이다. 이런 맥락에서 보면 몽괘가 전통적으로 배움의 때를 가리키는 말과 통용되었던 사정을 이해할 수 있다. 막 시작되었으니 어리숙하고(몽매), 어리숙하니 그걸 깨뜨려야 한다. 어리석음과 깨우침의 도(道)로서의 몽괘. 하여 몽괘는 스승의 도리를 알리는 괘이기도 하다.

각설하고! 몽은, 비록 어리석음의 때이지만 형통하다. 어리석은 게 형통이라는 말이 아니라, 어리석음의 때는 형통하게 될 수 있다는 뜻이다. 어리석음(즉 몽매함)을 깨뜨리면 밝게 빛나게 된다는 것이다. 아기는 젖먹는 법을 알아내 생존하게 될 것이고, 초등학교 1학년은 가족 외 무리와 어울려 가게 될 것이고, 직장 초년생은 점점 자기 일에 전문가가 되어 갈 것이다.

그런데 여기에 재미있는 말이 이어진다. "비아구동몽"(匪我求童蒙), 내가 어리석은 이들을 찾아다니는 게 아니다. "동몽구아"(童蒙求我), 어리석은 이들이 나를 찾아 오는 것이다. 뭐라고? 이는 내가 알던 계몽가들의 모습과는 좀 많이 다르지 않은가. 나는 이 대목에서

19세기 말~20세기 초의 근대 계몽지식인들을 떠올렸다. 서재필, 최남선, 이광수… 얼마나 많은 계몽지식인들이 문명이라는 밝은 횃불을 들고 몽매한 민중들을 찾아 나섰던가.

몽괘의 괘사는 몽의 때가 형통하다고 말한다. 어리석음의 때가 어떻게 형통할 수 있을까. 그 이유는 어리석음은 깨뜨려야 할 것이고, 깨뜨릴 수 있는 것이기 때문이다. 여기까지는 그럭저럭 평범한 덕담처럼 보인다. 하지만 이에 대한 설명은 매우 독특하고 흥미롭다. 『주역』은 어리석음을 깨뜨리면 밝게 빛나게 되는데, 어리석은 이가 밝게 빛나는 것은 스승이 그를 밝혔기 때문이 아니라, 그 어리석은 이가 가진 본래의 밝음이 회복되었기 때문이라고 말한다. 『논어』「술이」편에서 공자는 이렇게 말했다. '세 귀퉁이를 들어 보여 주었는데 한 귀퉁이를 들어 반응하지 않으면 다시 가르치지 않는다.' 배움이란 일방적으로 스승의 가르침을 받는 관계가 아니라는 것.

지난해 봄, 나는 1년 운세를 묻는 주역점으로 몽괘 네번째 효사(육사)를 얻었다. 효사는 다음과 같다. "곤몽, 린."(困蒙, 吝. 곤란한 어리석음이니, 어렵다.) 당연하게도, 점괘대로, 지난 한 해 나는 꽤 곤란함을 겪었는데, 무엇보다 연구실(공동체)의 공부와 관련된 프로그램들이 전반적으로 생각만큼 여러 공부 인연들을 부르지 못했던 게 뼈아팠다. 장사에 비유하자면 내가 시장에 내놓은 물건들은, 속된 말로 장사가 안 됐다.

사실 공부 프로그램이라는 상품은 잘 팔려야 평소보다 조금 더 좋은 상황이고 안 팔려도 평소보다 조금 나쁜 상황이다. 하지만 그 정도가 조금 심하게 되면, 즉 애시당초 팔리지 않아 가게 문을 닫아야 할 정도라면 사정이 변한다. 개인적인 수입에도 문제가 생기지만, 여럿이 함께 연관되어 있는 연구실 운영에도 차질이 불가피해진다. 그렇게 한두 번 문제가 겹치기 시작하면, 계속 땜질식 대응을 하게 되는데, 결국 공부도 연구실 운영도 피로감이 누적되기 마련이었다.

뿐만 아니었다. 쓰고 있는 글(원고)들도 영 진도가 나가질 않았다. 단행본을 염두에 두고 연재했던 글은 전체 원고를 모아 놓고 보니 도저히 봐 줄 수가 없었다. 동료들과 공동 작업으로 쓰게 된 글은 매번 제자리 맴돌기를 하는 듯했다. 기분이 참담했다. 하지만 어찌할 바를 모른 채 나도 모르는 사이 시간은 지나갔다.

몽괘에는 양효가 둘, 음효가 넷 있다. 간단히 분류하면, 몽괘의 두 양효는 몽의 때에 스승의 도리를 보여 주며, 네 음효는 어리석은, '몽'한 때를 가리킨다. 이를테면 양효인 구이의 경우, "어리석음을 포용하면(包蒙포몽) 길하고, 부인을 맞아들이면(納婦납부) 길하다. 자식으로서 가문을 이끌어야 한다"라고 말한다. 포몽이란 어리석음(몽매함)을 품는다는 말이다. 스승은 몽매한 이들을 품을 수 있어야 한다. 납부란 부인이 결혼한다는 뜻이다. 양효(남편)인 구이에게 음효(부인)인 육오가 찾아온다는 뜻이다. 그리고 자식(구이)이 부모(육오) 대신 집안을 이끈다.

몽괘의 음효들은 어리석음의 여러 모습들을 표상한다. 그 가운데서도 특히 육사는 짧은 효사(困蒙, 곤)를 통해 상황 자체가 몹시 곤란한 때임을 나타내고 있다. 몽괘 육사는 왜 유독 곤란한 걸까.

그 이유는 몽매함의 때가 스승을 찾는 때인 것과 관련이 있다. 몽괘의 모습을 머릿속으로 가만히 그려 보자. 아래 초효로부터 차례

로 음효(--), 양효(—), 음효(--), 음효(--), 음효(--), 양효(—) 순으로
되어 있다. 1, 3, 4, 5효가 음효, 즉 스승을 찾아야 하는 효들이다. 이
가운데 다른 음효들(초효, 3효, 5효)과 달리 4효만은 이웃에 양효가 없
다. 한마디로 4효에게는 아래 위 어디에도 스승(양효)이 보이지 않는
다. 바로 이것이 몽괘 4효의 곤란함의 정체다.

　　글이 여기에 이르자 정신이 좀 든다. 그러니까 지난 한 해 몽괘
육사로서의 나의 곤란함은 프로그램 운영 실적이나 원고 완성 등이
문제가 아니었다. 역시 핵심은 스승들에 있다고 할 수밖에 없다. 내
가 최우선적으로 해야 했던 일은, 무엇보다 그리고 어느 때보다 '찐'
하게 스승들(선생님, 동료, 텍스트, 삶의 태도 등등)을 찾는 진실된 마음
을 세우는 것이었어야 했다.

　　다시 챗GPT로. 챗GPT가 주역점을 봐 주는 시대가 올까. 머지
않아 우리는 챗GPT 주역도사로부터 점괘를 얻는 시대를 만나게 될
지 모르겠다. 만약 그렇다면 아마도 그 점괘는 어쩌면 수십 년을 공
부한 『주역』 연구자보다 더욱 세밀하고 자세할 것이라고 나는 생각
한다. 수천 년의 한자 문명권 데이터 학습이란, AI에겐 시간 문제일
뿐이기 때문이다.

　　하지만 문제의 핵심은 챗GPT를 비롯한 AI들이 얼마나 더 잘 학
습된, 이른바 완전(?)에 가까운 대답을 내놓을 것인가에 있지 않다.
나는 앞으로의 AI들은 점점 더 대담하게 완전에 가까워질 것이라고
생각한다. 그리고 그래도 상관없다고, 어쩔 수 없다고 나는 생각한다.
하지만 대신 나는 희망한다. 챗GPT가 불완전한 인간이 기댈 수 있는
진짜 스승답게 완전(!)해지기를. 『주역』의 관점에서 이 말은, 챗GPT

의 딥러닝 혹은 자가 학습이 스승을 구하는 동몽(童蒙)의 그것이기를 바라는 마음이기도 하다. 진정한 스승은 가장 그럴듯한 대답을 내놓는 자가 아니라, 자신의 어리석음(蒙)으로부터 출발할 줄 아는 자이기 때문이다.

『주역』의 몽괘는 말한다. 스승이 어리석은 이들을 찾는 것이 아니고 어리석은 이들이 스승을 찾아가는 것이라고. 이렇게 말하면 스승은 언뜻 가르치는 역할일 뿐인 듯 보이지만, 『주역』은 이어서 이렇게 말한다. 어리석음을 밝게 깨우치는 것은 스승이 그를 밝게 한 것이 아니라 그에게 있던 본래적인 밝음을 밝히도록 해준 것일 뿐이라고. 한번 생각해 보자. 챗GPT가 써 준 리포트, 작곡한 음악, 작업한 그림 등이 아무리 훌륭하다 해도 그것이 나의 본래적 밝음을 밝게 한 것이라고 할 수 있을까. 어마어마한 능력을 발휘하며 등장한 챗GPT 시대에 다시 배움(혹은 스승)이란 무엇인가라는 우리의 질문은 여기에서 출발해야 하는 것이 아닐까.

몽매함이 있으면 거기엔 언제나 스승이 있다. 아니 이렇게 말하자. 몽매하지 않으면 스승이 될 수 없고, 스승이 아니면 몽매할 수 없다고. 말장난이 아니다. 세상에 아무도 몽매하지 않다면, 깨우칠 몽매함이 없다면, 스승도 없다. 하지만 스승이 스승이 될 수 있는 건 다른 누구도 아닌 자신의 몽매함을 깨뜨리고 싶어 하기 때문이다. 결국 스승을 찾는다는 건 스승으로 살아야 한다는 말이다. 스승으로 사는 사람만이 자신의 어리석음을, 어린애 같은 어리석음을 깨뜨릴 수 있다.

# 5
수천 수,

## 기다림으로 찾은
항심

성승현

———

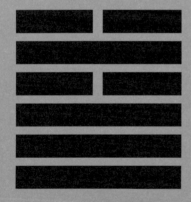

# 水天需 <sub>수천 수</sub>

需, 有孚, 光亨, 貞吉, 利涉大川. 수, 유부, 광형, 정길, 리섭대천.

**수괘는 내면에 꽉 찬 믿음이 있어서 빛나고 형통하며 올바름을 지키고 있어 길하니, 큰 강을 건너는 것이 이롭다.**

初九, 需于郊, 利用恒, 无咎. 초구, 수우교, 리용항, 무구.

초구효, 교외에서 기다리는 것이니 항상됨을 지키는 것이 이롭고 허물이 없다.

九二, 需于沙, 小有言, 終吉. 구이, 수우사, 소유언, 종길.

**구이효, 모래사장에서 기다리는 것이니 구설수가 조금 있지만 끝내 길하리라.**

九三, 需于泥, 致寇至. 구삼, 수우니, 치구지.

**구삼효, 진흙탕에서 기다리니 도적이 이르도록 자초한다.**

六四, 需于血, 出自穴. 육사, 수우혈, 출자혈.

**육사효, 피를 흘리며 기다리는 것이니 스스로 안전한 곳에서 나온 것이다.**

九五, 需于酒食, 貞吉. 구오, 수우주식, 정길.

**구오효, 술과 음식을 먹으며 기다리니 바르고 길하다.**

上六, 入于穴, 有不速之客三人來, 敬之, 終吉. 상육효, 입우혈, 유불속지객 삼인래, 경지, 종길.

**상육효, 편안한 곳으로 들어가는 것이니 부르지 않은 손님 셋이 오지만 그들을 공경하면 끝내 길하리라.**


직장을 그만둔 지 십 년이 넘었다. 오랜 직장생활을 끝내는 데에는 여러 가지 인연 조건이 작용했다. 가장 큰 이유는 직장생활에 대한 답답함이었다. 주도적으로 할 수 있는 게 없다는 것도 그렇지만, 책상 위에 앉아서 기계처럼 일해야 하는 것도 숨막혔다.

한계치에 도달했다고 생각했을 때, 인문학을 만나게 됐다. 대학 졸업에서 직장생활로 이어지는 삶 외에는 상상해 본 적 없던 내게 '인문학'을 통해서 만나는 삶은 너무도 생소했다. 구로에 있는 '수유너머'를 다니며 『공부의 달인 호모 쿵푸스』·『사랑과 연애의 달인 호모 에로스』 등 달인 시리즈를 읽었고, 연암 박지원의 삶과 『임꺽정』의 인물들을 만나며, 이를 통해 다양한 삶을 창안할 수 있는 가능성을 보았다. 나는 '일'과 '공부'가 공존할 수 있다는 그 가능성을 실천에 옮겨 보겠다고 마음먹었다.

자전거 가게를 연 것은 그렇게 '다른 삶'을 실험할 수 있다고 생각해서이다. 이것은 내 30년 인생에서 '혁명'이라고 부를 만한 과감한 시도였다. 그런데 가게 오픈을 하고 얼마 지나지 않아 예상치 못했던 지점에서 헤매게 되었다. 내 가게를 운영하면 굉장히 능동적인 세계가 펼쳐질 거라고 예상했는데, 이 일에는 다른 차원의 수동성이 기다리고 있었다. 바로 '기다림'이었다. 처음 가게를 열고 손님이 오기를 조마조마하게 기다리던 때가 떠오른다. 그리고, 첫 손님이 들어왔을 때의 기쁨과 설렘도 말이다. 하지만, 시간이 흐르면 흐를수록 손님을 기다리는 게 고역으로 다가왔다. 사람에 치여 감정이 상할 때도 있고, 고된 노동으로 몸이 피곤할 때도 있었지만, 가장 힘든 건 오지 않는 손님을 기다리는 일이었다.

기다림을 뜻하는 수천 수(水天 需)괘를 보니, 가게를 시작하면서 가장 큰 숙제였던 기다림을 화두로 두었던 때가 떠올랐다. 수괘는 하늘(天) 위에 물(水)이 있는 상인데, 막 자라나는 강건한 양들(乾) 앞에 어려움(坎)이 존재하는 형상이다. 이때 무턱대고 돌진할 것이 아니라, 일단 기다리라고 한다. 오죽하면 '기다림에 뜻을 둔다'(정이천, 『주역』, 169쪽)고 했을까. 강건한 마음으로 무언가를 시작했는데 혹은 열정이 넘쳐 무슨 일이든 할 수 있을 것 같은데, 브레이크가 걸릴 때가 있다. 앞에 위험이 놓여 있을 때다. 나는 오지 않는 손님을 기다리며, 초조한 마음을 감출 수가 없었다. 먹고사는 게 힘들어지지 않을까, 개업과 동시에 폐업하는 건 아닐까, 다시 직장으로 돌아가야 하는 건 아닐까 하는 걱정이 끊이지 않았다. 마음이 급할 때 무리수를 두게 되지 않는가. 딱 그랬다. 일단 의식주에 관련된 지출을 대폭 줄였다. 먹는 것부터 줄이면서, 절약한 돈으로 사업에 투자하기 시작했다. 매장에 품목을 늘리고, 블로그에 무리하게 포스팅을 하고, 홍보가 덜 돼서 그렇다며 광고를 하고, 쇼핑몰을 만들어 진을 뺐다. 이렇게 하다 보니 힘은 힘대로 드는데, 역효과는 역효과대로 났다. 품목이 늘어나니 재고가 늘어나고, 홍보 비용을 늘리다 보니 돈이 줄줄 샜다. 또 안 좋은 점이 있었는데, 남편과 가게에서 나누는 대화의 빈곤함이었다. '왜 손님이 안 오지', '다른 매장도 마찬가지인가, 우리만 이런가' 등 정답도 없는 이야기를 무의미하게 반복하고 있는 것이었다. 걱정은 걱정을 낳았고, 그렇게 풍선처럼 부풀어 가기만 했다. 결국, 이러한 노파심으로 가게에 쌓인 것은 대책 없이 들여놓은 물건들과 걱정 한아름이었다.

수천 수괘의 효사들을 보면, 기다림 앞에서의 다양한 태도를 보여 준다. 위험에서 멀찍이 떨어져 기본 윤리부터 설정하는 효가 있고, 위험으로 나아가 구설을 만들기는 하지만 중심을 잡아 끝내 길한 효가 있고, 스스로 위험을 자초하는 효가 있다. 나는 그중에서 초구효의 태도에 주목했다. "교외에서 기다리는 것이니 항상됨을 지키는 것이 이롭고 허물이 없다"(需于郊수우교, 利用恒리용항, 无咎무구)고 풀이한다. 수괘는 리섭대천(利涉大川)을 위해 기다리는 것이다. 문왕이 은나라 주왕을 정벌하려고 하던 그때, 먼 곳(郊外)에서 때를 엿보며 기다리던 배경을 가지고 있다. 문왕의 혁명만큼 거시적인 것이 아닐지라도, 우리는 살면서 크고 작은 혁명을 시도한다. 녹록지 않은 그 길을 어떤 태도로 돌파할 것인지가 중요하지 않겠는가. 이때 초구효의 항심(恒心)이 눈에 들어온 것이다.

초구효는 교외(郊外)에 있기에 겪게 되는 두 가지 측면이 있다. 먼저, '항상됨을 지키는 것이 이롭다'고 했는데, 어떤 상황이 와도 유지할 수 있는 항상된 도를 마련하는 것이 좋다는 것이다. 정이천은 이에 대해 '위험과 어려운 일을 범하면서 나아가지 않고 다시 자신이 자리한 곳에 마음을 편안히 하고 처하여 그 자리에 마땅한 상도를 잃지 않는다면 허물이 없다'(정이천, 『주역』, 169쪽)고 좀 더 자세히 풀어주었다. 초구의 경우에는 나아가지 않고 자신의 자리를 지키며 도를 잃지 않는 것이 중요한데, 이것이 혁명의 출발이라는 뜻으로 보인다. 혁명을 이룬다는 것이 뭘까? 문왕이 은나라를 정벌하는 그 순간이라고 생각할 수 있겠지만, 주왕의 횡포를 더 이상 방관할 수 없다고 판단한 때부터 계획하고, 준비하고, 훈련하며 기다린 모든 과정을 혁명이라고 할 수 있다. 그중에서도 초효는 혁명을 도모하면서도 지켜 내야 하는 일상을 의미한다. 원대한 목표를 위해 일상을 보잘것없는 것으로 만드는 게 아니라, 일상을 지켰을 때 혁명으로 이어질 수 있다는 직접적인 메시지를 보내고 있는 것이다. 정이천은 이를 항상되게 지켜야 할 도라 하여 상도(常道)라고 표현한다.

　교외에 있는 초구효가 겪게 되는 또 다른 측면을 보자. 구이효만 해도 물가(坎)에 가까이 가서 구설이 생기는 자리다. 구이효부터 점점 위험에 가까이 간다고 보면 된다. 반면 초구효는 물기(坎)가 미치지 않는 자리, 위험으로부터 가장 멀리 있는 자리다. 우리가 평상시에 위험을 자각하지 못할 때 생기는 게 뭘까? 게으름이다. 그래서 초구효는 쉽게 나태해질 수 있음을 경계해야 한다. 이를 자각하는 것도 중요하겠지만, 일상적으로 지켜야 할 일을 만들어 스스로 고삐를 죄는 게 필요하다. 이것이 곧 항심을 지키는 방법이 되는 것이다. 나는 성급하게 움직이던 마음을 다잡아야겠다는 생각이 들었다. 그때 한 일이 영업 윤리를 세우는 것이었다. 먼저, 품목을 최소화했다. 선택과 집중으로 전략을 바꾼 것이다. 전략을 바꾸니 (시간은 좀 걸렸지만) 산만하던 가게는 자연스럽게 정리가 됐고, 오히려 손님이 더 안정적으로 찾아오게 됐다. 그리고, 지켜야 할 일상의 루틴을 만들었다. 사실, 아무도 찾아오지 않는 날이 수두룩하다. 이런 날에는 퇴근할 때 허무함을 느끼기도 한다. 손님 없는 날이 반복되면, 차라리 하루이틀 쉬어서 피로라도 풀 것이지 가게 문은 왜 열었나 싶을 때도 있다. 이처럼 느슨해지고 게을러지려고 할 때는 일상적으로 해야 할 일을 정하는 것이 좋다. 매일 출근을 해서 자리를 지키는 것도 '일'인 것이다. 출근을 해서 매일 청소를 하고, 재고 확인과 주문 리스트를 만들고, 정비기술 영상을 한 개 이상 보고, 일주일에 세 개의 블로그 포스팅을 하는 등 매일매일 해야 할 일을 만들었다.

　그중 가장 주안점을 두었던 부분은 '태도'를 결정하는 일이었다.

손님이 오는 것과 매출에 신경을 쓰자, 일과 공부가 공존하는 공간으로 만들겠다는 포부는 어디로 갔는지 사라졌다. 처음에 가졌던 마음을 회복하는 것이 중요했다.

수천 수괘는 '기다림'과 더불어 '음식의 도'를 강조한다. 「서괘전」에서 '사물이 어릴 적에는 보살핌이 있어야 하고 길러 줌이 있어야 한다'고 했다. 그래서 어림을 나타내는 몽괘는 수괘로 받을 수밖에 없다고. 초구는 수괘에서 가장 어린 상태라고 할 수 있다. 이제 막 시작한 새로운 길에서 갈팡질팡하는 위치에 있는 것이다. 이때 필요한 것이 '기다림을 버틸 수 있는 음식'(김용옥, 『도올주역강해』, 통나무, 2022, 180쪽)이다. 김용옥 선생에 의하면, 음식이 없으면 기다릴 수 없다. 전쟁에서 할 수 있는 것은 싸우거나 기다리거나 둘 중 하나다. 전략적으로 기다릴 수 있다는 것은 군량미가 비축되어 있을 때만 가능하다는 것. 이 내용을 보며 두 가지 생각이 들었다. 기다림의 긴장감을 푸는 것으로서의 음식과, 지혜를 주는 음식이 모두 필요하다고 말이다.

수괘의 상을 봐도 알 수 있다. 구름이 하늘 위에 있다. 노심초사 비를 기다리지만 아직 구름 상태다. 이때 군자는 무엇을 할까? 연회를 베풀고 즐기면서 긴장을 푼다. 이것이 군자의 여유로움이다. 음식을 나누고 사람들과 웃고 떠들면서, 경직된 마음을 유연하게 만드는 것이다. 나는 일단 먹을 것부터 줄이기 시작했는데, 이것은 수괘가 전하는 메시지와 사뭇 다른 행동이다. 이것이 긴장을 푸는 것으로서의 음식이라면, 지혜를 주는 음식은 공부다. 사업 따로, 공부 따로가 아니다. 애초에 이 공간을 만든 의도가 그랬다. 가게에서 일어나는 수많은 사건과 사고, 다양한 사람들과의 만남을 공부로 만들고 싶었다. 어려움에 대처하는 자신을 관찰하는 것도 공부일 것이다.

　나는 혁명이라는 것이 대단한 이상 혹은 포부를 실현하는 거라고 믿었다. 그래서 처음에 찾아온 어려움을 걸림돌처럼 여겼다. 이 문제만 해결하면 모든 게 순조로워질 거라고. 하지만, 어려움은 필연적으로 수반되는 것이다. 처음에 찾아온 어려움을 극복하지 못하면, 이효에서부터 찾아오는 본격적인 어려움에 속수무책 당할 수밖에 없다. 음식을 먹으며 몸을 기르고, 어려움을 공부로 삼으며 지혜를 기르는 것, 그것이 초구의 혁명이다.

# 6
## 천수 송,

## 이기려는 마음 없이
## 싸우기

신근영
———

天水訟
천수 송

訟, 有孚, 窒, 惕, 中吉, 終凶. 利見大人, 不利涉大川. 송, 유부, 질, 척, 중

길, 종흉. 리견대인, 불리섭대천.

**송괘는 내면에 진실한 믿음이 있으나 막혀서 두려우니, 중도를 지키면 길하고 끝까**

**지 가면 흉하다. 대인을 만나면 이롭고 큰 강을 건너는 것이 이롭지 않다.**

初六, 不永所事, 小有言, 終吉. 초육, 불영소사, 소유언, 종길.

초육효, 다투는 일을 끝까지 하지 않으면 약간 구설수가 있으나 결국에는 길하리

라.

九二, 不克訟, 歸而逋, 其邑人三百戶, 无眚. 구이, 불극송, 귀이포, 기읍인

삼백호, 무생.

**구이효, 송사를 이기지 못하여 돌아가 도망가니 그 마을 사람이 3백 호 정도이면 화**

**를 자초하지 않으리라.**

六三, 食舊德, 貞厲, 終吉. 或從王事, 无成. 육삼, 식구덕, 정려, 종길. 혹종왕

사, 무성.

**육삼효, 예전부터 해오던 일을 하며 먹고살아 가니 올바름을 굳게 지키면 위태로우**

**나 결국에는 길하다. 혹 나랏일에 종사하여도 공을 자신의 것으로 할 수 없다.**

九四, 不克訟, 復卽命, 渝, 安貞, 吉. 구사, 불극송, 복즉명, 투, 안정, 길

**구사효, 송사를 감당하지 못하니 돌아와 자신에게 주어진 본분에 나아가고, 마음을**

**바꾸어 편안하게 여기고 올바름을 굳게 지키면 길하다.**

九五, 訟, 元吉. 구오, 송, 원길.

**구오효, 송사에 크게 선하고 길하다.**

上九, 或錫之鞶帶, 終朝三褫之. 상구, 혹석지반대, 종조삼치지.

**상구효, 혹 관복의 큰 띠를 하사받더라도 하루아침이 끝나기도 전에 세 번 빼앗기**

**리라.**

'공동체'라고 하면 흔히 떠올리는 이미지가 있다. 언제나 웃음꽃이 만발하는 곳. 서로를 배려하며 화목하게 지내는 곳. 아마도 이런 이미지에는 거칠다 못해 살벌하기까지 한 사회생활에서 벗어나고픈 로망이 담겨 있을 게다. 하지만 로망은 로망일 뿐. 공동체 또한 불협화음에 삐거덕거리고, 불화로 몸살을 앓는다. 물론 사회생활에서 겪게 되는 일들과는 그 결이 완전히 다르기는 하지만 말이다.

〈남산강학원〉은 공부공동체다. 단순히 책의 지식을 습득하고 글쓰기의 스킬을 배우는 곳이 아니라, 공부를 비전으로 함께 삶을 도모하는 곳이라는 거다. 나는 이 공동체에서 10년이 넘는 시간을 보내고 있다. 그리고 내가 겪은 공동체는 한마디로 사건·사고의 퍼레이드였다. 오죽하면 '하나의 사건은 또 다른 사건으로 잊힌다'는 우스갯소리가 떠돌까. 연구실 이곳저곳에서 끊임없이 일어나는 크고 작은 다툼들, 그리고 웃음꽃만큼이나 시도 때도 없이 피어나는 눈물꽃들. 이렇게 다툼이 일상다반사인 현실을 살고 있어서였을까. 천수 송(天水訟)괘가 눈에 들어왔다.

'송'(訟)은 다툼 혹은 송사를 상징한다. 해서 송괘를 처음 마주하게 되면 거기서 다툼이나 소송에서 이기는 법이 나올까 싶어 기대하게 된다. 하나 곧 보겠지만, 송괘의 도는 다툼에서 이기는 법과는 거리가 멀어도 너무 멀다. 물론 송괘는 송사를 다스리는 법을 담고 있다. 하지만 '다스리는 것'과 '이기는 것'은 천양지차다. 바로 여기에 송괘의 묘미가 있다.

우선 다툼이 일어나는 원인부터 알아보자. 송괘는 위에는 하늘이, 아래에는 물이 자리하고 있다. 하늘은 위를 향하고, 물은 아래로 흐르려 하니 가는 방향이 다름을 알 수 있다. 하늘과 물의 성격으로 좀 더 들어가 보면, 하늘은 '건'(乾)의 성격을 띠고 있어서 굳세고 강하다. 독일의 저명한 중국학자 리하르트 빌헬름은 '건'을 "빗겨 감이 없이 앞으로 나아가려 드는 경향"으로, "그 움직임이 멈춰질 수는 있어도 후퇴는 없"는 기운으로 읽는다. 반면 물은 '감'(坎)의 성격을 띠고 있다. 감은 구덩이와 험난함을 뜻하며, 그런 만큼 함부로 앞으로 나아갈 수 없는 장애나 막힘의 기운을 상징한다. 뭔가 느낌적인 느낌이 오지 않는가. 한쪽은 무조건 앞으로 나아가려는 기운, 다른 쪽은 꽉 막힌 기운. 이 둘이 마주쳤으니 다툼이 일어나는 것은 당연지사다.

흔히 이야기되듯, 손바닥도 마주쳐야 소리가 난다. 하지만 우리는 이 이치를 흔하게 이야기하는 만큼이나 쉬이 잊는다. 다툼이란 '건' 혼자서도, '감' 혼자서도 일으킬 수 없다. "강건하면서 장애가 없다면 다툼이 생겨나지 않고 (……) 막힘이 있고 또 강건하므로 다툼이 된다."(정이천, 『주역』, 182쪽) 사실 '건'의 기운 그 자체는 좋은 것도 나쁜 것도 아니다. 그냥 어떤 리듬, 또는 힘을 쓰는 특정 방식을 나타낼 뿐이다. 감 또한 마찬가지다. 문제는 건과 감이 위아래로 마주쳤다는 데 있다. 뚫고 나가려는 기운과 막아서는 기운의 마주침. 이 '마주침'이 다툼의 원인이다.

이것이 송괘가 가진 다툼의 특징이다. 『주역』에는 다툼을 내포한 괘들이 많다. 가깝게는 군사와 군중을 상징하는 '사'(師)괘가 그러하고, 멀리로는 혁명을 나타내는 '혁'(革)괘가 그러하다. 그런 다툼들과 송괘가 다른 점은 그 싸움이 리듬의 차이에서 비롯되었다는 것이다. 나아가려는 기운과 막힌 기운의 부딪힘! 하여 이런 다툼의 때에는 누가 옳은지 그른지, 혹은 누가 싸움의 원인 제공자인지를 따져 묻는 건 별 소용이 없다. 더욱이 송괘의 중심에는 '유부(有孚), 진실한 믿음이 있다'가 자리한다. 뜻의 진실함이 그 밑바탕에 흐르고 있다는 것이다. 하여 송괘는 이 진실한 뜻 위에서 서로 다른 리듬이 만들어 내는 다툼이라 할 수 있다.

이런 면에서 연구실에서 일어나는 대부분의 다툼들은 송괘와 맞닿아 있다. 연구실은 공동체인만큼 다양한 활동들이 펼쳐진다. 주방, 강감찬TV, 강좌나 세미나 매니저 등등. 그리고 이 활동들에 꼭 따라붙는 또 하나의 활동이 있으니, 다름 아닌 '싸움'이다. 함께 활동을 하다 보면 서로 의견이 갈라지는 경우들이 다반사다. 그런데 이때, 서로의 의견에 설득이 되지 않는 일이 생긴다. 물론 양쪽 모두 활동을 잘해 보고 싶다는 마음에서는 다르지 않다. 하지만 그런 뜻의 진실성은 계속되는 어긋남에서 쉽게 잊힌다. 원래의 뜻은 사라지고, '내가 맞네, 네가 틀렸네'라는 논쟁이 오가고, 결국에는 감정이 상하는 데까지 이르게 된다. 그리고 이 상할 대로 상한 기분은 묘하게도 내가 옳고, 네가 그르다는 것을 확인받고픈 마음으로 이어진다. 송사의 마음이다.

송괘는 바로 이런 마음을 어떻게 다스릴 것인가에 대한 것이다. 다툼과 송사의 도를 나타내는 핵심을 꼽자면, '유부'(有孚)와 '종흉'(終凶)이다. 유부, 진실한 믿음이 있을 것. 종흉, 끝까지 가면 흉하다는 것. 이 둘이 송괘의 키워드다. 그리고 이 키워드들을 잘 담고 있는 것이 송괘의 첫번째 효인, "初六초육, 不永所事불영소사, 小有言소유언, 終吉종길"(초육효, 다투는 일을 끝까지 하지 않으면 약간 구설수가 있으나 결국에는 길하리라)이 아닐까 싶다.

초효는 다툼의 시작이다. 그 시작에서 『주역』은 말한다. 불영소사(不永所事), 길게 일삼을 것이 아니다! 바꿔 말해, 끝장을 보려 해서는 안 된다는 거다. 여기에서 '송'(訟)이 아닌 '사'(事)를 쓴 이유는 다툼의 초반이라 아직 소송에 이르지 않았기 때문이다. 그러니까 길게 일삼지 말라는 것은 지금의 다툼을 송사의 마음으로까지 이어지게 하지 말고 멈추라는 거다. 그리고 그렇게 멈추면 길함이 열린다는 것이다.

송사의 마음, 그것은 상대를 반드시 이겨 먹겠다는 마음이다. 하지만 송사로는 아무것도 이룰 수 없다(訟不可成也송불가성야). 소동파 선생님의 말씀대로, "어려움은 다툼에서 일어나지 않는 경우가 없는데, 또다시 다툼으로 해결하려는 것은 서로의 부딪힘을 더욱 심하게 만들 뿐이다"(소식, 『동파역전』, 성상구 옮김, 청계, 2004, 94쪽). 정말이지 그렇다. 송사란 반드시 한쪽은 이기고 한쪽은 지게 되어 있다. 싸움에서 진 쪽은 설령 겉으로는 이긴 쪽을 따르더라도, 마음에는 상대에 대한 미움, 나아가서는 원한의 감정을 지니게 되어 있다. 하여 송괘의 마지막 효인 상효는 송사의 끝이 무엇인지를 적나라하게 보여준다. "상구효, 혹 큰 띠를 하사받더라도, 하루아침이 끝나기도 전에 세 번 빼앗기리라." 정이천은 이 효의 의미를 이렇게 푼다. 설령 다툼을 잘해 이겨도, 다른 사람을 원수로 만들면서 얻은 것이니 편히 보존할 수 없다고.

이처럼 송사의 끝에는 항시 불안과 두려움이 도사리고 있다. 그럼에도 함께 일을 도모하다 다툼이 일어나면 부지불식간에 지기 싫다는 마음이 올라온다. 왠지 내가 무시당하는 것 같고, 잘난 체하는 듯한 상대방도 꼴 보기가 싫고. 그럼 곧 내가 더 옳다는 생각이 마음을 차지하기 시작한다. 바로 이럴 때 이 마음을 접는 것. 그리고 다시 처음으로 돌아가 함께 일을 도모했을 때의 그 진실한 마음자리를 지키는 것. 그것이 다툼의 시작에서 우리에게 필요한 것이다.

하여 연구실의 많은 다툼들은 자신에게 이런 질문들을 던지는 것에서 시작하곤 한다. 그래서? 그래서 내가 이기면 어떻게 되는 건데? 대체 그렇게 내가 옳은 것을 확인받아서 뭘 얻고 싶은 건데? 잠깐의 승리의 쾌감? 그게 정말 여기서 내가 얻고 싶은 건가? 그건 아니다. 내가 공부하는 이유, 공동체라는 관계성 위에서 살고 싶은 이유, 그건 좋은 배움을 일구고, 삶의 충만함을 열어 가고 싶어서다. 그럼에도 왜 이토록 내가 맞았음을 확인받고 싶어 하는 걸까. 하나라도 더 배울 수 있다면, 해서 삶의 길을 보는 눈이 좀 더 환해질 수 있다면, 그런 확인 따위가 무슨 소용이 있겠는가. 더욱이 누구를 무릎 꿇게 하고 싶은 그 마음으로 어찌 배움과 충만함을 얻을 수 있을까.

그제야 정신이 번쩍 난다. 내가 빠진 구덩이가 보이고 막힌 마음이 맑아진다. 그리고 알게 된다. 내가 반드시 이기고야 말겠다는 그 강폭한 건(乾)의 마음이 다름 아닌 나를 가로막는 막힘(坎)이었음을! 그리고 그곳에서 빠져나오는 것은 나의 진실한 마음(有孚)에 있음을! 이제 나를 무시한다고 여겨졌던 말들은 길을 찾기 위한 다양한 아이디어들로 바뀐다. 잘난 체한다고 느껴졌던 상대에 대한 질시 역시 좀 더 좋은 길을 아는 친구를 곁에 둔 든든함이 된다. 그렇다. 공부에 대한 진실한 마음 위에서의 다툼은 결코 이기고 지고의 문제가 아닌 것이다.

연인이나 친구관계, 부부관계, 부모·자식 관계 또한 다르지 않을 것이다. 서로가 잘해 보자고 시작한 일이 다툼이 되고 나아가 서로에게 마음의 상처만 주게 되는 경우가 얼마나 많은가. 처음의 그 뜻은 모두 잊고, 서로에 대한 악감정만 남는 상황. 이겨도 찝찝하고 지면 처참해지는 이 싸움에 대한 송괘의 처방은 간단하다. 이기려 들지 말라! 처음의 그 진실한 마음을 붙잡아라!

여기에는 『주역』의 근본 사상이 깔려 있다. "생생지위역(生生之謂易), 낳고 낳는 것을 일컬어 역이라 한다."(「계사전」) 낳고 살리는 것, 그것이 천지자연의 도(道)라는 것이다. 다툼과 송사의 도(道) 역시 이것 위에 자리한다. 만약 우리가 다툰다면, 그것은 무언가를 낳고 살리기 위해서다. 그러나 송사는 반드시 누군가의 기운을 꺾어 버리고 짓밟게 되어 있다. 파괴의 마음, 그것이 송사인 것이다. 그리고 이 파괴의 힘은 고스란히 이긴 사람에게 되돌아오게 되어 있다. 이것이 송괘 상효의 의미였다. 하여 다툼이 시작될 때 그것을 송사로 이어지게 해서는 안 된다. 불영소사(不永所事)다.

그런데 여기서 한 가지 생각해 볼 문제가 있다. 송괘는 『주역』에서 여섯번째로 등장하는 괘다. 이게 좀 묘하다. 하늘(乾卦건괘)과 땅(坤卦곤괘)의 기운이 섞이며 혼돈(屯卦둔괘)으로 시작된 우주가 어리석음(蒙卦몽괘)을 넘어 음식을 먹고 차분히 성장(需卦수괘)한다. 그러고는 떡하니 등장하는 괘, 그것이 다툼과 송사인 것이다. 서로가 친밀하게 협력한다는 '비괘'(比卦)는 이 송괘가 지나고 나서야 나온다. 어째서 이 우주에는 협력보다 다툼이 앞서서 나오는 것일까. 나의 짧은 공부로는 시원스레 풀리지 않는 의문이다. 그럼에도 조심스레 추론해 보자면, 다툼이야말로 협력의 길을 열어 준다는 것을 의미하는 것은 아닐까 싶다.

『주역』은 음(陰)과 양(陽)이라는 두 대립되는 기운들을 기본으로 한다. 하지만 이 대립은 부정적인 관계가 아니다. 천지자연의 모든 시공간은 이 대립되는 것들이 함께 만나고 섞이면서 열린다. 무언가를 낳는 것도, 살리는 것도 대립되는 기운들이 섞여야 가능해진다. 대립 없는 세상, 그곳에서는 모든 것이 정체되어 어떤 변화도, 창조도 일어나지 않는다는 것. 이것이 『주역』이 말해 주는 우주의 또 다른 이치다.

송괘는 이런 대립의 때다. 진실한 뜻은 있으나 건과 감이 그 방향을 달리하고 있어 서로 부딪히는 상황. 바꿔 말해 이는 한 뿌리로부터 서로 다른 것들이 분화되어 나오면서 일어나는 대립이라 할 수 있다. 천지를 펼쳐 나가는 길 위에서 서로 차이 나는 것들이 우후죽순 생겨나며 다투는 때. 공자는 바로 이 차이를 조화의 근본으로 보았다. "군자는 조화를 이루나 같아지지 않고, 소인은 같아지나 조화를 이루지 않는다."(君子군자 和而不同화이부동, 小人소인 同而不和동이불화. 『논어』, 「자로」편) 똑같은 것들 사이에는 생성도 변화도 그리고 친밀한 협력도 일어나지 않는다. 오직 다른 것들만이 그렇게 서로 다르기에 함께 길을 열어 갈 수 있다.

하지만 차이에서 비롯한 대립이 송사가 되면 문제가 달라진다. 이제 둘 중 하나는 반드시 패자가 되어야 하는, 생성이 아닌 파괴의 현장으로 변질되는 것이다. 하여 송괘는 『주역』의 여섯번째 자리에서 이렇게 말하는 듯하다. 다툼은 꼭 필요하다. 그래야만 친밀한 협력이 가능하다. 단, 그것이 송사로 이어지지 않는 한에서.

연구실이 다툼들로 바람 잘 날 없는 이유도 이 때문일 거다. 서로가 진정한 사우(師友, 스승이자 벗)가 되어 가는 길 위에서 다툼은 피할 수 없는 하나의 과정인 것이다. 돌아보면 그렇다. 연구실처럼 함께 삶을 도모하는 관계가 아니라면 그렇게 다툴 일도 없을 거다. 적당히 좋은 게 좋은 거지 하고 넘어가거나, 아니면 앞뒤 볼 것 없이 그냥 소송으로 문제를 해결해 버리면 그만이다. 하지만 공동체에서는 그럴 수가 없다. 적당히 보아 넘길 수도, 넘겨서도 안 되며, 그렇다고 원수가 될 수도 없는 거다.

공동체를 이루기 위해서는, 함께 삶을 도모하기 위해서는 다툼의 과정을 통과할 수밖에 없다. 좀 실망스러울지도 모르겠다. 하지만 어쩌겠는가. 그것이 현실인 것을. 다툼 없는 공동체는 환상이다. 아니, 그건 공동체가 시들어 가고 있다는 징후다. 왜? 생각해 보라. 아무런 차이들이 없는 공동체, 한 명이 말하면 모두가 그저 '네!'라고 말하는 획일화된 기운이 지배하는 공동체. 거기에 어떤 삶의 활력이 있을까. 하여 우리에게 필요한 것은 다툼을 다스리는 지혜. 이기려는 마음 없이 싸우기! 그 싸움의 기예가 공동체의 다툼을 삶을 살리는 변화로 만들어 낼 것이다.

7
지수 사,

습관과의 전투,
공부

이윤지
———

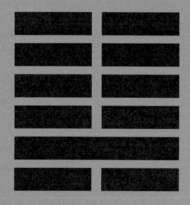

# 地水師 지수 사

師, 貞, 丈人, 吉, 无咎. 사, 정, 장인, 길, 무구

사괘는 올바름을 굳게 지켜야 하니, 다른 사람들을 이끌 수 있어야 길하고 허물이 없다.

初六, 師出以律, 否, 臧, 凶. 초육, 사출이율, 부, 장, 흉.

초육효, 군대를 일으키는 데 규율로써 하니, 그렇지 않다면 승리하더라도 흉하다.

九二, 在師, 中吉, 无咎, 王三錫命. 구이, 재사, 중길, 무구, 왕삼석명.

구이효, 군대의 일에 있어서 중도를 지켜 길하고 허물이 없으니, 왕이 신임하여 세 번 명을 내린다.

六三, 師或輿尸, 凶. 육삼, 사혹여시, 흉.

육삼효, 군대의 일을 혹 여러 사람이 주장하면 흉하다.

六四, 師左次, 无咎. 육사, 사좌차, 무구.

육사효, 군대가 물러나 머무르니 허물이 없다.

六五, 田有禽, 利執言, 无咎. 長子帥師, 弟子輿尸, 貞, 凶. 육오, 전유금, 리집언, 무구. 장자솔사, 제자여시, 정, 흉.

육오효, 밭에 짐승이 들어오면 명령을 받들어 잡는 것이 이로우니 허물이 없다. 맏 아들이 군대를 거느렸으니, 여러 동생들이 주장하게 하면 바르더라도 흉하리라.

上六, 大君有命, 開國承家, 小人勿用. 상육, 대군유명, 개국승가, 소인물용.

상육효, 위대한 군주가 명을 내리는 것이니, 제후를 봉하고 경대부를 삼을 때에 소 인을 쓰지 말라.


"이게 대체 뭡니까? 사람들더러 이걸 읽으라고 가져온 겁니까?"A4 로 출력해 온 내 글이 스승의 손에 들려 공중에 펄럭이고 있었다. 발

디딜 틈도 없이 사람들로 빼곡하게 들어찬 강의실에서 조금 전에 발표를 마친 나는 당황해서 어찌할 바를 몰랐다. 연구실에서는 누드 글쓰기 발표가 한창 진행 중이었다. 누드 글쓰기는 명리학을 공부해서 사주의 원리를 자기 삶에 적용해 보고 이를 글로 쓰면서 스스로 삶을 성찰해 보는 프로그램이었다. 지난 몇 달간 명리학 기초 공부를 하면서 조별로 자신의 사주를 풀고 튜터의 코멘트에 따라 글쓰기를 반복하기를 수 차례. 그렇게 완성된 글을 드디어 발표하는 날이었다.

그동안 고민해 온 삶의 문제를 사주와 엮어서 쓴 글에 스승께서 어떤 말씀을 해주실지 두근거리며 기다리던 중이었다. 그런데 내용이 아니라 글을 써 온 형식을 두고 벼락같은 호통이 떨어졌다. 연구실에는 글쓰기를 할 때 지키는 기본 형식이 있는데, 작은 폰트의 글씨와 좁은 여백으로 쪽수를 맞춰 온 내 글은 분량도 초과했을 뿐 아니라 읽기도 불편했다. 직장에서 사용하는 프로그램에서 문서를 작성하며 문제가 생겼다는 궁색한 변명을 한다손 쳐도, 사실 기본적으로는 연구실에서 지켜야 할 형식이 있다는 것에 큰 신경을 쓰지 않은 채, 출력을 해온 것이 문제였다. 이후 이곳 인문학 연구실에서 수업과 세미나를 하나둘씩 해가면서 알게 되었다. 공부를 한다는 것은 연구실의 원칙을 유념하고 그것을 잘 따르는 훈련으로부터 시작한다는 것을.

『주역』에는 전쟁을 논하는 괘가 있다. 다툼을 상징하는 송(訟)괘 다음에 오는 사(師)괘다. 갈등 끝에 군대를 일으켜 전쟁으로 가는 상황. 하여 사괘에서는 전쟁을 어떻게 치러야 하는지 전쟁의 방법과 전쟁의 승패를 판가름하는 원칙과 기술을 설명한다. 사괘는 군대가 출전하는 국가 간 전쟁이야 물론 말할 것도 없고, 우리가 살면서 겪어 나가는 보이지 않는 전쟁에도 적용해 볼 수 있다. 가령 이를 테면 연구실의 공부가 그렇다. 사실 요즘 '공부'라고 하면 입시, 취업, 고시 등 어떤 뚜렷한 목표를 설정하고 그 결과를 이루기 위한 수단으로써의 공부를 말한다. 그러나 이런 자기계발식의 목표지향적인 공부와는 아주 결이 다른 공부가 있다. 자신을 성찰하고 수련하는 과정으로서의 공부다. 내가 속한 인문학 연구실에서는 강의를 듣고, 책을 읽고, 토론하고, 글을 쓰며 자신이 가진 전제와 습관을 철저히 돌아보고 깊이 성찰하는 것이 필수다. 이런 과정을 통해 내가 가진 무거운 고민과 번뇌를 조금씩 덜어 내고 삶을 좀 더 가볍고 명랑하게 하는 것이다. 그럴듯하게 들리지만, 이 과정은 절대 녹록지 않다. 특히 자신이 믿고 있는 전제와 신념을 뒤흔드는 공부를 만날 때는 말이다. 이것은 자기 자신과의 싸움이므로 그야말로 한바탕 전쟁에 비유할 만하다.

정이천은 사괘의 구조를 두고 "안으로는 험난하지만(坎) 밖으로는 순종하니(坤) 위험한 길이지만 이치에 따라 나아가는 군사의 의미이다"(정이천, 『주역』, 199쪽)라고 하였다. 전쟁이라는 어려움을 수행하면서도 군사가 믿고 따르게 한다는 것은 이 전쟁의 명분이 확실하고 그것이 올바르기 때문이다(師사, 貞정). 공부도 마찬가지다. 탐진치의 습관대로 살던 일상의 흐름을 멈추고 거친 업을 거스르는 자신과의 전쟁을 지속해 갈 수 있는 것은 스스로를 설득하는 명분이 있기 때문이다. 그런데 무릇 전쟁이란 그냥 명분만으로 되는 것이 아니다. 전쟁에서 이기려면 군대를 이끄는 규율과 원칙, 유능하고 지혜로운 사령관, 진격과 후퇴의 전술 및 작전 등 많은 것이 갖추어져야 한다. 이 중 가장 기본적으로 갖추어야 할 것은 군대의 규율이다. 수만 대군이 모였다 한들, 이 군대를 움직이는 원칙과 규율이 부재하다면 오합지졸이나 다름없다.

사괘의 초효는 바로 이러한 군사의 율(律)을 언급한다. 초효는 유약한 음효로써 맨 아래에 위치한 병졸이다. 이 초육 병졸이 전쟁으로 출두하기 위해선 규율이라는 기본기를 필수로 탑재해야 한다(師出以律사출이율). 만약 규율을 동원하지 못하고 이를 제대로 지키지 못하다면 흉하다(否부, 臧장, 凶흉). 명령체계는 물론이요, 무기를 다루고 말과 수레를 관리하는 등 군대에는 수많은 규율이 있고 이 율에 따라 움직이는 것은 기본 중의 기본이다. 이런 기초 없이 어찌 전쟁의 승리를 말하리오. 공부에서도 마찬가지다. 학기 말 에세이를 잘 쓰고, 최종 시험을 잘 치르는 것이 능사가 아니다. 기본기를 건너뛰고 결과가 좋을 수 없다. 요행히 결과가 좋을 수도 있지만 사괘의 관점에서 그건 제대로 된 승리가 아니다. 아니, 실은 평범한 기본기를 지켜 가는 과정 자체가 이미 자신과의 전투에서 승리해 가는 과정이다. 시작에서 기본기를 다지지 않는다면 흉할 수밖에 없다고 초효는 경고한다.

공부에서의 기본기란 뭘까. 연구실에서는 글쓰기의 분량과 형식을 지키는 것은 물론, 원고 마감 시간을 지키는 것, 매번의 수업과 세미나에 늦지 않는 것, 공부하고 난 후 주변을 정돈하고 청소하는 것이 필수다. 사실 이런 것들은 별로 대단한 것이 아니고, 그닥 어려운 것도 아니라고 생각했다. 그러나 이것은 오산이자 오만이었다. 이런 평범한 규율들은 사소해 보이지만 본인의 일상을 잘 지킬 수 있어야 가능하다. 공부를 마음의 무게 중심에 두고 자신과 타인을 배려하는 마음이 없이는 어렵다. 수십 명이 글을 발표하는데 각자 제멋대로 형식을 지키지 않으면 얼마나 피곤하겠는가. 내가 쓴 글의 내용만 중요한 게 아니라, 이 글을 함께 읽어 줄 친구들에 대한 배려라는 게 있다. 그 최소한의 배려란 글의 형식이기도 하고, 함께하는 시간과 공간에 대한 약속이기도 하다. 이런 기본을 지키지 않고 자신의 번뇌와 싸우는 전쟁에서 승리한다는 건 불가하다는 것. 스승께서 기본 형식이 갖추어지지 않은 글을 호통치신 것은 그래서이다.

글을 쓰고 준비하는 과정에서 지켜야 하는 약속 하나하나가 그동안 기분 내키는 대로 해오던 자신의 습관과의 전투다. 별것 아닌 것 같은 사소한 약속을 지키는 행위의 반복이 마음을 쓰는 습관이 된다. 그렇게 작고 평범한 규칙을 지켜 감으로써 주변도 돌아보고 타인을 조금이라도 배려하는 마음도 일으키게 된다. 그렇지 않고 함께 공부하는 친구들에 대한 생각은 눈곱만큼도 없이, 내 글만 중요하다는 자세로 어떻게 자신의 문제와 맞짱을 뜨겠다는 건가. 어쩌면 글을 쓰며 내가 끙끙거리던 문제의 근원엔 세상에 대한 그런 오만한 태도도 한몫했을 것이다. 나와 내 것만 중요하다는 습관적인 마음가짐과 태도로는 글도 삶도 풀리지 않으니 말이다.

그러나 기본기를 잘 갖추고 규율을 잘 지킨다고 해서 전쟁에서 백전백승 할 수 있는 것은 아니다. 율을 지키는 것이 전쟁에서 이기기 위한 필요조건이기는 하지만 충분조건은 아니다. 군대의 규율은 전쟁에 임하는 데 있어 필수지만 그것이 승리를 장담하진 않듯이, 공부하면서 정해진 약속을 지키는 것이 자신의 번뇌와 싸워 이긴다는 것을 보장하지는 않는다. 불교에서도 모든 깨달음의 시작에 계율을 둔다. 계율이 바탕이 될 때라야 마음이 고요한 선정이 이루어지고 선정의 집중 상태가 가능할 때 지혜로 번뇌를 부수는 해탈이 가능하다고 말한다. 이 세 가지는 떼려야 뗄 수 없지만, 언제나 출발 포인트에는 계율이 있다.

수행을 전문으로 하는 수행승들에게는 253가지 지켜야 하는 계율이 있고 세속의 재가자에게는 5가지의 계율이 있다. 살생, 거짓말, 도둑질, 간음 그리고 술을 금하라는 것인데, 이 다섯 가지는 나와 타자에게 고통과 번뇌가 야기되는 상황을 방지한다는 공통점이 있다. 내게 주어지지 않은 것에 욕심을 내고 정신이 혼미해지는 번뇌 속에 어떻게 마음이 고요해질 수 있겠는가. 그리고 그런 산란한 마음으로 어떻게 정밀한 지혜를 갈고닦겠는가. 명상한다고 매일 방석에 앉는다고 해도, 몸과 말과 마음을 선하게 하고 일상의 행위를 단속하지 않으면 깨달음은 요원하다.

일상을 단속하는 계율은 금지의 형식을 띠고 있지만 사실 그것은 나와 타인을 괴로움의 상황으로부터 지켜 주는 보호와 방어의 메커니즘이다. 병사가 군대의 규율을 잘 준수하는 것이 승리로 가는 첫걸음이고, 공부에서 약속을 지키는 것이 자신과의 싸움에서 기본기가 되듯이, 깨달음으로 가는 자를 계율이 지켜 주는 것 또한 같은 이치다.

연구실에 오가며 이런저런 공부에 기웃거린 지 10년이 되어 간다. 둔근(鈍根)인 나는 공부에 별다른 진전은 없지만, 함께 공부하는 사람들이 모인 공간을 드나들며 그래도 소소한 습관들은 조금씩 몸에 익혀진 듯하다. 자신이 머문 자리에 흔적을 남기지 않기, 공부와 활동에 관련된 크고 작은 약속을 존중하고 지키기. 더딘 공부를 조금씩이라도 앞으로 나아가게 만드는 힘은 바로 이런 일상의 규율들이다. 첫 에세이 발표 때 스승님의 벼락같은 호통을 떠올리면 이젠 빙그레 웃음이 난다. 공부의 전쟁터, 깨달음의 전장에서 습관과 싸우며 우리를 앞으로 나아가게 하는 초석은 율(律)이라는 것. 지수사의 초효가 주는 가르침을 나는 공동체 연구실에서 배우고 익혔다.

8
수지 비,

'나란히' 서고 싶은
마음

고영주
———

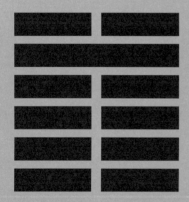

水地 比 <sub>수지 비</sub>

比, 吉, 原筮, 元永貞, 无咎. 不寧, 方來, 後, 夫, 凶. 비, 길, 원서, 원영정, 무구. 불녕, 방래, 후, 부, 흉.

비괘는 길하니 근원을 잘 살피되, 성숙한 지도력과 일관성, 그리고 도덕적인 확고함을 갖추었다면 허물이 없다. 편안하지 않아야 비로소 올 것이니, 뒤처진다면 강한 사내일지라도 흉하리라.

初六, 有孚比之, 无咎. 有孚盈缶, 終, 來有他吉. 초육, 유부비지, 무구. 유부영부, 종, 래유타길

초육효, 진실한 믿음을 가지고 사람과 가까이 지내며 도와야 허물이 없다. 내면의 믿음이 질그릇에 가득 차듯이 하면, 결국에는 뜻하지 않은 길함이 온다.

六二, 比之自內, 貞吉. 육이, 비지자내, 정길.

육이효, 사람들과 가까이 지내며 돕기를 내면으로부터 함이니, 올바름을 지켜서 길하다.

六三, 比之匪人. 육삼, 비지비인.

육삼효, 인간 같지 않은 자와 가까이 지내며 돕는 것이다.

六四, 外比之, 貞, 吉. 육사, 외비지, 정, 길.

육사효, 밖으로 가까이 지내며 돕는 것이니, 바르게 행하여서 길하다.

九五, 顯比, 王用三驅, 失前禽, 邑人不誡, 吉. 구오, 현비, 왕용삼구, 실전금, 읍인불계, 길.

구오효, 가까이 지내며 돕는 것을 드러냄이다. 왕이 세 방향으로 몰아가면서 앞서 도망가는 짐승을 잡지 않으며 자신이 직접 다스리는 곳의 사람들에게만 약속하지 않으면 길하다.

上六, 比之无首, 凶. 상육, 비지무수, 흉.

상육효, 사람들과 가까이 지내며 돕는데 처음부터 믿음이 없으니, 흉하다.

시작부터 난감 그 자체였다. '코로나19'의 기세가 도무지 꺾이지 않았다. 날이 갈수록 확진자 수는 늘어났고, 방역 시스템은 점점 더 견고해져만 갔다. 온 국민이, 아니 전 세계가 팬데믹으로 몸살을 앓고 있었을 때! 나는 '대중지성'의 개강을 앞두고 있었다. 그것도 학인이 아닌 매니저로서 말이다. '대중지성'은 〈감이당〉을 대표하는 장기 프로그램이다. 해마다 2월, 입춘을 전후로 모든 〈감이당〉 대중지성 프로그램이 개강을 준비하는데, 그중에서도 특히 '일요일 대중지성'(이후 일성)은 나에겐 조금 특별했다. 넓게 보면 나와 같은 직장인들이 일요일 하루를 공부로 열고 닫을 수 있는 장이기도 하고, 좁게 보면 내 삶의 무게중심을 공부라는 영역으로 기울게 해준 프로그램이기 때문이다. 그 덕분에 지난 4년간 일성에서 보고, 듣고, 배운 것을 바탕으로 지금까지 내 삶에 여러 질문들을 던지며 공부를 하고 있다.

그러던 중 어느 날, 갑자기 나에게 일성 '매니저 활동'의 제의가 들어왔다. 이럴 수가! 갑자기 매니저라니! 사실 그동안 일성에서 공부를 하면서 공부로 '밥벌이'를 하고 싶다는 비전이 생기기 시작했고, 〈감이당〉 '멤버'로 적극적인 활동을 하고 싶어졌다. 그래서일까. 이전에는 결코 품지 않았던 질문들이 하나둘씩 생기기 시작했다. 공동체란 무엇일까. '대중지성'은 어떤 방식으로 운영되는 걸까. 이번 매니저라는 활동을 통해 내 삶의 비전을 더욱 확장할 수 있을 것만 같았다. 그래서 솔직히 당황스럽기보다는 설렘이 앞섰다.

그런데 이 기쁨 앞에 코로나라는 방해꾼이 떡! 하니 버티고 서 있었던 것이다. 대중지성은 무엇보다 '대중'이 함께 모이고 접속하는 것이 기본이다. 그런데 코로나가 계속해서 대중의 접속을 제한하고 있다. 한치 앞도 예측하기 어려운 이 상황 속에서 일성의 문을 무사히 열고, 또 닫을 수 있을까.

이 고민에 대해 『주역』의 여덟번째 괘인 수지 비(水地 比)괘가 가장 적합한 길을 열어 줄 것 같다. 수지 비괘의 모습은 상괘에는 감(坎)괘가 자리하고 있고, 하괘에는 곤(坤)괘가 자리하고 있다. 땅 위에 물이 있는 모습을 하고 있는 '비'(比)괘를 정이천 선생님은 「서괘전」을 통해 이렇게 말한다. "군중들은 반드시 친밀하게 협력하므로 비괘로 받았다. '비'(比)란 친밀하게 보좌하는 것을 말한다. 사람이라는 부류는 반드시 서로 친밀하게 도움을 주고받은 다음에야 안정을 이룰 수가 있다."(정이천, 『주역』, 217쪽) 수지 비괘의 핵심은 군중들의 '협력'이다. 일성을 만들어 가는 군중이란, 학인과 강사, 그리고 매니저인 나를 포함하여 일성을 총 지휘하는 담임 선생님까지를 말한다. 개강을 코앞에 둔 때, 우리(군중)들이 친밀하게 서로 협력하고, 도움을 주고 받는 것이 일성을 무사히 열고 닫는 데 가장 필요한 힘이라고 비괘는 말해 주고 있는 것이다.

개강 날이 다가왔다. 사실 코로나만 아니었다면, 오리엔테이션 날은 연구실이 매우 시끌시끌했을 것이다. 그런데 '인원수 제한'으로 40명 가까이 되는 학인들이 전부 온라인으로 오리엔테이션을 해야만 했다. 개강 날이라고는 믿을 수 없을 정도로 연구실이 고요했다. 거기다 컴퓨터 화면으로 얼굴을 마주할 수밖에 없는 이 현실이 낯설었고, 스피커로 흘러나오는 자기소개가 어색하기만 했다. 그런데 놀랍게도 많은 학인들이 아직은 생소한 환경 속에서도 자신의 공부와 삶의 비전을 너무나 즐겁게 나누는 것이 아닌가! 서로가 직접 마주한 것도 아니고, 누군가는 마스크로 얼굴을 가려 제대로 알아볼 수도 없었지만, 모두가 한마음 한뜻으로 오리엔테이션에 참여하고, 이끌어 주어 일성의 첫 문을 무사히 열 수 있었다.

그렇게 개강 첫날은 무사히 마쳤지만, 앞으로 있을 강의며 에세이(글쓰기), 낭송, 렉처(미니강의) 등 매 학기마다 진행되던 다양한 활동을 계속해서 '비대면'으로 해야만 하는 것일까. 다 같이 아웅다웅하며 공부했던 날들을 떠올리니 많은 아쉬움이 밀려왔다. '아! 누군가와의 만남이 이토록 그리웠던 적이 또 있었을까.' 주말마다 학인들로 바글바글했던 연구실의 풍경이 그립기만 했다. 거기다 혹여나 장기적인 온라인 수업으로 인해 학인들이 중도에 하차하거나, 또는 그 일로 일성이 폐강되지는 않을까. 한편으로는 걱정과 불안감까지 들었다.

나는 수지 비괘의 육사효에게 길을 묻는다. 사효의 자리는 백성과 군주를 '이어 주는' 신하다. 즉 위와 아래를 소통할 수 있게 해주는 매니저 역할을 하고 있기 때문에 나와 같은 처지라고 볼 수 있다. 육사효는 "밖으로 가까이 지내며 돕는 것", 외비지(外比之)의 마음으로 비(比)의 때를 맞이 하고 있다. 외(外)란, 육사효 위에 있는 구오효로서 군주를 말한다. 정이천 선생님은 사효와 군주의 관계를 이렇게 설명한다. "군주와 신하는 서로 친밀하게 협력하는 것이 올바른 도리이며, 서로 협력하고 서로 함께하는 것이 마땅하다. 현자와 친밀하게 관계하고 윗사람에게 순종하는 것이 친밀한 협력의 올바른 도리이므로 올바르게 행해서 길하다."(정이천, 『주역』, 229쪽)

협력해야 하는 비(比)의 때에 육사효의 첫번째 올바름은 '다가

감'이다. 아래로는 학인에게 다가가고 위로는 일성의 '리더'인 담임 선생님에게 '순종'(順從)하는 태도를 갖는 것이다. 여기에서 순종이란, 무작정 좇고 따르는 복종의 의미가 아니다. 중국의 철학서들을 번역한 리하르트 빌헬름(Richard Wilhelm, 1873~1930)에 따르면, 하괘에 자리하고 있는 '곤'(坤)괘의 순(順)한 덕은 양(陽)과 상보적인 힘으로서 양의 기운을 완성해 주고, 굳센 올바름을 지탱해주는 토대다. 아직은 온라인으로 마주하는 것이 어렵고 낯선 학인들이 많았다. 그들이 원활하게 수업을 들을 수 있도록 다가가는 것이 매니저로서 가장 중요한 일이라 생각했다. 이 일이 곧 매 학기마다 진행되는 다양한 활동을 모두가 빠짐없이 즐겁게 지낼 수 있도록 열어 주는 길이고, 담임 선생님의 중요한 뜻이기도 했다. 구오의 리더십이 아래로 흘러갈 수 있도록 징검다리 역할을 하는 것. 이것이 비(比)의 때에 육사효가 구오효에 대한 올바른 행(行)이자 순종이다.

육사효의 두번째 올바름은 '능동성'이다. 비괘의 육사효는 자리(位)가 바르다. 자리가 바르다는 것은 자신이 위치한 곳에서 적극적인 일을 할 수 있다는 것이다. 내 마음이 바로 그러했다. 팬데믹으로 인해 익혀야 할 낯선 일들이 많았다. 특히 온라인 수업에 필요한 장비들의 용법을 아는 것이 중요했는데, 그러자면 먼저 '시간'을 확보하는 것이 관건이었다. '정규직'인 나에게 주말 아침은 달콤한(!) 시간이다. 그럼에도 나는 학기 내내 평소보다 1시간 일찍 〈감이당〉으로 향했다. 온라인 수업을 할 때 장비를 제대로 세팅하지 않으면 강사와 학인 모두가 곤란한 상황을 겪기 때문이다. 그래서 되도록 많은 준비 시간이 필요했다. 코로나로 인해 접촉이 제한되는 어려운 상황 속에서 내가 학인들보다 한발 앞서 '일성'의 장을 마련하고픈 행동의 바탕에는 '나란히 서고 싶은 마음'(比)이 있었기 때문이다.

생각해 보면 이상한 일이다. 내 삶을 지탱하는 또 하나의 장인 회사에서는 친밀한 다가감도, 적극적인 능동성도 일어나지 않기 때문이다. 솔직히 나는 업무시간 이외에 단 5분도 내 몸과 시간을 내어 주지 않겠다는 마음으로 회사에 칼(!)같이 출근하고 퇴근을 한다. 이런 내 모습에 몇몇 상사들은 "일찍 오고, 늦게 퇴근하면 안 되겠나?"라며 불만을 표출하기도 하지만, 나는 상사들에게 "그럼 월급 더 주나요?"라며 맞받아친다. 그렇다고 해서 내 삶을 오로지 '화폐'로만 환산하는 것은 아니다. 매니저 활동비로 받은 100만 원은 회사 연봉에 비하면 너무나도 적은 금액이지만, 이 돈은 단순히 노동에 대한 보상이 아니라 내 비전을 조금씩 확장시킬 수 있도록 촉발해 주는 공부의 힘이다.

매니저 활동을 통해 누군가에게, 또는 어딘가에 '수평'적으로 나란히 서고자 함은 지금 나에게 일어난 마음의 때(時)다. 그동안 돈이 주는 쾌락은 외부적으로 화려했고, 물질적으로도 풍요로웠다. 하지만 화폐가 움직이는 '수직'적인 장에서는 내 존재와 삶을 움직이는 힘이 늘 빈곤했고, 허무했다. 이 때문에 비(比)한 마음, 나란히 서고 싶은 것이 어떤 마음인지를 모르고 있었다. 그러나 '대중지성'이라는 시공간에서 함께 모여 고전을 읽고 쓰며 조금은 어설프기도 하고, 낯설기도 한 나만의 언어를 뱉어 내는 과정을 통해 한 번도 경험해 보지 못한 삶의 역동성을 느낄 수 있었다. 이것이야말로 외비지(外比之)가 길할 수 있는 이유다. 왜냐하면 공부가 주는 그 역동성만이 이

때에 올바른 길이자, 군중들에게 나란히 서고자 하는 마음을 열어 주기 때문이다.

9
풍천 소축,

가장 높은 하늘의 도,
오직 스스로 낮출 뿐

신근영

———

風天小畜 풍천 소축

小畜, 亨. 密雲不雨, 自我西郊. 소축, 형. 밀운불우, 자아서교.

**소축괘는 형통하다. 구름이 빽빽한데 비가 오지 않는 것은 내가 서쪽 교외에서 왔기 때문이다.**

初九, 復, 自道, 何其咎? 吉. 초구, 복, 자도, 하기구? 길.

**초구효, 회복함이 도를 따름이니 무슨 허물이 있겠는가? 길하다.**

九二, 牽復, 吉. 구이, 견복, 길.

**구이효, 이끌어 연합하여 회복함이니 길하다.**

九三, 輿說輻, 夫妻反目. 구삼, 여탈복, 부처반목.

**구삼효, 수레에 바퀴살이 빠진 것이니 부부가 서로 반목하는 것이다.**

六四, 有孚, 血去, 惕出, 无咎. 육사, 유부, 혈거, 척출, 무구.

육사효, 진실한 믿음을 다하면 피 흘리는 상황에서 벗어나고 두려움에서 빠져나오니 허물이 없다.

九五, 有孚, 攣如, 富以其鄰. 구오, 유부, 련여, 부이기린.

**구오효, 믿음이 있어서 여러 양들을 끌어당겨 함께하니 부유함으로써 그 이웃과 함께하는 것이다.**

上九, 旣雨旣處, 尙德, 載, 婦貞, 厲. 月幾望, 君子征, 凶. 상구, 기우기처, 상덕, 재, 부정, 려. 월기망, 군자정, 흉.

**상구효, 비가 오고 나서 그침은 덕을 숭상하여 가득 쌓인 것이니 부인이 이것을 계속 고수하면 위태롭다. 달이 보름에 가까워서 음의 기운이 가장 왕성한 것이니, 군자가 움직이면 흉하리라.**


그런 날이 있다. 하늘에는 먹구름이 가득한데 비는 오지 않고 바람조차 불지 않는 날. 땅은 바싹 말라 있고, 공기는 무겁게 짓누른다. 속이 갑갑하다. 언제 비가 오려나. 구름을 보면 비가 오긴 올 것 같은데…. 한바탕 비가 내리면 이 꽉 막힌 기운도 시원스레 풀릴 것이었다. 하나, 비는 올 듯 올 듯 오지 않는다. 밀운불우(密雲不雨), 구름은 빽빽한데 비는 오지 않는다. 소축괘의 때다.

풍천 소축(風天 小畜), 『주역』의 아홉번째 괘. 이 괘는 『주역』 안에서도 특별한 의미가 있다. 다름 아닌 문왕(文王)이 처한 때와 도를 보여 주기 때문이다. 주지하다시피 문왕은 64괘를 지은 인물이다. 문왕의 이름은 '창'(昌), 당대에는 '서백'(西伯, 서쪽의 우두머리)이라 불렸다. 서백이 살았던 시대는 기원전 12세기, 은나라가 중국 천하를 다스리던 시기였다. 은나라는 여러 제후국들을 거느리고 있었는데, 서백은 그중 서쪽에 자리한 제후국인 주(周)나라의 수장이었다. 머지않아 주나라는 중원의 새로운 지배자로 등극하여 중국 문화의 원류가 될 것이었다. 이런 주나라의 기틀을 닦은 이, 하여 훗날 문왕으로 추숭되는 이, 그가 바로 서백 창이다.

서백의 힘은 그가 가진 밝은 덕에 있었다. 의로움의 상징인 백이·숙제가 자신들을 의탁하기 위해 찾아간 곳도 서백의 주나라였다. 『사기』는 서백에 대해 이렇게 말하고 있다. "오로지 어진 정치를 행하고 늙은이를 공경하며 어린이를 사랑했다. 그가 어진 사람에게는 예의와 겸손으로 대하고 낮에는 재사(才士)를 접대하기에 식사할 겨를도 없었으므로 재사들은 대부분 서백에게 몰려들었다."(사마천, 『사기본기』, 정범진 외 옮김, 까치, 1994, 72쪽)

놀라운 일이다. 노인을 받들고 어린이를 아끼며, 어진 사람을 귀하게 여기고 능력 있는 사람을 보면 기뻐하다니! 어찌 보면 너무 당연한 일이어서 특별해 보이지 않을지도 모르겠다. 하지만 당연한 그 일들이야말로 가장 어려운 일들이 아니던가. 더욱이 우리는 당연한 일일수록 무시하는 경향이 있다. 잘 살기 위해서는 좀 더 그럴싸하고 신박한 것들이 필요하다고 생각하기 때문이다. 하지만 세상이 험해지고 삶이 퍽퍽해지는 것은 그 당연한 일들이 당연하게 일어나지 않는 데 있다. 사람들이 주나라로 몰려들었던 이유도 이 때문이었다. 주나라, 그곳은 당연한 것이 당연한 일로 이뤄지는 세상, 요컨대 천리(天理)가 펼쳐지는 곳이었다.

이런 서백에게도 시련이 닥쳐 왔다. 아니, 정확하게 말해서 서백이 서 있던 그 시대 자체가 시련이었다. 폭군 '주왕'(紂王), 중국 역사상 둘째가라면 서러운 이 폭군이 종주국 은나라의 왕이었던 것이다. 주왕은 음탕함과 잔혹함의 끝판왕이었다. 악공들에게 퇴폐적인 노래와 저속한 춤을 만들어 내라고 닦달하는 것은 기본, 술로 연못을 만들고 주위에는 고기들을 빽빽하게 매달아 놓아 숲처럼 꾸며 놓고는 발가벗은 남녀들을 뛰놀게 했다. 잔혹한 걸로 치차면 '포락'(炮烙)의 형벌이 있었는데, 뜨거운 불 위에 놓은 기름칠한 기둥 위를 죄인들이 걷게 하는 것이었다. 죄인들은 그 기둥 위에서 어떻게든 살아 보려고 버둥대다가 불 속에 떨어져 죽음을 맞이했다. 그러면 주왕은 한껏 흐뭇한 미소를 지었다.

이런 일도 있었다. 은나라에는 병권을 관장하는 세 명의 제후가 있었다. 구후(九侯), 악후(鄂侯), 그리고 서백. 그중 구후라는 제후가 주왕에게 자신의 딸을 바쳤는데, 아니나 다를까, 주왕은 그녀에게 음탕한 짓을 강요했다. 그런데 그녀가 이를 거절하자 주왕은 화가 머리 끝까지 나서 그녀를 죽여 버렸다. 그러고도 주왕은 분이 풀리지 않았는지, 구후를 죽여서는 포를 떠 소금에 절였다. 악후는 이에 대해 주왕에게 강하게 항의했고, 결국 그 역시 구후와 같은 운명을 맞이하게 되었다.

서백은 아무것도 하지 않았다. 그저 지켜볼 뿐이었다. 그가 할 수 있는 일이라곤 홀로 내뱉는 한숨과 한탄이 전부였다. 하지만, 이 시대는 그것조차 용납하지 않았다. 한 제후가 서백의 그 모습을 주왕에게 고했고, 주왕은 서백을 유리(羑里)의 감옥에 가두어 버렸다. 그렇게 서백은 7년을 갇혀 있었다.

7년… 서백은 어떤 마음이었을까. 억울하고 분했을까? 두렵고 절망스러웠을까? 어쩌면 그랬을 수도 있겠다. 하지만 그는 그것에만 머물러 있지 않았다. 유리옥에서 그가 한 일, 그것은 64괘를 짓는 일이었다. 엄혹한 시절, 천리가 끊어질 것을 염려하는 마음이었다. 그 마음이 뭔지 알 것 같다고는 감히 말하지 못하겠다. 다만 한 가지는 분명하다. 불안과 두려움을 통과하는 데 천리를 탐구하는 일보다 더 좋은 길은 없다는 것. 삶의 막다른 길에서 우리가 할 수 있는 일, 아니 해야 하는 일은 그것이다. 천지자연의 이치 위에 자신을 세우고, 거기서 삶의 길을 내다보기. 그렇게 할 수 있다면 설령 그것이 자신의 죽음으로 결론난다 하더라도 그 순간 그보다 더 큰 힘과 위로가 될 수 있는 건 없을 것이다. 그러니 서백은 썼을 것이다. 세상의 이치를! 천리가 펼쳐 보이는 예순네 개의 시공간을! 그렇게 서백은 자신의 상황 또한 그 안에 담게 되는데, 그것이 '풍천 소축'이다.

풍천 소축은 아래에는 하늘이, 위에는 바람이 자리한다. 하늘은 강건하게 뻗어 나가려는 기운인 반면, 바람은 아래로 들어가는(入) 공손한(巽) 기운이다. 해서 소축괘는 위로 치고 올라오려는 강건한 하늘을 바람이 그 유순함과 공손함으로 막고 있는 형국이다. 전체적인 괘의 구성을 봐도 하나의 음효에 양효가 다섯. 양의 기세가 강함을 넘어 몹시 거칠다. 요컨대 주왕의 기운이다. 이를 막아 세우는 것은 신하의 자리인 사효의 음효. 한없이 자신을 낮춰 강폭한 기운을 저지하고 있는 서백의 모습이다.

이처럼 강폭한 기운을 공손함이 저지하고, 양효의 강험한 힘을 음효 하나가 묶어 두니, 작은 것(小)으로 큰 것을 길들이는(畜), 소축(小畜)이 된다. 또한 그 결과로 얻어지는 길들임 역시 작을 수밖에 없기에 소축으로 이야기된다. "건의 강건함은 공손함에 의해 제지당하여 길들여진다. 강건한 성질은 오직 유순한 방식으로 제지하여 길들일 수 있지만, 제지하여 길들일 수 있다고 해도 그 강건함을 견고하게 제어할 수 있는 것이 아니다. 단지 유순한 방식으로 길들여 묶어둘 수 있을 뿐이다."(정이천, 『주역』, 244쪽)

서백은 자신의 역할이 '작은 것'에 있을 뿐임을 알았다. 자신으로서는 주왕을 성군으로 바꿀 수도, 왕좌에서 끌어낼 수도 없었다. 왜냐하면 때가 그러하기 때문이다. 게다가 주왕은 흔히들 폭군이라 하면 떠올려지는 단순무식한 인물이 아니었다. 그는 영특했고, 신체적 능력 또한 뛰어났다. "주제(紂帝)는 타고난 바탕이 총명하고 말재간이 뛰어났을 뿐만 아니라 일처리가 신속하며, 힘이 보통 사람보다 훨씬 뛰어나서 맨손으로 맹수와 싸울 수 있었다. 또한 그의 지혜는 신하의 간언이 필요하지 않을 정도였으며, 말재주는 자신의 허물을 교묘하게 감출 수 있을 정도였다."(사마천, 『사기 본기』, 64쪽) 주왕은 가볍고 만만한 상대가 아니었다. 섣부르게 대항했다가는 되레 큰 화를 불러들일 것이었다. 그렇다고 주왕의 폭정을 가만히 두고 볼 수만도 없는 일이었다. 바로 여기서 서백이 찾은 길이 '작은 것'의 힘이었다. 작은 것에 지나지 않지만, 작기에 할 수 있는 일. 거칠고 위험한 기운을 길들이는 것은 오히려 유순한 힘이라는 것. 하여 서백은 자신을 낮추는 그 공손함으로 주왕과 마주한다.

서백은 우선 유리옥에서 나오기 위해 주왕에게 선물을 보냈다. 최고의 미녀와 준마(駿馬), 그리고 여러 특산물들이었다. 주왕은 미녀 하나만으로도 충분한데, 말에다가 보물까지 바쳤냐며 한껏 신나서는 서백을 풀어 주었다. 그러고는 거기에 더해 주변 제후국들을 정벌할 권한 또한 서백에게 안겨 주었다. 그러자 서백은 다시 자신의 땅 일부분을 주왕에게 바쳤다. 그리고 포락의 형벌을 없애 줄 것을 요청했다. "흥미롭게도" 주왕은 서백의 요구를 들어주었다.

음… 서백 앞의 주왕은 뭔가 주왕답지 않다. 아무리 선물이 마음에 들었기로서니 군대를 허락한다고? 심지어 자신이 개발(?)한 형벌놀이조차 포기한다고? 온갖 진귀한 물건들을 없는 것 없이 가지고 있었을 텐데, 왜 유독 서백의 선물 앞에서는 주왕의 마음이 풀어졌던 것일까. 또 다른 에피소드는 이런 의구심을 더욱 크게 만든다.

주왕에게서 풀려난 서백은 드러나지 않게 덕을 베풀고 선정을 행했다. 나날이 백성이 늘어 갔고 제후들 또한 주왕을 등지고 서백을 따랐다. 주나라의 기세를 심상치 않게 여긴 몇몇의 신하들이 주왕에게 이 사실을 알렸다. 하늘의 뜻이 주나라로 향하고 있다는 간언이었다. 하나 주왕은 걱정할 게 없다며 그 말을 단박에 물리쳤다. 거기엔 주왕 특유의 자만심이 있었겠지만, 서백을 대하는 주왕의 태도에는 분명 남다른 데가 있다. 서백에 대한 어떤 믿음, 그런 게 느껴진다.

주왕이 서백을 받아들인 것은 물욕 때문만은 아니었다. 거기에는 서백의 공손함과 진실됨이 있다. 서백이 주왕에게 보낸 선물은 뇌물들과는 달랐다. 겉으로는 웃으면서 속으로는 주왕을 부정하고 증오하는, 그런 아첨이 아니었다. 서백은 주왕의 은나라를 받아들였다. 진심이었다. 그러니까 애초에 서백에게는 주왕을 해칠 마음이 없었다는 거다. 주왕은 서백의 그 마음을 느낀 것이다. 하여 그는 서백에 대한 의심을 거두고 그를 받아들였다. 비록 주왕의 성정도, 폭정도 크게 바뀌지는 않았지만, 그 덕분에 서백은 포락의 형을 그치게 했고, 모진 시대에 백성들의 피난처가 되어 줄 주나라를 만들어 갈 수 있었다.

그렇다면 이제 질문은 서백에게로 옮겨 간다. 어떻게 서백은 그 포악한 주왕을 받아들일 수 있었던 것일까. 어째서 인간 같지도 않은 그런 자에게 자신을 낮췄던 것일까. 사실 이런 물음은 서백에게는 적절치 않다. 서백이 머리를 숙인 것은 주왕이 아니라, '천리'였기 때문이다. 천지자연은 끊임없이 변하는 흐름 그 자체다. 모든 일이 형통한 때가 있는가 하면, 뭘 해도 안 되는 꽉 막힌 시절 또한 있는 법이다. 그러니까 자신으로서는 어찌할 수 없는 그런 때가 있다는 소리다. 하여 여기서 중요한 건 지금이 힘든 시기라는 것이 아니라, 이 답답한 시절 역시 지나간다는 사실이다. 그러면 다시 밝고 안온한 기운이 천지를 채울 것이다. 그러니 원망할 것도, 절망할 것도 없다. 누구의 잘못도, 누군가 어찌해 볼 수 있는 것도 아닌, 그저 때가 그런 것이고, 그때에 맞게 자신이 해야 할 바가 있을 따름이다.

하여 소축의 때, 서백은 주왕과 상대하고 있지 않았다. 그의 시선이 향한 곳은 천리였으며, 그에게 유일한 문제는 천리로 살아가는 것이었다. 요컨대, 그의 관심은 권력이 아닌 천리였다! 그것은 주왕이 없어야만 열리는 그런 길이 아니었다. 주왕과 같은 인물 때문에 어두워질 수는 있을지언정 결코 끊어질 수 없는 것, 그것이 천리이고, 그렇기에 천리이다. 그러니 서백의 마음 어디에 주왕을 해칠 마음이 들어설 자리가 있었겠는가. 이 때문에 주왕은 서백에게서 어떤 위협도 느끼지 못했으리라. 하여 서백에게만큼은 그 강폭한 기운 또한 내려놓을 수 있었으리라. 천리에 대한 서백의 믿음. 날이 궂으면 궂은 대로, 날이 좋으면 좋은 대로 작든 크든 자신의 천리를 행해 나가는 것. 이것이 서백의 전부였다. 서백은 그렇게 한 발 한 발 나아갔다. 그 길을 따라 천리의 밝은 빛은 흘러들 것이고, 그러면 새로운 시대가 도래할 것이었다. 작은 구름들이 서서히 모여들어 메마른 땅을 적시는 비를 내리듯이 말이다.

그런데! 서백은 여기서 다시 한번 자신의 작음을 말한다. 그 시원한 빗줄기를 자신은 맞을 수 없을 거라고. 서백은 "자신이 어느 것하나 이루어 놓은 것 없이 살다가 죽게 되리라는 것을 알고 있었다"(리하르트 빌헬름, 『주역 강의』, 진영준 옮김, 소나무, 1996, 175쪽). 다시 말해, 새로운 시대를 여는 영광도, 그 속에서 안온하게 살아갈 기회도 자신의 몫이 아니라는 거다. 그에게 허락된 건 오직 구름을 모으는 일이었다. 그는 그렇게 서쪽 제후국의 수장으로 생을 마감할 것이었다. 밀운불우 자아서교(密雲不雨, 自我西郊). 구름이 빽빽한데 비가 오지 않는 것은 내가 서쪽 교외에서 왔기 때문이다.

어떻게 이토록 자신을 낮추고 또 낮출 수가 있을까. 서백은 자신이 누리지도 못할 비를 위해 구름을 모았다. 왜? 비는 반드시 올 것이기 때문이다. 하여 자신이 아니어도 그 언젠가, 그 누군가는 내리는 비에 목을 축이고 삶을 영위하게 될 것이다. 서백은 그렇게 자신에게 돌아올 것이 아무것도 없는 그 일에 마음을 다했다. 아니, 생각해 보니 상황은 그 반대일지도 모르겠다. 오히려 서백이 그 마음을 냈기에 비는 내릴 수 있지 않았을까. 돌아올 결과에 대한 기대도 욕심도 모두 내려놓은 자리, 비구름은 거기에만 들어찰 수 있을 테니 말이다.

서백은 이렇게 자신의 때를, 자신의 도를 그려 나갔다. 거기에는 한없이 자신을 낮추는 서백이, 그 공손함의 덕이 밝게 빛나고 있다. 그것은 천리에 대한 진실한 믿음 위에서만 가능한 일이었다. 주왕의 강폭한 기운으로부터 그를 지켜 준 것도, 그에게 두려운 마음을 떨치게 해준 것도 모두 이 믿음의 힘이었다. 풍천 소축에 담긴 작은 것의 이 큰 힘은 그렇게 서백을 문왕으로 만들었다. 하여 훗날 소축괘의 효사를 지은 이는 서백의 이 덕을 담아 이렇게 육사효를 썼다. "六四육사, 有孚유부, 血去혈거, 惕出척출, 无咎무구." (진실한 믿음을 다하면 피 흘리는 상황에서 벗어나고 두려움에서 빠져나오니 허물이 없다.)

10
**천택 리,**

**호랑이 꼬리를 밟아도**
**괜찮은 마음**

**성승현**
———

天澤 履
천택 리

履, 虎尾, 不咥人, 亨. 리, 호미, 부질인, 형.

**리괘는 호랑이 꼬리를 밟아도 사람을 물지 않으니, 형통하다.**

初九, 素履, 往, 无咎. 초구, 소리, 왕, 무구.

**초구효, 본래대로 행하여 나아가면 허물이 없다.**

九二, 履道坦坦, 幽人貞吉. 구이, 리도탄탄, 유인정길.

구이효, 행하는 도리가 탄탄하니 마음이 차분한 사람이라야 올바르고 길하다.

六三, 眇能視, 跛能履. 履虎尾, 咥人, 凶, 武人爲于大君. 육삼, 묘능시, 파능리. 리호미, 질인, 흉, 무인위우대군.

**육삼효, 애꾸눈이 보려 하고, 절름발이가 걸으려 하는 것이다. 호랑이 꼬리를 밟아서 사람을 무니 흉하고, 무력을 쓰는 포악한 사람이 대군이 되려고 한다.**

九四, 履虎尾, 愬愬, 終吉. 구사, 리호미, 색색, 종길.

**구사효, 호랑이 꼬리를 밟으니 두려워하고 조심하면 결국에는 길하리라.**

九五, 夬履, 貞, 厲. 구오, 쾌리, 정, 려.

**구오효, 강하게 결단하여 행함이니 바르더라도 위태롭다.**

上九, 視履, 考祥, 其旋, 元吉. 상구, 시리, 고상, 기선, 원길.

**상구효, 행하여 지나온 것을 보아서 선악과 화복을 상세히 살피되 두루 잘못이 없으면 크게 좋고 길하리라.**


〈감이당〉에서는 매년 정기적으로 사주명리 강좌를 연다. 튜터로 참여할 때였다. 강의 기획 단계에서 '이번 시즌에는 인문학 세미나를 추가해서 명리에 대한 해석을 폭넓게 할 수 있도록 하자'는 쪽으로 의견이 모아졌다. 그렇게 변화를 주어 개강을 했다. 매주 조원들과 세미나를 진행하면서 이야기를 나눠 보니, 확실히 효과가 있었다. 이를테면, '재물운은 언제쯤?'이라는 질문 대신 '돈의 용법'을 고민하는 모습을 볼 수 있었던 것. 하지만 미래에 대한 불안과 돈에 대한 욕망을 쉽게 지우지는 못했다.

사실, 사주명리는 자칫 위험에 빠질 수 있는 학문이다. 그것을 대하는 사람들의 마음 때문이다. 아무리 마음을 다잡아도 길흉으로 해석하기 쉽고, 돈·명예·사랑과 같은 욕망의 충족 여부를 예측하는 데 쓰기 쉽다. 명리로 다른 사람을 쉽게 판단하기도 하고, 타인의 운명을 마치 결정된 것처럼 말하기도 한다. 인간의 운명을 다루는 사주명리 특성상 두려워해야 마땅한 학문인데 말이다. 호랑이 꼬리를 잘못 밟으면 물리는 것처럼, 사주명리를 잘못 쓰면 타인뿐 아니라 자신에게도 치명상이 될 수 있다. 사주명리가 '호랑이 꼬리를 밟는 것'처럼 두려운 것이라면, 배우지 않는 것이 좋은 것인가? 그렇지 않다. "사람이 예(禮)를 실천할 수 있다면, 지극히 위험한 곳을 밟더라도 해로운 바가 없을 것이다. 호랑이 꼬리를 밟더라도 물리지 않아서 형통할 수가 있다"(정이천, 『주역』, 259쪽)고 하듯이, 차근차근 밟아 나갈 '예'를 찾는 것이 중요하다.

호랑이 꼬리를 밟아도(履虎尾리호미) 물리지 않는 '예'란 게 뭘까. 이는 마음의 문제와 관련이 있다. 앞서 말한 것처럼, 사주명리가 위험해지는 때는, 마음이 혼탁해졌을 때다. 재앙은 싫고, 복은 좋다는 마음이 지배하게 될 때, 두려움이 앞설 때, 욕심이 생길 때, 뭘 좀 안다고 자만하게 될 때 명리라는 학문은 독이 된다. 이런 측면에서, 마음을 다잡고 다잡는 육이효를 주목하게 됐다. '행하는 도리가 탄탄하니 마음이 차분한 사람이라야 올바르고 길하다'고 했는데, 이와 동시에 떠오르는 인물이 있었다. 사주명리에 관심을 갖게 해줬던 소설 『임꺽정』의 갖바치다. 소설을 읽을 당시 그를 보며 굉장히 현명한 사람을 만난 기분이었다. 사주명리로 인생을 지혜롭게 사는 듯 느껴졌고, 갖바치처럼 인생의 지도를 그려 낼 수 있다면 두려울 게 없겠다 싶었다. 그때는 그렇게 멋있고 현명한 느낌으로 갖바치를 보았는데, 이번에 글을 쓰며 생각하니 그에게는 '마음이 차분한 사람', 즉 유인(幽人)의 면모가 보인다.

『임꺽정』에는 사주명리를 배우는 두 젊은이가 나온다. 갖바치(양주팔)와 김륜! 갖바치는 천인으로 태어났음에도 의학뿐 아니라 문식이 뛰어나 백정학자라 불렸다. 사주도 대충은 볼 줄 알았다. 그러던 중, 이천년이라는 뛰어난 스승 아래에서 깊이 공부할 기회가 생긴 것이다. 5년 정도 앞서 공부를 시작한 김륜의 실력은 그만그만했으나, 갖바치의 실력은 몇 달 사이에 일취월장했다. 스승은 그런 갖바치를 아껴서 자신이 아는 학문 전부를 전수한다. 그 사이에 김륜은 스승이 주문에도 능한 것을 알게 되었는데, 그때부터 주문을 가르쳐 달라고 떼를 쓴다. 리(履)괘 육삼효에 '애꾸눈이 보려 하고, 절름발이가 걸으려 하는 것'(眇能視묘능시 跛能履파능리)이라는 묘사가 나오는데, 김륜이 딱 그렇다. 명리도 제대로 공부하지 못한 상태에서 욕심만 부리는 꼴이니 말이다. 이때 스승은 "내가 너의 맘을 바르게 지도하지 못하고 기이한 술법만 가르친다면 나의 죄가 적지 않을 것이다. 너는 (……) 맘을 바로잡도록 공부하여라. 정심(正心) 공부가 주문 공부보다 너의 몸에 이로울 것이다"(홍명희, 『임꺽정』 1권, 사계절, 2008,

217쪽)라며 혼쭐을 낸다. 정심 공부가 되지 않은 상태에서 명리든 주문이든 그 무엇이든 배우게 되면, 무인이 대군이 되는 흉한 상황이 초래될 수 있다는 것(武人爲于大君무인위우대군)이다.

여기서 알 수 있는 것은, 사주명리의 첫 걸음이 정심(正心) 공부라는 사실이다. 마음이 바른 사람은 "행하는 도리가 탄탄"(履道坦坦리도탄탄)하다. 그런데, 어떻게 정심을 공부할 수 있을까? 유인(幽人)에 답이 있었다. 유인을 조용하고 고독한 사람, 홀로 있는 사람, 차분한 사람 등으로 표현하는데, 나는 그중에서도 '홀로'라는 표현에 의미를 부여하고 싶다. '홀로'라는 것은 시류에 휩쓸리지 않음 혹은 선악·시비의 이분법에서 홀로 떨어져 있는 상태라고 볼 수 있다. 개인의 이익, 명예의 추구뿐만 아니라, 좋고 싫음에 대한 분별까지도 하지 않는 상태 말이다. 사심으로부터 거리를 두면, 욕망으로부터 벗어날 수 있으니, 마음이 차분해지고 평정해진다. 이러한 상태라야 학문의 이치를 파악할 수 있고, 도리(道)에 맞는 행동을 할 수 있는 것이다.

「상전」은 유인의 덕목인 '거리두기'를 생생하게 보여 준다. 하늘 아래 연못이 있는 것을 보고, 군자는 위와 아래의 본분을 분별하여 백성을 안정시키고자 했다. 위(上)의 선비가 덕을 갖추는 것이 본분이라면, 아래(下) 백성은 맡은 일에 힘쓰는 것이 본분이다. 그런데, 이 본분이 무너지면 위에서는 지위와 영달에만 마음을 쓰게 되고, 아래에서는 이익에만 몰두하게 된다는 것이다. 이를 사주명리라는 학문에 적용해 본다면, 선비가 덕을 갖추는 것을 본분으로 삼았듯, 공부하는 사람은 정심 갖추는 것을 본분으로 삼아야 한다고 할 수 있겠다. 유인은 이 본분을 어렵사리 홀로 지켜 내는 사람인 것이다. 지위,

영달에의 욕망과 거리두기를 하면서!

이 마음 상태가 갖바치와 김륭의 차이를 만들어 냈다. 갖바치는 본분을 지키려 했고, 김륭은 본분을 잃어 출세에 마음을 쓰게 되었으니 말이다. 그렇기에 갖바치는 자신이 배운 학문이 '호랑이 꼬리를 밟는 것'처럼 위험하다는 것을 늘 인식했고, "점치고 사주 볼 줄 아는 것도 지금 나에게는 걱정거리일세"(같은 책 2권, 49쪽)라며 긴장을 놓지 않았다. 하지만, 김륭은 세월이 흘렀음에도 스승에게 주문을 배우지 못한 것을 못내 아까워하고 있었다. 결국, 김륭은 윤원형 형제의 부탁으로 임금을 방자하는 일을 꾸미다가 시골로 쫓겨나게 된다. 리(履)는 '밟는다'와 '밟힌다'는 양면의 뜻이 있다. 갖바치는 예를 밟으며 나아갔고, 김륭은 감당하지 못해 밟히게 되었다고 볼 수 있다.

구이효는 하괘의 중앙에 놓여 있다. 중(中)을 얻었으므로 강한 성격의 소유자다. 욕망에 거리를 둔다는 것은 쉬운 일이 아니다. 강한 자이기에 실천할 수 있는 덕목이다. 게다가 구이효는 구오효와 호응하는 관계에 있지 않기에, 구오효인 권력자들과 교감하지 않는다. 권력자들에 등지고 있는 것. 세상이 쫓는 욕망에, 그것을 부추기는 권력자에 질문을 던지는 존재인 것이다. 그렇기에 구이효의 목적은 출세나 성공에 있지 않다. 본래의 '예'를 회복하는 데 있다. 사주명리 또한 그렇다. 사주명리를 공부하는 사람들은, 마음을 굳게 먹고 욕망에 거리를 두어야 한다. 그래야 길흉을 조장하는 기성의 가치 판단으로부터 자유로울 수 있다. 이것이 사주명리를 공부하는 데 있어 지켜야 할 '예'이고, 밟아야 할 절차임을 기억해야 한다.

11
지천 태,

분별심을 버리면
복이 와요

전현주

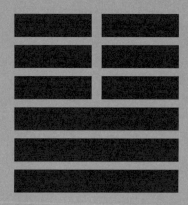

地天泰
지천 태

泰, 小往, 大來, 吉, 亨. 태, 소왕, 대래, 길, 형.

**태괘는 작은 것이 가고 큰 것이 오니, 길하고 형통하다.**

初九, 拔茅茹, 以其彙征, 吉. 초구, 발모여, 이기휘정, 길.

**초구효, 띠풀을 뿌리째 뽑음이라. 그 동류와 무리지어 나아가면 길하다.**

九二, 包荒, 用馮河, 不遐遺, 朋亡, 得尙于中行. 구이, 포황, 용빙하, 불하유,
붕망, 득상우중행.

**구이효, 거친 것을 포용하고 걸어서 황하를 건너는 과감함을 쓰며, 멀리 있는 사람
을 버리지 않고 사사로운 자신의 무리를 버리면, 중도를 행하는 것에 맞게 된다.**

九三, 无平不陂, 无往不復. 艱貞, 无咎, 勿恤, 其孚, 于食, 有福. 구삼,
무평불피, 무왕불복. 간정, 무구, 물휼, 기부, 우식, 유복.

**구삼효, 평평하기만 하고 기울지 않는 것은 없으며 가기만 하고 돌아오지 않는 것
은 없다. 어렵게 여기고 올바름을 지키면 허물이 없고 근심하지 않아도 진실한 믿
음이 있으면 벼슬함에 복이 있으리라.**

六四, 翩翩, 不富以其鄰, 不戒以孚. 육사, 편편, 불부이기린, 불계이부.

**육사효, 새가 가볍게 날듯이 아래로 내려가 부유하지 않은데도 그 이웃과 함께하니
경계하지 않고 진실하게 믿는다.**

六五, 帝乙歸妹, 以祉, 元吉. 육오, 제을귀매, 이지, 원길.

육오효, 제을이 누이동생을 시집보냄이니 복을 얻고 크게 좋고 길하리라.

上六, 城復于隍, 勿用師, 自邑告命, 貞, 吝. 상육, 성복우황, 물용사, 자읍고
명, 정, 린.

**상육효, 성이 무너져 해자로 돌아간다. 군사를 쓰지 말아야 하는데 자신이 다스리
는 고을에서 명을 내리니, 올바르더라도 부끄럽다.**

예전에 같이 공부했던 한 청년(이하 Y)으로부터 연락이 왔다.『주역』에 관심이 생겨 점을 보았다고. 그런데 점괘가 이해가 안 된다며 나에게 해석을 부탁했다. 주역점 보는 재미에 빠진 나는 얼씨구나 하며 이야기를 해주었다. Y는 배우가 되고자 하는 꿈을 품고 그것을 준비하고 있는 청년이다. 그런데 아직은 연기하는 일만으로는 밥벌이를 할 수 없는 형편. Y는 주역점을 치기 위해 이렇게 물었다. "알바는 그만하고 연기로만 돈을 벌고 싶은데 어떻게 해야 할까요?" 그에 대해『주역』은 지천 태괘의 오효를 주었다. '제을이 누이동생을 시집보냄이니 복을 얻고 크게 좋고 길하리라.'

오! 지천 태(地天泰)는『주역』의 64괘 중 매우 좋은 괘(절대적으로 길하거나 흉한 괘가 있는 건 아니지만) 중 하나가 아니던가? Y는 앞으로 복을 얻고 크게 좋고 길하게 된다는 말일까? 일단 태괘의 괘상을 보자. 지천 태는 하늘이 아래(하체)에 있고 땅이 위(상체)에 있다. 우리가 사는 세상엔 하늘이 위에 있고 땅이 아래에 있다. 반면 이 괘에선 둘의 자리가 뒤바뀌어 있다. 그런데 왜 태평한(泰) 때라고 하는 걸까?

하늘이 땅에 밀려 억지로 아래 자리로 간 것으로 생각하면 이런 의문이 들 수 있다. 하지만 지천 태의 때는 하늘이 밀려난 것이 아니다. 그는 땅의 자리로 기꺼이 내려왔다(大來대래). 아래 자리로 내려온 하늘은 땅의 존재들과 만난다. 반면 땅은 위로 올라가(小往소왕) 높은 자리의 마음을 이해하게 된다. 하늘과 땅, 위와 아래는 그렇게 어우러진다. 자리를 바꾼 후 하늘은 자신이 갖는 위로 가고자 하는 성향에 따라, 땅은 아래로 가고자 하는 성향에 따라 움직이게 된다. 그 움직임 속에서 그들은 만나고, 하늘과 땅은 "서로 교류하여 조화를 이루면 모든 것이 생겨나고 번성하게 되므로, 소통하여 안정된다"(정이천, 『주역』, 274쪽). 하늘과 땅이 자리를 바꿔 가며 소통하여 만들어 낸 세상이기에 '길하고 형통'(吉亨)하다고 말하는 것이다.

왕부지는 태괘의 소통을 이렇게 설명한다. "임금이 아래로 내려와 어리석고 비천한 이들의 정서와 하나가 되(……)고, 백성들도 위로 임금의 마음과 하나가" 된다(왕부지, 『주역 내전』 1, 김진근 옮김, 학고방, 2014, 326~327쪽). '임금'이라 표현된 하늘(혹은 군자)은 '어리석고 비천'하다고 여겨지는 땅(혹은 소인)의 자리에 오면서 그 삶 안으로 들어간다. 임금은 백성들이 갖는 일상의 희로애락에 동참한다. '정서가 하나'되는 공감을 통해 그는 백성이 '어리석고 비천'하지 않음을 깨닫는다. 임금의 뜻을 알게 된 백성 또한 임금이 행하는 군자의 도(道)를 실천하고자 한다. 임금과 백성의 마음은 하나가 된다. 소통과 안정이 펼쳐지는 태괘의 때이다.

오효는 이러한 때 임금의 자리에서 중도를 행하는 자이다. 또한, 순종하며 아래로 내려가는 기질을 갖는 곤(坤)괘에 속한다. 이를 『주역』은 '제을의 누이가 시집감'으로 표현한다. 제을은 고대 중국의 왕이다('제을'이라는 왕들이 여럿이어서 정확히 누구인지는 모른다). 전국시대 이전까지 중국엔 왕이 하나였으니, 그보다 적어도 500여 년 전에 살았던 제을은 천지의 유일한 주인이었다. 최고 권력자의 누이나 딸은 그 배경에서 태어나고 자라났다. 그리고 시집가야 할 시기가 오면 그들은 필연적으로 자신보다 낮은 지위의 사람과 결혼했다.

지금은 낯설게 들리지만, 근대 이전까지 여자가 시집을 간다는 것은 자신의 이전 삶을 완전히 버리고 온전히 시댁 식구가 되는 것을 의미했다. 제을의 누이도 마찬가지였다. 시집을 가게 되면 그녀는 공주의 삶을 떠나 낮은 자리에서 삶을 다시 만들어 가야 했다. 하늘이 땅으로 내려간 상황이다. 그곳에서 시댁을 비천하다 여기면 그녀는 그들과 삶을 함께하지 못해 결국 고립되고 원망하는 마음을 품고 살았을 것이다.

하지만 지천 태의 오효(공주)는 외롭지도 고립되지도 않는다. 그는 공주이자 군자이기 때문이다. 군자는 자리에 의해서가 아니라 군자의 도를 실천할 때만이 군자가 된다. 자신이 있는 곳 어디에서나 바름을 품고 그것으로 가치 있고 품격 있는 삶의 윤리를 이룩하는 자, 그들이 군자다. 하여 오효에서 보여 주는 군자는 새로운 환경에서 만나는 존재들과 공감하고 소통하며 자신의 덕을 펼친다. 공주로 살면서 배운 고귀한 삶의 태도를 누구에게나 행하고 상대방 또한 그 도를 함께하도록 한다. 그렇게 군자는 자신의 덕을 소통하면서 새로운 삶과 새로운 동반자들 또한 고귀하게 만든다.

청년 Y는 연극 오디션에 붙기를 바라며 주역점을 본 상황. 나는 그에게 지천 태와 오효의 의미를 위와 같이 설명해 주며 오디션에 붙든, 알바를 계속하게 되든 자신이 있는 자리에서 시집간 공주의 마음을 품으라 했다. 내가 있을 곳이 바로 이곳이라 생각하라고, 그곳에서 만난 사람들과 마음을 나누라고. 그러면 매우 좋은 일이 펼쳐질 것이라고.

그렇게 얘기하고 끝났는가 싶었는데, 얼마 후 문득 알바하던 나의 20대 시절이 떠올랐다. 당시 집안 형편이 어려워졌던 탓에 나는 대학 시절 내내 과외 알바를 하고 있었다(주로 고3들에게 영어 독해를 가르쳤다). 그러다가 대학 졸업 후 외국으로 공부하기 위해 떠났는데 얼마 지나지 않아 우리나라에 금융위기가 왔다. 모아 둔 돈으로는 더 있을 수 없다는 판단이 서자, 나는 바로 귀국했다. 그러곤 다시 학교에 들어갔다. 문제는 이때부터는 알바를 구하기가 어려워졌다는 것이다. 내게 배웠던 학생들은 다 대학생이 되었고, 시대가 바뀐 탓인지 학생들을 새로 구할 수 없었다.

내가 처한 어려움에 대해 언니한테 얘기했다. 위로를 기대하고 말했을 뿐인데, 돌아온 답에 나는 자존심이 상했다. 언니는 우리 집 형편상 일을 안 할 수 없는데 어떻게 놀고만 있냐고, 식당에서 일하면 되는데 왜 일을 못 구한다는 말을 하느냐고 했다. 지금 와 생각해 보면 당연한 말이었는데, 그 당시엔 언니의 이 말이 몹시 서운하게 들렸었더랬다. 나는 자신을 고3 필수과목 과외 선생으로만 생각하고 있었던 터였다. 저학년도 우스웠는데 나더러 식당 아줌마가 되라니! 다행히 얼마 지나지 않아 고3은 아니지만, 과외 일자리를 구했다. 그리고 이 일을 잊고 지냈다.

나는 내가 Y한테 해준 말을 20대의 나에게도 해주었으면 좋았겠다 싶었다. 나 또한 '내가 낮다고 생각한 자리로 내려갔었으면 크게 복을 받았을 텐데'. 그리고 또 시간이 지났다. 이번에 나는 『주역』 글쓰기를 위해 태괘를 다시 공부하게 되었다. 그리고 지난날의 내 생각이 얼마나 태의 오효와 어긋나 있는지 깨닫게 되었다. 나는 애초에 낮은 자리로 내려갈 수 없었다. 왜냐하면 군자의 마음 없이 자리만 바뀌는 것으로 길함을 얻을 수 없기 때문이다. 태괘의 때는 하늘과 땅의 '정서와 마음이 하나'됨이 포인트다. 이들은 어떻게 하나되는 소통을 할 수 있을까.

분별심을 내려놓으면 된다. 분별심은 고귀함과 비천함이 있다는, 좋고 나쁜 것이 있다는 이분법적 사고에서 생겨난다. 그 생각 위에서 나의 것은 옳고 다른 이의 것은 틀렸다는 마음이 든다. 나의 자리, 내가 품는 뜻이 고원하고 다른 이들의 것은 보잘것없다고 생각하면 상대는 '어리석고 비천한' 자로 보인다. 그런 이들과 어떻게 마음을 나눌 수 있겠는가. 나와 저들로 계속 분리되어 있게 된다. 반면, 분별심을 내려놓으면 그제야 다른 이들을 제대로 볼 수 있다. 그들 또한 자신의 자리에서 자신의 도를 행하고 있음을 알게 된다. 그 깨달음 위에서 바른 마음을 쓰고 행동하면 상대방 또한 그의 마음을 느낄 것이다. 그리하여 그들 또한 자신의 분별심을 내려놓고 다가온다. 그렇게 소통이 시작된다.

분별심은 내 안에서도 작동한다. 우리는 자신이 갖는 이상, 꿈 등을 고원한 것이라 여긴다. 문제는 꿈에 도달하지 못한 현실이 비루해 보이기 시작한다는 것. 자신의 삶에 대해 이렇게 분별심을 품고 있는 한 20대의 나도, 청년 Y도 분별심을 버린 하늘과 땅이 마음을 나누며 만들어 낸 태괘의 복과 길함을 만날 수 없다. 이들의 만남은 복을 위해 하는 것이 아니라 그 자체가 복이다. 군자의 도를 따르지 않고 태괘의 때는 열리지 않는다. 그렇다면 군자가 아닌 사람은 태괘의 복을 못 만난다는 것인가? 다행히 희망은 아직 있다. 우리는 공주가 보여 주는 분별심을 버린 고귀한 삶을 보며 우리 또한 그 마음을 품을 수 있다.

며칠 전 우연히 내가 매우 좋아하는 이정은 배우의 인터뷰를 보았다. 20대부터 연극 무대 위주로 활동하던 그녀는 40대 중반부터 TV와 영화에 출연하면서 유명해졌다. 그전까지 그녀는 연극배우를 하며 생활비를 벌기 위해 20년 가까이 각종 알바를 했다고 한다. 그때를 "하나도 버릴 수 없는 시간"이라며 배우로서의 "얼굴이 만들어지는 데 필요한 시간"이라 표현했다.

　　그동안 다양한 일을 했는데 한번은 마트에서 간장을 팔았다고 한다. 이 일을 너무 잘해 계속해 달라는 요청을 받았다고. 나는 그녀가 '나는 배우지만 할 수 없이 이 일을 하고 있어'라거나, '나중에 배역에서 써먹어야지'라는 마음으로 일을 했다고 생각하지 않는다. 그녀에게 배우라는 꿈과 삶이라는 현실은 분별의 대상이 되지 않았을 것 같다. 알바는 꿈을 방해하는 일이 아니라, 일상을 꾸릴 수 있게 함으로써 꿈을 가능하게 만드는 일이었으니까. 그렇기에 간장을 팔면서 그 일에 온 마음을 쏟았고, 주변 사람들도 그것을 느꼈을 것이다. 꿈과 현실을 분별하는 마음을 내려놓음으로써 이정은 배우에게 길하고 형통한 삶이 열린 것이리라.

　　지천 태 오효를 공부하며 나의 20대에게 이 효를 얘기해 주었어도 그때의 나는 복을 받지 못했었겠다 싶었다. 오십이 된 지금도 이 괘를 보며 '20대의 내가 복을 받았었으면'이라는 생각이 먼저 떠올랐는데, 20대엔 더더욱 그랬을 것이니. 그럼에도 Y를 비롯한 청년들에게 꼭 말해 주고 싶다. 너희는 군자의 도를 품고 분별심을 버리라고. 그렇게 산 선배의 길을 꼭 따라가 보길 바란다고. 조금 늦었지만, 이제부터 50대의 나도 지천 태 오효를 보며 군자가 되겠다고.

12
천지 비,

부끄러움—
사람과 사람-아님의 갈림길


신근영
———

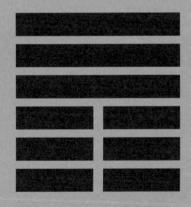

天地否 천지 비

否之匪人. 不利君子貞, 大往小來. 비지비인. 불리군자정, 대왕소래.

**비괘는 인간의 길이 아니다. 군자가 올바름을 지킴에 이롭지 않으니, 큰 것이 가고 작은 것이 온다.**

初六, 拔茅茹, 以其彙, 貞, 吉, 亨. 초육, 발모여, 이기휘, 정, 길, 형.

**초육효, 띠풀을 뿌리째 뽑음이라. 그 동류와 무리지어 올바름을 지키면 길하고 형통하다.**

六二, 包承, 小人吉, 大人否, 亨. 육이, 포승, 소인길, 대인비, 형.

**육이효, 마음에 품고 있는 것이 윗사람의 뜻을 받드는 일이다. 소인의 경우에는 길하고 대인의 경우에는 막힌 것이니 형통하다.**

六三, 包羞. 육삼, 포수.

육삼효, 마음에 품고 있는 것이 부끄럽다.

九四, 有命, 无咎, 疇離祉. 구사, 유명, 무구, 주리지.

**구사효, 군주의 명이 있어 행하면 허물이 없으니 동류가 복을 누린다.**

九五, 休否, 大人吉. 其亡其亡, 繫于苞桑. 구오, 휴비, 대인길. 기망기망, 계우포상.

**구오효, 막힌 것을 그치게 하니, 대인의 길함이다. 나라가 망할까, 망할까 염려하여 무더기로 난 뽕나무에 묶어 매는 것이다.**

上九, 傾否, 先否, 後喜. 상구, 경비, 선비, 후희.

**상구효, 막힌 것이 기울어짐이니 우선은 막히고 나중에는 기쁘리라.**

『주역』을 공부하다 보면 유독 머리에 남는 괘가 있다. 천지 비(天地否)괘가 그렇다. 비괘의 괘사를 처음 봤을 때, 나는 웃음이 빵 터져 버렸다. "비지비인."(否之匪人) 아닐 '비'(匪)에 사람 '인'(人). 그러니까 비괘란 사람이 아니라는 거다. 한 개그프로그램에서 유행했던 '사람이 아니므니다'란 말이 떠올라서였을까. 아니면 '사람답지 못하다'는 것도 아니고 '사람이 아니다'라고 말하는 직설화법의 시원함 때문이었을까. 난 무언가 허를 찔린 듯한 느낌, 예기치 못한 반전을 만난 기분이었다.

　모름지기 『주역』이란 하늘의 도를 배워 인간의 길을 찾는 지혜라 할 수 있다. 그런 책에 사람이 아님을 보여 주는 괘가 있는 것이다. 보통 '사람이 아니다'라는 표현을 쓰게 되는 경우는 지독히 악한 행위와 마주했을 때다. 즉, 거기에는 도덕적 의미가 담긴다. 하지만 『주역』은 좀 다르다. 비(否)는 막힘이다. 막혀서 통하지 않고, 통하지 않아 세상과 단절된 상태. 이것이 『주역』이 말하는 사람-아님이다.

　비괘는 위에는 하늘이, 아래에는 땅이 자리하고 있다. 흔히 보는 자연의 모습 그대로다. 이렇게 놓고 보면 비괘는 형통해야 할 것 같다. 하지만 『주역』은 이처럼 하늘과 땅이 제자리에 있는 모습을 매우 좋지 않다고 얘기한다. 사람-아님이라고 말할 정도로 말이다. 왜일까? 역설적이게도 그건 하늘과 땅이 원래 자신이 있어야 할 그 자리에 있기 때문이다. 하늘은 위에 있고자 한다. 그리고 땅은 아래에 처하고자 한다. 그런데 이미 하늘은 위에, 땅은 아래에 있다. 하여 하늘과 땅은 더는 움직이고 변화할 이유가 없다. 오히려 하늘은 하늘대로 더욱 위로 올라가려 할 뿐이고, 땅은 땅대로 더욱 아래로 향할 뿐이다. 하니 위와 아래가 서로 교류하고 소통하지 않는다. 요컨대 막힘이다.

사람은 불통해서는 살 수가 없다. 아무리 물질적 풍요를 누려도, 사회적 성공을 이뤄도 삶이 허망한 이유, 마음이 불안한 이유. 그건 사람들과의 소통과 교감이 없기 때문이다. 사람들로부터, 세상으로부터 단절되고 고립된 삶. 이것이 우리를 고통스럽게 하는 것이고 삶의 의미를 앗아가는 것이며, 나아가 삶 그 자체를 포기하게 만드는 것이다. 하늘이 아무리 위대하다 해도, 땅이 아무리 넓다 해도 하늘 혼자만으로는 땅 혼자만으로는 아무것도 아니다. 아니! 이러한 분리야말로 삶을 피폐하게 만드는 원인이다.

근래 들어 유행하는 소셜 네트워크 서비스, SNS는 아이러니하게도 분리된 세계가 어떤 것인지를 보여 준다. SNS에 있다 보면 나는 나와는 다른 취향을 가진 사람, 다른 생각을 가진 사람과는 거의 만나지 못한다. 나와 비슷한 성향을 보이는 이야기들에 '좋아요'를 누르게 되고, 그러면 다시 그런 경향성을 가진 추천물들이 뜨게 되고, 다시 나는 그런 이야기들에 '좋아요'를 누르게 되고…. 그러다 보면 어느샌가 내 주위에는 온통 나와 비슷한 의견을 가진 사람들만 남게 된다.

그렇게 나는 '나의 세계' 속에서 살아간다. 나와는 다른 생각을 하는 사람들은 그곳에 존재하지 않는다. 그러다가 사회적 사건이나 정치적 이슈가 생기면 돌연히 그 지워진 세계가 출현한다. 하지만 이미 내게는 그런 타자들을 이해할 단서가 거의 없다. 수많은 '나들'로 둘러싸인 삶에서 나의 의견이 곧 진실이요, 타자는 온통 가짜뉴스를 퍼뜨리는 집단이다. 양극단으로 나뉘어 불통이 되어 버린 상태. 서로가 서로에게 몹쓸 존재, 쓸어 버려야 할 존재로 여겨지는 이 상황에서 불통은 증오로 이어진다.

모든 막힘은 폭력을 품고 있다. 지난 시절 자본주의와 공산주의로 나뉘어 있던 냉전 시대가 그러했고, 드높은 이상만을 앞세워 문화적 지반을 초토화해 버린 중국의 문화혁명이 그랬다. 육체를 터부시하며 순수정신을 내세운 중세 기독교, 마음의 길을 잃어버린 자본의 물질만능주의, 공감의 능력을 상실한 이성 등. 이 모두가 삶을 황무지로 만든다.

생명은 막힌 채로는 살 수가 없다. 소통과 교류가 생명을 생명이게 한다. 그런데! 그 흐름을 만드는 힘은 묘하게도 생명이 가진 '불균형'에서 온다. 비괘와 반대되는 소통의 괘, 지천 태가 그렇다. 태괘에서 하늘은 아래에, 땅은 위에 있다. 그 자리의 어긋남이 둘의 만남과 상호작용을 일으키는 것이다. 비괘처럼 하늘과 땅이 자기 자리에 머물며 자기 동일성만을 지키려 들 때, 생명의 흐름은 멈춰 버린다.

『자기조직하는 우주』(홍동선 옮김, 범양사, 1989)를 쓴 물리학자에리히 얀치는 이러한 생명 활동의 동력을 '비평형'에서 찾는다. 생명의 활발발한 운동은 "평형을 잃고 비틀거리는 사람이 계속해서 앞으로 뒤뚱거리며 나아가야만 비로소 코방아를 찧으며 고꾸라지지 않을 수 있는 광경"과 같다고. 재밌지 않은가. "평형이란 정체 및 죽음과 같은 말이다. 자기조직 과정들을 유지하는 고도의 비평형성은 다시 환경과 물질 및 에너지의 계속적인 교환, 바꾸어 말하면 대사(代謝)에 의해 유지된다." 비평형이 만드는 끝없는 순환. 이것이 우주가 움직이는 기본원리다. 생명은 모두 이런 어긋남을 통해 생명이 된다.

하여 생명에게 자기 동일성을 고수하는 것은 치명적 위험이 된다. 어떤 운동과 변화도 일어날 수 없기 때문이다. 견고한 경계야말로 반생명적이며 죽음에 이르는 길이다. 자아 속에, 자기 세계 속에 들어앉아 있는 이 막힘으론 살아 있을 수가 없는 것이다. 살고 싶다면 우리는 자신의 울타리를 허물어야 한다. 숨구멍을 내야 한다. 타자가 들어오고, 내가 흘러 나갈 수 있는 그런 통로를 만들어야 한다. 그 통로를 통해 우리는 산다!

그렇기에 『주역』은 막힘이란 오래될 수 없고, 반드시 경계를 뚫고 소통하려는 힘을 불러들인다고 말한다. 그래서 비괘의 효사는 괘사와는 달리 그다지 나쁘지 않다. 우리가 생명인 한 이 비색(否塞)한 시공간을 여는 기운들을 적극적으로 탐색하려 들기 때문이다. 덕분에 비괘의 효사들은 길(吉)이나 형(亨), 또는 무구(无咎)나 기쁨(喜)으로 끝을 맺는다. 단, 삼효만 빼고!

비괘의 삼효에는 길도 흉도 무구도 없다. 그저 이렇게 말할 뿐이다. 육삼효는 마음에 품고 있는 것이 부끄럽다(六三육삼, 包羞포수). 삼효는 음유한 데다가 자리가 바르지 않고 중하지도 않다. 정이천은 이를 "윗사람과 매우 가까워서 정도를 지키면서 자신의 운명에 편안해할 수 없으므로 궁색해지면 이에 온갖 욕심이 끓어 넘칠 것이니, 소인의 모습의 극치. 그 마음속에 품은 모략과 사려들이 올바르지 못하고 욕심에 차서 하지 못할 일이 없으니, 수치스럽다"라고 말한다. 『주역 전해』의 김경방은 "육삼은 남을 미혹시키거나 남을 농락하려 하여도 쉽게 이루지 못한다. 그러나 육삼은 부끄러움을 참고 자리를 견고히 하여 떠나갈 마음이 없으며, 자리만 차지하고 녹만 먹으며 어떠한 일도 하지 않는다. 이것이 바로 부끄러움을 품는다는 것이다"

라고 푼다.

부끄러운 짓을 하는 삼효. 그렇다면 왜 '포수'(包羞)라는 말 뒤에 흉이나 유회(有悔, 후회할 일이 있다) 등의 말이 따라붙지 않는 것일까. 음유하다는 것을, 자리가 바르지 않다는 것을 부정적으로만 바라봐서는 안 되는 게 아닐까. 음유함은 속이 시커먼 음암한 기운을 나타내기도 하지만, 때로는 삼가고 겸손하게 자신을 성찰하고 낮추는 힘을 상징하기도 한다. 또한 자리가 바르지 않아서 자신의 기운을 멋대로 쓰지 않게 되는 기회가 되기도 한다.

물론 삼효는 적중하는 행위를 할 능력이 없다. 게다가 삼효는 하체의 맨 위에 있어서 자신이 아랫자리에 있음을 망각하고 윗자리를 탐하고 치받는다. 한마디로 오만함으로 욕심을 부리기 쉬운 자리인 것이다. 하지만 삼효에 음이 오는 경우, 오만함의 기운이 수그러들어 자신의 기운을 다스릴 수 있는 단서가 되기도 한다. 그렇다면 비괘의 삼효에 음이 온 것을 무작정 나쁘게만 볼 수는 없다.

삼효는 분명 어려움 속에 있는 효다. 이는 삼효가 하체에서 상체로 올라가는 변곡점에 있다는 데서 기인한다. 즉, 전체적인 장이 완전히 바뀌는 때이자, 새로운 장으로 도약해야 하는 순간이 삼효인 것이다. 이때를 어떻게 통과하느냐에 따라 상체로 올라가 자기 뜻을 펼칠 수도, 사사로운 마음으로 가득해져 자신을 다치게 할 수도 있다. 그렇다면 비괘의 삼효를 이런 변곡점으로 읽으면 어떨까. 길과 흉이 갈라지는 그 기로에 서 있는 것으로 삼효를 바라보면 어떨까. 해서 길흉을 의미하는 어떤 말도 거기에 붙지 않은 것은 아닐까.

막힘의 때, 삼효는 부끄러움을 느끼고 있다. 욕심이 드글드글해서든, 자리만 지키고 앉아 있는 무능력에서든, 여하튼 삼효는 부끄러움을 느끼고 있다. 그렇다! 부끄러워하고 있다! 이 지점이 중요하다. 부끄러움, 그건 잘못 들어선 길에서 벗어날 수 있는 출구다. 부끄러울 '수'(羞)는 외부의 시선에 의해 생기는 창피함과는 다른, 내면에서 일어나는 감정이다. 무언가가 잘못 돌아가고 있다는 자각. 자기 안에 들어앉아 꽉 막혀 있는 자신에 대한, 사람이 아닌 길을 가려는 자신에 대한 생명의 목소리. 요컨대, 부끄러움은 우리 내면에서 발생한 '비평형'의 울림이다. 포수(包羞), 그건 도덕적 책망이 아닌 생명이 생명으로 살기 위한 신호다. 부끄러워할 줄 안다는 건 감춰야 할 치부가 아니라 오히려 인간다움의 징표다. 그러니 부끄러움을 부끄러워하지 말자. 우리 내면에서 일어난 그 균열은 상처가 아니라 숨구멍이다.

하여 비괘의 삼효는 하나의 물음인 것이다. 사람과 사람-아님의 갈림길. 그 부끄러움 앞에서 우리는 어떤 길을 가게 될까. 부끄러움을 직면하고 자신의 세계 밖으로 한 발 나아갈까. 아니면 그것을 감추고 가리며 더욱 더 깜깜한 정체 상태가 되어 갈까. 어느 쪽이 되었든 하나는 확실하다. 삶은 오직 비평형의 길을 통해 열린다는 것. 들숨과 날숨처럼 끊임없이 나를 내보내고 타자를 받아들여야 살 수 있다는 것. 비(否)는 비인(匪人)일 뿐이라는 것.

13
**천화 동인,**

**야(野)!**
**울타리를 치지 마!**

**전현주**

天火 同人
천화 동인

同人于野, 亨, 利涉大川, 利君子貞. 동인우야, 형, 리섭대천, 리군자정.

**동인괘는 사람들과 함께하기를 넓은 들판에서 하면 형통하니, 큰 강을 건너는 것이 이롭고, 군자가 올바르게 행하는 것이 이롭다.**

初九, 同人于門, 无咎. 초구, 동인우문, 무구.

**초구효, 문을 나가서 사람들과 함께하니, 허물이 없다.**

六二, 同人于宗, 吝. 육이, 동인우종, 린.

육이효, 자기 집안에서만 사람들과 함께하니, 부끄럽다.

九三, 伏戎于莽, 升其高陵, 三歲不興. 구삼, 복융우망, 승기고릉, 삼세불흥.

**구삼효, 병사를 수풀에 감추어 두고 높은 언덕에 올라가서 엿보지만 3년 동안 일으키지 못한다.**

九四, 乘其墉, 弗克攻, 吉. 구사, 승기용, 불극공, 길.

**구사효, 담장에 올라가지만 구오를 공격하지 못하니 길하다.**

九五, 同人, 先號咷而後笑, 大師克, 相遇. 구오, 동인, 선호도이후소, 대사극, 상우.

**구오효, 사람들과 함께하는데 먼저 울부짖다가 나중에 웃으니, 크게 군대를 써서 이겨야 육이와 서로 만나게 된다.**

上九, 同人于郊, 无悔. 상구, 동인우교, 무회.

**상구효, 교외에서 사람들과 함께하니 후회할 일이 없다.**


회사를 그만두던 날(정확히는 회사에서 '잘린' 날^^), 나는 기뻤다. 그동안 주말에만 공부하러 다니던 연구실, 이젠 더 자주 갈 수 있겠구나! 좋은 사람들과 흥미로운 책을 마음껏 읽을 수 있는 곳에서 내 리듬에 맞게 실컷 공부해야지! 당장 백수가 되는 상황이었지만 이상하게도 나는 전혀 불안하지 않았다. 앞으로 내 삶이 어떻게 변화될지 상상조차 안 됐지만, 공부하고 싶다는 마음과 그것을 할 수 있는 곳이 있다는 사실만으로 나는 신나고 든든했다.

『주역』의 천화 동인(天火 同人)괘를 공부하면서 나는 내가 연구실 생활을 시작하던 때부터 최근까지의 일들이 자연스럽게 떠올랐다. 동인은 '함께 어울림'의 때다. 동인(同人)의 동(同)은 '같다'(equal 또는 데칼코마니)라는 뜻이 아니다. '함께'라는 뜻이다. 즉, 동인은 나와 같은 사람── 배경, 성향, 취향 등등이 같은 ──이 아니다. 나와 전혀 다른 사람임에도 '함께 어울림'을 이루는 것이 동인의 때이다. 이 '서로 다른 이들이 함께한다'라는 의미를 동인괘의 괘사에서는 '야'(野, 들판)라는 말로 표현하고 있다.

들판, 그곳은 울타리가 없는 곳이다. 누구든 올 수 있고, 누구든 갈 수 있는 곳. 누구에게나 열려 있는 공간이다. 연구실과 공부하는 삶을 알기 전까지 나는 오직 직장 다니는 삶만 알았다. 그런데 그곳을 떠나 공부하는 백수의 삶을 살 수 있게 된 것은 바로 연구실이라는 들판이 있기 때문이었다. 내가 공부하고자 하면 언제든 갈 수 있는 곳. 현재 이곳에서 나는 이전에는 상상도 할 수 없던 삶을 살고 있다. 그런데 어느 날 이 들판에 울타리가 쳐지는 사건이 벌어졌다. 다름 아닌 나에 의해서.

작년 여름, 나의 두 마리 반려묘 중 첫째가 하늘나라로 가 버렸다. 13년 동고동락한 녀석을 이렇게 보내다니…. 살다 보면 언젠가 죽음이 있게 마련이다…라고 이성적으로는 이해가 됐지만, 마음은 여전히 괴로웠다. 그 마음은 고스란히 열두 살짜리 둘째 고양이한테로 옮겨 갔다. 이 녀석도 갑자기 보내게 되면 어떡하지 싶고 걱정이되었다. 차차 마음을 추스르고 서서히 일상을 되찾아 갔지만, 불안감은 마음 한쪽에 계속 남아 있었다.

이러한 상황에서 둘째 고양이를 홀로 두고 2주간 집을 떠나야하는 상황이 벌어졌다. 내가 코로나에 확진이 된 것이다. 당시 코로나 방역 방침에 따르면 확진자들이 모두 치료센터로 격리되어야 했다. 하지만 나는 갈 수 없었다. 내가 격리시설에 가면 고양이가 굶어죽을 수 있기 때문이었다. 다행히 보건소 직원이 내 상황을 이해해주었다. 내 컨디션과 상황 등을 살펴 가면서 입소 날짜를 하루 이틀씩 미뤄 주었다. 그렇게 시간은 지났고, 나의 의무격리기간은 끝났다. 다행이고 감사한 마음이 컸지만, 2주간의 격리기간은 내게는 불안의연속이었다.

코로나라는 병 또한 나를 매우 혼란스럽게 했다. 이전에는 병이란 누군가의 도움을 받으며 회복하는 일이라 여겨 왔다. 그런데 이병은 의사는 물론이고 가족을 만나는 것 또한 조심스럽게 만들었다. 코로나 확진자는 온전히 혼자서 회복의 시간을 겪어야 했다. 병으로인해 몸이 아픈 것보다 그것이 가져온 낯섦이 나에게 더 큰 충격을주었다. 나는 신체적, 정신적, 감정적으로 너무 괴로웠다. 다시는 이런 병에 걸리면 안 된다는 마음이 생겼다.

여하튼 고양이 문제도 잘 해결되었고, 내 몸도 회복되어 나는다시 연구실로 출근했다. 당시 연구실 공동체 멤버들 여럿이 같은 시기에 코로나에 걸렸었는데, 그들 중 대다수는 청년이었다. 팬데믹 이

전부터 나는 그들과 함께 공부하고, 밥해 먹고, 많은 이야기를 나누면서 공부공동체의 구성원으로 활동하고 있었다. 그들과 함께 어울리는 것은 내 삶의 가장 중요한 중심축이었다. 게다가 이렇게 이상한 (?) 병까지 함께 겪었다고 생각하니 나는 청년 공동체 멤버들에게 애틋함과 전우애를 느꼈다.

공동체 멤버들 격리기간 동안 연구실은 문을 닫았었다. 연구실이 자율적인 공부공동체 활동을 시작한 이래 처음 있는 일이었다. 공부하고자 하는 모든 이에게 항상 열려 있는 들판. 그랬기에 우리는 세계적인 팬데믹 상황을 맞아 우리의 공부를 이어 나갈 최선의 방법을 모색해야 했다. 결국 우리는 일시적으로 연구실의 운영 방식을 바꾸기로 했다. 모든 수업과 세미나를 온라인으로 전환했다. 공동체 멤버들은 동선을 집과 연구실로 단순화했다. 공부하러 오시는 분들께는 연구실 출입 자제를 부탁드렸다.

이렇게 공지를 했음에도 종종 연구실에 직접 나오고 싶다는 분들이 있었다. 나는 그분들을 이해할 수 없었다. 전염병 때문에 아무 곳도 안 가고 조심하며 우리를 지키고 있는데, 그분들은 이곳저곳 다니시면서 왜 연구실까지 나오려 하실까? 외부에서 바이러스에 노출되지는 않았을까? 우리에게 다시 코로나가 퍼지면 어떡하지? 그랬다. 그 순간 공부하러 오시는 분들은 내게 외부가 되었다. 나는 '우리'를 위험에 빠뜨릴 수 있는 모든 것을 '외부'로 규정하고 그 외부를 미워할 준비가 되어 있었다.

그런데 잠깐, 이건 뭔가 이상하다. 이 미워하는 마음은 어디서 나타난 걸까? 공동체 멤버들이 코로나에 걸리기 전까지 나는 연구실에 공부하러 오시는 분들과의 만남을 매우 좋아했다. 그분들은 사회에서 부딪히며 겪는 경험을 나에게 나눠 주었고, 그 덕에 삶에 대한 다른 면모를 볼 수 있었다. 그런데 나는 그분들을 '외부'로 규정하고 미워하는 마음이 생기는 데까지 나아간 것이다.

앞서 말했듯, 연구실은 나에게 들판이었다. 내가 새로운 삶의 길을 만들어 갈 때 그 바탕이 되어 주었다. 내가 그러했듯, 공부로 새로운 길을 내는 사람 누구에게나 열려 있고 접속할 수 있는 곳이다. 그렇게 오신 분들을 나는 늘 환영했다. 우리 모두 함께 모여 어울리는 곳이 바로 우리 연구실이다. 문제는 그 '함께 어울림'이라는 것이 생각만큼 쉽게 되지 않는다는 데 있다. 동인괘의 효사는 이를 잘 보여 준다. 효들은 함께 어울림이 어떤 좋은 모습인지를 알려 줄 것 같지만, 오히려 그 반대다. 동인을 하는 것에 얼마나 많은 방해물이 있는지에 대해 이야기한다. 내가 이 들판에 울타리를 친 것도 바로 그 효들이 보여 주는 모습과 들어맞는다.

이효는 이렇게 말한다. 자기 집안에서만 사람들과 함께하니, 부끄럽다(同人于宗동인우종, 吝린). 자기 집안(宗)은 가족만을 의미하지 않는다. 내가 내 사람이라고 느끼는 사람들 — 친구, 동료 등 — 을 지칭한다. 나의 경우 청년 공동체 멤버들과 일상을 나눈다. 하지만 세미나나 수업을 들을 때 공동체 멤버와 공부하러 오시는 분들의 구별은 없다. 함께 공부하고 있음만이 중요했을 뿐. 그러나 나에게 괴로움이었던 일(코로나 격리)을 겪으면서 상황이 바뀌었다. 어느 순간 청년 공동체 멤버들이 나의 집안(宗)이 되어 버린 것이다. 그렇게 되자 공부하러 오시는 분들은 적이 되었다. 내 집안을 보호해야 하니 외부인들은 오지 마시오! 나는 들판에 울타리를 쳐 놓았다.

청년들에게 나를 투사하면서 나는 그들을 나의 집안의 사람으로 만들었다. 내가 힘들었던 기간 동안 그들 또한 그랬을 것이라 단정했다. 최근에 물어보니 그들은 당시 격리 생활이 그리 나쁘지 않았다고 한다.^^ 그들을 보호하기 위해 외부인은 막아야 한다고 말했지만, 그 뒤에는 내가 병에 다시 걸리고 싶지 않다는 마음이 있었다.

나에게 '병'은 낯선 존재이다. 살아오면서 큰 병에 걸려 본 적이 없었을뿐더러 아프더라도 하루 이틀 앓고 나면 '원래' 내 몸 상태로 돌아왔다. 그러나 코로나라는 병, 이것은 2주가 넘도록 나를 원래의 상태로 돌아오지 못하게 했다. 거기에 고양이 걱정까지 더해진 것이다. 이때 나에게 '병'이란 매우 안 좋은 일이라는 정의가 세워졌다. '병! 나의 괴로움은 모두 너 때문이야. 다신 내 근처에 오지 마!'

그런데 과연 병을 피할 수 있을까? 병과 죽음은 우리 삶의 일부이다. 그럼에도 왜 이런 생각을 품는 것일까. 삶의 기본 원리를 받아들이기 싫어서라는 생각이 든다. 삶을 산다는 것은 새로운 상황을 만나고 그것에 맞춰 새로운 리듬을 만드는 것이다. 우리는 태어나면서부터 그렇게 살아왔다. 20~30대까진 그것이 재미있었고 삶에 활력을 주었다. 그러나 언젠가부터 나는 그 원리를 잊었다. 나에게 익숙한 '원래'의 상태만을 유지하고 싶었다. 코로나가 그토록 안 좋은 일로 다가온 것도, 공부하러 오는 분들을 미워했던 것도 이 때문이었다.

병 때문이든 노화 때문이든, 우리 몸은 변한다. 그런데 나는 그것을 잊고 내가 가장 활발하게 살았던 30대의 몸 상태를 나의 '원래'라 고정해 놓고 있었다. 그 몸이 변하지 않기를 바랐다. 나는 새로운 몸에 적응하기가 싫었다. 평생 변화에 맞추었으니, 중년이 된 지금 내가 익숙한 상태로 계속 있고 싶어졌다. 이제 세상도 좀 알 것 같고, 나 자신도 이해하게 된 것 같고, 이대로 유지하고 싶어졌다. 하지만 몸은 각종 사건을 만난다. 그 사건들을 통해 내가 변하기 싫다는 마음이 생기며 주변에 울타리를 친다. 이렇게 되는 순간 울타리 밖의 것들은 나를 침범하는 적으로 규정된다. 함께 어울려야 하는데 나를 유지하는 것을 고집하니 부끄럽기가 그지없다.

　공부하러 오시는 분들의 연구실 출입을 일시적으로 막은 이유는 그곳이 들판의 기능을 계속하기 위해서였다. 비록 물리적으로 만나지는 못하더라도 공부라는 일상을 계속 이어 나가고자 한 것이다 팬데믹이라는 새로운 사건에 맞춰 새로운 방식으로 공부의 길을 만드는 것이 바로 삶이니까. 들판이 기능하지 못하게 하는 바이러스를 막아야 하는 것은 사실이다. 그러나 이는 연구실을 이전처럼 유지하기 위해서가 아니다. 오히려 전례 없던 상황에서 새로운 삶을 만드는 길이다.

　이는 내가 친 울타리와는 완전히 다른 마음에서 나온 출입 제한이었다. 난 이번에 알게 되었다. 어떻게 순식간에 들판이 집안이 되어 버리는지를. 그럼에도 나는 여전히 동인의 길을 잘 알지 못하는 것 같다. 하지만 순간마다 그 울타리를 치는 마음을 삼가고 조심해야겠다는 마음을 놓치지 않아야 함을 동인괘를 통해 배웠다.

14
화천 대유,

젊은 현자를
존경할 수 있는 태도

송형진

火天 大有 화천 대유

大有, 元亨. 대유, 원형.

**대유괘는 크게 좋고 형통하다.**

初九, 无交害. 匪咎. 艱則无咎. 초구, 무교해. 비구. 간즉무구.

**초구효, 해를 끼치는 것과 무관하니 허물이 아니다. 이 상황을 어렵게 여기고 조심하면 허물이 없다.**

九二, 大車以載, 有攸往, 无咎. 구이, 대거이재, 유유왕, 무구.

**구이효, 큰 수레로 짐을 싣는 것이니, 나아가는 바가 있어서 허물이 없다.**

九三, 公用亨于天子, 小人弗克. 구삼, 공용형우천자, 소인불극.

**구삼효, 공이 자신의 재물을 써서 천자를 형통하게 하는 것이니, 소인은 할 수 없다.**

九四, 匪其彭, 无咎. 구사, 비기방, 무구.

**구사효, 지나친 성대함에 처하지 않으면 허물이 없다.**

六五, 厥孚交如, 威如, 吉. 육오, 궐부교여, 위여, 길.

**육오효, 진실한 믿음을 가지고 사람들과 더불어 사귀는 것이니, 위엄이 있으면 길하다.**

上九, 自天祐之, 吉无不利. 상구, 자천우지, 길무불리.

**상구효, 하늘로부터 도와줌이니, 길하고 이롭지 않음이 없다.**


큰 부자는 하늘이 내린다고 하니 아무나 큰 부자가 될 수는 없다. 하지만, 가끔은 다 가진 것처럼 살아갈 수 있지 않을까. 물질적인 풍요로움은 아니지만 세상을 살아가면서 '다 가졌다'는 느낌을 받아 본 적이 있는가? 없다면 불행한 일이지 싶다. 그 질문에 나는 다행스럽게도 몇 가지 장면들이 떠올랐다.

첫 장면은 어렸을 적 골목에서 동네 아이들과 같이 놀 수 있었던 축구공이 생겼을 때이다. 제대로 된 공 없이 동네 친구들과 골목축구를 했었는데, 어느 날 공이 생겨 원 없이 공을 찼을 때의 기분이 그러했다. 다음 장면은 대학에 입학해서 처음 여자친구가 생겨 막 연애를 시작했을 때이다. 세상이 다르게 보이고, 세상이 나를 중심으로 움직이는 것 같은 기분이 딱 그러했다. 그다음은 결혼을 하고 기다리던 첫아이를 3년 만에 가졌을 때이다. 그 아이가 선물 같았고 세상에 대한 무한한 감사함이 느껴지는 기분이 그러했다. 그리고 가장 최근의 장면은 중년이 되어 동서양의 고전을 읽으며, 기존의 통념을 깨는 소소한 깨달음을 얻었을 때이다. 공부의 기쁨과 삶의 충만함이 느껴지는 기분이 그러했다. 이런 장면들의 공통점은 크게 소유하고, 크게 풍요로운 삶을 느껴 보았다는 것이다. 어느 것과도 바꾸고 싶지 않고, 그 넘치는 마음을 괜히 주변 사람들과 나누고 싶었다. 이러한 풍요로움을 많이 느끼면서 앞으로의 삶을 살고 싶다는 생각을 해본다.

『주역』 64괘 중에서 이러한 풍요로움, '크게 소유함'에 대해서 생각해 볼 수 있게 하는 괘가 화천 대유(火天 大有)이다. 이 괘의 모습은 이(離)괘가 상징하는 불(火)이 위에 있고, 건(乾)괘가 상징하는 하늘(天)은 아래에 있다. 그러니까 불이 하늘 위에 있어, 가장 높은 곳에서 멀리까지 비추고, 만물을 드러나게 하고, 자라나게 하는 모양이다. 마치 태양이 하늘에 떠 있으면서 만물을 비추고 성장시키는 에너지를 주는 모습을 연상하게 한다. 태양이 만물을 생하게 하는 '베풂의 덕'을 엿볼 수 있다. 또 다른 설명은, 하나밖에 없는 음효가 군주의 자리인 오효에 있지만 오만하지 않고 부드러운 태도를 지니고 있는 육오효는 강건한 구이효를 비롯한 양효들과 호응하며 조화를 이루고 그들을 거느리고 있는 상이다. 강하고 능력 있는 양효들로부터 지지를 받는 육오효의 '겸손의 덕'을 보여 준다. 이처럼 육오효가 보여 주는 '크게 소유함'은 '베풂'과 '겸손'의 다른 말이다.

이러한 설명은 최근 부동산개발과 관련한 회사 이름을 '화천대유'라고 짓고 일확천금을 벌어 보려고 했던 사람들의 생각과는 사뭇 다른 것이다. 큰 돈을 바라는 사람들, 그래서 대유괘를 좋아하는 사람들에게 효사들은 '크게 소유함'의 도에 대해 다양한 가르침을 주고 있다. 초구(初九)에서는 사람이 풍족한 소유를 하게 되면 스스로 허물을 자초할 수 있음을 경계하고 있다. 그래서 '풍족한 소유의 어려움을 알면 허물이 없게 된다'(艱則无咎간즉무구)고 하였다. 구이에서는 중도를 유지해서 과도함이 없어야 풍족한 소유를 감당할 수 있는 모습을 '큰 수레로 짐을 싣고'(大車以載대거이재) 가는 것으로 비유해서 보여 주고 있다. 구삼에서는 풍족한 소유를 사사롭게 쓰지 말아야 함을 "천자를 형통하게 하는 것"(公用亨于天子공용향우천자)에 견줘 말해 주고 있다. 구사에서는 '풍족한 소유를 드러내지 않는'(匪其彭비기방) 지혜가 필요함을 얘기하고 있다. 육오에서는 풍족히 소유하고 있는 자는 '진실한 믿음을 가지고 교류해야 한다'(厥孚交如궐부교여)는 점을 가르치고 있다. 상구에서는 풍족한 소유를 독차지하지 않고 자기보다 아래에 있는 자이지만 구오효와 같은 현자를 존중할 줄 알면 '저절로 하늘이 돕는다'(自天祐之자천우지)는 점을 알려 주고 있다. 이와 같은 각 효사의 가르침을 그 부동산개발업자들이 알았다면 '화천대유'라는 이름을 그렇게 쓸 수 있었을까.

그렇게 각각의 효에서 보여 주고 있는 가르침을 읽고 나서 '크게 소유함'을 느끼는 삶을 추구하기 위해 나에게 가장 필요한 것은 '상구효의 자세'라는 생각이 들었다. 상구효는 "自天祐之자천우지, 吉无不利길무불리"이다. 처음 읽었을 때는 '대유의 시기가 지극한데 하늘이 돕기까지 하니 얼마나 좋을까'라고 생각했다. 자신은 아무것도 하지 않으면서 '공짜 점심'을 바라는 마음처럼 하늘이 돕기를 원하는 마음으로 읽었다. 한마디로 도둑놈(?) 심보였다. 하지만 '자천우지'의 의미를 더 들여다보니 잘못 생각했음을 깨달았다. 「계사전」은 이를 "믿음 있게 행동하고, 하늘의 도에 따르는 것을 생각하며 또한 현명한 이를 숭상한다. 그 때문에 하늘이 도우니 길하여 이롭지 않음이 없다"(履信리신, 思乎順사호순, 又以尚賢也우이상현야, 是以시이 '自天祐之자천우지, 吉길, 无不利무불리'也야)고 풀고 있다. '상현'(尚賢), 현명한 이를 숭상한다는 말이 눈에 들어왔다. 상구효가 비록 육오효의 윗자리에 있지만, 자신을 낮춰 어질고 현명한 육오효와 호응하고 그를 숭상한다는 의미이다. 그렇기에 하늘이 돕고, 그래서 가는 곳마다 모두 길하여 이롭지 않음이 없다는 것이다. 이처럼 상구효는 자기보다 나이가 어리거나 아랫자리에 있는 현자를 존경할 수 있는 삶의 태도를 보여 준다.

이러한 상구효의 태도에는 나이를 먹어 갈수록 배워야 하는 소중한 지혜가 담겨 있다. 앞에서 '다 가져본 듯한' 느낌의 가장 최근 장면이 중년이 되어서 시작한 동서양 고전 공부를 통한 깨달음의 순간이라고 했다. 그런 기분을 지속적으로 느끼면서 책읽기를 통한 고전 공부를 계속 이어 가고 있다. 그런 중에 나의 어떤 습관 같은 것을 발견했다. 책 속에 나오는 성인이나 현자들이 내 나이에 어떻게 살았나? 무엇을 했나? 그리고 〈감이당〉이나 그 주변의 사람들이 책을 출판하거나 글을 썼을 때는 저자의 나이가 어떻게 되나? 등등. 나를 중심으로 책에 나오는 현자, 책을 쓴 저자와 저자의 삶을 비교하게 된다. 그것은 아마도 '앞으로 어떻게 살아야 하나'라는 질문을 두고 그들의 삶에서 배움을 찾기 위함일 것이다. 하지만 이것이 다가 아니다. 순간이지만 좀 부끄러운 감정이 올라올 때가 있다. 어떤 동경이나 부러움을 넘어서는 일종의 시기와 질투. 특히, 나보다 젊은 사람들이 혹은 젊은 시절에 어떤 성취를 했을 때 그런 감정이 올라온다. '내가 저들보다 나이가 많은데 별로 이룬 게 없구나' 하는.

이런 시기와 질투의 감정에 대해서 도올은 "천하의 죄악은 현명한 사람을 질시하고, 능력이 있는 사람을 질투하는 것보다 더한 것은 없다"라는 이제마의 『동의수세보원』의 결론을 인용하면서 호되게 야단을 친다. 그러면서 '현명한 자들을 질투하고 능력 있는 자들을 질시하는 사회는 썩은 사회'라고까지 말한다. 순간이라고는 하지만 그런 감정이 올라왔던 나 자신이 부끄러웠다. 나이를 이제 점점 더 먹는다. 앞으로 더 많은 젊은 현자들이 나타날 것이다. 그들에게 박수를 보내고, 존경의 마음을 가질 수 있는 어른이 되기 위한 부단한 공부와 수양이 필요하다. 그런 가르침을 화천 대유 상구효로부터 얻는다. 그것이 나이를 먹어 가는 지혜이기도 할 것이다. "천하의 선은 현명한 사람을 좋아하고, 선을 즐기는 것보다 큰 것은 없다"라는 이제마의 생각과 젊은 현자를 존경할 수 있는 상구효 "자천우지"(自天祐之)의 가르침을 새긴다. 그렇게 『주역』에서 삶의 지혜를 배우며, 중년을 보내고 노년을 준비하는 삶을 살아가려고 한다.

15
지산 겸,

더블겸(謙謙)과
더불어 가리

이윤지
_____

地山謙 지산 겸

謙, 亨, 君子有終. 겸, 형, 군자유종.

**겸괘는 형통하니, 군자는 끝마침이 있다.**

初六, 謙謙君子, 用涉大川, 吉. 초육, 겸겸군자, 용섭대천, 길.

초육효, 겸손하고 겸손한 군자이니 이것을 써서 큰 강을 건너더라도 길하다.

六二, 鳴謙, 貞, 吉. 육이, 명겸, 정, 길.

**육이효, 겸손함이 울려 드러나니, 올바르고 길하다.**

九三, 勞謙, 君子有終, 吉. 구삼, 로겸, 군자유종, 길.

**구삼효, 공로가 있으면서 겸손함이니, 군자는 끝마침이 있어 길하다.**

六四, 无不利撝謙. 육사, 무불리휘겸.

**육사효, 겸손함을 발휘하는 데 이롭지 않음이 없다.**

六五, 不富以其隣, 利用侵伐, 无不利. 육오, 불부이기린, 리용침벌, 무불리.

**육오효, 부유하지 않아도 이웃을 얻으니 무력으로 치는 것이 이로우며 이롭지 않음이 없다.**

上六, 鳴謙, 利用行師, 征邑國. 상육, 명겸, 리용행사, 정읍국.

**상육효, 겸손함이 울려 드러남이니 군대를 움직여 자신이 다스리는 곳을 단속함이 이롭다.**


나는 40대 초반까지 동북아시아를 총괄하는 외국계 기업 현장에서 일했다. 9년 전 회사를 그만둘 무렵 주된 관심사가 회사 일에서 인문학 공부로 옮겨 갔고, 이후로는 불교를 만나 불교 공부에 몰두했다. 이런 공부 덕분에 티베트 불교의 스승과 인연이 되었고, 스승께서 불교의 교학과 명상을 온라인 줌으로 가르쳐 주시는 6년 과정 불교 프로그램에 들어가게 되었다. 멀리 인도 다람살라에 계신 스승께서 시공간의 제약을 넘어 매주 실시간 법문을 해주시는 것은 너무나 감사한 일이었다. 스승께서 한국에 오셨을 때 주위의 많은 사람이 자신들도 이 과정에 참여하고 싶다며 간곡히 청을 드렸다. 하여 나는 몇몇 분과 함께 자원봉사자로, 공부를 원하는 분들을 위해 새로운 반을 모집하고 운영하는 일을 돕게 되었다.

봉사자들과 함께 준비 회의를 하는데, "과연 몇 명이나 모일까요?"라는 질문이 나왔다. 나는 농담 반 진담 반으로 293명이라고 대답했다. 현재 줌에 참여할 수 있는 최대 인원이 300명이라 스승과 봉사 스태프를 제외하고 참석이 가능한 최대 인원을 말한 거였다. 봉사자 한 분은 공부 세미나를 조직하고 모집한 경험이 많았는데, 그 분이 그건 너무 과한 욕심이라며 100명만 모여도 대성공이라고 하셨다. 우리는 다 같이 웃으면서 몇십 명이라도 오면 좋겠다고 했다. 그런데 놀라운 일이 벌어졌다. 신청 페이지를 오픈하자마자 하루가 지나 100명이 모이더니 일주일도 안 되어, 농담 반 얘기했던 인원도 초과하는 것이 아닌가. 처음에는 신기하기도 하고 흥분되기도 했는데, 나중에는 슬슬 걱정스러운 마음이 올라오기 시작했다. 과연 이 많은 분이 공부하는 것을 잘 도울 수 있을까?

『주역』에는 모든 것이 크게 융성해지는 대유(大有)괘가 있다. 그리고 대유의 풍요와 번성 뒤에는 겸손함의 겸(謙)괘가 온다. 크게 소유하고 가진 것이 풍족해지면 허영과 오만에 이를 수 있기 때문에 반드시 겸손해야 한다는 의미이다. 100명이 모이면 대성공이라고 생각했는데 그 몇 배가 되었으니, 이건 그야말로 대유의 상황에 비견할

만하다. 크게 홍보라고 할 것도 없었는데 사람들이 이렇게 모여든 건 아마도 어떤 시절인연의 흐름을 탔기 때문일 것이다. 혹은 이런 공부에 목말라 있던 사람이 많았다는 뜻일 수도 있고, 아니면 불교에 좀 관심이 있었던 사람들이 부담 없는 무료 프로그램이라 그냥 한번 해 볼까 하고 신청한 것일 수도 있다. 그런데 실시간 신청 접수 인원을 확인하는 내 마음에 으쓱한 기분이 올라오기 시작했다. 고생해서 만든 홍보 안내문이 그런 대로 역할을 한 거라는 생각, 스승의 뜻에 어긋나지 않게 모든 것을 잘 기획했기 때문이라는 생각, 주변 지인들이 많이 신청하고 주위에도 널리 알려 주었기 때문이라는 생각, 내가 소속되어 함께 일하는 봉사팀이 훌륭해서라는 생각 등등….『주역』을 남긴 성현들은 나 같은 중생의 마음을 훤히 꿰고 계셨던 게다. 대유의 상황이 허영과 자만을 부른다는 것을.

지산 겸(地山 謙)괘는 어떤 상황에서도 겸허히 처신하는 군자의 모습을 보여 주는 괘다. 지면 위에 높이 솟아 있어야 할 산(山)이 땅(地) 가운데 있는 모습이니, 고귀하고 높은 덕을 지니고도 겸손하게 낮은 곳에 처한다는 의미다. 겸허한 미덕으로 끝까지 일관하는 군자의 모습을 옛 성인들은 어찌나 높이 평가했는지, 겸괘에는 괘사, 효사, 「단전」, 「상전」의 설명을 통틀어 부정적인 메시지가 하나도 없다. 이렇게 긍정 만땅(^^)인 괘는 64괘 중 겸괘가 유일하다. 겸손함의 자세를 시종일관 견지한다면 어떤 난관도 헤쳐 갈 수 있다는 것. 하여 겸손함은 언제나 형통하고 끝마침이 있다(謙겸, 亨형, 君子有終군자유종). 끝마침이란 결국 겸의 미덕이 가져오는 좋은 결말을 의미하는 게 아니겠는가. 겸괘는 겸손함이 부르는 상황을 초효부터 육효까지 다양하게 변주해 보여 주는데 그중에서도 초효는 가장 낮은 곳에 위치한 겸이다. 얼마나 지극하게 낮추었으면 겸이 두 개(謙謙), '더블(double) 겸'^^이다.

초효는 무언가를 시작하는 단계다. 사회에 첫발을 내딛거나, 공부를 시작하거나 혹은 조직이 새로 출범하거나, 뭔가를 시작할 때는 기대에 부풀고 이런저런 계획으로 야심차다. 그런데 시작부터 일이 잘 풀리고 모든 것이 원활하다면? 우쭐한 자만심이 생기기 십상이다. 그러나 겸손을 두 배로 장착한 겸괘 초육은 이런 자만을 경계한다. 「상전」은 마치 길을 잘못 들려는 소의 고삐를 워~ 워~ 하며 단단히 잡아끌 듯이 초육이 자신을 낮추고 수양한다(卑以自牧也비이자목야)고 설명한다. 이러한 겸겸군자(謙謙君子)의 태도에 대해 단 한 번도 들어 보지 못했다면, 나는 고삐 풀린 소처럼 어디 허튼 길로 갔을지 모르는 일이다.

6년 과정 프로그램을 준비하고 모집하는 일에는 예상보다도 훨씬 많은 시간과 품이 들었다. 회사에 일이 많을 때 매일 야근하며 다니는 것과 비슷한 상황이었다. 그런데 신기하게도 봉사 일 자체로는 별다른 스트레스가 없었다. 달성해야 할 영업 목표가 있는 것도 아니고, 들볶는 상사가 있는 것도 아니고, 경쟁 업체가 있는 것도 아니었다. 사람들을 모아 6년 공부가 잘 진행될 수 있도록 준비만 잘하면 되는 거였다. 그런데 거기다 사람들이 이렇게까지 신청해 주다니! 자만심이 고무풍선처럼 부풀어 오르기 딱 좋은 상황이었다. 그런데 막 부풀어 오르려는 풍선을 쪼그라들게 해준 건 의외의 사건에서였다.

절판된 수업 교재를 간신히 구해, 사람들이 받아볼 수 있도록 교재 신청을 받던 중이었다. 그런데 신청 안내를 문자로 보내고 문의받는 과정에서 그야말로 문자 폭탄이 날아왔다. 프로그램 신청자가 수백 명이나 되니 어쩔 수 없는 일이긴 했다. 문제는 익명의 사람들이 보내는 무례한 문자와 요구사항이었다. 요즘엔 무엇을 하든 친절한 서비스를 받는 것에 익숙해서 그런지 사람들은 마치 백화점에 가서 소비자로서 요구하듯 여기서도 이런저런 것을 따지고 물었다. 나는 봉사자로 시간과 노력을 들여 다 같이 귀한 공부를 할 수 있도록 돕는 역할을 하는 것뿐인데. 사람들은 상대가 누구인지 아랑곳없이 당연한 권리인 듯 이런저런 요구를 했다. 그러면 저 분은 그냥 그런가 보다 하고, 내가 할 수 있는 것을 묵묵히 하면 되는 일이었다. 그러나 내 마음에는 상대가 봉사자인 나를 인정하고 존중해 주기를 바라는 마음이 올라왔다. 수백 권의 책을 직접 택배 작업까지 해서 보내주는데, 애쓴다고 따뜻한 덕담 한마디 건네지는 못할망정 너무한 거 아닌가.

왕부지는 땅속에 산이 있다(地中有山지중유산)는 겸괘의 표현을 두고 "이는 땅 가운데 산이 있음을 의미하는데, 산이란 땅이 높은 것이지 땅 밖에 따로 산이 있는 것이 아니다"(왕부지, 『주역 내전 2』, 김진근 옮김, 학고방, 2014, 421쪽)라고 했다. 땅과 차원이 다른, 더 높고 귀한 산이 어디 따로 있는 것이 아니라 사실, 산이든 땅이든 원래는 둘 다 똑같이 흙이라는 의미다. 이런 관점에서라면 겸(謙)은 상대와 나를 다른 높이에 놓고 한 사람이 몸을 숙여 낮은 자세를 취한다고 되는 게 아니다. 땅과 산은 조건에 따라 흙이 각기 다른 상태에 놓인 것일 뿐이다. 쌓여서 융기해 산이 되거나 평평하게 땅으로 있거나. 여기에는 차별이 없다. 산이 자기가 잘나서 산이 된 게 아니란 말이다. 그런 의미로 본다면 사실 모든 존재는 평등하다. 애초에 더 고등하거나 열등한 존재가 나뉘어 있는 것이 아니라 조건에 따라 우리는 모두 이런저런 모습과 꼴로 존재하는 것일 뿐. 불교에서는 모든 존재에게 평등하게 똑같은 점이 있다면 그것은 어떤 존재든 행복하기를 바라고 고통은 피하기를 바라는 것이라고 했다. 그리고 이런 입장을 견지한다면 모든 일에 굳이 내가 어떤 사람이라는 아상(我相)을 내세울 필요가 없어진다. 이렇게 '나'를 내세우지 않는 것, 아니 내세울 '나'도 없는 것이 진정한 의미의 겸(謙)이 아닐까?

6년 과정 프로그램의 매니저로 봉사를 한다는 건, 그 일을 할 수 있는 조건이 내게 주어진 것이기도 하다. 내가 봉사를 하는 무슨 대단한 사람씩이나 된 게 아니라, 6년 과정이라는 귀한 공부의 장이 열리는 자리에 봉사를 할 수 있는 소중한 찬스까지 내게 주어진 것이다. 이건 정말 감사할 일이다. 기쁜 마음으로 한다면 공덕을 쌓을 수 있는 훌륭한 기회이고 말이다. 이 넓은 공부의 장에는 각양각색의 사람이 모일 것이다. 공부를 하려고 모인 이 자리에는 산과 땅이 서로 높고 낮다며 우위를 논하지 않는다. 교재 한 권을 구입하면서 걱정과 불만을 토로하는 사람은 단지 그런 방식으로 마음의 불편함을 덜고 싶었을 것이다. 아직 마음 다스리는 방법을 제대로 배우지 못했을 뿐. 우리는 우리 자신을 불편하게 하는 것으로부터 벗어나는 법을 배우려고 모였다는 점에서 모두 똑같다. 이 공부의 장에서는 정법(正法)을 가르쳐 주시는 스승님으로부터도 배우지만, 6년간 다양한 사람들을 겪어 가며 배우는 점도 많을 것이다.

6년 과정 프로그램이 이제 곧 시작이다. 겸괘의 시작인 초효는 겸손하고 또 겸손함으로써 큰 강을 건널 수 있으니 길하다고 했다(謙謙君子겸겸군자, 用涉大川용섭대천, 吉길). 내게는 앞으로의 6년 공부가 이 큰 강을 건너는 일이다. 강을 건너려고 강 이쪽에 서 있는 내게 겸겸(謙謙)의 두 글자가 주어졌다. 겸허한 자세로 기쁜 마음으로 건너가고 싶다.

16
**뇌지 예,**

**나의 공부는**
**'음악'이 될 수 있을까?**


**신근영**
———

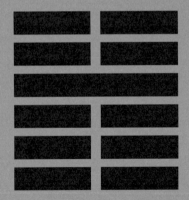

雷地 豫
뇌지 예

豫, 利建侯行師. 예, 리건후행사.

**예괘는 제후를 세우고 군대를 움직이는 것이 이롭다.**

初六, 鳴豫, 凶. 초육, 명예, 흉.

**초육효, 기쁨을 드러내어 울리니 흉하다.**

六二, 介于石, 不終日, 貞吉. 육이, 개우석, 부종일, 정길.

**육이효, 절개가 돌과 같이 굳세어 하루 종일 기쁨에 취해 있지 않고 떠나가니 올바르고 길하다.**

六三, 肝豫, 悔, 遲, 有悔. 육삼, 우예, 회, 지, 유회.

**육삼효, 위에 있는 구사효를 올려다보며 기뻐하니 후회가 있고, 머뭇거리며 지체하여도 후회하리라.**

九四, 由豫, 大有得, 勿疑, 朋, 盍簪. 구사, 유예, 대유득, 물의, 붕, 합잠.

**구사효, 기쁨이 구사효로 인해 말미암는 것이니 크게 얻음이 있다. 의심하지 않으면 도와줄 벗들이 모여들 것이다.**

六五, 貞, 疾, 恒不死. 육오, 정, 질, 항불사.

**육오효, 바른 자리에 있으나 질병이 있어서 항상 앓고 있으면서도 죽지 않는다.**

上六, 冥豫, 成, 有渝, 无咎. 상육, 명예, 성, 유투, 무구.

**상육효, 기쁨에 빠져 어두워짐이 이루어졌으나 바꿀 수 있으면 허물이 없다.**


이 새로운 영혼은 노래했어야 했다. 말하지 말고!(프리드리히 니체)


어느 날이었다. 연구실 선배가 강의를 제안했다. 세미나에서 반장을
해본 적은 있어도, 일회성으로 글을 발표한 적은 있어도 수업을 맡아

서 진행하라니…. 당황스러웠다. 두렵기도 했다. 하지만 한편으로는 기대도 됐다. 모든 새로운 일이 그렇듯.

그 이후로 어언 10여 년의 시간이 흘렀다. 그런데도 여전히 강의는 어렵다. 뭘 어떻게 얘기해야 하지? 제대로 해낼 수는 있을까? 듣는 사람들에게 조금이라도 공부가 되긴 해야 할 텐데…. 사실 난 오랜 시간 학원 강사로 일했었다. 그때는 시간이 지나면서 수업도 수월해졌다. 하지만 연구실의 강의는 좀처럼 익숙해지지를 않는다. 단순히 테크닉을 알려 주는 것이 아니라, 매번의 수업에서 삶의 문제를 함께 고민해 나가기 때문이다.

스멀스멀 올라오는 부담감을 털어 버리는 방법은 하나다. 열심히 공부하는 것. 어떻게든 텍스트를 내 삶에 녹여 내는 것. 딱 그만큼 나는 강의를 할 것이었다. 그래서 종종 이런 농담을 하곤 한다. 수업에서 제일 열심히 공부하는 사람은 학생이 아니라 강사라고(^^;;). 그러고 보면 수업의 덕을 가장 많이 본 사람은 나다. 그래서 강의에 대한 부담감이 싫지만은 않다.

그럼에도 수업이 망하는 날이 종종 있다. 수업을 지루해하는 건 그렇다 치더라도, 저 사람이 뭔 말을 하는 건가 하는 사람들의 눈빛을 보고 있노라면, 저절로 마음이 무거워진다. 어떤 때는 벽에 대고 이야기하는 기분이 들기도 한다. 그런 날이면 잠자리에 들어 이불킥을 하게 된다. 혼자서 허공에 대고 떠드는 것만큼 기운 빠지는 일이 있을까. 내용이 아무리 그럴싸해도, 말하는 사람과 듣는 사람 사이의 교감이 없으면 수업은 활기를 가질 수가 없다.

이런 면에서 뇌지 예(雷地 豫)괘는 많은 것을 말해 준다. 예괘가 상징하는 바는 '기쁨 또는 열락(悅樂)'이다. 열락은 한자 그대로 풀자면 기쁘고 즐거워하는 것으로, 지극한 기쁨을 의미한다. 예괘의 이런 기쁨을 만드는 주체는 "기쁨이 구사효로 인해 말미암는 것이니 크게 얻음이 있다. 의심하지 않으면 어찌 벗들이 모여들지 않겠는가"(九四구사, 由豫유예, 大有得대유득, 勿疑물의, 朋붕, 盍簪합잠)라고 말하는 구사효다. 예괘의 사효는 상괘에서 대신의 자리에 있는 유일한 양효다. 해서 다른 모든 음효들이 이 양효에 '호응'한다. 이로 인해 사효가 유예(由豫), 기쁨의 원인이 되는 것이다.

호응, 서로가 서로에게 응함. 이로부터 기쁨이 나온다. 이것이 사효가 크게 얻는 바(大有得)다. 뇌지예는 그 기쁨의 지극함을 보여 준다. 호응의 첫번째 길은 「서괘전」을 통해 드러난다. "풍성하게 가지고 있으면서도 능히 겸손할 수 있으면 반드시 삶이 넉넉하고 즐겁다. 그래서 예괘로 받은 것이다."(有大而能謙유대이능겸, 必豫필예, 故受之以豫고수지이예; 김용옥, 『도올주역강해』, 279쪽) 「서괘전」은 괘가 나열된 순서로부터 그 뜻을 풀어 낸다. 예괘는 대유괘를 거쳐 겸괘 다음에 나온다. 크게 가졌으나 겸손한 마음. 그것이 예괘의 기쁨을 불러온다는 것이다.

강의를 준비하는 과정도 이와 다르지 않다. 열심히 공부한 후에 필요한 것은 '하심'(下心)이다. 하심이란 마음을 낮추는 것이자 욕심을 내려놓는 것이다. 사실 강의가 부담스럽게 다가오는 주된 이유는 내 욕심에 있다. 강의를 잘하고 싶다는 욕심, 멋들어진 내용을 전달하고 싶다는 욕심, 사람들이 내 강의를 재밌게 들어 줬으면 하는 욕심 등등. 욕심은 마음과 몸에 힘이 들어가게 하고, 그렇게 힘이 들어

간 강의는… 망한다.(^^;;)

이런 욕심은 수업을 '계몽의 구도'로 생각할 때 생긴다. 계몽이란 간단히 말해 뭘 좀 아는 사람이 무지한 사람을 깨우쳐 준다는 것이다. 나는 주는 사람이고, 수업에 참여하는 사람들은 받는 사람이다. 이 시혜적 자리에서 나는 무언가를 '가르쳐야만 한다'. 그러기 위해서 나는 '알아야만 한다'. 이때부터 공부는 곤욕이 된다. 책읽기는 앎을 소유하기 위한 사냥터가 되고, 나는 눈에 불을 켜고 앎을 쫓는 사냥꾼이 된다. 몸도 마음도 지쳐 간다. 그렇게 어떻게든 뭔가를 붙잡는다 쳐도 수업이 제대로 된다는 보장은 없다. 나는 일방적으로 정보를 전달하려 하고, 그것이 안 되면 욱여 넣으려고 애쓴다. 그래도 안 되면? 서운하다. 때로는 미운 마음도 올라온다. 이쯤 되면 몸도 마음도 녹초가 된다.

여기 어디에도 서로의 마음이 응하는 자리는 없다. 그러니 수업이 즐거울 리 없다. 예괘는 말한다. 지극한 기쁨은 하심 다음에 온다고. 가르치는 자, 해서 나는 위에 있는 사람이라는 생각을 버려야 한다. 내가 무언가를 알았다면, 알았다는 그 생각을 내려놓아야 한다. 요컨대, 가르친다는 생각 없이 가르치기다. 그래야 예괘의 기쁨이 열린다. 그런데 대체 이런 강의란 어떤 것일까. 예괘를 좀 더 따라가 보자.

예괘에서 가장 인상 깊게 다가오는 부분은 「대상전」이다. "「상전」에서 말했다. 우레가 땅에서 진동하는 것이 예괘의 모습이니, 선왕은 이것을 본받아 음악을 짓고 덕을 높여 성대하게 상제께 올려서, 조상에게 배향한다."(정이천, 『주역』, 367쪽) 「대상전」에는 『주역』의

각 괘를 현실에 적용하는 지혜가 담겨 있다. 그런데 예괘는 그것을 '음악을 짓는 일'에서 찾고 있는 것이다.

뇌지 예괘는 상체가 진괘, 즉 우레이고 하괘가 땅을 나타내는 곤괘다. 해서 예괘는 땅속에 갇혀 있던 우레가 밖으로 나오는 모습이다. 바로 여기에 음악의 출현이 있다. 도올 선생님은 이를 다음과 같이 이야기한다. "중요한 것은 땅속에 뭉쳐 있던 우레의 기운이 한꺼번에 터져 나오는 이미지다. 바로 예술이란 이렇게 뭉쳐 있던 감동이 터져 나오는 것이다. (……) 음악이 없으면 예가 성립하지 않는다. 감동이 없기 때문이다. 음악이 있어야, 우레와 같은 하늘의 울림이 있어야 신이 감동한다."(김용옥, 『도올주역강해』, 280쪽)

마음에서 일어난 감동이 세상을 향해 나오는 것, 그것이 음악이다. 음악은 이성에 앞선다. 머리로 무엇을 따져 보기 전에 마음에 와 닿는다. 그렇게 듣는 이의 마음을 감(感)하고 동(動)하게 한다. 음악이 이런 힘을 갖는 것은 그 음악이 감동한 마음으로부터 나오기 때문이다. 나의 감동이 누군가의 감동으로 이어지는 것! 하여 우리의 울림을 만들어 내는 것! 이것이 예괘에 자리한 우레가 상징하는 바다.

하지만 단순히 나의 감동을 토해 놓는다고 울림을 만들어 내는 건 아니다. 그저 감탄사를 연발한다고 누군가의 감동을 불러일으킬 순 없는 법이다. 나의 감동이 하나의 울림이 되려면 반드시 일정한 흐름을 가져야 한다. 기타를 치는 데는 일정한 코드가 있고 그 코드들의 적절한 연결이 음악을 만들 듯이 말이다. 해서 예괘의 아래에는 곤괘가 자리한다. 곤(坤)은 순(順)함이다. 해와 달이 순리에 따라 움직이고, 사계절이 그 차례를 지키듯이, 터져 나오는 감동은 나름의 흐름과 리듬을 갖추어야 한다. 순하여 움직임(順以動순이동), 그래야 비로소 감동은 하나의 음악이 된다.

그런데 왜 하필 음악일까? 그건 음악이 가진 고유한 특성에서 나오는 듯하다. 음악은 소리의 예술이다. 그리고 소리에는 형상이 없다. 소리는 입자적으로 분리된 것이 아닌 하나의 파동이다. 요컨대, 음악은 하나로 이어지는 흐름이다. 어떤 음악이든 떠올려 보라. 그 속에서 하나의 소리는 다른 소리로 스며들어 간다. 분리된 입자들의 세계에서는 불가능한 일이다. 입자들은 함께 있어도 명확히 안과 밖이, 너와 내가 나뉘어 있다. 하지만 파동은 다르다. 공명한다. 서로가 서로의 내부로 흘러 들어가 하나의 흐름을 만든다.

이런 음악의 힘에 대해, 도올 선생님은 "음악은 음식보다 더 직접적으로 신들을 감동시킨다"(김용옥, 『도올주역강해』, 281쪽)고 말한다. 신(神)이라고 하면 저 하늘에 있는 어떤 존재 같은 게 떠오른다. 하지만 신이란 초월적 존재가 아닌, 우리 안에 있는 보편적 정신(마음)이다. 하여 신을 감동시킨다는 건, 우리 자신에 내재한 보편적 마음이 현현함을 가리킨다. 음악은 그런 보편적 마음을 생성한다. 그 울림 속에서 "인간과 인간을 갈라놓는 장애물은 무너져 버린다"(리하르트 빌헬름, 『주역 강의』, 107쪽). 나의 감동이 너의 감동이 되는 순간, 너와 나로 분리된 개체성은 사라지는 것이다. 화락(和樂)으로서 음악. 우리의 울림이자 우리라는 울림! 이 연결성, 이 보편성이 곧 예괘의 때이며, 우리가 인간으로서 느낄 수 있는 가장 큰 기쁨, 그 열락이 찾아오는 순간인 것이다.

음악이 가진 이런 힘은 비단 음악만의 문제가 아니다. 독일의 철학자 프리드리히 니체는 음악을 '학문'과 대결시킨다. 당시 모습을 갖추어 가던 근대 학문은 그 중심에 이성을 두었다. 거기서 중요한 것은 객관성, 즉 대상과의 거리감이다. 그런데 이 거리감이란 무얼까? 그건 대상과 결코 관계를 맺어서는 안 된다는 의미다. 하지만 니체에게 공부란 언제나 내 앞의 존재에게, 타자에게 나를 개방하는 일이다. 그렇게 타자를 내 마음에 침투시켜서 내 삶을 뒤흔드는 일, 해서 한 번도 되어 보지 못한 나를 생성하는 것. 그것이 니체에겐 배움의 현장이다.

그러나 근대 학문은 그 장을 닫아 버리려 한다. '객관성'이라는 이름으로 말이다. 대상에서 멀리 떨어져라, 그저 구경꾼으로 바라보기만 해라. 무엇도 내 안에 들여놓을 수 없다는 의지, 지금의 자아를 견고히 지키겠다는 의지. 그것이 근대 학문이 내세우는 객관성의 본질이라는 게 니체의 진단이다. 해서 거기에 '감동'이란 없다. 아니, 없어야만 한다. 마음의 감함도, 동함도 객관성에 어긋나는 것이기 때문이다. 그렇게 학문은 건조하디 건조한 말이 되어 버렸다. 결국 학문의 객관성은 타자와의 거리감으로 이어진다. 우리는 익히 알고 있다. 학위 논문이나 교과서에 나오는 그 퍽퍽한 말들이 얼마나 지루한지…. 마치 공부가 얼마나 재미없는 것인지를 가르쳐 주려는 듯 보이지 않는가.

해서 니체는 말한다. 우리의 공부는 학문이 아닌 음악이 되어야 한다고. 하나의 책을 읽는 것은 음악을 듣듯 마음이 감동하는 일이며, 글을 쓴다는 건 하나의 노래가 되어 누군가의 마음을 감동하게 하는 일이라는 거다. 그렇게 서로가 섞여 들어 보편적 마음이 생성된다. 그리고 바로 그 자리에서 세계의 본질, 요컨대 진리는 드러난다. 모든 것이 하나로 연결접속되어 있다는 본질이. 그 보편성으로서 세계를 체험하는 것, 자신을 세상의 모든 존재들과 연결시킴으로써 기쁨을 일궈 나가는 것. 그것이 진리를 탐구하는 공부의 현장이다. 하여 공부는 즐겁다.

나의 책읽기가, 글쓰기가, 그리고 강의가 음악이 될 수 있을까? 예괘의 관점에 서면, 책읽기에 필요한 것은 더 많이 아는 게 아니다. 단 하나라도 좋다. 책을 향해 내 마음을 열고(感감), 새로운 지평으로 나아가면(動동) 된다. 그런 감동의 일어남, 그것이 배움의 증표다. 그러니 배울 수 있다는 건 감동할 수 있는 능력일 게다. 그리고 그런 감동을 오롯이 담아내는 것, 그것이 글쓰기이고 강의가 아닐까.

학생을 가르치는 자를 뜻하는 'professor'(교수)라는 단어가 있다. 이 단어의 어원이 재미있다. pro(앞에서)+confess(고백하다). 그러니까 교수라는 건 학생 앞에서 고백하는 자라는 거다. 무엇을? 자신의 배움을. 그렇다. 강의를 한다는 건 내가 아는 정보를 전달하는 게 아니라, 나의 배움/감동을 고백하는 거다. 왜? 내 배움이 제대로 체화되었는지를 가늠하기 위해! 진리란 작든 크든 보편성을 그 특징으로 한다. 그리고 보편적이라는 건, 그것이 다른 이들과 소통된다는 걸 뜻한다. 그렇기에 나의 감동이 다른 이의 감동으로 이어지지 못한다면, 하나의 울림으로 소통되어 펼쳐지지 못한다면, 지금 나의 배움에는 뭔가 어긋난 지점이 있다는 게 된다. 그렇기에 강의는 나의 배움을 검증하는 자리다. 가르친다는 생각 없이 가르치기, 하심의 의미가 여기에 있을 거다.

예괘의 사효가 말하는 물의(勿疑), 의심하지 말라는 것도 이 맥락에 있다. 수업을 준비하다 보면, 내가 이야기하려는 것이 정답인지 아닌지 계속 의심하게 된다. 하지만 감동에는 정답이 없다. 단지 진솔함만이 있을 뿐이다. 하여 내가 염두에 두어야 하는 건 지금 나의 감동을 더함도 덜함도 없이 딱 그만큼 나눌 수 있는가이다. 요컨대, 진실함이 관건이다. 내 배움에 진실한가. 그 진실의 정도가 다른 이를 향한 울림의 정도를 만든다. 하여 사효는 말한다. "의심하지 않으면 도와줄 벗들이 모여들 것이다."

이 글을 쓰는 지금, 나는 계속 묻게 된다. 나의 공부는 음악이 될 수 있을까. 어쩌면, 아마도…. 그래도 한 가지 확실한 건 있다. 내가 연구실에서 계속해서 공부를 이어 온 것은 스승들, 그리고 친구들의 '노래'가 있었기 때문이라는 거다. 음악으로서의 배움. 화락하는 기쁨. 감사할 따름이다.

17
**택뢰 수,**

**천리를 따른다는 것**
**혹은 자유의지로 추앙하기**

**문성환**
———

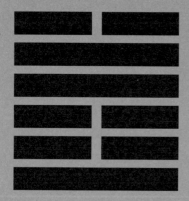

# 澤雷隨 택뢰 수

隨, 元亨, 利貞, 无咎. 수, 원형, 리정, 무구.

**수괘는 크게 형통하니 바르게 함이 이롭고 허물이 없다.**

初九, 官有渝, 貞, 吉, 出門交有功. 초구, 관유투, 정, 길, 출문교유공.

**초구효, 주관하여 지키던 것에 변화가 있으니 바르게 하면 길하고 문밖으로 나가 사귀면 공이 있다.**

六二, 係小子, 失丈夫. 육이, 계소자, 실장부.

**육이효, 소인배에게 얽매이면 장부를 잃는다.**

六三, 係丈夫, 失小子, 隨, 有求, 得, 利居貞. 육삼, 계장부, 실소자, 수, 유구, 득, 리거정.

**육삼효, 장부를 따르고 소인배를 버리므로 민심이 따르고 구하는 것이 있어 얻으니 바르게 자신을 지키는 것이 이롭다.**

九四, 隨有獲, 貞, 凶. 有孚, 在道, 以明, 何咎! 구사, 수유획, 정, 흉. 유부, 재도, 이명, 하구!

**구사효, 민심이 따르는데 차지하려고 하면 올바르더라도 흉하다. 진실한 믿음이 있고 도리를 지키면서 명철하게 처신하면, 무슨 허물이 있겠는가!**

九五, 孚于嘉, 吉. 구오, 부우가, 길.

**구오효, 아름다움을 깊이 믿으니 길하다.**

上六, 拘係之, 乃從維之, 王用亨于西山. 상육, 구계지, 내종유지, 왕용형우서산.

**상육효, 붙잡아 묶어 놓고 또 이어서 민심이 따르는 것을 동여매니, 왕이 서산에서 형통할 수 있었다.**

남들은 자유를 사랑한다지마는, 나는 복종을 좋아하여요.

자유를 모르는 것은 아니지만, 당신에게는 복종만 하고 싶어요.

복종하고 싶은 데 복종하는 것은 아름다운 자유보다도 달콤합니다.

그것이 나의 행복입니다.


그러나, 당신이 나더러 다른 사람을 복종하라면, 그것만은 복종할 수

가 없습니다.

다른 사람을 복종하려면 당신에게 복종할 수 없는 까닭입니다.

(한용운, 「복종」服從)


시인은 복종을 좋아한다고 한다. 복종은 자유보다 달콤하고 행복하다고! 얼핏 들으면 무슨 이상한 소리인가 싶지만, 한 가지 전제만 있으면 된다. 복종하고 싶은 데 복종한다는 것. 문학적 수사도 아니고 모순도 아니다. 자유를 몰라서도, 자유가 없어서도 아니다. 이것이 복종이고, 이것이 자유다. 시인에게는 복종도 자유다. 멋지다. 시인의 복종은 절대적이어서 구차한 덧말이 필요없고, 자발적이어서 자유롭다. 복종이야말로 강요할 수 없다는 것. 나는 오로지 내가 복종하고 싶은 데에 복종하고, 그것이야말로 나의 자유이고 행복이라는 것. 뤼스펙!

『주역』의 수(隨)괘를 궁리하다 한용운 시인의 「복종」이 문득 떠올랐다. 다시 보니 놀라운 언어라는 생각이 든다. 복종이 자유라니! 수(隨), 즉 '따라감/따름'의 때를 가리키는 괘를 이해하는 데도 도움이 되지 않을까, 라는 느낌적인 느낌. 따름이란 대개 목적어와 함께

쓰여 '무엇을 따르다'는 말로 쓰인다. 즉 어떤 대상에 이끌리는 행위이고, 그 자체로는 좋은 것이라고도 나쁜 것이라고도 할 수 없지만 확실히 능동적이고 주도적인 행위는 아니다.

『주역』의 64괘 순서로 보면, 17번째 괘인 수괘는 18번째 괘인 고(蠱)괘와 한 쌍으로 묶여 '따르고(혹은 따라가서) 개혁하다'는 뜻을 이룬다. 고괘는 글자의 생김새부터 재미있는데 쟁반(皿) 위에 벌레들(蟲)이 득실대고 있다. 그릇에 담긴 음식이 벌레먹고 있는 것이어서 고괘는 썩은 것을 개혁하는 때를 의미한다. 두 괘의 관계로만 보면 앞에 있는 수괘가 양이고 뒤에 있는 고괘가 음이니, 따라감이 있어야(혹은 따를 수 있어야) 비로소 잘못된 것을 바로잡을 수 있다는 뜻이 된다. 따른다는 걸 단순히 뭔가에 이끌려 가는 수동적인 행위로만 생각했는데, 수괘에는 다른 의미의 따르는 도가 있다는 말일까. 수괘를 한번 차근차근 살펴보자.

수괘의 풀네임 즉 정식(?) 괘명은 택뢰 수(澤雷 隨)다. 위에는 연못(택)이, 아래에는 우레(뢰)가 있고 이름(뜻)은 따라감(수)이라는 의미다. 연못에 잠겨 있는 우레라는 말인데, 형상을 떠올려 보면 좀 이상하다. 우레라면 보통 하늘에 있지 않나?(나는 지금 우르릉 쾅쾅 제우스의 번개를 떠올리고 있다). 아니면 최소한 대지를 진동시키는 지진 같은 것이거나! 그런데 우리의 주인공인 수괘의 우레는 연못 속에 있다. 연못이라니 살짝 고개가 갸우뚱해진다. 이를테면 승천해서 하늘을 날아다녀야 할 용(龍)이 아직 논밭에서 놀고 있다면 좀 모양 빠지는 거 아닌가? 명색이 용인데 말이다(그런데 실제로 건괘 이효가 그렇다^^). 하지만 택뢰 수는 이름 그대로 형상을 그려 보면 연못 속에 담겨 있는 우레이다. 우레를 품은 연못?

얼핏 보기엔 잘못된 만남 같지만, 사실 연못과 우레의 만남은 수괘의 '따라감'에 관한 중요한 뜻이 담겨 있다. 다시 상상해 보자. 우레가 움직이고 연못이 출렁인다. 하늘에서 세상을 윽박(!)지르고 위세를 부려야 어울릴 것 같은 우레가 (상대적으로)작은 물속에 담겨 있는 셈이다. 보기에 따라선 우레의 굴욕 같지만 사실은 정반대다. 수괘에 보이는 우레와 연못의 관계는 강한 것이 스스로 유약한 것의 아래로 내려가 따르는 때에 관한 상징이기 때문이다(수괘의 양강한 초효는 음유한 이효, 삼효 밑으로 가서 따른다). 강한 것이 유약한 것의 아래로 기꺼이 내려가 따른다. 왜? 때가 그러하기 때문이다.

『주역』은 변화의 원리를 설명하는 책이고, 그 변화의 원리란 때[時]의 변화를 읽는다는 말에 다름 아니다. 예컨대 내가 점을 쳐서 택뢰 수가 나왔다면(일단 효는 논외로 하고), 이 말은 내가 지금 따름의 때에 처하게 되었음을 뜻한다. 따름의 때라는 게 어떠한 것인지는 괘사와 효사, 그리고 여러 전(傳)들을 참고할 수 있는데, 우선 눈에 띄는 것은 강한 것이 유약한 것을 따라야 하는 때라는 설명이다. 이 말은 우리가 보통 생각하는 따름의 의미를 낯설게 만든다. 우리에게 따른다는 말은 일차적으로 힘에 의한 굴복 같은 것을 떠올리게 하기 때문이다.

수괘는 바로 이 부분을 뒤집는다. 일단 강한 것이 스스로 낮은 자리에서 약한 것을 따른다고. 왜일까. 여기에는 '따른다'는 행위, 상황 등에 관한 좀 더 근본적인 질문이 있는 것이 아닐까. 이를테면 강한 것이어서 유약한 것을 따르는 것이 아니라, 유약한 것을 따를 수 있어서 강한 것일 수 있는 것은 아닐까. 앞에서 본 시인의 말을 다시 빌리면 복종하고 싶은 곳에 복종할 수 있기 때문에 자유인 것과 같은 이치로.

그래서일까. 따라감의 때인 수괘는 크게 형통하다. 그리고 올바른 것이 이롭다. 그런데 이쯤 되면 또다른 의문이 생긴다. 때를 따른다는 건 어떻게 하는 걸까, 라는 문제. 시대의 대체적인 흐름을, 그러니까 시세를 따른다는 말일까. 아마도 아닐 것이다. 1960년대 이른바 '대약진운동'에 실패한 마오쩌둥과 중국 공산당은 악명 높은 '문화대혁명'을 일으켰다. 명목상으로야 전근대 문화와 자본주의 문화를 비판한다는 것이었지만 이로 인해 어린 학생들로 구성된 '홍위병'들이 시세를 따라 중국 전역에 퍼졌다. 결과는? 심각한 세대 간 단절과 회생불가능한 수준의 전통 파괴 등으로 사실상 문화대혁명은 실패했다. 만약 따르는 도리가 단지 시세를 의미한다면 문화대혁명 시기의 이들 홍위병들은 그야말로 시세를 가장 잘 따른 이들이라 할 수 있지 않을까.

그렇다면 때를 따르는 것과 시세를 따르는 것을 구분할 필요가 있을 듯하다. 때를 따른다는 건 하늘의 이치, 즉 천리(天理)를 따르는 것이다. 시세를 따른다는 건 그 시절의 분위기 같은 것일 수 있겠다. 시세와 천리가 일치될 수도 있겠지만, 시세가 곧 천리는 아니다. 그런데 천리는 또 뭔가. 천리라고 하면 추상적이고 어렵게 느껴질 것 같은데, 좀 더 쉬운 말로 하자면 스스로 옳다고 여기는 것이라고 생각해도 좋다. 남들이 옳다고 하니까 옳은 것 같아서 따르는 것이 아니라 내가 옳다고 여기는 것을 행하는 것이다. 그럴 때라야 나는 강하더라도 기꺼이 유약한 것을 따를 수도 있고, 또 유약한 것을 기꺼이 따를 수 있기 때문에 그것은 진정 강한 것이다.

기원전 11세기, 중국에선 무왕이 상(商)나라를 무너뜨리고 새로운 왕조 주(周)나라를 건국했다. 하지만 무왕은 건국 후 2년 만에 사망했고 그 아들 성왕이 아홉 살의 나이로 왕위에 올랐다. 당시는 아직 새로운 왕조의 건국 열기가 식지 않았을 무렵이었고, 주무왕과 함께 주나라 건국의 일등공신이었던 주공(周公)은 가장 유력한 최고 권력 후보였다.

사실 시세를 따른다는 명분이나 어린 조카 성왕의 자리는 주공이 마음먹기에 따라 얼마든지 주공의 것이 될 수도 있었다. 주공이 이룬 업적과 주위에서 부추기는 사람들의 말들에 마음이 들뜨고 쏠렸다면, 아마 그 길을 선택했을 수도 있을 것이다. 하지만 주공은 조카 성왕이 안정적인 국정 운영이 가능한 성인이 될 때까지 왕(성왕)에 대한 신하(주공)의 신분을 지키며 선을 넘지 않았다. 주공은 천리, 즉 스스로 옳은 길을 따랐던 것이고, 이로써 주공은 동아시아 역사 속에서 불멸의 성인이 되었다.

공자는 수괘에 대해 이렇게 말했다. "군자는 수괘를 본받아 어두워지기 시작하면 편한 휴식에 들어간다."(君子以嚮晦入宴息군자이향회입연식) 향회(嚮晦)란 어둠을 향해 간다는 뜻이고, 연식(宴息)은 편안하게 쉰다는 뜻이다. 보기에 따라선 '따름'(隨)의 때에 대한 설명으로는 살짝 갸우뚱할 수 있는데, 나는 이 말에 공자의 지혜와 통찰이 담겨 있다고 생각한다.

때라는 건 계절로 보면 봄, 여름, 가을, 겨울이고 하루의 시간을 기준 삼아 보면 오전, 오후, 저녁, 밤 등이라고 할 수 있다. 혹은 각종 사건들의 때가 있을 수도 있다. 예컨대 열심히 씨 뿌리고 노동하는 계절의 때가 있고, 수확을 마친 이후 씨앗을 저장하고 다음 봄을 기다리는 겨울의 때가 있는 것처럼. 아침에 일어나 오후까지 무엇인가 활동하는 시간(때)이 있다면 해가 지고 밤이 되면 몸을 쉬고 회복해야 할 때도 있다. 요컨대 천리로서의 때를 따른다는 것은 활동에만 해당하는 것이 아니라 활동을 준비하는 때에도 해당하는 것이어야 한다. 더 간단히 말하면 낮이 열심히 활동하고 일할 때라는 걸 아는 사람은 해가 지기 시작하면 일을 갈무리하고 돌아가 쉬어야 할 때라는 것도 알아야 한다는 것이다. 공자의 지적이 아니었다면, 어쩌면 우리는 밤을 낮 삼아 근면하고 성실하게 일하는 모습을 꿈꾸고 있었을지 모른다.

"따름에 얻는 바가 있다면, 올바르더라도 흉하다(隨有獲수유획, 貞정, 凶흉)." 수괘의 네번째 효는 이렇게 경고한다. 얻는 바가 있다는 건 일차적으로 나를 따르는 무리가 생겨난다는 뜻으로 볼 수 있다. 보통의 경우라면 이는 굳이 나쁘게 여길 일도 아니다. 내가 누군가에게 따를 만한 사람이 된다는 것이니까. 하지만 때에 따라서는 이 또한 그 자체로 좋고 나쁨을 잘라 말할 수 없는 경우가 많다. 빛이 있으면 어둠이 있는 법이고, 기쁜 일이 있으면 슬픈 일이 있고, 남자가 있으면 여자가 있는 법이다. 나에게 좋은 일은 누군가에게 곤란한 일일 수 있고, 어느 때에 좋은 일이 다른 때에는 정반대로 나쁜 일이 되기도 한다. 마찬가지로 세상 일에는 언제나 얻음이 있으면 잃는 게 있게 마련이다.

이유는 간단하다. 내가 얻는 것이 때에 따른 것이라 할지라도 시세에서는 곤란한 지점이 생길 수 있다는 것. 이를테면, 소현세자와 인조의 관계를 보자. 병자호란의 패배로 청나라의 볼모로 잡혀갔던 소현세자는 8년 만에 조선으로 돌아왔지만, 귀국 두 달여 만에 돌연 사망한다. 소현세자의 사망에 관해서는 여러 설들이 많지만 그 가운데 가장 의심스러운 것은 아버지이자 왕이었던 인조의 작품(!)이었다는 것. 약소국의 세자였고 인질에 불과했지만 소현세자는 당시 명나라와 청나라의 교체 과정을 현장에서 직접 겪으면서 향후 조선의 방향을 가늠할 수 있었다. 하지만 그가 보고 듣고 배웠던 선진(?) 세계는 조선에서 단 1퍼센트도 시도되지 못했다. 인조의 입장에서 볼 때 어느 순간 소현세자는 더 이상 소중한 아들이 아니라 다만 정치적 라이벌일 뿐이었기 때문이다. 그런 상황에서라면 소현세자가 취할 수 있는 운신의 폭이 너무도 좁아진다. 비록 올바르게 행동하더라도 결과는 흉할 수 있는 것이다.

그렇다면 소현세자에게는 어떤 방법이 있을 수 있었을까. 수괘의 네번째 효는 앞선 경고에 이어 이렇게 전한다. '진실한 믿음, 도리 지키기, 그리고 명철하게 처신하기! 이렇게 한다면 무슨 허물이 있겠는가!'(有孚유부, 在道재도, 以明이명, 何咎하구) 어찌 보면 뻔한 경구처럼 보인다. 하지만 이것은 매우 구체적이고 현실적이고 직접적인 처방이다. 주나라의 주공을 생각해 봐도 좋을 듯하다. 소현세자와 주공은 모두 '덕이 백성들에게까지 미쳤고 백성들이 그들을 추종'했다. 즉 '따름'을 얻은 것이다. 그런데 둘의 결과는 왜 그렇게 달랐을까.

수괘 네번째효의 마지막 구절은 "하구"(何咎)이다. 흥미롭게도 마음의 떳떳한 도리를 따르는 밝은 덕을 밝혔음에도, 어째서 효사는 그것을 길(吉)하다고 말하지 않고 단지 '무슨 허물이 있겠는가'라고 만 말했을까. 이 대목에 이르면 다시 한번 수괘가 말하려는 '따름'의 때와 도가 무엇이었을까를 생각해 보게 된다.

한 발자국쯤 떨어져서 생각해 보면 세상 모든 것은 언제나 그리고 무엇인가를 따른다. 밤은 낮을, 땅은 하늘을, 여자는 남자를. 그런데 그 반대가 되는 때도 있다. 어떻게? 낮이 밤을, 하늘이 땅을, 남자가 여자를. 왜? 따름의 때가 그러하기 때문이다. 그것은 부자연스러운 것이 아니다. 소현세자나 주공, 아니 역사 속에 있는 수많은 소현세자들와 주공들에게 길한 것은 그들이 왕을 꿈꾸지 않는 데에 있었다. 그것은 그들이 왕이 되기에 자질과 능력이 부족했기 때문이 아니라 단지 그들의 때가 왕의 때가 아니었기 때문이다. 이것은 운명론이 아니다. 외부에서 주어진 것이 아니기 때문이다. 아니 외부에서 주어진 것이 아니어야 운명론을 넘어갈 수 있다. 때에 맞는 길을 간다는 건, 스스로 그 길을 진정으로 원하는 곳에서 열린다. 따름(隨)의 절대성, 그리고 따름의 자유! 그러므로 내 마음 밖에서 때의 기준을 구할 수는 없다. 내 마음과 어긋난 천리(때)가 있을 수 있겠는가. 주공은 때를 따랐고, 소현세자는 때를 따르지 못했다. 주공은 '무구'했고, 소현세자는 '흉'했다.

18
산풍 고,

후회해도
괜찮은 일

이경아
———

山風蠱 산풍 고

蠱, 元亨, 利涉大川, 先甲三日, 後甲三日. 고, 원형, 리섭대천, 선갑삼일, 후 갑삼일.

**고괘는 크게 형통하니 큰 강을 건너는 것이 이롭다. 일을 시작하기에 앞서 3일을 생각하고, 일을 한 후에 3일을 신중해야 한다.**

初六, 幹父之蠱. 有子, 考无咎, 厲, 終吉. 초육, 간부지고, 유자, 고무구, 려, 종길.

**초육효, 아버지가 벌인 일을 주관한다. 자식이 있어 아버지가 허물이 없게 되니, 위태롭게 여겨야 끝내 길하다.**

九二, 幹母之蠱, 不可貞. 구이, 간모지고, 불가정.

**구이효, 어머니가 벌인 일을 주관하니 지나치게 굳세게 밀어붙이면 안 된다.**

九三, 幹父之蠱, 小有悔, 无大咎. 구삼, 간부지고, 소유회, 무대구.

**구삼효, 아버지가 벌인 일을 주관하니 약간 후회가 있지만 큰 허물은 없다.**

六四, 裕父之蠱, 往, 見吝. 육사, 유부지고, 왕, 견린.

**육사효, 아버지가 벌인 일을 느긋하게 처리하는 것이니 더 나아간다면 부끄러운 일을 당한다.**

六五, 幹父之蠱, 用譽. 육오, 간부지고, 용예.

**육오효, 아버지가 벌인 일을 주관하니 명예를 얻는다.**

上九, 不事王侯, 高尙其事. 상구, 불사왕후, 고상기사.

**상구효, 왕과 제후를 섬기지 않고 자신이 해야 할 바를 높인다.**


올해 초 아버지의 건강이 많이 안 좋으셨다. 파킨슨 유사 증세가 있어서 걸음도 잘 못 걸으시고 기억력도 현저히 떨어졌다. 우연히 소식을 알게 된 사촌언니의 소개로 대전의 한방병원에 한 달간 입원하셨

다. 우리 형제들은 대부분 서울에 있기에 대전까지 자주 갈 수가 없
었다. 사촌언니는 대전에 살기에 우리를 대신해서 병원 수발을 자처
했다. 아버지의 까다로운 입맛에 맞는 음식도 챙겨 드리고, 출퇴근
길에 약과 운동을 챙겼다. 운동량이 부족하면 언니가 함께하며 많이
걸으시도록 했다. 자신의 부모에게도 그렇게 하기가 쉽지 않을 것 같
은데 언니는 그런 힘든 일을 작은아버지에게 하고 있었다. 그것도 부
모들끼리는 형제지만 거의 원수지간처럼 지냈는데도 말이다. 산풍
고(山風 蠱)괘를 공부하면서 사촌언니가 생각났다.

산풍 고괘는 아버지가 한 일에서 생긴 문제를 해결하는 자식의
다양한 태도를 알려 주는 괘다. 고(蠱) 자는 파자하면 벌레 충(蟲)과
그릇 명(皿)으로 이루어졌으니 그릇에 벌레가 생긴 것이다. 그것도
세 마리씩이나. 여기서 세 마리란 수많은 벌레를 상징한다. 쌀이 오
래되고 묵으면 쌀벌레가 생기듯, 사람 사이에 생긴 문제도 바로 풀지
않고 오래 묵히면 관계 회복이 어려워진다. 그 문제를 해결하고 관계
를 회복하려면 많은 노력이 필요하다.

괘상을 보면 산풍 고는 산 아래에 바람이 불고 있는(山下有風산
하유풍) 모습인데, 바람이 산 아래에서 세차게 불어 온갖 나무와 열매
들을 떨어뜨리고 그것들이 널부러져 썩어 가는 모습이고, 또 바람이
산을 휘돌며 만물을 흔들듯이 사람들의 마음을 독려하여 문제를 해
결하는 모습 둘 다를 나타낸다. 고(蠱)가 의미하듯이 오래된 문제를
해결하려면 장애물을 건너야 한다. 그래서 큰 강을 건너는 것이 이롭
다(利涉大川리섭대천)고 했다. 강이란 장애물을 말한다. 큰 강을 건너
야 크게 형통(元亨)할 수 있다는 것은 하루아침에 생긴 문제가 아니

기에 그만큼 장애물도 클 수밖에 없기 때문이다. 하지만 오래된 문제를 해결하는데, 중도를 얻어 자신의 역할을 잘해도 지나치게 올바름만 강조하면 그로 인해 일을 망칠 수도 있고(九二), 너무 관대하게 처리하다 보면 병폐를 강하게 바로잡기가 어렵다(六四). 그러면 오래된 문제를 어떤 태도로 해결해야 할까? 그건 바로 구삼효가 아닐까? "아버지가 벌인 일을 주관하니 약간 후회가 있지만 큰 허물은 없다."(幹父之蠱간부지고, 小有悔소유회, 无大咎무대구)

구삼의 아들이 아버지의 잘못을 해결하는데 후회는 있어도 허물이 없던 비결은 뭘까? 구삼효는 양으로서 올바르고 강한 힘을 가지고 있지만, 공손함을 나타내는 손(巽)괘의 맨 위에 있으므로 상황을 극단으로 이끌고 가지 않을 수 있다. 아버지의 일을 처리할 때 자신의 주장대로 과감하게 처리하게 되면 주변과의 마찰이 생기는 건 당연지사다. 또, 자신이 아버지의 일을 처리하는 게 맞는지에 대한 심적 갈등이 생길 수도 있다. 그렇지만 그런 모든 것은 곪고 곪은 문제를 해결하는 과정에서 겪을 수밖에 없는 일이고 올바름을 잃지 않았기에 결국은 문제를 해결하게 된다.

아버지는 4남 3녀 중 남자 형제로는 막내시다. 첫째 형은 일찍 돌아가셨고, 나머지 세 분은 거의 10여 년을 싸우며 지내셨다. 둘째, 셋째 형과 아버지, 2대 1의 유산 싸움이었다. 법정 다툼을 한 후 아버지는 승소했고, 그 유산을 큰형의 아들에게 돌려주었다. 아버지의 고집으로 인해 시작한 일이었다. 그후로 다른 형들은 동생에 대해 감정이 많이 상했고 어른들은 술을 드시면 전화를 하며 싸웠다. 그로 인해 아버지는 과음하는 날이 많았고 화해를 하지 못한 채 감정의 골은 점점 깊어 갔다. 명절이면 큰댁에 대가족이 모여 세배도 하고 윷놀이도 하곤 했었는데, 이젠 다들 제사에도 안 올 정도로 사촌들 간에도 관계가 단절되었다. 알고 보면 아버지의 병도 그때의 과음과 분노가 쌓여서 생긴 거다.

그런데 사촌언니가 이 위험한 관계에 불쑥 개입한 것이다. 언니는 급성 백혈병 판정을 받고 골수이식을 받을 정도로 심각한 상태에서 오랫동안 생사를 오가는 투병 생활을 했다. 투병 중 자신이 낫게된다면 꼭 물질과 마음을 나누겠다는 기도를 매일같이 했다고 한다. 완치 판정을 받고, 건강을 회복하고 나서 그런 삶을 실천하던 중에 우리 아버지의 병환 소식을 듣고는, 아버지 대(代)의 일을 해결하겠다는 마음을 내게 되었던 것이다. 언니는 집안이 화목하진 못하더라도 서로 반목하고 사는 게 우리 세대까지 이어지는 건 하늘에 부끄러운 일이라 생각했다. 그것이 마음속에 오랜 짐이었고 아버지가 연세가 많으셔서 언제 돌아가실지 모르기에 과감하게 나섰다.

언니는 약사라 그동안 많은 환자들을 지켜봤기에 과하다 싶을 정도로 치료에 대한 의견을 냈고, 치료에 대한 시각 차이에서 우리 형제와 약간의 갈등도 있었다. 또 언니는 병원 근처에 숙소를 얻어서라도 아버지를 간호하는 게 좋다고 말했지만 우리는 바쁘다는 핑계로 그렇게 하지 못했다. 언니는 자신에게 병원 일을 다 맡기고 손님처럼 잠시 왔다 가는 우리를 보고 힘이 빠졌을 것이다. 아마도 자기가 무리하게 나서서 혼자 일을 한 것에 대한 후회도 있었을 것 같다. 하지만 언니는 우리에게 어떠한 싫은 소리도 하지 않았고, 간병에 대해서도 우리에게 더 이상의 것을 요구하지 않은 채 본인이 다 했다.

우리는 언니의 진심을 알고 나서 마음을 더 내게 됐고, 언니에게 협조하게 되었다.

언니의 이런 정성 덕분에 아버지는 형들에 대한 오래된 원한 감정을 풀었고 건강도 많이 좋아지셨다. 둘째 형에게 전화해서 안부를 물을 정도로 관계도 회복되었다. 언니는 후회가 있었지만 포기하지 않았고, 과감하지만 올바른 자세로 아버지 대의 곪고 곪은 문제를 해결했다. 나는 이 문제가 이렇게 해결되리라는 생각을 해본 적이 없다.

무슨 일이든 자기가 주관하게 되면 당연히 후회는 따를 것이다. 하지만 그 일에 대한 자기의 신념을 가지고 추진해 나가면 후회가 있더라도 올바르게 문제를 풀게 된다. 후회란 선택한 것의 결과를 받아들이기 싫을 때 생기는 것이다. 언니처럼 강하게 밀어붙인 것에 대해 모두가 그 마음을 알아 줄 때까지 하고, 그래서 오래된 문제를 해결한다면 이럴 때 후회가 무슨 흠이 되겠는가? 이런 후회라면 해도 괜찮지 않을까?

19
지택 림,

지림(至臨)의 마음을 훈련하는
밥 당번

이윤지

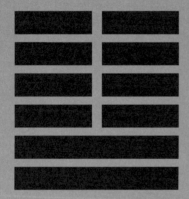

地澤 臨
지택 림

臨, 元亨, 利貞. 至于八月, 有凶. 림, 원형, 리정. 지우팔월, 유흉.

**림괘는 크게 형통하고 바르게 하면 이롭다. 여덟 달이 지나면 흉함이 있다.**

初九, 咸臨, 貞, 吉. 초구, 함림, 정, 길.

**초구효, 육사와 감응하여 가까이 다가감이니, 바르게 하면 길하다.**

九二, 咸臨, 吉, 无不利. 구이, 함림, 길, 무불리.

**구이효, 육오와 감응하여 가까이 다가감이니, 길하여 이롭지 않음이 없다.**

六三, 甘臨, 无攸利, 旣憂之, 无咎. 육삼, 감림, 무유리, 기우지, 무구.

**육삼효, 기쁜 낯으로만 아랫사람에게 다가가니 이로운 것이 없으나, 이미 그것을 근심하고 있으므로 허물이 없다.**

六四, 至臨, 无咎. 육사, 지림, 무구.

**육사효, 초구에 다가감이 지극하니 허물이 없다.**

六五, 知臨, 大君之宜, 吉. 육오, 지림, 대군지의, 길.

**육오효, 다가감이 지혜로운 것이니 위대한 군주가 마땅히 해야 할 일이라서 길하다.**

上六, 敦臨, 吉, 无咎. 상육, 돈림, 길, 무구.

**상육효, 다가감이 돈독하니 길하고 허물이 없다.**


중국 상고 시대에 큰 홍수가 범람해 나라에 재앙이 닥쳤다. 이때 우(禹)라는 인물이 임금의 명으로 치수 사업에 나선다. 당시 홍수를 다스린다는 것은 불어난 물이 범람하는 것을 막아 백성들이 살아갈 터전과 먹을 것을 잃지 않게 하는 일이었다. 지금으로 치면 국토부 장관이었던 우의 활약은 놀라웠다. 그는 직접 현장을 진두 지휘하며 홍수를 막고 땅을 북돋아 사람들이 살 곳을 만들고 범람하는 물이 흘러가도록 물줄기를 터서 물길을 만들었다. 우는 백성의 삶으로 직접 들어가 백성들의 고충을 살피고 민생을 보살피는 현장형 리더였다.

『주역』에 민중에게 다가가고 민생을 다스리는 것과 관련된 괘가 있다. '다가감'을 의미하는 림(臨)괘다. 땅과 물이 만나면 물이 땅에 자연스럽게 스며드는데 림괘는 이를 아래의 연못(兌)이 기뻐하고 윗쪽에 있는 땅(坤)이 순하게 따르는 모습으로 표현했다. 위에서는 대지처럼 넓은 도량으로 품고 아래에서는 양효의 양강한 기운이 점차 자라나면서 기뻐하니 위아래가 서로 뜻이 맞아 화합하는 모습이다. 림괘는 이러한 모습을 서로에게 다가가는 것이라고 말하는데, 이 다가감이란 단순히 겉으로만 가까워지는 게 아니라 감응하고 소통하며 섞이는 것을 말한다. 우가 백성들의 삶의 현장에 다가가 그들의 고충에 감응하고 그들과 함께 삶의 현장을 일구어 갔듯이 말이다. 림괘를 보면 각 효별로 다양한 양태로 상대에게 다가가고 소통하는 모습이 등장한다. 각각의 효는 감화하고 감응하며 다가가기도 하고, 감언이설로 다가가기도 하며, 지혜 또는 두터운 덕으로 다가가기도 한다.

이중에서도 우의 적극적인 실천력에 싱크로되는 효는 육사의 '지극한 다가감', '지림'(至臨)이다. 육사는 상체의 맨 아래에 있으므로 하체와 가장 가까운 자리에 위치한다. 위에 있는 땅과 아래의 물이 만나는 곳, 즉 민생에 책임을 맡은 자가 백성과 가장 가깝고 친근하게 만나는 자리다. 두 팔을 걷어붙이고 현장에서! 그러나 육사는 음효로 음의 자리에 있기 때문에 스스로 들뜨거나 거만하지 않고 겸허하다. 림괘의 여섯 효들 가운데서도 가장 적극적으로 대중과 만나고 교류하는 자, 그런 자가 육사다.

그럼, 대중과 만나려면 어떻게 해야 하는가? 자세를 낮추어 현장으로 찾아 나서야 한다. 그런데 여기에서 주목할 점은 위의 육사만 움직이는 것이 아니라 아래의 초구 또한 육사와 공명해 감응한다는 점이다. 이것은 림괘에서 서로의 공감과 공명을 이끌어 내는 것이 중요함을 말한다. 위와 아래가 함께 감응할 때 위의 음효가 감싸고 포용하며 아래의 양효가 강건한 힘으로 추진하고 따르는 상호 능동적인 소통이 가능해진다.

림괘의 육사는 위에서 아래로 내려가 적극적으로 소통하지만 이렇게 지극하게 다가가는 지림(至臨)의 마음이 반드시 위아래의 상하관계에서만 해당되는 것은 아니다.

연구실에는 상주하는 학인들뿐 아니라 전국 각지에서 온 수백 명의 사람이 오가며 공부를 하는데, 이들의 공부를 가능하게 하는 핵심에는 '밥과 주방'이 있다. 공부든 활동이든 뭔가를 하려면 먹어야 한다. 그런데 각자 알아서 매번 끼니를 해결해야 한다면 연구실이라는 공동체의 역량이 모이기 쉽지 않을 것이다. 하여 연구실에는 하루 두 번, 점심과 저녁을 언제나 먹을 수 있도록 학인들이 돌아가며 식사를 준비하는 밥 당번 시스템이 있다. 학인들은 보통 두어 달에 한 번씩 돌아가며 식사 준비를 하는데 밥 당번이 되면 그날 공부하러 온 수십 명의 식사를 직접 준비한다.

그렇지만 처음 밥 당번을 할 땐 당황스럽다. "난 강의 듣고 공부를 하러 왔지 밥하고 설거지하러 온 게 아닌데? 근데 수십 인분 밥을 하라고?!" 그렇다. 연구실은 공동체 공간이고 다들 밥은 먹어야 하니 돌아가면서 밥을 한다. 밥 당번은 둘이나 셋이 한 팀이 되어 함께 일을 하는데, 서로 잘 알지 못하는 학인과 함께 밥을 해야 하는 경우도 많다. 그리고 내가 준비한 식사를 하는 학인들 중엔 생판 모르는 사람들도 당연히 있다. 정신없이 식사 준비를 하고 나서 밥 당번은 대부분의 사람이 식사를 마친 후 거의 마지막에 식사를 한다. 그뿐인가. 설거지와 뒷정리, 주방과 식당의 청소까지 하고 나면 그야말로 큰일을 치른 기분이다.

처음 연구실에 왔을 때 이 모든 게 낯설고도 신기했다. 그런데 연구실에 오가며 공부하는 햇수가 늘어날수록 밥 당번을 하며 북적북적 주방에서 사람들을 위해 밥을 할 때 정말 연구실에서 학인들과 교류하고 공동체와 함께한다는 느낌이 들었다. 전혀 모르는 학인이나 평소에 안면은 있지만 교류할 기회가 없던 학인과 밥 당번의 짝궁이 되면 함께 밥을 하면서 서로 친해진다. 쌀을 안치고 채소를 다듬으며 연구실 생활을 어떻게 하는지 이런저런 이야기를 듣는다. 앞치마를 두른 채 뒤늦게 식당에서 밥을 먹다가 밥이 맛있었다고 고마움을 건네는 낯선 학인들과 대화를 트는 것도 즐겁다.

그러나 무엇보다도 연구실에서 밥 당번으로 두 팔을 걷어붙일 때, 내가 편하게 공부하고 활동할 수 있는 공동체의 조건이 어떻게 이루어지는가를 비로소 생각하게 된다는 점에서 그것은 공동체와 나와의 섞임이자 소통이기도 하다. 내가 돈을 지불하고서 강의를 듣고 밥을 먹는 교환 관계 속에 있는 것이 아니라, 밥 당번과 같은 보이지 않는 많은 이들의 마음이 모여 나를 공부하게 하고 활동하게 한다는 것을 알게 되는 것이다. 육사와 초구가 현장에서 교류하고 소통하는 것도 이런 게 아닐까?

공부의 장에서 함께하는 학인들의 식사를 준비할 때 그것은 단순히 노동을 넘어서 내가 속한 공동체의 사람들과 함께 먹고 살아가기 위해 정성껏 마음을 내는 일이 된다. 공동체의 현장인 주방에서 쌀을 씻고 커다란 프라이팬에 채소를 볶고 식당 바닥을 쓸고 닦다 보면 이것이 바로 지극한 마음으로 서로에게 다가가는 지림(至臨)의 현장이라는 생각이 절로 든다. 공동체의 중요한 현장에서 사람들과 섞이고 이러한 교류 속에 어떻게 나와 모든 학인이 공동체로 존재하게 되는가를 생각하게 되니 말이다.

우(禹)는 임금의 명을 받은 고위 공직자였으나 거친 일을 마다하지 않았다. 그에게 정치란 높은 자리에 앉아 이것저것 지시하는 게 아니라 림괘의 육사처럼 지극한 마음으로 자신을 낮추어 백성들과 현장에서 교류하는 것이었다. 공동체에서 공부하는 자에게 공부란 책상 앞에 앉아 책과 씨름하는 것만이 아니라 몸과 마음을 움직여 공동체의 현장에 접속하고 그 속에서 다른 이들과 섞이고 소통하며 밥과 일상을 만들어 가는 것이다. 그리고 그때 비로소 나와 공동체가 어떻게 상호 존재하게 되는가를 현장에서 직접 체득한다.

양강한 힘이 점차로 커지며 기쁨이 생기지만 자칫 자만할 수 있는 상황에서 육사는 서로에게 다가가고 교류하는 지극한 마음이 중요함을 보여 준다. 그것은 겸허하게 그러나 부지런하게 몸과 마음을 움직여 타자와 감응하는 것으로부터 시작한다. 그런 의미에서 본다면 연구실의 밥 당번은 이런 지극한 지림(至臨)의 마음을 훈련하고 연습하는 또 다른 공부의 장이 아니겠는가.

20
풍지 관,

나를 가장 잘 볼 수 있는
조건

**안혜숙**
———

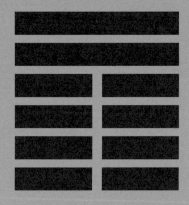

風地 觀
풍지 관

觀, 盥而不薦, 有孚, 顒若. 관, 관이불천, 유부, 옹약.

**관괘는 손을 씻고서 아직 제사음식을 올리지 않았을 때처럼 하면, 백성들이 진실한 믿음을 가지고 우러러 본다.**

初六, 童觀, 小人无咎, 君子吝. 초육, 동관, 소인무구, 군자린.

**초육효, 어린아이가 보는 것이니 소인이라면 허물이 없지만 군자는 부끄러우리라.**

六二, 闚觀, 利女貞. 육이, 규관, 리여정.

**육이효, 문틈으로 엿보는 것이라 여자의 올바름이 이롭다.**

六三, 觀我生, 進退. 육삼, 관아생, 진퇴.

**육삼효, 내가 하는 행동을 보고 나아가거나 물러난다.**

六四, 觀國之光, 利用賓于王. 육사, 관국지광, 리용빈우왕.

**육사효, 나라의 빛남을 보는 것이니 왕에게 제대로 대접받는 신하가 되는 것이 이롭다.**

九五, 觀我生, 君子, 无咎. 구오, 관아생, 군자, 무구.

**구오효, 내가 하는 정치를 보아서 백성들이 군자답다면 허물이 없다.**

上九, 觀其生, 君子, 无咎. 상구, 관기생, 군자, 무구.

상구효, 자신이 하는 덕행을 보았을 때 군자다우면 허물이 없다.


나는 나를 얼마나 잘 볼 수 있을까. 잘 알 수 있을까. 처음 이곳 〈감이당〉에 와서 공부하며 가장 놀랐던 게 있다. 내가 나에 대해서 너무나 모르고 있었다는 사실이다. 내가 자신의 모습이라고 들어왔거나 생각했던 이미지들과는 전혀 다른 피드백과 코멘트들! 가령 타인에 대한 예의라 생각한 침묵은 그 사람에 대한 무관심 때문일 수 있고, 신중함이나 조신함으로 표현되는 태도는 자신을 잘 드러내지 못하는 답답함과 수동성에 다름 아니기도 하고, 또 겸손하고 좋은 사람이라는 말은 솔직하지 못한 관계 맺기의 다른 모습일 수 있다는 것. 그뿐만 아니라 미처 자각하지 못하고 있었던 나의 세세한 마음 씀의 지점들에 대한 발견은 공부의 장이 아니라면 결코 만나지 못했을 것들이다. 함께 주어진 미션을 수행하고 함께 글 쓰고 발표하며 지내 온 관계 속에서 나온 이런 지적들은 이전의 편하고 익숙했던 관계 속에선 결코 들을 수 없는 것들이다. 이번에 마주하게 된 풍지 관(風地 觀)패는 나를 보고 안다는 것을 다시 '보고' 생각하게 했다.

관패는 바람을 상징하는 손패가 위에 있고 땅을 상징하는 곤패가 아래에 있다. 바람은 땅 위에서 불며 온갖 것들과 두루두루 접촉한다. 넓디넓게 구석구석 빠짐없이 파고 들어가는(入) 바람처럼 사람과 사물과 세상을 크고 넓고 깊게 관찰하고 통찰하는 것이 관(觀)이다. 관은 '보다', '보이다'라는 의미가 있다. 자동과 피동, 주체와 객체의 입장에서 보는 것이 모두 들어 있다. 제대로 보려면 내가 보는 것만이 아니라 다른 이에게 보이는 것까지 보아야 제대로 본다는 말이다. '보다'는 '알다'의 다른 말이기도 하다. 우리는 무언가를 보지도 않고 그것에 대해 안다고 말하진 않는다. 알기 위해선 보아야 하고 제대로 보아야 제대로 알 수 있다. 특히 자신에 대해선 더욱 그렇다. 니체가 그랬던가. 모든 사람은 자기 자신에 대해 가장 먼 존재라고. 그만큼 자신은 자기 자신을 잘 알지도, 보지도 못한다는 거다. 그럼 어떻게 해야 제대로 보고, 보일까.

우선 패사를 설명한 「단전」을 보자. 잘 보기 위해서는 관찰하는 시야가 높고 넓어야 한다(大觀在上대관재상). 관괘에서 오효와 육효는 대관(大觀)할 수 있는 자리에 있다. 특히 군주의 자리인 구오효는 높은 자리에서 만백성을 잘 보고 관찰하는 자리다. 동시에 다른 사람들에게 잘 보이는 위치이기도 하다. 군주의 자질과 덕성이 그대로 온 나라에 펼쳐지고 보인다. 그 모습이 또한 군주 자신의 모습이다. 이렇게 보고 보이는 것은 함께 간다. 자신을 가장 잘 보이게 하는 자가 자신과 세상을 가장 잘 볼 수 있다는 말이기도 하다.

그러나 잘 보기 위해서는 크고 넓게 보는 것만으론 한계가 있다. 전체를 봄과 동시에 각 사물마다의 특수성과 사정을 볼 수 있어야 한다. 대상에 대한 더 주의 깊은 관찰과 배움이 필요한 이유다. 게다가 스스로 마음을 살피고 경계하지 않는 한, 그 사람의 시선엔 편견과 사심이 들어가기 십상이다. 그런데 자신이 본 것만 옳다고 주장한다면 잘 보는 게 아니라 오히려 잘 보려는 걸 방해하는 꼴이 되는 것 아닌가. 그래서 언제든 배우려 하고 자신이 틀릴 수 있다는 걸 받아들이는 유순하고 겸손한 마음(順而異순이손)이 필요하다.

사실 코멘트들은 주로 고쳐야 할 것들이니 들을 땐 순간 당황스럽고 부끄럽고 기분 나쁘고 자존심이 상하기도 한다. 그러다 내가 왜 굳이 이런 말까지 들어야 하나라는 마음까지 일어난다. 이럴 땐 어떻게 보는 것이 잘 보는 것일까? 유순하고 겸손한 마음으로 받아들인다는 건 어떤 걸까? 감정은 지금까지 내가 만들어 온 감정의 회로에서 절로 올라온 것이니 부정할 수 없다. 그러나 감정은 순간순간 변하며 흘러간다. 이렇게 올라온 감정을 바라보면서(觀) 그대로 흘러가도록 두는 것이 있는 그대로 '잘 보는 것', 유순함과 겸손함으로 받아들이는 것 아닐까. 그런데 이런 일시적인 감정에 붙들려 그 감정에 끌려가는 게 바로 사심이다. 이 사심의 바탕에는 코멘트를 인정하거나 받아들이고 싶지 않은 마음이 있다. 그래서 사사로운 이 감정을 붙들고, 그 감정에 달라붙어 있는 기존의 '자아' 안에 머물려 하는 것이다. 사심에서 벗어난 마음인 중정(中正)의 덕은 유순하고 겸손한 마음에서 온다. 잘 보고 잘 알기 위해서는 중정의 덕이 바탕에 있어야 함을 보여 주는 게 관괘다(中正以觀天下중정이관천하). 구오효는 중정의 자리에서 이런 덕성을 가장 잘 보여 준다.

나에게 가장 와닿은 효는 상구효다. 상구효에 대한 평가의 주체는 자신이 아니고 그를 보는 사람들에게 있다. 관기생(觀其生)은 자신으로부터 나온 행위를 말한다. 남들이 그의 행위, 덕행을 보고 군자다우면 허물이 없다는 것(君子군자, 无咎무구). 자신이 아무리 스스로 잘났다고 생각해도 다른 사람이 보기에 아니라면 아닌 것이다. 상구효는 은퇴자, 은둔자의 자리다. 어찌 보면 다른 사람의 평가와는 무관하게 신경 끄고 편하게 지낼 수 있는 자리이기도 하다. 그러나 상구효는 그렇게 안일하게 처신하지 않는다. 비록 세상에 공식적인 지위는 없지만 그는 세상에 대한 관심과 연결을 끊지 않았다. 군주인 오효와 더불어 상구효가 세상을 보는 안목이 크고 넓은 이유도 이 연장선에서 나온다. 상구효는 늘 세상 속에 비춰진 자신의 행위와 덕행이 부끄럽지 않은가를 보는 자이다. 그는 자신이 이만하면 잘 보고, 잘 안다고 자만하지 않는다. 겸손히 다른 사람의 눈에 비춰진 자신의 모습을 통해 성찰하는 자이다. 상구효가 진정 군자이고 현자인 이유는 늘 자신을 새롭게 하기 위해 자신의 행위가 보여지는 조건을 스스로 만든다는 것이다. 자신을 가장 잘 드러내 보일 때 가장 잘 볼 수 있다는 걸 알기 때문이다.

　나 역시 은퇴해 이제 누구에게도 쓴소리 듣지 않고 편안히 지낼 수 있는 자리에 있다. 나를 드러내 보일 수밖에(!) 없는 공부의 장이 아니었다면 나는 평생 내가 알고 있는 '나'가 전부인 줄 알고 살아가지 않았을까. 공부하러 오기 전 가족이나 직장 관계에서는 그 틀 안에서만 나를 보아 왔다. 그래도 되었다. 어쩌다 자신에 대한 진지한 지적이나 소리를 들었다 해도 그 안에서 별 불편이 없을 만큼 대처하고 지나갔을 터였다. 혹 자신의 협소한 인식의 한계를 느꼈다 하더라도 그 관계 속에 머물러 있는 한 그로부터 벗어나기 힘들었을 것이다. 관괘의 비유로 치면 초효인 어린아이(童觀동관)나 이효인 방 안에 있는 아녀자처럼 세상을 보는 것(闚觀규관)과 같다. 얕고 유치하고 분명하지 않은 앎과 봄이다. 어린아이와 방 안의 아녀자는 그렇게 볼 수밖에 없다. 놓여진 관계 조건이 그렇기 때문이다. 나이가 들었어도, 세상의 시선에서 자유로운 은퇴자여도 이전과 똑같은 관계 조건에 있으면 여전히 유치한 어린아이와 답답한 방 안의 아녀자처럼 세상과 자신을 볼 수밖에 없다. 그리고 그렇게 협소하고 고정된 앎과 봄으로 세상을 살아갈 때처럼 부자유한 건 없을 터이다.

　관괘는 말한다. 세상을, 자신을, 가장 잘 볼 수 있는 조건 속에 자신을 놓으라고. 크고 넓고 있는 그대로 분명하게 볼 수 있는 곳으로 들어가라고. 그런 '봄'(觀)만이 가장 자유롭게 하는 '봄'이자 세상에도 자신에게도 가장 유익한 '봄'이라고. 그런 조건 속에서 상구효처럼 자신을 가장 잘 드러내 보이라고. 그리고 그런 곳이 바로 세상과 자신을 탐구하는 배움의 장이라고!

21
화뢰 서합,

소화불량에서
벗어나려면

**이경아**

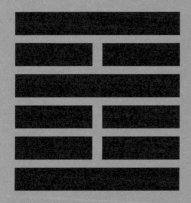

# 火雷 噬嗑
화뢰 서합

噬嗑, 亨, 利用獄. 서합, 형, 리용옥.

**서합괘는 형통하니, 옥사를 쓰는 것이 이롭다.**

初九, 屨校, 滅趾, 无咎. 초구, 구교, 멸지, 무구.

초구효, 차꼬를 채워 발을 상하게 하니, 허물이 없다.

六二, 噬膚, 滅鼻, 无咎. 육이, 서부, 멸비, 무구.

**육이효, 살점을 깨물어 코가 푹 들어가 없어질 정도이니, 허물이 없다.**

六三, 噬腊肉, 遇毒, 小吝, 无咎. 육삼, 서석육, 우독, 소린, 무구.

**육삼효, 말린 고기를 씹다가 썩은 부분을 만났으니, 조금 부끄럽지만 허물은 없다.**

九四, 噬乾胏, 得金矢, 利艱貞, 吉. 구사, 서건자, 득금시, 리간정, 길.

**구사효, 말린 갈비를 깨물어 쇠화살을 얻었으나, 어렵다고 생각하고 올바름을 굳게 지키면 이로우니 길하다.**

六五, 噬乾肉, 得黃金, 貞厲, 无咎. 육오, 서건육, 득황금, 정려, 무구.

**육오효, 말린 고기를 깨물어 황금을 얻으니, 올바름을 굳게 지키고 위태롭게 여기면 허물이 없다.**

上九, 何校滅耳, 凶. 상구, 하교멸이, 흉.

**상구효, 차꼬를 목에 차서 귀가 없어졌으니, 흉하다.**


2년 전 갑자기 허리가 아팠다. 먹지 않아도 배가 고프지 않았고 머리가 멍했다. 그동안 딱히 어디가 아픈 건 아니었지만 혈색이 늘 안 좋았던 터라 걱정이 되기 시작했다. 뭐가 문제일까 고민하던 차에 주역점을 쳐 보았다. 그때 나온 괘가 화뢰 서합(火雷 噬嗑)괘의 초구효다. 서합괘는 내가 놓치고 있던 뜻밖의 문제, 그렇지만 매우 중요한 문제에 대해 알려 주고 있었다.

화뢰 서합괘는 깨물어 합함, 형벌의 사용을 뜻하는 괘다. 서합
(噬嗑)은 두 글자 모두 공통으로 '입 구(口)' 자가 들어 있다. 서(噬)는
깨문다, 씹는다는 뜻이고 합(嗑)은 합한다, 입을 다물다는 뜻이다. 그
러니 서합이란 입안에 든 음식을 씹어서 합한다는 의미다. 괘상을 입
모양으로 생각해 볼 수도 있다. 맨 위와 맨 아래에 양효가 있는데 이
것은 위턱과 아래턱이고 세 개의 음효들은 이로 볼 수 있다. 턱을 움
직여 이로 중간에 있는 양효인 딱딱한 음식물을 씹어 먹어야 하는 게
서합괘다. 이질적인 것을 꼭꼭 씹어 서걱거리는 이물감을 없애고 삼
키니 우리 몸의 기와 혈이 되는 형통한 괘다(噬嗑서합, 亨형).

이물질을 씹어 삼키는 것이 어떻게 형벌의 사용이라는 의미와
연결되는 걸까? 세상사로 보면 사회나 조직에서 이간질을 하고 질
서를 흐트러뜨리는 자에게 형벌을 내려 죄인을 처벌한 후에야 세상
이 평안해지는 것과 같은 이치다. 여기서 죄인을 처벌하는 이유는 그
를 사회에서 배제하기 위해서가 아니다. 음식물이 입에 맞지 않으면
뱉을 게 아니라 꼭꼭 씹어 삼켜야 하는 것처럼 죄인이 자신의 잘못
을 뉘우치고 습관을 고쳐서 함께 살기 위함이다. 그래서 서합괘는 형
벌의 사용을 말하는 괘이기도 하다. 다시 말하면 서합괘는 우리가 어
떻게 낯선 것을 받아들이고 소화시켜 기와 혈을 만들고, 조화롭게 살
것인가를 말하는 괘다. 이를 위해 형벌이 필요함을 말한다. 초구와
상구는 형벌을 받는 사람에 관해, 나머지 효는 형벌을 가하는 사람이
마주하게 되는 각각의 상황에 대해 말하고 있다.

서합괘의 초구효는 "차꼬를 채워 발을 상하게 하니, 허물이 없

다"(履校구교, 滅趾멸지, 无咎무구)이다. 구교(履校)란 발에 형틀을 채우는 것이고, 멸지(滅趾)는 발꿈치를 잘랐다고 하기보다는 발에 형틀을 찼기에 발꿈치가 가려져 보이지 않는 것을 말한다. 초구는 발에 형틀을 씌운 벌을 받았다. 발에 형틀을 씌운 이유는 「소상전」에서 말하는 것처럼 가지 못하게 하는 것이다(履校滅趾구교멸지, 不行也불행야). 가지 못하게 한다는 것은 잘못을 저지르러 더 이상 나돌아다니지 못하게, 또는 같은 잘못을 반복하지 못하게 하는 의미가 있다. 초구라 시작이니 잘못을 저지른 경험이 없고, 잘못했어도 큰 것이 아닌 경미한 수준이기에 비교적 가벼운 형벌을 받은 셈이다. 하지만 가벼운 형벌이라도 형벌은 형벌이다. 초구는 양효라 힘이 강하기에 작은 잘못이라고 그대로 묵인했다가는 이것이 큰 죄로 될 수가 있다. 그래서 발에 형틀을 채움으로써 자신의 행동을 경계하게 했다.

　　내가 건강 문제로 점을 쳤을 때 서합괘의 초효가 나온 것은 아직은 병이 심각한 상태가 아니지만 잘못된 습관을 유지한다면 더 큰 벌을 받을 거라는 것을 암시했다. 나는 어떤 습관을 멈춰야 하는 걸까? 서합괘는 씹어 합하는 괘이니 만큼 내가 음식을 받아들이는 방식에 대해 질문하게 했다. 나는 그동안 소화가 안 된다는 생각조차 하지 못한 채 소화불량으로 살아왔다. 만성적인 소화불량이 되다 보니 그냥 이게 원래 상태라고 여겼다. 그러다 결국 하루 종일 먹지 않아도 배가 고프지 않은 상태까지 이르게 된 것이다. 어쩌다 이렇게 되었을까? 나는 오랜 회사생활을 하면서 폭식을 했던 습관이 있다. 항공사 승무원을 오래 했는데 장거리 비행 중 바쁘면 쫄쫄 굶다가 도착하면 피로를 풀기 위해 과하게 회식을 하곤 했다. 그리고 시차로 인해 잠이 안 올 때는 먹고 자기도 했다. 이런 습관의 잔재는 여전히 남아 있다. 피곤하면 나도 모르게 무언가를 더 먹게 되는 것이다. 이 럴 땐 꼭꼭 씹지도 않고 허겁지겁 먹는다. 그러니 소화가 안 되고, 순 환이 안 되니 담음으로 갈 수밖에. 기와 혈이 막혀서 생긴 담음은 결 국 허리 통증이라는 벌까지 이어졌다.

또한, 서합괘는 나에게 음식만이 아니라 낯선 것을 받아들이는 방식에 대해 질문하게 했다. 텍스트를 받아들이는 것, 공동체 안에서 섞이는 것도 마찬가지다. 텍스트와 공동체야말로 낯선 것들로 가득 한 현장이 아닌가? 나는 단 몇 줄이라도 꼭꼭 씹어 이해해야 할 텍스 트를 한 권 다 통째로 내 것으로 만들려는 욕심이 컸다. 질이 아니라 양을 중시하는 것이 폭식과 다를 바 없다. 이 욕심은 결국 몇 줄마저 도 놓치게 했다. 이런 식으로 소화되지 못한 텍스트들은 계속 쌓였고 많은 것을 읽었지만 그것들이 삶의 지혜로 연결되진 못했다. 물론 아 무것도 얻지 못한 것은 아니다. 하지만 이런 방식이 지속된다면 어떤 텍스트를 만나도 소화를 시키지 못한 채로 그냥 스쳐 지나갈 것이고, 결국엔 먹지 않아도 배가 안 고픈 것처럼 아무런 텍스트도 눈에 들어 오지 않게 될 것이었다.

공동체 생활에서도 마찬가지다. 나는 공동체 살림멤버가 되면 서 공동체에 깊게 들어왔다. 살림을 한다는 것은 하루가 멀다 하고 벌어지는 낯선 사건, 사고들을 소화해야 하는 과정이다. 청년들과 도 반들의 공부와 일상에 관심을 갖고, 서로 적극적으로 개입해야 하 고, 간식과 특식이 과하지는 않은지, 〈감이당〉이 운영되기 위한 적절 한 프로그램이 생산되고 있는지, 공간과 돈이 투명하게 순환되고 있는지, 북펀딩과 북꿈 활동은 원활한지 등등 공동체 전체가 돌아가는 과정을 꿰고 있어야 했다. 이 과정에서 나는 사건들을 해석하고 맥락 안에서 파악하려고 하기보다는 나에게 떨어진 미션부터 일단 처리하기에 바빴다. 스승과 도반이 조언을 하면 허겁지겁 받아들였다. 모든 조언을 받아들인 것은 아니지만, 필요하다고 여기면 충분히 소화하지 못한 채 받아들였다. 어떤 맥락에서 조언했는지, 사건을 여러 차원에서 되짚어 봐야 하는데 단순히 일차방정식 수준으로 받아들였다. 그러니 다른 사건에 응용을 하지 못했다. 그건 글쓰기에서도 마찬가지였다. 코멘트를 받으면 깊게 생각하지 않고 그대로 반영하거나, 도반들의 코멘트를 다 받아들여 이도 저도 아닌 이상한 글을 쓰기도 했다. 이게 다 내가 충분히 씹는 과정을 거치지 못했기 때문이었다. 먹는 습관은 텍스트와 공동체 안에서 낯선 것을 받아들이는 방식과 글쓰기에서 신기하게도 같은 패턴으로 작동하고 있었다.

다행히도 초효는 형벌을 받았지만 허물이 없다(无咎무구). 공자님은 형벌이 허물이 없을 수 있는 이유를 「계사전」에서 "작게 징계하여 크게 경계하는 것이 소인의 복이다"(小懲而大誡소징이대계, 此小人之福也하소인지복야)라고 말한다. 여기서 말하는 소인이란 욕심에 눈이 어두워 남에게만이 아니라 자신에게 피해를 주는데도 행동에 부끄러움이 없고, 이익이 있을 때만 움직이고, 위협받을 때만 겁을 내는 자다. 나는 소화가 되지 않는 것도 모른 채 급하게 먹었다. 배가 부르면 멍해지니 만사가 귀찮아졌다. 멍한 상태에선 제대로 된 판단을 하기가 어렵고, 산만해지니 이것이야말로 소인의 행동이다. 텍스트를 볼 때도 내 생각을 줄이고 텍스트에 몰입해야 하는데 내 생각을 강화하는 방식으로 받아들이려고 했다. 다행히 소인이 작은 형벌을 받아 크게 죄를 짓지 않게 되면 그것이 소인에게는 복이고 결국 허물이 없게 된다. 그러니 비록 건강이 나빠지긴 했지만 점을 치고 생활 방식을 돌이켜보며 비교적 가벼운 벌을 받은 지금이라도 습관을 고치려고 노력한다면 허물이 없게 되는 것이다. 바꿔 말하면 내가 습관을 고치지 못하고 계속 과거처럼 행동한다면 허물이 있다는 의미이기도 하다.

그럼 나는 어떻게 내 습관을 고칠 수 있을까? 나는 괘상에서 그 힌트를 찾고자 한다. 화뢰 서합괘의 상체인 리(離)괘는 밝음, 명철함, 번개를 나타내고, 하체인 진(震)괘는 두려움, 위엄, 우뢰를 나타낸다. 서합의 괘상은 번개가 쳐서 밝게 비추고 곧이어 우뢰가 이어지는 것처럼 이질적인 것들을 명철하게 관찰하고 관찰을 통해 얻은 것들을 위엄을 가지고 실행에 옮기라고 말하고 있다. 허겁지겁 먹을 것이 아니라, 급하게 일을 처리할 게 아니라, 먼저 낯선 것들을 여러 맥락 안에서 명철하게 관찰해 보라는 것이다. 그런 다음 스스로 판단하며 위엄있게 행동에 옮겨 보는 것이다.

먼저 음식을 대하는 내 태도를 관찰해 보았다. 나는 주로 혼자 저녁을 먹을 때 허겁지겁 많이 먹었고, 특히나 피곤한 날 더 그런 패턴을 보였다. 이제 패턴을 알았으니 위엄있게, 즉 굳은 결심으로 실행에 옮길 차례다. 그래서 배치를 바꿔 보았다. 되도록 연구실에서 저녁을 먹고, 먹고 나서는 남산을 산책했다. 함께 먹으니 과식할 일은 없고 천천히 먹게 되었다. 집에서도 양을 정해서 먹은 후 산책을 했다. 그렇게 하니 머리가 맑은 날이 더 많아졌다. 이와 동시에 텍스트를 대하는 자세도 바꿔 가고 있다. 시작부터 정독하겠다는 욕심을 버리고 처음에는 대충 읽으며, 이해가 안 되더라도 넘어가고, 두번째는 앞뒤 맥락을 파악하며 읽고, 세번째는 더 눈에 들어오는 문장을 찾아서 왜 이게 들어오는지 생각하면서 읽으려 하고 있다. 글쓰기와 공동체 활동에서도 조언을 무조건 따르기보다는 내가 놓친 지점이 무엇이고, 어디서 문제가 생겼는지를 생각해 보고, 이해가 안 되면 물어보고 반영하려고 하고 있다. 이렇게 하는 데 산책만큼 좋은 게 없다. 먹은 것, 읽은 것, 들은 것을 다 꼭꼭 씹어 소화할 수 있는 시간이니 말이다. 그런데 이렇게 잘하다가도 컨디션이 조금 좋아지면 다시 게을러지고 예전의 습관이 불쑥 튀어나온다. 소인이 허물이 없기는 정말 쉽지 않다.

서합괘는 나에게 음식을 대하는 태도와 텍스트, 공동체, 글쓰기에 대한 태도가 다 맞물려 돌아가고 있음을 알려 주었다. 비록 시행착오를 거치더라도 낯선 것들을 꼭꼭 씹는 훈련을 계속해 나갈 때 나는 소화불량에서 벗어날 수 있을 것이다. 하지만 지금 고치지 않고 예전의 습관으로 돌아간다면 귀를 없애는 중벌을 받을 것이라고 서합괘 상구는 나에게 경고하고 있다.

22
**산화 비,**

**글쓰기 코멘트,**
**꾸밈을 버린 꾸밈**

**이윤지**

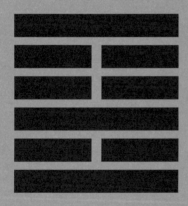

# 山火賁 산화 비

賁, 亨, 小利有攸往. 비, 형, 소리유유왕.

**비괘는 형통하니, 나아갈 바를 두는 것이 약간 이롭다.**

初九, 賁其趾, 舍車而徒. 초구, 비기지, 사거이도.

초구효, 발을 꾸밈이니, 수레를 버리고 걷는다.

六二, 賁其須. 육이, 비기수.

**육이효, 수염을 꾸민다.**

九三, 賁如濡如, 永貞, 吉. 구삼, 비여유여. 영정, 길.

**구삼효, 꾸미는 것이 윤택하니, 오래도록 유지하고 올바르게 하면 길하다.**

六四, 賁如皤如, 白馬翰如, 匪寇, 婚媾. 육사, 비여파여, 백마한여, 비구, 혼구.

**육사효, 꾸밈이 없어 흰 것이며 백마를 타고 나는 듯이 달려가니 도적이 아니면 혼**

**인할 짝이다.**

六五, 賁于丘園, 束帛, 戔戔, 吝, 終吉. 육오, 비우구원, 속백, 전전, 린, 종길.

**육오효, 언덕 위의 사냥터에서 꾸미는 것이니, 묶은 비단을 재단하여 늘어놓은 듯**

**이 하면 부끄럽지만 결국에는 길하다.**

上九, 白賁, 无咎. 상구, 백비, 무구.

**상구효, 꾸미는 것을 소박하게 해야 허물이 없다.**


연구실에서 하는 공부에는 텍스트를 읽고, 자신이 읽고 사유한 바를
글로 써서 그 글을 도반들과 나누는 과정이 필수다. 처음 연구실에
왔을 때 글을 쓰고 발표를 하며 코멘트를 해주는 이 과정을 보고 무
척 놀랐었다. 연구실에서 오랫동안 가르치고 공부해 온 선생님들의
학인들의 글에 대한 날카로운 지적과 비판은 그야말로 거침이 없었

다. 누군가는 농담으로 '즉문즉욕'이라고 표현할 정도였다! 직접 겪어 보니 이러한 단도직입적인 코멘트는 들을 때는 마음이 저릿하게 아프지만 궁극적인 지점에서 자신의 문제를 제대로 성찰할 수 있게 해주는 소중하고 고마운 조언이었다.

　여러 도반과 함께 공부를 해나가면서 그렇게 나의 글에 대한 스승과 도반들의 코멘트를 듣고, 나 또한 다른 이들의 글을 읽으며 코멘트를 해주는 것이 공부의 중요한 일상이 되어 갔다. 그런데 어느 날 한 도반이 지나가는 말로 "윤지샘은 항상 좋게만 말씀해 주시잖아요"라고 하는 게 아닌가. 이 말은 내가 해주는 코멘트를 그대로 신뢰할 수 없다는 뜻이다. 나는 나름대로 다른 사람의 글을 성실히 읽고 지적해 준다고 생각했는데, 왜 그게 '좋은 말'로만 들렸을까? 내게는 책을 읽고 한 편의 글을 써 온다는 것은 많은 정성과 노력이 들어가는 일이기 때문에 가능하면 상대의 기분을 상하지 않게 하면서 격려와 도움의 말을 하는 것이 좋다는 생각이 있었다. 도반은 이런 태도가 지닌 문제점을 꼬집었던 것이다. 그러나 나는 이 문제를 달리 더 들여다보지 않고 그냥 어물쩍 넘어갔다. 결국 나중에 이런 태도로 코멘트를 한다고 크게 혼쭐이 나고 말았지만 말이다.

　공부의 장에서 글이란 모름지기 자신을 그대로 드러내는 것일 수밖에 없다. 그런 누군가의 글에 대해 코멘트를 한다는 건 어떤 것이겠는가. 그건 상대의 글이 좋게 바뀌기를 바란다는 것이고, 글이 바뀌기를 바란다는 건 글쓰기로 사유를 전환해 그가 겪고 있는 번뇌와 문제로부터 자유로워지기를 바란다는 뜻이다. 그러니 코멘트는 글로 드러난 상대를 이해해 보려는 시도이자 상대가 스스로 보지 못한 문제의 지점을 비추어 주며, 이걸 좀 보라고 알려 주는 소통의 제스처이다. 그러니 우리는 코멘트라는 특별한 형식을 통해 마치 서로 마음의 조명을 비추듯 관계 맺기를 시도한다고 볼 수 있다.

조명을 비추고 빛을 비추면 그 대상이 밝게 드러나 보인다. 이렇게 빛을 비추어 상대를 밝고 환하게 하는 관계가 『주역』에도 나온다. 바로 산화 비(山火 賁)괘다. 산화 비의 괘상은 불과 문명을 상징하는 리(離)괘가 아래에 있고, 산을 상징하는 간(艮)괘가 위에 있어 밝은 빛이 아래에서 산을 비추고 있는 모습이다. 도심의 문화재나 건축물에 조명을 드리울 때 아래에서 위로 비추는 걸 볼 수 있는데, 이렇게 하면 대상이 은은하고 아름답게 돋보인다. 문명의 빛이 산 아래쪽에서 위를 비추는 비괘처럼 말이다. 문명의 빛을 상징하는 하체의 리괘는 예(禮)를 의미하기도 하니 비괘는 예의로써 관계를 비춘다는 의미도 된다. 예의란 사람들이 모일 때 그 관계를 적절한 방식으로 꾸미는 것이다. 산화 비괘의 비(賁)가 꾸미고 장식한다는 의미인 것도 그런 맥락이다. 사실 어떤 것을 잘 꾸미고 예의를 갖추는 것은 빛으로 밝게 비추듯 본질의 내용과 효용성이 더욱 잘 드러나도록 한다. 그런 면에서 글에 대한 코멘트도 상대와 소통하며, 섬세한 지점을 드러낸다는 점에서 관계에 대한 꾸밈이자 예의로 볼 수 있을 것이다. 그렇다면 어떻게 해야 좋은 코멘트가 되는가? 이 문제는 비괘의 핵심인 꾸밈을 어떻게 가져가야 하는가의 문제이기도 하다.

비괘는 여러 방식의 꾸밈에 관해 얘기하는데 그중에서도 초구는 자신과 상대를 위하는 진실한 꾸밈의 도가 어떤 것인지 보여 준다. 초구는 양효로써 양의 자리에 있어 강한 자이지만 낮은 자리에 위치해 스스로 절도를 지키며 수양하고 다스리는 자다. 그래서 수레를 탈 수 있어도 사양하고 자신의 두 발로 걷는다. 수레란 요즘으로 치면 고급 세단이니 수레를 탄다는 건 뽐낼 수 있고 편하고 쉽게 가는 방법이란 뜻이다. 반면에 걷는다는 건 소박하게 자신의 두 발로 가는 것이다. 양효인 초구는 가까이 있는 육이와 비(比)의 관계에 있고 멀리 육사와는 응(應)의 관계에 있다. 비유하자면 초구가 가까이 있는 육이와 어울리는 것은 손쉬운 수레를 타는 것이고, 멀리 있는 육사에게로 가는 것은 힘들어도 두 발로 걷는 것이다.

언젠가 학기 말 에세이를 발표하는 자리에서 같은 조원이었던 도반의 글에 대해 코멘트를 하고 있었다. 그 도반은 글을 쓰는 과정에서 글의 구성과 문제의식에서부터 끙끙대고 있었는데, 수정을 거쳐 발표한 그의 글은 여전히 부족한 점이 많았지만, 이전의 거칠던 초고에 비하면 그나마 나아진 편이었다. 나는 그렇게 좋아졌다고 생각되는 부분에 초점을 맞추어 코멘트를 했다. 그런데 이렇게 코멘트를 하는 나를 보고 스승님께서는 크게 혼을 내셨다. 글을 그렇게라도 수정하느라 애쓴 도반에게 격려를 해주고 싶었던 것인데 그것이 왜 잘못된 것이었을까? 도반에게 좋은 말을 하던 내 마음을 돌이켜 생각해 보면 거기엔 그런 코멘트를 함으로써 그에게 잘 보이고 싶고 그와 우호적인 관계를 맺고 싶다는 마음이 있었다. 뿐만 아니라, 나는 그렇게 좋은 말을 해주는 사람이라는 코스프레도. 그런데 그런 가벼운 격려와 위로로 상대와 호의적인 관계를 맺겠다는 건 길을 가는데 수레에 올라타 그럴듯하게 자신을 내세우며 쉬운 방식으로 관계를 꾸미겠다는 마음이다.

공부의 장에서 글에 대해 코멘트한다는 것은 상대가 자신을 성찰하며 성장해 가기를 바라는 마음이다. 성찰이란 자신의 오랜 습을 되돌아보고 붙들고 있던 전제를 뒤집는 것이기 때문에 아플 수밖에 없다. 그러니 상대에게 그렇게 진심 어린 코멘트를 해주는 것은 관계에 어렵게 발을 내딛는 것과도 같다. 상대가 어떤 관점에서 그런 글을 썼는지 생각하고 이해해 보려는 것은 그 관계를 깊이 있고 진지하게 꾸미려는 시도다. 수레를 마다하고 자신의 발을 꾸미는 초구는 칭찬이나 격려로 관계를 꾸미지 않는다. 초구는 오히려 그런 피상적 꾸밈을 버림으로써 소박하고 진실하게 관계를 꾸민다. 초구의 상전은 '수레를 버리고 걷는 것이 의리상 수레를 탈 수 없기 때문'(舍車而徒 사거이도 義弗乘也의불승야)이라고 했다. 도반에게 코멘트를 해준다는 것의 의리(義)가 무엇인지를 곰곰이 생각해 볼 때, 당시 나의 가벼운 코멘트는 수레에 얼른 올라타는 것과 다름없었다. 수레를 버린 게 아니라 의리를 버린 셈이니 혼이 날 만도 했다. 반면 상대가 자신을 성찰하길 바라는 깊은 마음에서 우러난 코멘트는 비록 날 선 비판처럼 거칠어 보일지 몰라도 진지하게 그 관계를 꾸미는 일이 아니겠는가.

그런 점에서 누군가의 글에 진심 어린 충고를 해줄 수 있다는 말은 거꾸로 자신을 비추어 성찰하는 기회가 되기도 한다. 충고하는 자신의 마음을 들여다보면 수레를 타듯이 나를 내세우는 허세를 부리며 피상적 관계를 지향하려는지, 아니면 소박하더라도 자신을 내려놓고 상대를 향해 발을 내딛고 있는지가 보인다. 산화 비괘의 초구는 글을 나누고 코멘트를 나누는 과정에서 도반이 서로를 어떻게 꾸며 주는 것이 진실한 것인지를 뚜벅뚜벅 걸으며 보여 주는 듯하다.

23
산지 박,

소인(小人)들에 깎여 괴로울수록
선행 한 스푼

전현주
———

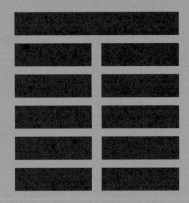

山地剝 <sub>산지 박</sub>

剝, 不利有攸往. 박, 불리유유왕.

**박패는 가는 바를 두는 것이 이롭지 않다.**

初六, 剝牀以足, 蔑貞, 凶. 초육, 박상이족, 멸정, 흉.

**초육효, 깎기를 침상 다리에서부터 하니, 올바름을 없애서 흉하다.**

六二, 剝牀以辨, 蔑貞, 凶. 육이, 박상이변, 멸정, 흉.

**육이효, 침상을 깎아 상판에 이르니, 올바름을 없애서 흉하다.**

六三, 剝之无咎. 육삼, 박지무구.

육삼효, 박의 시대에 허물이 없다.

六四, 剝牀以膚, 凶. 육사, 박상이부, 흉.

**육사효, 침상을 깎아 피부에까지 미치니 흉하다.**

六五, 貫魚, 以宮人寵, 无不利. 육오, 관어, 이궁인총, 무불리.

**육오효, 물고기를 꿰어서 상구에게 궁인이 총애받듯이 하면 이롭지 않음이 없다.**

上九, 碩果不食, 君子得輿, 小人剝廬. 상구, 석과불식, 군자득여, 소인박려.

**상구효, 큰 과실은 먹히지 않음이니, 군자는 수레를 얻고 소인은 초가지붕을 벗겨낸다.**

옛날 옛적 호랑이가 담배 피우던 시절 즈음, 나는 건축가였다. 내가 다니던 회사의 사장님은 누구나 알 만한 건물을 많이 설계한 유명 건축가였다. 나를 포함한 직원은 약 15명. 업무는 사장님 서포트. 유명 건축가 밑에서 일한다는 것은 그의 비전을 따라간다는 것이다. 직원들은 프로젝트를 주도적으로 진행하거나 다른 방향을 제시할 수 없는 방식으로 회사는 운영됐다. 초반에는 이러한 업무가 나쁘지 않았다. 시간이 지나자 내 생각이 반영된 건물을 만들고자 하는 마음이 커졌다. 그리하여 평소 동경하는 회사로 자리를 옮겼다.

새 회사는 규모부터 달랐다. 건축가만 수백 명. 그들은 여러 부서에서 다양한 팀을 이루었다. 각 팀은 저 윗분들(회사 간부들)의 간섭 없이 팀장의 주도하에 맡은 프로젝트를 자율적으로 진행했다. 나는 이제야 건물 설계가 진행되는 과정을 온전히 파악할 수 있었다. 그 속에서 나에게도 역할이 있다고 느꼈다. 이런 일상을 지내다 보니 나 또한 내 팀을 꾸리게 되었다. 드디어 내가 더 적극적으로 건물을 설계할 수 있는 장이 열렸다!

나는 열 살이 되기 전부터 건축가가 되고 싶었다. 건축 설계란 단지 멋지고 안전한 건물을 만드는 작업이 아니다. 그것은 우리 삶의 터전을 만드는 일이다. 하나의 건물은 그 안에 사는 사람들의 삶의 기반이 되며 그 삶과 긴밀한 관계를 맺는다. 건물의 재질, 내부 동선, 외부 환경과의 교류 등등은 사람의 행동과 마음에 많은 영향을 미친다. 건축가는 수많은 요소를 고려하며 자신이 설계하는 공간에서 살게 될 사람들의 삶을 상상한다. 여느 건축가처럼 나 또한 건물을 설계하며 좋은 삶의 기반을 만들겠다는 뜻을 품고 있었다.

이 회사에 오기 전까지 나는 이러한 건물을 혼자 만들 수 있다고 생각했었다. 팀장이 되며 깨달았다. 수많은 사람들의 협력이 있어야 실현 가능한 것임을. 건물 설계 과정에서 프로젝트 팀장은 건축주, 공무원, 다양한 전문업체와 끊임없이 연락해야 한다. 그렇게 협의한 내용을 팀원들과 나누고 함께 도면에 반영한다. 나는 다양한 사람들과 협력하는 과정이 재미있었다. 마치 오케스트라의 모든 악기와 소통하는 지휘자가 된 것 같았다. 아름다운 교향곡을 연주하기 위해 모두의 협력과 조화를 끌어내는 지휘자.

이러한 마음으로 일을 해나갔다면 아무런 문제가 없었을 것이다. 지금도 여전히 건축가였을 것이고. 그러나 나는 변하기 시작했다. 언젠가부터 의기소침해지기 시작했다. 왜냐고? 내가 맡은 프로젝트들이 이상한(?) 방향으로 흘러갔기 때문이다. 어떤 일은 건축주가 건물 짓기를 그만두었다. 어떤 것은 우리 팀에서 하던 일이 다른 팀으로 넘어갔다. 내가 특별히 잘못한 것 같지 않은데…. 건물 하나를 시작에서부터 끝까지 마무리하지 못하니 성취감을 느낄 수 없었다. 나아가 이대로 가다간 내가 도태될지 모른다는 불안감까지 생겼다.

회사에서 도태된다는 것은 무엇인가. 해고할 수 없어 월급은 지급하지만 일은 주지 않는 사람이 되는 것이다. 지금이라면 환영했을 것이다. 월급 받으며 내가 하고 싶은 공부를 하면 되니까!(^^) 그러나 당시 나는 그 회사에 다니는 것이 좋았다. 업계에서 누구나 알아주는 회사에 소속된 것. 내가 그랬듯 이 회사를 동경하며 입사하고 싶어 하는 사람들의 부러움 대상인 것. 그런 회사에서 팀장으로 대우받는 것. 나는 이런 것들을 놓치고 싶지 않았다. 그것을 유지하기 위해 회사에서 요구하는 능력을 힘껏 발휘해야 했다.

팀장들이 하는 능력 발휘란 건물 설계를 신속히 완성해 건축주에게 정산받는 것이다. 그 일이 끝나면 바로 다음 프로젝트로 넘어가기. 이렇게 일을 진행하기 위해 팀장은 건축주가 도면을 바꾸지 못하게 유도해야 한다. 공무원이 딴지 걸지 않도록 그에게 잘 보여야 한다. 무엇보다 협력업체들이 내 프로젝트를 우선시하도록 독촉하고 내 팀원들에게서 일을 최대한 뽑아내야 한다. 회사는 이러한 팀장을 능력 있는 자라 추켜세우며 팀장들끼리 은근히 경쟁시켰다. 나 또한 그 요구에 맞추고자 하는데…, 내 마음대로 되지 않으니 불안감은 더 커졌다.

이 '능력 발휘'의 전쟁터에서 나는 자신을 깎아 내기 시작했다. 『주역』에서는 이러한 때를 '박(剝)의 때'라고 부른다. '박'이란 깎는다는 뜻이다. 한마디로 말해 박의 때란 깎임의 때이다. 누가? 어떻게? 박의 때의 핵심은 소인(小人)이 군자(君子)를 깎아 내는 데 있다. 소인의 입장에선 깎는 것이고 군자의 입장에선 깎이는 것이다.

어떤 상황인지 더 자세히 보자. 박괘를 아래에서부터 전체적으로 보면 음효가 초효에서 5효까지 연속적으로 있고, 상효 하나만 양효이다. 소인을 상징하는 음효들이 양효들을 깎아 내면서 그 자리를 차지한 상황이라고 『주역』은 설명한다. 상효에 있는 유일한 양효만 아직 깎이지 않고 외로이 버티고 있는 군자의 도(道)라고 말이다. 소인이 이때의 주도권을 잡고 있다.

이는 내가 놓여 있던 상황을 잘 설명해 준다. 나는 건축가가 되어 사람들의 삶을 풍성하게 만들겠다는 뜻을 품고 있었다. 그러나 그 뜻은 내가 인정받아 이 회사에 계속 남고 싶다는 소인의 마음으로 서서히 대체되었다. 많은 이들을 위하는 일을 하고 싶다는 마음이 오로지 나를 위하는 마음에 의해 깎여 나갔다.

우리는 악함을 다른 이를 적극적으로 해하는 행위라 생각한다. 그리하여 자신만을 위하는 일을 할 때 확신한다. 그것은 악함과 아무런 관련이 없다고. 그러나 우리는 내 것을 조금 더 챙기고자, 내가 좋아하는 것을 유지하고자 하는 마음이 불러온 파장을 여럿 보아 왔다. 한 건물이 무너지기 전까지 그것의 설계사와 시공사는 자신의 행위를 악함이라고 보지 않았을 것이다. 소인이라는 게, 악이라는 게 별것 아니다. 이것쯤이야 하며 내 것을 더 챙기겠다는 대응. 이것이 소인이다.

박의 때엔 우리 안의 소인들이 판을 치며 악함을 행한다. 이는 하루아침에 일어나지 않는다. 여기서 조금, 저기서 조금. 내 마음속 소인이 커지는 것을 방관하거나 그 일에 적극적으로 합치다 보면 군자의 도는 어느새 야금야금 깎여 없어져 버린다. 박괘의 효들은 이 과정을 차근차근 잘 보여 준다. 이를테면 침상에 누워 있는 사람이 위험에 이르는 과정을 보여 주는 식이다. 그만큼 일상 속에서 일어날 수 있다는 뜻인지도 모르겠다.

여기서 명심할 것! 내가 지금 깎임의 때에 있다는 것을 깨닫더라도 당황하거나 자책하지는 말자. 우리 안에는 언제라도 튀어나올 수 있는 소인이 있는 만큼, 믿기 어렵겠지만, 언제라도 스스로 떳떳하고 싶은 군자도 잠재되어 있다. 이들은 주변 상황이 바뀜에 따라 하나는 더 강해지고, 다른 것은 접힌다. 박의 때엔 소인이 점점 자라나 힘을 얻어 강해진다. 내가 원래 인정욕망을 좇는 사람이거나, 항상 군자의 도를 따르는 자가 아니라는 말이다. 여러 소인의 마음이 모인 곳에 있다 보니 나 또한 그러한 삶의 방식이 당연하다고 생각하게 된 상황이다.

여기까지 이르자 나는 그 시절 나의 첫 팀장님이 이해되었다. 입사 초반, 나에게 그는 친절하고 재미있는 직장상사였다. 나는 후배들에게 자상하고 자기 일에 능력 있는 그가 멋있게 보였다. 배우고 싶은 상사였다. 그러나 승진을 할수록 그는 같이 일하기 싫은(말도 섞기 싫은) 고약한 상사가 되었다. 그 당시 나는 그것이 단지 그동안 숨겨 왔던 그의 본 모습이 드러난 것이라고만 생각했다. 이제 보니 그 또한 깎이고 또 깎이고 있었음을 알겠다.

그가 그랬듯이 나도 그랬다. 나는 회사가 제공하는 것을 계속 누리고 싶었고 놓치고 싶지 않았다. 내 안의 소인이 주도권을 장악하는 순간! 나는 내가 누리는 것을 놓칠까 봐 나서서 회사의 요구를 만족시키기 시작했다. 그러기 위해 자신을 닦달했고 나쁜 결과가 나올까 봐 불안해했다. 주도적으로 내 프로젝트를 하겠다던 사람이 회사에 휘둘리는 사람이 되었다. 변한 내 뜻을 유지하고자 하는 것이 바로 악함을 행하는 것임을 부인하며. 이러한 삶은 결국 나의 숨통을 죄어 왔다. 단지 힘들다가 아닌 이대로 살다간 죽을 수도 있겠다는 두려움이 엄습해 왔다. 대체 이럴 땐 어떻게 해야 하지?

앞에서 말했지만, 소인들이 득실거리는 박괘에는 하나의 양효가 있다. 맨 마지막 여섯번째 효인 상구효. 상구효는 소인의 마음으로만 살면 결국 모든 것을 잃는다고 말한다(小人剝廬소인박려). 무슨 뜻일까? 완전히 망해야만 소인의 마음들이 득세한 사회에서 빠져나올 수 있다는 말일까? 아니다. 세상일에 완전히 죽으라는 법은 없다. 호랑이에 물려 가도 살 길이 있듯 소인들에게 둘러싸여 깎이는 시절에도 솟아날 구멍은 있다. 박괘의 중간, 삼효에 보인다. 박지무구(剝之无咎, 박의 시대에 허물이 없다)! '허물이 없다'(无咎)는 건 잘못된 것을 잘 보수한다는 뜻이다. 자신이 행하는 악함을 선한 행동으로 방향을 바꾸어야 한다. 그것이 나를 깎고 있는 소인의 마음에서 벗어날 수 있는 길인 셈.

그렇다면 깎이는 상황에서 할 수 있는 선한 행동이란 어떤 것일까? 「대상전」에서는 '아래를 두텁게 하고 집을 안정시키'(厚下安宅후하만택)라고 말한다. 아래에 있는 자들(下, 혹은 나의 근본)을 튼튼하게 만들면 자신이 있는 자리(宅, 혹은 자기 존재)를 안정되게 만들 수 있음을 보여 준다. 내가 깎여 나가는 것 같은 때의 불안감은 내가 이끄는 사람들을 위하는 것으로, 내 마음과 행동을 바꾸는 것으로 없앨 수 있다는 말이다. 다른 이들을 위하는 것이자 나를 위하는 선한 행동이다.

뜻한 바가 변했을 때 오케스트라의 지휘자 같던 나의 마음은 영국 산업혁명 당시 공장장의 마음으로 바뀌어 있었다. 주변 팀장들이 모두 그러고 있었으니까 나도 그러는 것이 자연스러웠다. 함께 일하는 팀원과 협력업체를 다그치다 불현듯 이렇게 하면서까지 일하고 싶진 않다는 마음이 올라왔다. 건물 사용자에게 좋은 삶을 선물해 주고 싶다는 원래의 뜻은 희미해져 거의 잊혀져 버렸지만, 그렇다고 그것을 위해 내 가까이 있는 사람들의 삶을 나쁘게 만들 수는 없었다.

설계에 참여하는 사람들이 좋은 삶을 살지 못하면서 그들이 만든 건물에 사는 사람들이 좋은 삶을 살기 바라는 것은 어불성설이다. 사람들과의 관계가 좋은 건물, 나아가 좋은 삶의 핵심이다! 나는 팀원들을 이용해 회사에서 인정받으려는 마음을 접었다. 그 대신 나는 나와 함께 일하는 사람들이 이 회사에서 최소한 마음이 다치지는 않길 바랐다. 문제는, 그렇게 되면 회사의 요구는 맞출 수 없게 된다는 것. 한쪽을 챙기면 다른 쪽이 피해를 보는 상황이었고, 나는 그 사이에서 이것도 저것도 제대로 버리지 못한 채 점점 괴로워졌다. 결국 나는 회사를 그만두는 것으로 이 상황을 마무리했다.

박괘를 공부하며 깨달았다. 내가 회사를 그만둘 수밖에 없었던 것은 단지 내 몸의 고달픔 때문만이 아니었다는 것을. 당시에는 잘 몰랐지만, 나는 아래를 두텁게 하고자 하는 마음을 버릴 수 없었던 것이 아니었을까? 최소한 그 마음이 가시처럼 걸려 있었기에 나는 소인들의 판에서 견딜 수 없었던 것이 아니었을까? 나만을 위하는 마음만으로 버텼더라면 오히려 퇴사를 선택하지 못했을지도 모르겠다. 회사를 그만둠으로써, 회사를 그만둔 덕분에, 비로소 나는 숨을 쉴 수가 있었다.

문득 궁금해진다. 박괘는 왜 삼효가 새로운 길을 낼 수 있다는 식으로 말하는 것일까? 보통 괘에서 삼효는 하괘의 끝자리에 있으면서 상구효와 응한다. 박괘에서 삼효는 음효들에 둘러싸여 있고 자신도 음효이다. 그가 상구효와 응할 수 있는 이유는 그 안에 실낱같을지언정 군자의 도가 힘을 쓰고자 하기 때문이다. 후하안택(厚下安宅)의 도를. 그 도를 발판 삼아 그는 양효인 상구효로 뛰어오른다. 상구효는 그의 손을 잡아 준다.

보통 삼효는 하체의 제일 윗자리에 있음을 과신한다(게다가 양의 자리라면 더더욱). 그 자리의 힘을 믿고 그것으로 밀어붙여 상체로 도약하고자 한다. 자신이 그러한 자질이 있는지는 살펴보지도 않은 채 자리의 힘만 믿고. 그렇기에 『주역』에서 삼효는 대체로 올바르지 않고 흉하다. 그 자리에 양효가 와도 문제인데 음효가 올 땐 흉함이 더 심각해진다.

하지만 박괘의 삼효, 그것도 음효인 육삼효는 다른 관계를 맺는다. 하체인 곤(坤)의 순종하고자 함은 삼효에 이르러 극에 다다른다. 따름(順)의 극! 그는 비록 소인들에 둘러싸여 있지만, 상구효가 드러내는 군자의 도에 순응한다. 주변이 모두 그러니까라며 그것에 자신을 맡기는 대신 다른 길을 찾아 그 판을 떠난다(失上下실상하, 위와 아래의 음효들을 잃는다; 「상전」). 삼효는 그렇게 무구함을 보여 주고, 그 결과로 나는 지금의 공부하는 삶을 살고 있다.

우리는 누구나 박의 때에 들어갈 수 있다. 그리고 어떤 의미에서 우리는 모두 소인들이다. 그러나 우리는 또한 모두 군자가 될 수 있다. 우리가 스스로 군자이고자 하면 내 안에서 소인이 쉽게 주도권을 잡도록 내버려 두지 않는다. 우리 안의 군자는 시시때때로 우리에게 어떤 신호를 보낸다. 그것을 놓치지 말자. 내 안에 꺼지지 않는 작은 불씨인 군자의 마음으로 현재 놓인 상황에서 도약할 수 있음을 잊지 말자. 내 삶에 선행 한 스푼을 추가해 보자. 어쩌면 그 선행은 우리를 전혀(!) 다른 삶으로 이끌어 줄 마법의 양탄자일지도 모른다.

24
**지뢰 복,**

**아름다운 것에게
복귀한다**

**성승현**

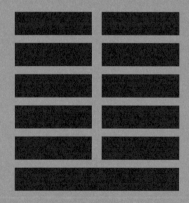

地雷 復
지뢰 복

復, 亨. 出入无疾, 朋來无咎. 反復其道, 七日來復, 利有攸往. 복, 형. 출입무질, 붕래무구. 반복기도, 칠일래복, 리유유왕.

**복괘는 형통하다. 나가고 들어오는 데에 문제가 없으며 벗들이 와야 허물이 없다. 그 도가 돌아와 7일 만에 와서 회복하니, 나아갈 바를 두는 것이 이롭다.**

初九, 不遠復, 无祗悔, 元吉. 초구, 불원복, 무지회, 원길.

**초구효, 멀리 가지 않고 돌아오는 것이니, 후회에 이르지 않아서 크게 좋고 길하다.**

六二, 休復, 吉. 육이, 휴복, 길.

육이효, 아름답게 돌아옴이니, 길하다.

六三, 頻復, 厲, 无咎. 육삼, 빈복, 려, 무구.

**육삼효, 자주 돌아옴이니, 위태로우나 허물이 없으리라.**

六四, 中行, 獨復. 육사, 중행, 독복.

**육사효, 중도를 행하여서 홀로 돌아온다.**

六五, 敦復, 无悔. 육오, 돈복, 무회.

**육오효, 돈독하게 돌아옴이니 후회가 없다.**

上六, 迷復, 凶, 有災眚. 用行師, 終有大敗, 以其國, 君凶, 至于十年, 不克征. 상육, 미복, 흉, 유재생. 용행사, 종유대패, 이기국, 군흉, 지우십년, 불극정.

**상육효, 돌아가는데 길을 잃음이라 흉하고 하늘이 내린 재앙과 스스로 불러들인 화가 있다. 군사를 동원하는 데 쓰면 결국에는 크게 패하고 나라를 다스리는 데 쓰면 군주가 흉하게 되어 10년이 되도록 나아갈 수가 없다.**

나는 10년째 작은 자전거 가게를 운영하고 있다. 코로나가 터지고 얼마 지나지 않았을 때, 단골손님이 지나가다 들러 뜬금없이 "가게 정리하세요?"라고 물었다. 그도 그럴 것이 가게에는 자전거가 거의 없었다. 진열된 물건이 없으니 누가 봐도 '폐업각'이었던 거다.

코로나가 터지고 많은 자영업자들이 어려움에 처했다. 하지만 예외 종목이 몇 있었는데, 자전거도 그중 하나였다. 바야흐로 봄이 었으니 자전거 타기 좋은 계절이었고, 혼자 탈 수 있으니 코로나 시대에 적당한 취미생활이기도 했다. 게다가 대중교통이 위험한 이때에 자출(자전거 출근)을 할 수 있으니… 이런저런 조건이 맞아떨어졌던 거다. 악성 재고라 생각했던 자전거들까지 모두 판매됐다. '없어서 못 판다'는 말을 실감했다. 그야말로 자전거 특수였다. 그렇게 두세 달을 보낸 것 같다. 그런데, 딱 거기까지였다. 코로나로 인해 전 세계적으로 자전거 생산에 제동이 걸린 것이다. 간헐적으로 몇 대라도 공급이 되나 했는데, 얼마 지나지 않아 아예 공급이 끊겼다. 처음에는 자전거 생산 정상화를 초조하게 기다렸다. 공급처에 일정을 물어 가며 언제 입고가 되는지 물었고, 대리점들이 놓인 상황을 설명하며 채근하기도 했다. 하루빨리 모든 것이 회복되었으면 좋겠다고 생각했다. 그러다가 문득, '회복되어야 하는 것이 매출인가'라는 생각이 들었다. 코로나라는 특수상황과 무관하게 잘 되던 사업이 딱 멈추자, 반사적으로 이전과 동일한 상태로 회복되기를 바랐던 것이다. 하지만 진짜 회복되어야 하는 것은 매출이 아니지 않은가. 정신이 바짝 차려졌다. 어떻게 보면, 코로나라는 사태를 맞아 이 시대에 회복해야 할 것이 무엇인지 생각할 수 있는 기회가 온 것인데, 예기치 않게 잘 되는 사업 때문에 나는 길을 잃을 뻔했다.

진정한 '회복'이란 무엇일까를 생각하며 '지뢰 복(地雷 復)괘'를 찾아보았다. 「상전」에서는 우레가 땅 속에 있는 것을 복괘로 보았다. 선왕은 이것을 보고 동짓날에 모든 문을 걸어 잠갔다고 한다. 상인과 여행자들이 다니지 못하게 했으며, 군주도 시찰을 나서지 않았던 것. 땅속에 생긴 미약한 우레가 회복하려는 때에 놓여 있어서다. 미약한 상태이니, 안정과 평정을 이루는 것이 급선무다. 언제까지? 동짓날이라고 표현했지만, 겨울 한철이 지나가는 동안! 이때는 물적 성장을 추구하는 때가 아니다. 천지의 마음을 회복할 때다. 천지의 마음을 알아야, 그에 맞게 자신의 삶도 회복할 수 있기 때문이다.

사실, 코로나는 출발에서부터 인간의 욕심을 볼 수 있는 사건이다. 개발과 팽창을 추구하는 인간이 박쥐의 서식지를 침범했고, 그렇게 박쥐와 뒤섞이면서 생긴 일이니까. 이것은 코로나로 끝날 문제가 아니다. 인간이 탐욕으로 자연의 균형을 무너뜨리는 행위는 여전히 진행형이니까. 이보다 더한 일이 일어나지 않으리라는 법도 없다. 이렇게 시작된 코로나 여파는 오래 지속됐다. 순식간에 전 세계적으로 확산되었고, 발병자 수 역시 진정될 기미가 보이지 않았다. 어려움을 겪는 사람들은 점점 늘어나고 있었다. 거리두기가 힘든 많은 직종이나 영업점의 휴업 상태는 장기화되었고, 자영업자들은 매달 임대료를 걱정해야 하는 처지가 되었다. 일상의 영역도 축소됐다. 여행은 꿈도 꾸지 못할 일이 됐고, 모임이나 회식 등은 일절 금지됐다. 언제까지 이렇게 활동 없이 살아야 하는 것인지, 답답함이 차올랐다. 삶의 모든 부분이 깎여 나가는 듯한 고통이 느껴지는 시간들이었다. 모두 어서 빨리 예전의 일상을 되찾고 싶어 했다. 그런데, 그냥 예전으로 돌아가면 되는 걸까?

지뢰 복괘의 '일양'(一陽)에 회복을 위한 지혜가 담겨 있다. 일양인 초구는 "멀리 가지 않고 돌아왔기에 후회에 이르지 않았고, 그래서 길하다"(不遠復불원복, 无祗悔무지회, 元吉원길)는 것이다. 코로나 시대, 우리는 무언가를 회복해야 한다는 것은 알고 있다. 하지만, 대부분은 일상의 복귀, 영업의 정상화, 일자리의 확보 등을 회복이라고 생각한다. 초구의 입장은 어떨까? 원상복귀라는 것이 무엇인가. '코로나 이전'으로 돌아가는 것이다. 그런데, 코로나는 '코로나 이전' 상태에서 발생했다. 그렇기에 우리가 회복해야 할 것이 '코로나 이전'이어서는 안 된다. 이것은 이미 멀리 간 상태다. 초구의 일양은 무릇 사물이 장차 망하려 하다가 복귀하는 것(소동파, 『동파역전』, 217쪽)을 말한다. 당장의 편의나 이익을 위해 자연의 흐름을 무시하고 개발하려고 하는 인간의 욕심에 경종을 울리는 그런 마음이다. 그래서 소동파는 지뢰 복괘를 '변역(變易)의 시기'로 명명했다. 예전으로 돌아가는 게 아니라, 고쳐서 바꿀 때라는 것이다. 그러려면 이 '초구의 마음과 얼마나 교감할 수 있는가'가 관건이 된다. 나는 이효의 태도, '휴복 길'(休復, 吉)에 주목했다. 휴복, 즉 회복이 아름다울 수 있는 이유는 하나다. 이효는 대개 초구를 올라타기 마련인데, 지뢰 복괘에서는 이효가 초구의 어진 뜻에 따른다(休復之吉휴복지길, 以下仁也이하인야). 그래서 길하다. '올라타지 않고 따른다'는 게 어떤 걸까.

『서경』에 그 단서가 있다. 요(堯)임금이 다음 왕을 선정하는 과정에서 '순'(舜)을 염두에 두고 그를 테스트하는 장면이 나온다. 순은 교육, 행정, 외교에 뛰어난 능력을 보였다. 이제 마지막 관문만이 남았다. 그것은 산속으로 들어가는 것. 산에서는 예기치 못한 상황을 만나게 될 수 있는데, 그것을 피할 수 있는지 보려는 것이다. 마침 내 순임금이 산속으로 들어갔는데, 사나운 바람과 번개와 비에 피해 를 입지 않았다. 어째서일까? 순에게는 바람과 번개와 비를 피할 수 있는 능력이 있었기 때문이다. 그 능력은 다른 게 아니다. '욕심 없음' 이다. 욕심이 생기면 느낌이 둔화된다. 큰 위험에 처할 때를 생각해 보라. 태풍이 불고 산이 무너지는 위험스런 사태가 일어날 때가 되면 피하고 싶은 느낌이 들기 마련인데, 욕심이 많은 사람은 느낌이 둔화 되기 때문에 피하지 못한다. 한마디로 자연이 주는 신호를 수신할 수 없는 상태다. 코로나 때문에 많은 사람들이 조심해야 하는 이때에 집 회에 나가고, 교회에 나가고, 온갖 모임을 갖는 이유가 그것이다. 여 전히 모여서 먹고 마시는 것을 멈추지 않는다. 자연에 복귀하는 초구 의 뜻에 호응하지 못하고, 미혹에 빠진 상태인 것이다.

이런 의미에서 보니, 육이가 올라타지 않고 따른다는 것이 뭔지 알겠다. 초구를 '올라탄다'는 것은 자신의 욕심을 앞세우는 것을 말 한다. 하지만 이효는 올라타는 대신 아름다운 뜻을 가진 초구를 '따 른다'. 자연의 신호에 맞춰 자신의 삶을 고치고 바꾸는 것이다. 아름 다운 뜻에 따름으로써 아름다운 복귀를 할 수 있게 되는 것.

처음 자전거 사업을 하게 되었던 때를 떠올렸다. 당시 나는 인 생을 새롭게 살아 보겠다고 반백수가 되어 있었다. '앞으로 어떻게 살아갈까'를 고민하던 와중에 『경제성장이 안 되면 우리는 풍요롭 지 못할 것인가』(C. 더글러스 레미스, 김종철·최성현 옮김, 녹색평론사, 2011. 이후 『경제성장이 안 되면』)를 읽게 되었는데…, 뒤통수를 얻어 맞은 듯했다. 그때, 나는 자전거를 타는 것이, 자전거를 타게 하는 것이 그의 주장에 동참하는 길이라고도 생각했었다. 그리고, 결심했다. 평생 자전거를 이동수단으로 삼겠다고. 그것이 자전거 사업을 하게 된 주요한 계기가 되기도 했다. 하지만 십 년이 지난 지금, 나는 그때 그 마음으로 살고 있지 않다. 자전거는 이동 수단이라기보다는 여행을 하는 데 보조 수단이 되었고, 남편이 자동차를 산 이후 그 편안함에 빠져들기도 했다. 사업 초기에는 '반(反)자동차'를 주창하며, 환경오염의 주범인 자동차가 우리 일상을 잠식하게 된 계보학적 탐사도 열심히 했다. 하지만 이젠 자동차가 없는 생활에 대한 상상력이 잘 발동되지 않는다. 그렇게 편리와 이익을 좇게 된 내 삶의 패턴 역시 코로나 시대를 불러왔다고 할 수 있을 것이다.

이에 『경제성장이 안 되면』의 저자는 '대항발전'이라는 개념을 내세운다. "물건을 조금씩 줄여 가며, 최소한의 것만으로도 별탈 없이 살 수 있는 인간이 되자"(C. 더글러스 레미스, 『경제성장이 안되면』, 111쪽)는 것이다. 이것이야말로 진짜 행복을 추구하는 길이라고. 하지만 우리는 경제성장을 목표로 살아왔다. 그것이 우리의 욕망을 충족시켜 줄 거라 믿으면서 말이다. 그토록 바라던 성장을 이루었는데, 정작 우리 삶은 어떤가? 무관심, 상실감, 우울, 폭력 등에 지배당하고 있다. 그런데 이런 일을 겪으면서도 사람들은 성장하고 발달하지 않으면 안 된다는 강박을 가지고 있다. 성장하지 않는다는 것은 곧 가난하게 사는 것이라고 여기기 때문이다. 하지만 '경제성장을 줄이는 것'이 가난하게 살자는 말은 아니다. 즐겁고 신나는 일을 그만두자는 것도 아니다. 우리는 기계나 기술 등 물질문명에 의존하지 않고 행복하게 사는 방법을 잃어버렸다. 저자는 이것들에 의지하지 않고도 즐

거움을 느끼는 능력, 기쁘게 지낼 수 있는 능력을 회복해야 한다고
주장하는 것이다.

코로나를 불러온 작금의 시대가 묻는다. 이제 어떻게 살 것이냐
고. 자연의 목소리에 귀를 기울여 조화를 이룰 것인지, 아니면 그 목
소리를 묵살하고 편리와 이익을 추구하면서 살 것인지 말이다. 편리
와 이익을 추구하면서 복귀하는 방법이란 없다. 경제성장이라는 신
화를 깨고, 행복의 전제를 완전히 바꾸어야 한다. 그래야 자연스럽게
내 삶의 패턴이 바뀔 것이다. 그렇게 아름다운 회복의 길로 한 걸음
걸어 보자.

25
천뢰 무망,

무망(无妄)과
공부

안혜숙

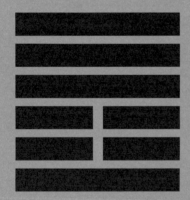

天雷 无妄 천뢰 무망

无妄, 元亨, 利貞, 其匪正, 有眚, 不利有攸往. 무망, 원형, 리정, 기비정, 유생, 불리유유왕.

**무망괘는 크게 형통하고 바르게 함이 이로우니, 그 올바름이 아니면 화를 자초하고, 가는 바를 두면 이롭지 않다.**

初九, 无妄, 往吉. 초구, 무망, 왕길.

**초구효, 망령되지 않음이니, 그대로 나아가면 길하다.**

六二, 不耕, 穫, 不菑, 畬, 則利有攸往. 육이, 불경, 확, 불치, 여, 즉리유유왕.

**육이효, 밭을 갈지 않고서 수확하며 1년 된 밭을 만들지 않고서 3년 된 밭이 되니, 나아갈 바를 두는 것이 이롭다.**

六三, 无妄之災, 或繫之牛, 行人之得, 邑人之災. 육삼, 무망지재, 혹계지우, 행인지득, 읍인지재.

**육삼효, 망령되지 않음의 재앙이다. 혹 소를 매어 놓았더라도 길 가던 이가 얻으니 마을 사람들에게는 재앙이 된다.**

九四, 可貞, 无咎. 구사, 가정, 무구.

**구사효, 올바름을 지킬 수 있으니, 허물이 없다.**

九五, 无妄之疾, 勿藥, 有喜. 구오, 무망지질, 물약, 유희.

**구오효, 망령되지 않은데 아픔이 생긴 것이니 약을 쓰지 않더라도 기쁜 일이 있다.**

上九, 无妄, 行, 有眚, 无攸利. 상구, 무망, 행, 유생, 무유리.

**상구효, 망령되지 않음에서 움직여 나아가면 화를 자초하고 이로울 바가 없다.**


어머니가 요양원에 들어가신 지 5년이 넘었다. 10년 전쯤 아버지가 돌아가신 후부터 시작된 소위 치매 증상이 5년 전 대장암 수술을 받으신 후 더욱 심해지셨다. 요양원에 들어가시고 마음이 편치는 않았다. 자식으로서 도리를 못한 것 같았다. 그러면서도 한편으론 안심도 되었다. 비록 자식들과 함께는 아니지만 혼자 계시는 것보다는 낫다고 생각하며 위안했다.

요양원에서는 매일 그날그날 진행된 프로그램 속 엄마의 모습을 올려 주었다. 엄마의 표정에 따라 나는 일희일비했다. 엄마가 우울해 보이면 따라서 나도 우울해지고 조금이라도 환하면 내 마음도 환해졌다. 코로나 사태가 오기 전에는 면회 가서 얼굴을 보고 외출해서 함께 시간을 보내면서 아쉬운 마음을 추스르곤 했다. 그런데 코로나 상황이 심해지자 그 여파로 면회가 금지되었다. 중간에 잠시 상황이 나아졌을 때 칸막이를 사이에 두고 만날 수 있었으나, 의례적인 짧은 몇 마디에 똑같은 단답형 대답을 나눌 뿐이었다. 그리고 다시 등 돌려 들어가는 엄마의 모습을 보고 돌아오는 마음은 이전보다 더 무거웠다. 그러다 다시 전면적으로 면회가 금지되었다. 그렇게 4~5개월이 지나자 엄마의 활동 참여가 현격히 줄고 얼굴에 표정도 점점 사라져 가고 있다는 걸 알았다. 아무리 기억을 못한다 해도 너무 오랫동안 자식들을 제대로 만나지 못한 탓에 더 안 좋아지신 건 아닌가 싶은 자격지심에 마음이 어두워졌다. 지금 엄마를 생각하는 나의 마음은 엄마의 표정처럼 점차 무감해지고 있다. 이대로 그냥 스러져 갈 엄마의 여생, 힘들어도 엄마의 여생을 돌보아 드리는 게 자식의 도리였을까. 막상 제대로 돌볼 자신도 능력도 없으면서 하는 생각이니 망령된 생각일 따름이다. 지금 내가 엄마에 대해 가장 가슴 아픈 건 엄마의 삶이 너무 허망하게 여겨진다는 것이다. 엄마의 허망해 보이는 삶에 내가 할 수 있는 일이 있을까. 아니면 나의 이런 마음이 헛된 것일까. 나는 왜 이런 마음이 드는 것일까. 무망(无妄)괘를 통해 나의 마음을 들여다본다.

'망'(妄)에는 허망, 망령, 거짓, 속임, 제멋대로 등의 뜻이 있으니, 무망은 허망하거나 망령되거나 거짓되거나 제멋대로가 아닌 어떤 마음이다. 천뢰 무망은 하늘인 건괘가 위에 있고 우레가 치는 진괘가 아래에 있다. "움직이되 하늘로써 움직이면 진실함이 되고, 인간의 욕심으로 움직이면 거짓됨(妄)이 있다."(정이천, 『주역』, 521쪽) 인간의 욕심이 아닌 하늘의 이치를 따라 움직이는 것이 망령되지 않음이라 한다. 하늘은 만물에게 망령되지 않은 하늘의 본성을 주었다. 그 부여받은 진실무망의 도에 따라 산다면 '천지와 그 덕을 합치한다'(같은 책, 522쪽)고 했다. 그럼 인간이 부여받은 무망한 마음, 즉 하늘과 천지자연의 이치에 비추인 나의 마음은 어떤 모습일까.

12년 전쯤부터 서서히 정신도 몸도 무너져 가는 엄마를 보고 두려움이 올라왔다. 아니 말로만 듣던 치매를 이렇게 옆에서 겪게 되다니…. 그 두려움은 이전 같지 않은 엄마로 변해 가는 모습 때문이기도 했지만, 엄마를 감당하는 일이 나의 일이 된다는 것이 보다 솔직한 두려움의 실체였다. 증상이 심해지지 않았을 땐 가까이 살면서 엄마와 함께 일상을 영위할 수 있었다. 그러다 전적으로 엄마에게 매달려야 할 시점이 되자 갈등이 일어났다. 엄마를 돌보기 위해 지금 하고 있는 공부를 잠시라도 접어야 하나. 그렇게라도 하면 혹 한결 나아질 수 있을까. 그러나 치매는 그 끝을 기약할 수 없는 병이었다. 엄마를 모시는 문제로 남동생과도 감정적인 마찰이 생겼다. 우여곡절을 거쳐 엄마가 요양원으로 들어가시고 난 후, 나는 일상을 유지할 수 있었지만 마음 한 켠에는 늘 자유롭지 않은 지점이 있었다. 그 감정들은 복합적이었다. 엄마와 함께했던 과거의 기억들, 불쑥불쑥 올라오는 보고 싶은 마음, 죄책감, 안쓰러움, 허망함… 따위들. 이런 나의 감정들을 볼 수 있게 해준 건 이곳 〈감이당〉에서의 공부였다.

공부는 천지자연의 이치를 배우는 일이다. 낮이 오면 밤이 오고 봄이 오면 겨울이 오듯이 천지의 운행은 한결같다. 하지만 어느 한 순간도 똑같을 때가 없다. 시시때때 변하는 조건에 따라 천변만화하며 무수한 일들이 일어났다 사라진다. 좋은 날도, 궂은 날도, 천지가 개벽할 날도 있다. 변화와 사건의 연속 속에서도 천지의 운행은 변함이 없다. 이렇게 온갖 변화무쌍한 일들을 쉼 없이 통과하면서 변함없이 항상한 것이 무망이다.

천지자연의 일부인 인간도 태어나면 늙고 병들고 죽는다. 그때그때 조건에 따라 하늘과 땅에 온갖 변화와 일들이 일어나듯이 사람도 마찬가지다. 엄마에게 닥쳐온 병은 엄마의 인생에서 일어날 수 있는 일이 일어난 것이다. 엄마의 몸과 마음과 여러 조건들이 엮여서 만들어 낸, 자연인 인간에게서 일어날 수 있는 노화의 과정 중 하나일 뿐이다. 그 어떤 일도 일어날 수 있는 것이 하늘과 자연의 이치다. 거기엔 좋음도 나쁨도 옳고 그름도 없다. 그저 매 순간 일어날 일이 일어날 뿐이다. 그런데 인간인 나는 과거의 엄마가 아니라고, 더 이상 함께할 기억이 없다고, 원치 않는 상황이 일어났다고 '망령되이' 슬퍼하고 걱정하고 있었다. 이런 내 마음의 근저에는 막연히 어떤 고정된 이미지, 헛된 기대가 상정되어 있었다. 온전한 정신으로, 돌아가시기 전까지 건강하게 사시면 좋겠다는 헛된 기대. 또 막상 엄마를 감당하지도 못하면서 자식의 도리를 운운하며 스스로 번뇌를 만들고 있었다. 마치 내가 엄마를 가장 잘 알고 있고 가장 엄마에게 잘할 수 있을 것처럼 착각하고 있는 꼴이었다. 이 역시 자신을 속이는 거짓되고 망령된 마음이 아닐 수 없다. 그러고 보니 엄마의 삶이 허망하게 여겨졌던 나의 마음 역시 허망하지 않은 좋은 삶을 특정하고 있었기 때문이었다. 정신이 온전하든 그렇지 못하든 하늘 아래 천지자연의 모든 삶은 삶 그대로의 가치로서 존재할 뿐인데 말이다.

무망괘의 주인공은 초구효다. 천둥우레처럼 세상을 진동시키고 깨어나게 해 자신의 본성을 깨닫게 한다. 이는 강함이 밖으로부터 와서(剛自外來강자외래) 유한 음을 변화시키는 일이다. 올바름으로써 올바르지 않은 것을 제거하는 모습이다. 무망의 이치로 그간 나에게 일어났던 엄마에 대한 마음을 보았다. 하늘이 인간인 내게 진실무망한 본성을 주었다면 엄마는 내게 그런 덕을 받을 수 있는 신체를 주었다. 몸으로 연결된 존재인 엄마. 어떤 이성적인 판단 이전에 몸으로써 반응하는 관계다. 나는 엄마에 대한 애착 때문에 생긴 그간의 마음들을 받아들였다. 그걸 인정하고 받아들일 때 흘려보낼 수 있기 때문이다. 나의 마음을 무망괘에 비추어 들여다보는 과정은 말 그대로 무망을 공부하는 과정이었다. 그로써 망령된 마음에서 벗어날 수 있었으니(得志득지) 공부는 곧 무망의 길을 가는 것임을 알았다. 나의 본성이기도 한 무망을 깨치는 길로 나아갈 때(无妄往무망왕) 자신을 자유롭게 할 수 있다는 것도. 무망한 그 길(道)이 길(吉)한 이유이다.

26
산천 대축,

덕을 크게
쌓아 나아가라

송형진
———

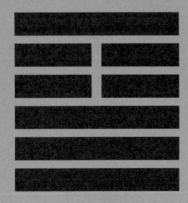

山天大畜 산천 대축

大畜, 利貞, 不家食, 吉, 利涉大川. 대축, 리정, 불가식, 길, 리섭대천.

**대축괘는 바르게 하는 것이 이로우니 집에서 밥을 먹지 않으면 길하고 큰 강을 건너는 것이 이롭다.**

初九, 有厲, 利已. 초구, 유려, 리이.

**초구효, 위태로움이 있으니 멈추는 것이 이롭다.**

九二, 輿說輹. 구이, 여탈복.

**구이효, 수레에서 바퀴통이 빠졌다.**

九三, 良馬逐, 利艱貞. 日閑輿衛, 利有攸往. 구삼, 양마축, 리간정. 일한여위, 리유유왕.

구삼효, 좋은 말이 달려가는 것이니 어렵게 여기고 올바름을 굳게 지키는 것이 이롭다. 날마다 수레 모는 것과 자기를 지키는 것을 연습하면 가는 바를 두는 것이 이롭다.

六四, 童牛之牿, 元吉. 육사, 동우지곡, 원길.

**육사효, 어린 송아지에게 뿔막이 나무를 대 놓은 것이니, 크게 좋고 길하다.**

六五, 豶豕之牙, 吉. 육오, 분시지아, 길.

**육오효, 거세한 멧돼지가 어금니를 쓰지 못함이니, 길하다.**

上九, 何天之衢, 亨. 상구, 하천지구, 형.

**상구효, 하늘의 큰 길이니 형통하다.**


얼마 전에 고등학교 친구를 만나 점심을 같이하면서 이런저런 얘기를 나누었다. 그중에서 가장 인상적이었던 얘기는 얼마 남지 않은 직장생활에 관한 것이었다. 최근 들어 직장을 다니던 지인들이 자의 혹은 타의에 의해서 그만두고 있었고, 직장에서 나이로 치면 서열이 두 번째라고 하면서 "언제 잘려도(?) 이상할 게 없다"는 그의 얘기에 크게 공감했기 때문이다. 직장생활을 어떻게 마무리할지, 그만두면 무엇을 할 것인지 등에 대한 얘기를 더 나누다 헤어졌다. 얼떨결에 시작했던 직장생활이 어느덧 그만두는 것을 생각해야 할 때가 된 현실이 상념에 젖게 했다. 언제까지 직장생활을 할 수 있을까? 아니 적당한 때에 스스로 그만두어야 하나? 그만두면 무엇을 하며 살아야 하나? 퇴직이라는 새로운 삶으로 나아가려고 하는 시기에 무엇을 어떻게 해야 하나? 등등.

『주역』 64괘 각각의 괘·효사는 '때에 맞춰서 처신을 잘하라'는 가르침이 거의 전부라고 해도 지나친 말이 아니다. 그런 점에서 『주역』은 '시중(時中)의 도(道)'를 말하고 있다고 할 수 있다. 이 때[時]라는 것과 밀접한 관련이 있는 괘가 있다. 바로 산천 대축(山天 大畜)괘이다. 64괘를 순서와 관계없이 각각의 괘가 가지는 뜻을 함축해서 표현하고 있는 「잡괘전」(雜卦傳)에서 "대축은 때이다"(大畜대축, 時也시야)라고 풀고 있다. 대축은 '크게 쌓는다'는 의미인데, 이것이 왜 '때'가 되는 것일까? 괘상을 보면 위로 올라가려는 성질을 지닌, 하늘을 상징하는 건괘가 아래에 있는데, 이것을 묵직한 산(山)을 상징하고 그친다(止)는 뜻을 가진 간(艮)괘가 위에서 누르고 있는 모양이다. 이는 "축적된 바가 지극히 큰 모습"(정이천, 『주역』, 540쪽)이라고 한다. 산이 하늘을 멈추게 했고, 멈춰야 모이고 그래야 쌓을 수 있기 때문에 그렇다는 것이다. 보통 '쌓는다'고 하면 자본의 증식, 부의 축적 등을 떠올린다. 하지만 「잡괘전」에서 '대축을 때'라 한 것은 그러한 관념과는 결이 다른 것을 느끼게 한다. 이 부분을 왕부지는 "간괘가 때를 기다렸다가 나아가게 하니, 건괘는 시세에 순응하여 역량을 기르고 있다"(왕부지, 『주역 내전 6』, 김진근 옮김, 학고방, 2014, 1962쪽)라고 풀고 있다. 다시 말하면, 크게 쌓는 것은 때를 얻기 위함인 것이고, 쌓은 것 없이 때를 기다리면 때를 얻을 수 없다는 얘기이다. 괘사를 통해서 이 의미를 더 들여다보자.

괘사의 첫 부분은 대축을 어떻게 해야 하는지에 대해서 말하고 있다. 한마디로 '올바른 것을 굳게 지키는 것이 이롭다'(利貞리정)라고 한다. 이는 크게 쌓는다는 것은 올바른 것을 굳게 지키며 쌓는 것임을 말한다. 나머지 부분에서는 이렇게 대축을 이룬 이후의 행동지침 같은 것을 제시하고 있다. 정이천의 해석(정이천, 『주역』, 541쪽)을 보면, 홀로 집에서 밥을 먹으면 도가 막혀 정체되기 때문에 '집에서 밥을 먹지 않아야 길하다'(不家食불가식, 吉길)고 했고, 도와 덕을 축적한 바가 크다면 마땅히 그 시대에 그것을 시행하여 세상의 고난을 구제하는 것이 크게 축적한 사람의 쓰임이기 때문에 '큰 강을 건너는 것이 이롭다'(利涉大川리섭대천)고 했다. 대축을 이룬 자의 행동은 '불가식'과 '리섭대천'이어야 한다는 것이고, 대축을 해야 하는 이유도 거기에 있다고 할 수 있겠다. '대축이 때'라는 것은 그러한 쓰임을 위한 때를 말하는 것이고, 그 때를 준비하면서 기다리는 것이라고 풀 수 있지 않을까. 「대상전」에서 군자는 대축괘를 보고 "성현들의 말과 행동을 많이 알고서 그 덕을 축적한다"(多識前言往行다식전언왕행, 以畜其德이축기덕)라고 했다. 이것 역시 군자가 성현의 말과 행동을 많이 들어 덕을 축적해야 하는 이유가 자기 쓰임의 때를 기다리기 위함이라고 풀 수 있을 것이다. 그렇다면 새로운 삶을 앞두고 있는 시기를 지나고 있는 나에게 어떤 가르침을 주고 있는 것일까?

이에 대한 좀 더 구체적인 힌트를 효사를 통해서 얻어 보려고 한다. 괘의 아래에서 건괘를 구성하고 있는 세 양효는 나아가려고 하는 자들이다. 하지만 이들은 나아가려 하는 시기에 각각 다른 자세를 보인다. 초구효와 구이효는 나아가려 하지만 위에 있는 육사효와 육오효가 저지하고 있기 때문에 스스로 나아가는 것을 그만두는 자들이다. 양효와 음효가 만나는 것이라 서로 응하는 것처럼 보일 수 있지만 대축괘에서는 이것은 뜻이 서로 상반되는 것이라 해석을 하고, 그렇기 때문에 상괘의 음효들이 저지하고 있다고 본다.

이와는 다르게 하괘의 맨 위에 있는 구삼효는 나아갈 수 있는 자이다. 왜냐하면 건괘를 완성하는 맨 윗자리이기도 하면서, 상구효와 같은 양효이기 때문에 뜻을 같이한다고 보기 때문이다. 그래서 효사에서 '좋은 말이 달려간다'(良馬逐양마축)라고 했다. 이는 구삼효가 양효이고, 정(正)한 자리를 차지하고 있기 때문에 좋은 말이기는 한데, 나아감에 있어 조급하고 경솔할 수 있음을 비유하고 있다. 그래서 이어지는 효사에서 두 가지의 대비책을 제시하고 있다. 첫번째는 '어려움을 알고 올바름을 굳게 지키는 것이 이롭다'(利艱貞리간정)이고, 두번째는 '날마다 수레 타는 것과 호위하는 것을 연습하라'(日閑輿衛일한여위)이다. 그렇게 한다면, '나아갈 바를 두는 것이 이롭다'(利有攸往리유유왕)라고 하고 있다. 그럴 것이다. 새로운 삶으로 나아가는 데 조급함과 경솔함만큼 스스로를 위태롭게 만드는 것은 없을 것이기 때문이다. 이 구삼효 효사가 주는 가르침을 퇴직을 앞두고 있는 내 삶에서 어떻게 해석하고, 어떻게 그것을 내 삶의 지침으로 받아들일 수 있을까?

먼저, 퇴직이라는 새로운 삶으로 나아가려고 할 때에 '어려움을 알고, 올바름을 굳게 지킨다'는 것은 무엇일까? 중년의 나이가 되어 퇴직한 사람들이 대부분 그렇겠지만 노후를 대비하기 위한 돈 문제가 가장 큰 걱정으로 다가온다. 생활자금 규모가 반 토막 이상으로 줄어들 것이기 때문에 지금까지 해오던 소비 중심의 생활 패턴을 바꿀 수밖에 없다. 아무런 몸과 마음의 준비 없이 그렇게 된다면 퇴직이라는 새로운 삶은 마치 삶의 막다른 곳으로 가는 것처럼 느끼게 될지도 모른다. 그러지 않기 위해서 필요한 것은 돈에 대한 걱정만큼 퇴직 이후 노후를 어떻게 보낼 것인가에 대한 고민이 있어야 하고, 그것이 삶에 대한 성찰로까지 이어져야 한다. 퇴직 이후의 새로운 삶에 어려움을 가져다주는 것은 돈 문제에 앞서 삶에 대한 성찰의 미비 혹은 부족이 아닐까. 중년과 그 이후의 삶을 어떻게 살아갈 것인가에 대한 '성찰'이야말로 삶을 살아가는 데 있어 올바름을 굳게 지키는 일이다.

그렇다면 퇴직이라는 새로운 삶을 성찰한다는 측면에서 '날마다 연습해야 할 수레 타는 것과 호위하는 것'을 어떻게 풀어 낼 수 있을까? '수레'는 성찰을 통해서 얻을 수 있는 '삶의 지혜'에 비유될 수 있다. 수레라는 것이 편안하게 나아갈 수 있는 유용한 도구이고, '삶의 지혜'도 삶을 살아가는 데 그와 유사한 역할을 하기 때문이다. 그리고 '호위'는 새로운 것에 대한 '배움'이라고 할 수 있겠다. 호위라는 것은 외부의 공격이나 침입으로부터 자신을 지키는 일이다. 새로운 삶을 살아가야 하는데 기존의 가치와 습성들이 스멀스멀 자신을 공격하려고 할 때 그것으로부터 자신을 지킬 수 있는 것은 새로운 철학과 그것을 기반으로 하는 사유에 대한 '배움'이 될 것이기 때문이다.

그동안 짧지 않은 〈감이당〉의 공부에서 나는 어떤 '지혜'와 '배움'을 얻었을까? 가장 먼저 떠오른 몇 가지를 정리해 보면, 우선 목적을 가지고 태어나는 것은 없다는 것이다. 그동안 '무엇을 위해서'라는 방식으로 삶을 운영해 왔다는 인식을 해보게 되었고, 그것은 자연스러운 삶의 방식이 아니기 때문에 이제는 '지금, 여기'라는 다른 방식의 삶을 탐구해 보고 있다. 다른 하나는 생명을 포함한 존재는 우연에 의해 이루어졌고, 존재의 생로병사 같은 순환은 필연이라는 점이다. 죽음도 그 흐름에서 이해해야 한다는 생각을 해보게 되었다. 마지막으로 존재는 우주적으로 연결되어 있지만, 그것으로 인한 희열과 함께 또 한편으로 무한한 공간에서 먼지와 같을 수도 있다는 점을 생각해 보고 있다. 이러한 '지혜'와 '배움'은 지금의 나의 공부와 관련된 화두(話頭)이기도 하다. 이것을 별도의 특별한 공간이나 시간이 아닌 자신의 일상에서 적용하고 체득하려 해야 한다는 것이 구삼효의 가르침이지 않을까.

이처럼 대축괘의 구삼효는 삶의 성찰과 그 과정에서의 지혜를 얻고, 그리고 새로운 삶과 어울리는 철학과 사유를 배우고 익히면서 또 다른 삶으로 나아가라고 한다. 그 가르침을 소중하게 받아들인다. 이런 생각을 하고 나니 나아가는 일이 회한이나 두려움보다는 어떤 기대와 설렘으로 다가오는 것 같다. '새로운 길이 열리겠구나!', '한 번도 가 보지 못한 길이 생기겠구나!'라는 내 안의 소리를 듣는다. 그만두어야 할 때를 놓치지 않고 잘 그만두어서 새로운 삶의 길을 잘 열어 가보자는 생각을 한다. 그때를 위해서 일상의 삶에서의 성찰, 지혜 그리고 배움 등을 통해서 새로운 삶으로 나아가는 일을 준비하고자 한다.

27
**산뢰 이,**

**기르는 자의**
**위태로움과 이로움**

**송형진**
———

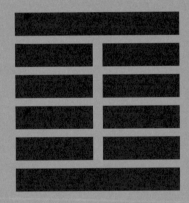

# 山雷頤 산뢰 이

頤, 貞, 吉, 觀頤, 自求口實. 이, 정, 길, 관이, 자구구실.

이괘는 바르게 행하면 길하니 사람이 길러 내는 것과 스스로 먹을 것을 구하는 방법을 관찰한다.

初九, 舍爾靈龜, 觀我, 朶頤, 凶. 초구, 사이령귀, 관아, 타이, 흉.

초구효, 너 자신의 신령스런 거북이를 버리고 나를 보고 턱을 늘어뜨리니 흉하다.

六二, 顚頤, 拂經, 于丘, 頤, 征, 凶. 육이, 전이, 불경, 우구, 이, 정, 흉.

육이효, 거꾸로 초구효가 길러 주기를 기다리니 이치에 어긋난다. 언덕에게 길러 달라고 하면서 나아가면 흉하다.

六三, 拂頤貞, 凶, 十年勿用, 无攸利. 육삼, 불이정, 흉, 십년물용, 무유리.

육삼효, 길러 주는 바른 도리에 어긋나 흉하니 10년 동안 쓰지 마라. 이로울 바가 없다.

六四, 顚頤, 吉, 虎視耽耽, 其欲逐逐, 无咎. 육사, 전이, 길, 호시탐탐, 기욕축축, 무구.

육사효, 거꾸로 초구효가 길러 주기를 구하지만 길하니 호랑이가 상대를 노려보듯이 하고 하고자 하는 것을 계속 이어 나가면 허물이 없다.

六五, 拂經, 居貞, 吉, 不可涉大川. 육오, 불경, 거정, 길, 불가섭대천.

육오효, 상구의 덕을 보려 하니 이치에 어긋나지만 올바름을 굳게 지키면 길하다. 하지만 큰 강을 건널 수는 없다.

上九, 由頤, 厲, 吉. 利涉大川. 상구, 유이, 려, 길. 리섭대천.

상구효, 자신으로 말미암아 길러지니 위태롭게 여기면 길하다. 큰 강을 건너는 것이 이롭다.

한 해를 잘 마무리하고, 다가오는 새해를 준비하는 시기이다. 그래서인지 내년 공부를 어떻게 할지를 삼삼오오 모여 고민하는 학인들이 보인다. 그렇다면 나는 내년 공부를 어떻게 하는 게 좋을까? 글쎄… 올해 공부가 아직 마무리가 안 된 듯해서 뭐라고 얘기하기가 쉽지 않다. 다만, 올해 공부를 디딤돌 삼아서 계속 정진하겠다는 말은 할 수 있겠다. 올 한 해 동안은 여러 학인들과 각자가 선택한 동서양의 고전을 '따로 또 같이' 읽었다. 그런 덕분에 『금강경』과 『우다나』, 『카라마조프씨네 형제들』(도스토옙스키), 『그리스인 조르바』(카잔차키스), 『군중과 권력』(카네티), 『에티카』(스피노자), 『차라투스트라는 이렇게 말했다』와 『도덕의 계보학』(니체) 등의 여러 고전을 한꺼번에 접하는 행운을 얻었다. 그리고 그 고전을 통해서 각자가 고민하고 있는 문제들을 함께 생각해 볼 수 있는 흥미로운 시간을 보내기도 했다. 각자의 고전을 곱씹고 곱씹어 자기의 삶으로 가져오려는 모습들은 고전을 읽는 새로운 재미를 느끼게 해주었다. 비록 올해 공부를 통해서 고전 리라이팅이라는 미션을 완성하지는 못했지만, 고전에서 얻은 지혜를 곱씹는 데서 그 재미가 우러나온다는 사실을 확인하였다. 그리고 그것이 삶을 위한 영양분으로 쓰이게 될 것이라는 생각을 하게 되었다. 마치 좋은 음식을 같이 나누면서 꼭꼭 씹어 각자의 몸에 필요한 영양분으로 쓰는 것처럼 말이다. 고전에서 얻은 지혜가 '삶과 몸을 기른다(養)'는 생각에 이르면서 산뢰 이(山雷 頤)괘가 눈에 들어왔다.

　'이'(頤)는 '기르다, 보양하다, 턱'이라는 뜻을 가지고 있다. 이 '이'를 괘명으로 하는 이괘는 위에 멈춤(止)을 상징하는 간(艮)괘가,

아래에 움직임(動)을 상징하는 진(震)괘가 자리하는 괘상이다. 산 아래에는 생명의 꿈틀거림이 있고, 그것을 산의 중후함으로 지긋하게 덮어 줘서 생명이 길러질 수 있도록 한다는 뜻을 담고 있다. 그래서 '기르다'는 뜻의 '이'를 괘명으로 한 것이다. 6개의 효들을 보면, 초효와 상효가 양효이고, 중간 네 개의 효가 음효이다. 이것은 마치 사람의 턱처럼 상구효가 위턱이고, 초구효가 아래턱, 가운데 음효가 치아라고 생각할 수 있는 모양이다. 위의 턱은 움직이지 않고, 아래턱이 움직여서 음식물을 씹는 모습이 연상된다. 이는 괘의 배치와도 일치하는 것이다. 위의 간괘가 멈춤이고, 아래의 진괘가 움직임의 뜻을 가지고 있기 때문이다. 그러한 괘상 때문에 '음식물을 잘 씹어서 몸을 기를 수 있도록 한다'는 뜻과도 자연스럽게 연결이 된다. 이러한 뜻들을 담은 이괘는 '만물의 길러짐'과 '길러짐의 때'라고 한다. 동서양의 고전 공부를 하고 있는 지금이 고전에서 얻은 지혜를 통해서 내가 길러지고, 기르는 때라는 생각을 하게 되니, '지금이 내 삶에서 이괘의 때가 아닐까'라는 생각을 해보게 되었다.

이괘의 길러짐 혹은 기름은 올바름을 굳게 지키면 길하고(頤이, 貞정, 吉길), 다른 사람이 기르는 것과 스스로 먹을 것을 구하는 방법(스스로 기르는 것)을 관찰해야 한다(觀頤관이, 自求口實자구구실)고 한다. 올바름을 굳게 지키면 길할 수 있는 것은 "기르는 사람과 그 방도"가 올바르면 길하다(정이천, 『주역』, 559쪽)고 한다. 그럴 수 있는 것은 기르는 사람과 그 방도를 관찰하기 때문이다. 관찰한다는 것은 단순히 보는 것이 아니라, 잘 살펴봐서 공감하고 핵심을 꿰뚫어보는 것이다. 사람이 기르는 것과 스스로 구하는 방식을 관찰하면, "선함과 악함 및 길함과 흉함을 볼 수 있다"(같은 책, 558쪽)고 한다. 그러니까 선함과 악함 및 길함과 흉함을 꿰뚫어보게 됨으로써 천지와 조화될 수 있는 마땅함과 올바름의 기르는 도를 구할 수 있게 되는 것이다. 그 관찰로 좋은 향기나 맛난 음식 혹은 현란한 사유와 문장에 현혹되지 않고, 길러짐 혹은 기름에서의 올바름을 굳게 지킬 수 있게 된다. 고전을 읽으면서 빼어난 사유와 화려한 문장이 주는 이미지에만 빠지게 되면 고전으로부터 어떠한 지혜도 얻을 수 없다. 하지만, 담백하면서도 진솔하게 삶의 정수와 지혜에 대해 말하는 부분들을 관찰하고, 그것을 곱씹는다면 삶의 자양분이 될 수 있다. 좋은 음식물을 꼭꼭 씹어 먹으면 우리 몸의 자양분이 되는 것처럼 말이다. 이는 올해 공부를 통해서 얻은 고전을 대하는 나의 태도 변화이기도 하다. 이전까지의 고전 읽기는 취미 활동이나 지식 쌓기였다고 할 수 있다. 그것은 고전을 통해 길러지기만을 기다리는 자세라고 할 수 있겠다. 그에 비해, 고전을 관찰하고 곱씹어서 삶의 자양분으로 만들어 가려고 하는 것은 고전을 가지고 스스로 기르는 방도를 찾으려는 자세라고 할 수 있을 것이다.

고전을 대하는 나의 태도가 변화하면서 이괘의 상구효를 고전 공부의 비전으로 생각하게 됐다. 이괘의 중간 네 개의 음효는 남이 자신을 길러 주기를 바라는 자리이지만, 상구효는 초구효와 함께 양효로 스스로 기르고, 동시에 남을 기를 수 있는 자리이다. 그런데 초구효는 스스로 기를 수 있는 능력을 가진 자리이기는 하지만, 남이 길러 주기를 바라는 욕심에 동요되어 흉할 수 있는 자리이다. 하지만 상구효는 기르는 자로, 자신으로 말미암아 남이 길러지는(由頤유이)

자리이기에 그 책임이 무겁다. 남을 기르는 것에 대한 그 무거운 책임을 위태롭게(厲) 여기면 길할(吉) 수 있는 자리이다. 그렇기 때문에, 큰 강을 건너는 것이 이롭다(利涉大川리섭대천)고 했다. 즉, 그 기르는 재주와 능력을 다하여 세상의 위험과 혼란을 해결하고 조화와 안정을 이루는 큰일을 해낼 수 있으므로 이롭다고 한 것이다.

이처럼 상구효의 효사는 기르는 자의 '위태로움'과 '이로움'에 대해서 알려 주고 있다. '위태로움'은 자신으로 말미암아 남이 길러지기 때문에 그 책임과 역할의 무거움에서 나오는 것이다. 누군가의 글에 대해서 코멘트를 할 때를 생각해 보면, 그 책임의 무거움 그리고 그에 따른 위태로움을 쉽게 이해가 될 수 있을 듯하다. 어떤 코멘트인가에 따라서 삶 또는 글에서 새로운 길이 열리거나 보이기도 하기 때문이다. 기르는 자의 재주와 능력은 세상에 미치게 된다. 성인이 현자를 기르고 그 현자가 백성들에게 영향을 미치는(聖人養賢성인양현, 以及萬民이급만민) 것처럼 말이다. 그렇기 때문에 기르는 자는 세상을 향해서 코멘트할 수 있어야 한다. 그것을 통해 세상의 문제를 해결하고, 세상의 새로운 길을 열 수 있기 때문이다. 그것이 기르는 자의 역할이고, '이로움'이다.

이를 고전 공부의 비전으로 삼으려고 한다. 그래서 스스로 기르는 방도를 구하며, 그것으로 남을 기르고, 세상의 새로운 길을 열고자 한다. 고전 공부의 비전을 세운다는 것은 언제 어디서나 가야 할 길을 만드는 일이다. 이제 뚜벅뚜벅 고전을 곱씹으며 그 길을 걸어가는 일만이 남았다. 좋은 음식을 꼭꼭 씹어 신체가 길러지는 그 길, 고전을 곱씹고 곱씹어 신체를 기르는 그 길을 걸어가 보도록 하자.

28
택풍 대과,

초가삼간을 태워서라도
빈대를 잡아야 하는 때

문성환
———

澤風 大過
택풍 대과

大過, 棟, 橈, 利有攸往, 亨. 대과, 동, 요, 리유유왕, 형.

**대과괘는 들보기둥이 휘어지는 것이니 나아갈 바를 두는 것이 이롭고 형통하다.**

初六, 藉用白茅, 无咎. 초육, 자용백모, 무구.

**초육효, 흰 띠풀을 써서 소박하지만 정성스럽게 깔개를 만들었으니 허물이 없다.**

九二, 枯楊生稊. 老夫得其女妻, 无不利. 구이, 고양생제. 노부득기녀처, 무
불리.

**구이효, 마른 버드나무에 움이 터 나온다. 늙은 사내가 젊은 아내를 얻는 것이니 이
롭지 않음이 없다.**

九三, 棟橈, 凶. 구삼, 동요, 흉.

**구삼효, 들보기둥이 휘어지는 것이니 흉하다.**

九四, 棟隆, 吉, 有它, 吝. 구사, 동륭, 길, 유타, 린.

**구사효, 들보기둥이 솟아올라 길하지만 정응인 초육에게 얽매여 다른 마음을 가지
면 부끄러울 것이다.**

九五, 枯楊生華. 老婦得其士夫, 无咎, 无譽. 구오, 고양생화. 노부득기
사부, 무구, 무예.

**구오효, 마른 버드나무에 꽃이 핀다. 늙은 부인이 젊은 사내를 얻는 것이니 허물은
없지만 영예도 없다.**

上六, 過涉滅頂, 凶, 无咎. 상육, 과섭멸정, 흉, 무구.

**상육효, 지나치게 무리해서 강을 건너다가 정수리가 잠겼으니 흉하며 원망할 데가
없다.**


내 방엔 홍자씨(홍콩야자)와 테자씨(테이블야자)가 함께 산다. 몇 해

전 독립된 공간을 꾸리게 되면서 동거생활을 하게 된 친구들이다. 아침 저녁 나고 들 때면 눈도 맞추고 인사도 하고, 내 딴엔 신경을 쓴다며 물도 충분히 주면서 돌보며 지냈다. 그렇게 두어 달쯤 지났을까… 어느 날부터인가 아이들이 생기를 잃어 가는 것이 느껴졌다. 그 원인이 과습(過濕) 때문이라는 걸 알게 된 건 그로부터도 더 시간이 지나서였다(그 사이에도 나는 또 물을 흠뻑 주곤 했더랬다. 많은 화초들이 가뭄보다 과습에 해를 입는다). 결국 테자씨는 연구실 후배의 집으로 응급 후송되어 집중 케어를 받고서야, 한참 만에 기사회생하긴 했지만 이 일로 제 몸의 90퍼센트가량을 잃었다. 이렇게 보면 좋다느니 나쁘다느니 하는 것은 배치와 맥락에 달려 있다는 걸 알 수 있다. 물이 식물을 살린다는 건 상식이지만, 언제나 그런 것은 아니다.

이러한 이치를 택풍 대과(澤風 大過)괘를 통해 이야기해 보자. 대과란 '큰 것의 과도함' 또는 '큰 것이 과도하다'는 뜻이다. 대과는 보통 '큰 잘못'(큰 과실)이란 뜻으로 읽기 쉽지만, 『주역』 괘명에 보이는 크다(大)/작다(小)는 말은 대개 양과 음을 가리키는 말일 때가 많다. 예컨대 '풍천 소축'괘의 소축(小畜)은 작은 축적(소축)이 아니라 하나의 음효(小)가 다섯 양효들을 잘 길러냄을 나타내는 것과 같은 이치다. 그런 이치로 대과괘는 큰것이 과도하다는 뜻이 된다. 대과괘의 구성을 떠올려 보면, 상체는 택(澤)괘 하체는 풍(風)괘이다. 양끝에 해당하는 초효(1효)와 상효(6효)만 음효(小)이고, 가운데에 있는 나머지 네 개(2, 3, 4, 5)의 효가 모두 강건한 양효(大/큰 것)들이다. 가운데가 부풀어 올라 양끝이 위태로워 보이는 대들보 나무를 떠올려 보자. 그 터질 것 같은 빵빵함, 그것이 바로 과도한 큰 것(양효)들이다.

"대과괘는 들보기둥이 휘어지는 것이니 나아갈 바를 두는 것이 이롭고 형통하다."(大過대과, 棟동, 橈요, 利有攸往리유유왕, 亨형) 대과괘가 들보기둥이 요동(橈)하는 것 같은 때라는 말은 대충 장면이 상상된다. 양(陽/큰 것)은 발산하는 기운이니, 그 기운들이 과도해서 금방이라도 터질 것 같은 장면이랄까? 그런데 그다음, 나아갈 바를 두어야 이롭고 형통하기까지 하다는 것은 무슨 뜻일까. 들보기둥이 휘어질 정도로 터질 것 같고 위태해 보이는데 어째서? 이 부분에 대한 주석가들의 논의는 크게 두 가지로 모인다. 하나는 상황이 위태로우니 피해서 떠나는 길(도리)을 얻는 것이 이롭다는 것이고, 다른 하나는 들보기둥이 휘어지는 건 대과의 때가 그렇다는 것이고 그렇게 될 수밖에 없다는 것이니, 그런 형국에서 피하지 않고 나아갈 바를 얻어야 이롭고 형통하다는 것이다. 후자의 경우, 대과의 때는 위태로움을 위태롭지 않게 하는 데 핵심이 있는 게 아니라 위태롭게 보일 수도 있는 걸 감수하는 '때'로 삼아야 한다는 것을 강조한다고 볼 수 있다.

대과의 때에 대해 「상전」은 말한다. "못(澤)이 나무를 없애는 것이 대과의 때이다(澤滅木택멸목). 군자는 이것으로써 본받아 홀로 서되 두려워하지 않고, 세상을 피해 달아나지만 근심하지 않는다." 주의할 대목은, 물과 나무의 관계다. 보통의 경우라면 물과 나무는 상생의 관계다. 가뭄이 들면 물이 없어 타들어 가는 농작물 걱정을 하게 되는 것처럼, 물은 나무를 기르고 살린다(水生木수생목). 그렇기에 명리학에서 물은 나무의 인성(印星)이 된다. 하지만 대과의 때는 나무를 살리는 물이 도리어 나무를 해친다. 왜? 어떻게? 대과는 큰것이 과도한 때이기 때문이다. 물(큰 것)도 과도하면 나무를 죽인다(澤滅

木). 아! 이건 앞에서 얘기한 내 방의 화분들 이야기가 아닌가? 그런데 좀 이상하다. 대과의 때는 물이 나무를 죽이는 때이니 그렇게 하지 말라는 게 아니라, 물이 나무를 죽이게 될 수 있는 그런 상황을 감내해서라도 나아갈 바를 얻어야 이롭고 형통해지는 때이기 때문이다.

결론부터 말하면, 내 방 테자씨가 겪었던 고초는 「대상전」의 메시지와는 무관하다. 드러난 현상만 보면 물이 나무를 해쳤다는 점에서 닮아 보이지만, 대과의 '택멸목'은 오히려 택멸목 해야 하는 때임을, 택멸목 해서라도 나아가야 하는 때임을 말하는 것이기 때문이다. 이는 무지나 실수로 물을 과하게 주어 화초를 다치게 한 택멸목과는 원인과 배경, 맥락 등 모든 면에서 다르다. 그런데 사실 이게 말이 쉽지, 물이 나무를 죽게 한다는 게 간단하고 쉬운 일은 아니다. 고의로 자식을 죽게 만들려는 부모가 있을 수는 없기 때문이다. 그럼 대과괘는 왜 이것을 인생의 한 장면으로 제시하고 있는 것일까.

내가 종종 이용하는 장충단 공원에서 남산으로 이어지는 산책로 입구에는 외솔 최현배 선생의 추모비가 있다. 최현배 선생은 한글학자 중에서도 극단적 한글전용주의를 주장했던 대표적인 한글학자다. '배꽃계집아이큰배움터'(이화여자대학교), '떼소리떼'(합창대) 등 듣기에 따라선 우스꽝스러운 듯한 주장들을 했지만, 이에 대한 시비를 논하기 이전에, 이들 순한글전용주의자들의 손가락이 어떤 달을 가리키고 있는지는 생각해 볼 필요가 있다. 당시에도 너무 지나친 주장이 아니냐는 사람들의 물음이 있었는데, 이에 최현배 선생은 이렇게 대답했다. "휘어진 나무를 바로 서게 하려면 그 반대로 나무를 그만큼 휘어지게 끌어당겨 놓아야 한다."(『경향신문』, 1962. 9. 11; 정용선,

요컨대 우리는 이와 같은 사례들이 극단적이라고 금세 고개를 가로젓지만, 주장하는 그들(한글전용주의자) 역시도 이러한 말들이 현실성이 없다는 것을 모르지 않았다. 그럼 왜? 그것은 이와 같은 주장들로 인해 '비로소' 평소 우리가 언어에 대해 갖고 있던 '당연함'을 낯설게 돌아볼 수 있게 되기 때문이다. 이미 치우쳐진 언어 현실을 균형잡기 위해서는 그렇게 해야 한다는 것이었다. 한쪽으로 기울어진 나무를 바로 세우려면 반대쪽으로 나무를 일으켜 세워야 한다. 여기까지는 상식이다. 그런데 그렇게 나무를 일으켜 세울 때 써야 할 힘은 나무가 중간에 이를 정도로는 불가능하다. 기울어진 나무를 바로세우는 힘은 그 반대쪽으로 기울일 수 있을 만큼 과도한 힘이지 않으면 안 된다. 대과는 바로 그러한 때, 그러한 과도함의 때다.

마른 버드나무에 꽃이 피었다(枯楊生華고양생화). 조건을 고려하지 않는다면, '꽃이 피었다'는 사실은 가장 정점에 이른 순간을 뜻할 것이다. 더구나 마른 버드나무에 꽃이 피었다니, 이는 드문 일이고 더더욱 경사에 해당한다. 하지만 『주역』에서 대과괘의 효를 구성한 사람들의 생각은 달랐다. 그것은 이 구절에 대한 평가가 뜻밖에 호락호락하지 않다는 점에서 알 수 있다. 꽃은 아름다운 것이지만, 딱 거기까지만이라는 것. 겉보기에는 그럴 듯해 보이지만 따져 보면 그렇게 좋아할 일도 축하할 일도 아니라는 것. 대과괘 오효의 꽃은 대체로 이렇게 읽히고 있다. 왜 그럴까?

그 중요한 이유 중 한 가지는, 아이러니하게도 이 오효가 중(中)하고, 바른(正) 지위와 조건을 제대로 잘 갖추고 있다는 데 있다. 오효는 지위로 볼 때 최고라고 하는 군주(君主)이다. 게다가 상체의 중(中)을 차지하고 있으며, 여기에 더해 바른 자리(正)까지 두루두루 갖추었다. 이 정도면 가히 형식적으로는 완전하다고 할 수 있다.

그런데 문제는 지금이 대과, 즉 큰 것이 과도한, 아니 크게 과도해야 하는 때라는 데 있다. 자신의 재량과 지위와 능력 등을 평소보다 더 과하다 싶게 써서 갈 바를 구해야 하는 때인 것이다. 군주가 중정하기까지 한데 망설일 이유가 더 있을까. 남들이 보기엔 위태롭게 보이고 상식에서 벗어난 것처럼 보일지라도, 이럴 때 군자는 비록 홀로라도 두려워하지 않는다(君子以獨立不懼군자이독립불구). 그렇게 해야 하는 때이고, 그렇게 해야 옳기 때문이다. 그리고 바로 그것이 이 대과의 때에 적중한 오효의 모습인 것이다. 그런데 지금 대과괘의 오효는 적중이 아니라 적당하게 힘을 쓰고 있다. 꽃이라는, 남들 눈엔 그럴 듯해 보이는 정도에서 힘쓰는 흉내를 내고 있다.

이와 비교하면, 대과괘 구이효는 마른 버드나무에 움을 틔웠다(枯楊生稊고양생제). 그러니까 대과괘의 이효와 오효, 마른 버드나무에서 한 번은 움이 트고, 한 번은 꽃이 핀다. 『주역』은 이에 대해 한쪽은 나이 든 사내가 젊은 여인을 얻은 것이고, 다른 한쪽은 나이 든 여인이 젊은 사내를 얻은 것이라 했다. 젊은 여인을 통해 얻은 '움'은 생명의 이어짐과 순환으로 연결된다. 나이 든 여인이 얻은 '꽃'은 자신의 현재적 완성에 지나지 않는다. 즉 움과 꽃은 추후에 이어지는 생명력의 순환과 단절을 각각 가리킨다. 물론 꽃 그 자체는 말할 것도 없이 생명의 가장 아름다운 정점이라 할 수 있다. 하지만 대과의 때에, 그것도 오효에 이르면, 이 '꽃'은 무엇이든 할 수 있고 모두를 위한 일에 앞장서야 하는 군주가 중정한 조건에서 보여 줄 수 있는 퍼 포먼스로선 소극적이고 수동적이면서 시류에 영합한 보여 주기식 결과에 지나지 않게 된다. 그나마 꽃이라도 피웠으니 남들이 보기엔 딱히 허물될 것까진 아니지만(无咎무구), 그 스스로 이것은 결코 떳떳 한 모습이라고 할 수 없다(无譽무예). 더구나 이곳의 '허물 없음'은 중 립적인 표현인 것도 아니다. 훨씬 더 많은 일을 할 수 있는 능력과 자 질을 갖추고도 겨우 남들만큼밖에 힘을 쓰지 않는 것에 대한 암묵적 인 비난과 질책의 마음이 담긴 '허물 없음'이다.

나는 사주 여덟 자 중에 네 개의 흙(土)과 각각 두 개씩의 금(金) 과 목(木)을 갖고 있다. 일간이 경금이므로, 내가 살리고 길러 주어야 하는 식상(食傷)인 물(水) 기운과, 나를 누르고 극(剋)하는 관성(官 星)인 화(火) 기운이 없다는 뜻이 된다. 그래서일까. 성격적인 탓도 있겠지만, 나는 변화에 둔감하고, 평상시의 생활 감각에서도 예리하 지 못하다. 주어진 일을 완수하는 데서 그칠 뿐, 책임감을 가지고 새 로운 시도를 하지 않는다. 그러다 보니 생활 리듬에서 나는 종종 누 군가를 챙기는 일보다 누군가의 부지런한 보살핌(?)을 통해 살려지 고 있었던 것인지 모르겠다.

모든 게 사주 때문이라는 말을 하려는 것이 아니다. 어찌 됐든 나에 대해 고백하자면, 나는 될수록 문제가 될 만한 상황을 만들지 않는 성향이 강하다. 문제가 될 자리를 피해 버리는 경우도 많다. 또 한 문제를 잘 일으키지도 않는다(생겨도 기억에서 곧 지워 버리고 잊어 버린다). 이런 성격은 남들이 보기엔 여유롭고 유연해 보이는 측면이 있다. 그래서일까. 나는 어떤 사건이 생겨도 감정 소모가 적고, 크게 조급해하거나 애태우기보다는 덤덤히 사건과 만난다. 시도할 건 시도하고 안 되는 건 금방 인정하고 받아들이면 된다.

인생에 큰 문제가 없었고 문제될 걸 잘 만들지 않는다는 것. 이건 좋은 걸까? 지금까진 그렇다고 생각했다. 아니 그렇게 생각을 하면서 지내 온 것도 아니다. 나도 모르게 어느새 그런 내가 되어 온 듯하다. 하지만 대과괘를 보니, 나의 문제는 문제를 만들지 않으려 하는 거기에 있었다는 걸 알겠다. 좋은 게 좋은 거라고, 이 정도면 됐다고, 공연히 나서서 일을 키우느니 무리 없이 소소하게 마무리하자는 그 '적당히 괜찮음'의 태도를 유연하고 부드러운 성격이라는 이름으로 포장해 놓고 있었던 것이다. 내 자신을 대상화해서 이렇게 글로 쓰고 있자니, 내가 그처럼 좇아 배우고 싶어 하는 공자께서 '덕을 훔치는 자'라며 쫓아내고 싶어 했던 '향원'(鄕愿), 바로 그 모습이 보인다. 입으로는 맨날 차라리 광(狂)할지언정 향원은 되지 말자고 말하고 다녔으면서 말이다(광자狂者란 중中을 실천하려고 기어이 애쓰는 사람을 말한다. 종종 정도에 지나쳐 겉보기에는 미친 사람 같을 수도 있지만 공자는 살면서 한 번도 그리고 조금도 중을 실천하려는 마음이 꺾인 적이 없다).

따지고 보면 내가 이제까지 이런 식으로 살아올 수 있었던 것은 내 힘이 미치는 만큼, 즉 내 힘이 닿는 한도 안에서 애를 써 왔다는 말에 다름 아니다. 힘껏 노력하지 않는다는 말과 조금 다른데, 아마 어떤 순간에서 나는 늘 내 힘껏 최선을 다했다고 여겼을 것이다. 하지만 그것은 이미 내가 감당할 수 있는 한도 안에서 애를 쓰는 것이었으니 거기엔 애초에 대과(大過)할 여지도 없고, 그렇게 하려는 의지도 들어 설 곳이 없었다. 우리는 '잘못된 것을 알면 고쳐야 한다'고 말한다. 그런데 막상 잘못을 알아도 잘 고쳐지지가 않는다. 왜 그럴까. 아니 다른 사람 얘기할 필요가 없겠다. 나의 경우, 잘못을 알아도 고치기가 어렵다. 왜? 잘못이라고 생각하는 것을 고치기 위해서는 그 반대 방향으로 그 잘못보다 과도하게 힘을 써야 하기 때문이다. 마음을 조금 바꿔 먹어 보려는 정도로는 그 잘못을 스스로 고치기가 쉽지 않다. 이는 혼자 하는 다이어트가 종종 실패하는 이유와도 같다. 방법을 몰라서가 아니다. 잘못을 바로잡는다는 건, 반대로 커다란 힘을 써야 하기 때문이다. 속담에 '빈대 한 마리 잡으려다 초가삼간 다 태운다'는 말이 있지만, 대과괘는 초가삼간을 태워서라도 빈대 한 마리를 잡아야 하는 때가 있다는 상황에 가깝다. 분명 흔한 상황은 아니지만, 인생에는 이러한 때가 반드시 있다.

　이쯤 와서 보니, 왜 매번 내 책상 위로, 주변으로 물건들이 널부러져 있는지도 알겠다. 단순히 물건 정리가 안 되는 문제가 아니었던 것. 인간관계나 공부, 삶에서의 여러 고비마다 내가 보였던 모습들도 결국 마찬가지다. 이른바 나의 유연함은 맺고 끊지 못하는 유약함과 결기가 부족해 현실에 안주하는 적당한 타협을 가리는 위장술이었다. 한편으로는 그것이 문제라고 자각조차 못했기 때문이겠지만, 다른 한편으로는 그것을 자각해도 자기가 정한 한계 안에서 '있는 힘껏' 최선을 다한다는 자기 최면 속에 걸려 있었던 것이다. 기울고 부족한 만큼 반대쪽으로 더 '쎈' 힘을 쓰고, 위태로움을 감수하고라도 과도하게 나아가려 하기보다는 보기에 적당한 곳에서 모르는 척 하는 방법 쪽에 안주하려 했던 것. 이것이 그동안 어느 곳에 있어도 대체로 무탈하고 무난하게 생활했다는 말의 정체였구나. 이것이 나였구나.

29
중수 감,

욕망의 구덩이에서
오늘도 글쓰기

김희진
———

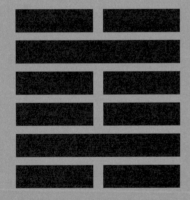

重水坎 <sub>중수 감</sub>

習坎, 有孚, 維心亨, 行, 有尙. 습감, 유부, 유심형, 행, 유상.

습감괘는 진실한 믿음이 있어서 오직 마음으로 형통하니 움직여 나아가면 가상하다.

初六, 習坎, 入于坎窞, 凶. 초육, 습감, 입우감담, 흉.

초육효, 거듭된 구덩이에서 더 깊은 웅덩이에 들어감이니 흉하다.

九二, 坎有險, 求小得. 구이, 감유험, 구소득.

구이효, 구덩이에 위험이 있지만 구하는 것을 조금 얻는다.

六三, 來之坎坎, 險且枕, 入于坎窞, 勿用. 육삼, 래지감감, 험차침, 입우감담, 물용.

육삼효, 오고 가는데 구덩이에 빠지는 것이며 험한 곳을 베고 누워 더 깊은 구덩이로 들어가는 것이니 쓰지 마라.

六四, 樽酒, 簋貳, 用缶, 納約自牖, 終无咎. 육사, 준주, 궤이, 용부, 납약자유, 종무구.

육사효, 한 동이 술과 두 그릇의 음식을 질그릇을 써서 약소하게 들이되 들창으로부터 하면 마침내 허물이 없다.

九五, 坎不盈, 祗旣平, 无咎. 구오, 감불영, 지기평, 무구.

구오효, 구덩이를 채우지 못하고 있지만 평평한 데에 이르게 되면 허물이 없다.

上六, 係用徽纆, 寘于叢棘, 三歲不得, 凶. 상육, 계용휘묵, 치우총극, 삼세부득, 흉.

상육효, 동아줄로 묶고 가시덤불에 가둬 두어서 3년이 지나도 벗어나지 못하니 흉하다.

내가 몸 담고 공부하고 있는 〈감이당〉은 지금은 너무 익숙해져 전혀 어색하지 않은 이름이지만, 처음 들었을 땐 아주 낯설고 신비스러운 어감이었다. 한자가 병기되어 있었지만, 당연히 모르는 한자였고, 뜻은 몰라도 동양철학의 지혜가 담긴 것은 느낄 수 있었다. 이 〈감이당〉의 '감' 자가 바로 『주역』에서 물을 뜻하는 '감'(坎)이다. 물은 동양에서 만물의 근원으로 보며, 『도덕경』에서는 최고의 선이라고도 했다. 그리고 오행에서 물은 생명의 씨앗이자 지혜를 뜻하기도 한다. 어딜 보나 물은 심오하고 좋은 뜻만 있는 것 같았다. 그런데 뜨앗! 나중에 『주역』을 배우게 되어 64괘를 찬찬히 공부해 보니 감괘는 험난한 구덩이를 뜻하는 괘였다. 게다가 소성괘의 감괘 두 개가 겹쳐져 만들어진 대성괘 감괘는 특별하게도 습감(習坎)이라 부른다. 습(習)은 '거듭하다', '또다시'란 뜻인데, 구덩이가 잇따라 있는 것이 아주 험난하다고 해서 이 괘는 특히 그걸 강조하고 있는 것이다. 〈감이당〉의 이름을 지을 때는 여기까지 고려하지 않으셨던 고미숙 선생님께서도 '〈감이당〉은 인생 막장들이 모여 있는 험지'라며, 또 글쓰기가 얼마나 힘드냐며, 우리가 구덩이에 빠진 것이라고 농담을 하셨다.

　　그런데 농담이 아니라 〈감이당〉에서 하는 공부는 험난한 길임이 틀림없었다. 빈 종이에 나의 이야기를 한 줄 한 줄 써 내려가는 건 막막하고 두려운 일이었고, 발표장에선 이 글로 토론도 하고 비평도 받는다. 내가 쓴 문장에 대해서 책임 있는 대답을 해야 하고, 뭔가 숨겨 보려고 안 쓴 내용이 있을 때도 구멍 뚫린 부분은 들키고 만다. 이러니 글을 쓴다는 자체가 힘든 일이다. 게다가 글쓰기 말고도 세미나, 암송, 『주역』 외우기 등등 집중력을 요하는 공부가 소떼처럼 몰려

올 땐 공부인지, 일인지, 극기훈련인지 모를 정도다. 그러면 어찌할 것인가? 방법은 없다. 그저 계속할 뿐. 매 학기 발제문 쓰기, 에세이 쓰기, 암기 시험, 낭송 발표 등등의 눈앞에 닥친 과제들을 그날 그날 완수해 갈 뿐이었다. 그래도 믿음은 있었다. 이렇게 하루하루 열심히 (!) 살다 보면, 공부가 깊어져서 깨달음의 순간이 오리라고, 삶의 확신도 생기고, 어떻게 살아야 할지 자신 있게 말할 수 있게 되어 글쓰기가 수월해지는 때가 오리라고.

하지만, 그런 순간은 오지 않았다. 여전히 머리를 싸매고 글쓰기의 수렁 속에서 끙끙대고 있다. 어느 날, 선생님께서 여기서 공부한 지 얼마나 되었냐고 물으셨을 때, 10년이나 되었다고 말하기가 부끄러워서 대답 말미에 "그동안 한 게 없네요"라는 사족을 덧붙였다. 그랬더니 선생님께서 말씀하셨다. "대신 딴짓을 안 했잖아." 딴짓이라니…? 사실 우리나라는 중년의 여성이 쇼핑, 성형, 다단계, 주식, 부동산, 자식교육에 매달리다 파탄나기 쉬운 환경이다. 가정경제의 파탄은 둘째고 인격의 파탄이 심각하다. 그런데 고전을 읽고 자신을 탐색하는 글쓰기 숙제를 하느라 바빠서 그런 걸 안 했다면, 그것만으로도 그 시간은 충만한 것이다. 한 게 있든 없든, 결과물이 있든 없든 말이다. 오, 이럴 수가! 선생님께서 이런 관대한 말씀을 해주시다니.^^

이 말씀은 나의 10년 동안의 공부를 달리 볼 수 있게 해줄 뿐만 아니라, 우리가 하는 공부의 본질이 무엇인지를 다시금 환기시켜 주었다. 나 역시 어떤 결과물을 바라고 공부하러 온 것이 아니었다. 그럼에도 불구하고 시간이 지날수록 좀 더 많은 지식을 갖게 되기를 바라고 공부가 익숙해지고 수월해지기를 바라고 있었던 것이다. 〈감이당)에선 글쓰기를 통해 수행을 한다고 하는데 그렇다면 나는 수행이 수월해지기를 희망하고, 수행에서 눈에 보이는 성과를 기대했다는 것이 아닌가. 기대했던 결과가 채워지지 않았을 때 그 시간은 부정된다. 그건 수행이 아니다. 그런데 선생님 말씀으로 다시 비춰 보면, 그 시간은 목표로 가는 과정이었기 때문에 의미 있는 것이 아니라, 과정 자체가 목적하는 바요, 글쓰기 수행으로 그 시간을 충만하게 채웠기 때문에 소중한 것이었다.

습감의 '습'(習)이라는 글자를 살펴보면, 위에는 '깃털 우'(羽) 자가 부수로 있고, 아래엔 '흰 백'(白)자가 있다. 이것은 깃털이 하얀 아기 새가 둥지에서 날개짓을 거듭하는 모습을 뜻한다. 아~! 하얀 솜털이 보송보송한 아기 새가 둥지 끝에서 위태롭게 날개를 퍼덕이는 모습이 눈에 그려진다. 그래서 습은 매일매일의 꾸준한 훈련을 하는 '학습' 같은 단어에도 쓰이고, 반복된 행동을 뜻하는 '습관'이라는 단어에도 쓰인다. 습은 하고 또 하고, 다시 또 하는 반복이다. 그런데 왜 이 글자가 '잇따른 구덩이'라고 하는 '감'괘에 왔을까? 중복을 뜻하는 글자는 '중'(重), '복'(複), '천'(荐) 등 다양한데 말이다.

그 이유는 구덩이를 빠져나가는 이치에서 찾아볼 수 있다. 감괘의 괘사는 "진실한 믿음이 있어서 오직 마음으로 형통하니 움직여 나아가면 가상하다"(고은주, 『주역입문강의』, 북튜브, 2021, 205쪽)고 한다. 불행은 혼자 오지 않는다는 말처럼 곤란한 것들이 한두 가지가 아닐 때, 우리는 무엇을 할 수 있나? 문제를 해결하려고 백방으로 노력을 기울여야겠지만, 습감의 어려움은 뭐부터 손대야 할지 모르겠고 해결될 기미가 안 보이는 곤란함이다. 어려움이 거듭해서 닥치고 풀릴 기미가 안 보일 때, 마음은 쉽게 지치고 포기하게 된다. 자포자기의 상태에서 우울감과 한탄에 빠지게 되는 것이다. 그런 마음 상태에서는 일이 더 꼬이고 점점 더 깊은 수렁으로 들어간다. 그래서 어려움이 닥쳤을 때 가장 중요한 것이 마음의 굳건함이다. 괘사의 '진실한 믿음'이란 계속 움직여 나아가기를 포기하지 않는 마음을 일컫는 것이다. 언제 구덩이를 벗어날지 알 수 없지만, 할 수 있는 일은 오직 나아가는 것뿐! 제자리 걸음이더라도 말이다. 그러고 보니 구덩이에서 나오려는 몸짓은 아기 새의 날갯짓 연습과도 비슷하다. 물에 빠지지 않으려면 팔다리를 계속 움직여야 한다. 물에 쓸려 가지 않는 것만으로도 얼마나 가상한가?!

우리는 글쓰기를 하면서 모두 자기의 감춰진 욕망을 발견한다. 돈, 경쟁심, 인정욕망, 애착 등등. 글쓰기가 힘든 이유는 그걸 들여다봤을 때 인정하고 싶지 않기 때문이다. 〈감이당〉에 온 이유들을 보면, 누구 하나 삶이 평탄해서 왔다는 사람은 없다. 어떻게 살아야 하는지 길을 몰라 헤매는 사람들이 공부를 통해 길을 찾으려 모여든다. 그리고 비로소 알게 된다. 우리의 이기심과 욕망이 구덩이를 만들고 있었다는 걸 말이다. 내가 만드는 구덩이, 돌연 만나는 구덩이, 삶의 도처가 구덩이이니, 인생이란 습감 그 자체인 것이다. 거기서 우리가 할 수 있는 일은? 진실함으로 마음을 굳건히 다잡고 끊임없이 행(行)할 뿐. 끊임없이 쓸 뿐!

감괘의 두번째 효 구이는 그 진실함을 지닌 자다. 양효 하나가 두 음효 가운데 폭 빠져 있으니 구덩이에 빠진 당사자라고 할 수 있다. 하지만 구이는 중정의 덕을 가지고 있으므로, 마음이 이리저리 흔들리거나 치우치지 않으며, 양강한 힘을 가졌으므로 마음의 진실함이 굳건하다. 이 구이를 상상해 보라. 끊임없이 퍼덕이며 움직이고 있는 날갯짓을, 아니 끊임없이 읽고 쓰고 암송하는 모습을! 구이는 "구덩이에 위험이 있지만, 구하는 것을 조금 얻는다"(坎有險감유험, 求小得구소득; 고은주, 『주역입문강의』)고 한다. 조금이라도 얻는다니 불행 중 다행이 아닐 수 없다. 그런데 조금 얻은 것이란 게 뭘까? "구덩이에 빠져 더 깊은 위험에 들어가는 지경에까지는 이르지"(정이천, 『주역』, 601쪽) 않음이라 한다. 한마디로 빠져 죽지는 않는다는 것이다. 구이는 강중한 힘이 있기 때문에 포기하지 않고 끝까지 노력(行)한다는 뜻이리라.

어떤 어려움도 끝나지 않는 법은 없다. 내가 해결하지 못해도 저절로 해결되기도 하고, 별무소용인 미미한 노력인 줄 알았는데 이 행위(行)들이 쌓여 생각지도 못한 시점에 문제를 해결하기도 한다. 한 마디로 이 구덩이의 국면은 필연적으로 지나가게 되어 있다는 거다. 구이처럼 부단한 노력을 멈추지 않고 있었을 때, 어느 순간 구덩이는 사라지고 땅에 닿아 있으리라. 그 땅은 한 번도 가 본 적 없는 새로운 땅일 것이다. 그리고 그 땅에 닿은 나는 한 번도 되어 본 적 없던 새로운 존재가 아닐까.

나는 〈감이당〉에서 10년이 넘는 시간 동안 부단히 암기하고 숙제하느라 딴짓할 겨를이 없었음에 감사한다. 공부의 장이 안락하지 않아 매일매일 해결해야 할 번뇌를 마주치게 되는 것도 감사한 일이다. 그런 욕망의 구덩이가 있기에 공부거리가 생기는 것이고, 거기에 휩쓸리지 않으려고 부단히 글쓰기 수행을 하고 있는 것이 아니겠는

가. 이런 반복된 수행의 습관(習)이 나의 오래된 습관을 대체했을 때, 그때 비로소 습감의 시절이 이미 지나갔음을 문득 깨닫게 될 것이다.

30
중화 리,

타서 죽느냐
비추며 사느냐

**이경아**

___

重火離 <sub></sub>중화 리

離, 利貞, 亨, 畜牝牛吉. 리, 리정, 형, 휵빈우길.

**리괘는 바르게 함이 이롭고 형통하니 암소를 기르듯이 하면 길하다.**

初九, 履錯然, 敬之, 无咎. 초구, 리착연, 경지, 무구.

**초구효, 발자국이 어지러우니 신중하면 허물이 없으리라.**

六二, 黃離, 元吉. 육이, 황리, 원길.

육이효, 황색에 걸려 있으니 크게 선하고 길하다.

九三, 日昃之離, 不鼓缶而歌, 則大耋之嗟, 凶. 구삼, 일측지리, 불고부이가, 즉대질지차, 흉.

**구삼효, 해가 기울어져 걸려 있는 것이니 질그릇을 두드리며 노래하지 않는다면 늙은이가 탄식하는 것이니 흉하다.**

九四, 突如其來如, 焚如, 死如, 棄如. 구사, 돌여기래여, 분여, 사여, 기여.

**구사효, 갑자기 들이닥쳐서 육오의 군주를 불태울 듯하니 자신이 죽는 것이고 주변 사람들에게 버림받음이다.**

六五, 出涕沱若, 戚嗟若, 吉. 육오, 출체타약, 척차약, 길.

**육오효, 눈물을 줄줄 흘리고 슬퍼하며 탄식함이니 길하리라.**

上九, 王用出征, 有嘉, 折首, 獲匪其醜, 无咎. 상구, 왕용출정, 유가, 절수, 획비기추, 무구.

**상구효, 왕이 정벌을 나가면 좋은 일이 있으리니, 우두머리만 죽이고 그 무리를 잡아들이지 않는다면 허물이 없을 것이다.**


나는 여덟 글자로 이루어진 사주 중 일곱 글자가 불(火)과 나무(木)로 되어 있다. 존재 자체가 언제나 불과 그것을 유지하는 땔감으로 가득하다. 그래서인지 무언가에 꽂히면 거침없이 불이 붙어 열정을 불사르다가, 또 언제 그랬냐는 듯 불이 확 꺼져 버린다. 이런 태도가 너무 익숙해서 힘든지도 모른 채 살아왔고 열정적으로 사는 게 잘 사는 것이라고 생각했다. 그래서 마음이 무언가에 붙으면 열정을 불태웠다. 불씨가 꺼지면 또 다른 붙을 곳을 찾아다녔다.

회사를 그만두고 나서는 남는 시간과 에너지를 어떻게 써야 할지 몰랐다. 그래서 건강에 좋다 하고, 고급스러워 보이는 취미로 보이차를 배우기 시작했다. 보이차로 불이 옮겨 붙은 것이다. 회사 일로 지친 심신도 회복할 겸 차를 마시면서 나의 열기도 식히고 싶었다. 친구들과 보이차 상점을 찾아서 전국을 돌아다녔다. 차를 많이 마실수록 좋다고 해서 배가 불러서 더 이상 못 마실 때까지 마셨다. 차를 마시고 열기를 내리고 싶었는데 결국은 열정적으로 보이차를 사 들이기 시작했다. 퇴직금이 통장에 있었기에 그 돈으로 값비싼 차를 막 사들였다. 차는 오래될수록 좋은 것이고 손주에게까지 물려주는 거라 하기에 있지도 않은 손주를 생각하며 차를 샀다. 그때 아이들이 초등학생이었는데도 말이다. 보이차에 대한 불이 꺼지자 아파트 재건축으로 불이 옮겨 붙었다. 재건축 사무실에 나가서 일을 도와주고, 조합장 선거에도 개입하고 그러다 난생처음 법정에 증인으로 서기도 했다(다행히 별일은 없었다). 그렇게 난 또 거침없이 태웠다. 리괘를 공부하면서 불이 많은 내 모습을 보게 되었다. 나는 왜 늘 이렇게 성급하고, 거침없이 불이 붙고, 확 꺼지는지, 대체 이 불을 어떻게 조절해야 하는지 궁금해졌다.

중화 리괘는 밝음을 상징하는 불이 두 개가 겹쳐져 있어서 밝음을 계승하여 세상을 비추는 괘다. 불이란 스스로는 존재할 수 없고 무언가에 붙어서만 존재할 수 있다. 우리가 불을 붙인다, 불이 붙었다고 말할 때처럼 불은 어딘가에 붙어야만 활활 타오르고 붙을 곳이 없으면 오래가지 못한다. 존재하는 모든 것은 불처럼 서로서로 붙어 의지한다. 그러니 내가 붙고자 하는 곳이 무엇인지 알아볼 수 있어야 하고, 올바름에 붙어야만 제대로 밝힐 수 있다. 그래서 리괘는 밝음, 붙어 의지함을 나타낸다. 올바름에 붙어야 한다고? 생각해 보니 나는 그간 올바름이 아닌 이익에 붙었다. 나의 이익만을 따졌고, 이익이라면 빨리 누리고 싶었다. 보이차가 나에게 좋을 거라고 생각하니 거기에 불이 급하게 붙었다. 재건축 사무실에서 일하면 재건축할 때 내가 좋은 위치를 분양받을 수 있지 않을까 하는 욕심이 있었다. 매번 이런 식이다. 그러니 결정이 신중하지 못하고 경거망동할 수밖에.

불은 모든 걸 태우고 꺼져 버릴 수도 있고, 세상을 밝게 비출 수도 있다. 나는 육이효에서 내 삶의 비전을 찾고 싶다. 육이효는 "황색에 걸려 있으니 크게 선하고 길하다"(黃離황리, 元吉원길)이다. 걸려 있다는 것은 붙어 의지하는 것을 뜻한다. 황(黃)이란 오행 중 가운데(中)를 나타내고 땅(土)의 색이다. 시간상으로는 한낮의 가장 밝은 해다. 정이천은 황리(黃離)를 "문명하고 중정을 이루었으니 성대한 아름다움"이라고 해석한다(정이천, 『주역』, 621쪽). 문명하다는 것은 사물의 이치를 탐구해서 도구를 만들고 제도를 정비해 인간을 이롭게 하고 사회를 번영시키는 것이다. 또한, 중정을 이루었으니 올바름에 붙어 있고 사심이 없는 자다. 그러니 황리란 이치를 깨달아서 중천에 뜬 태양처럼 세상을 밝히고 사심 없이 모두를 이롭게 하는 것을 말한다. 그렇게 하는 것이 크게 선함이고 그런 선함이 길한 것이다.

그럼 황리원길(黃離, 元吉)하려면 어떻게 해야 할까? 괘상에서 힌트를 얻을 수 있다. 괘상을 보면 하나의 음이 두 개의 양을 붙잡고 있다. 즉 발산의 기운을 가진 양들이 함부로 나아가지 않도록 음이 가운데서 수렴을 하면서 균형을 잡아 주고 있는 모습이다. 또한, 양들 가운데에 음이 있기에 가운데가 텅 비어 환하게 빛난다. 불이나 태양이라고 하면 꽉 차 있어야 잘 타고 더 빛날 것 같은데 사실은 가운데가 비어 있기에 더 밝고 잘 탄다. 모닥불을 피울 때 위로 쌓으면서 가운데를 비워야 잘 타듯 말이다. 불이란 속성상 격렬하게 솟구칠 수밖에 없는데 꺼지지 않고 빛으로 이어질 수 있는 것도 이 음으로 인해서다. 그러니 이 음을 어떻게 보존하고 탐구할 것인가가 황리원길의 비밀이요 핵심이다.

음이란 무엇인가? 음이란 사물의 이치요 존재의 근원이다. 이 음을 탐구할 때 필요한 게 땅의 덕이다. 땅의 덕이란 만물을 성장시키는 것이고, 괘사에서 말하는 암소를 기르는 것과(畜牝牛휵빈우) 연결된다. 갑자기 웬 암소? 『주역』에서 암소는 땅을 상징한다. 소는 순종적이고 묵묵히 자기 할 일을 해내는 우직한 동물이다. 그중 암소는 특히 유순함이 지극하고 차분하며, 송아지를 낳아 생명을 이어 간다. 그러니 육이효는 내 본성을 탐구하고 암소처럼 유순하게, 느리지만 쉼 없이, 이치를 구현하는 것, 이것이 나와 타인을 이롭게 하는 것이고, 영속되는 것임을 말하고 있다.

나는 보이차가 주는 기쁨이 오래갈 거라 믿고 막 사 들였다. 하지만 시간이 지나면서 보이차로 내가 할 수 있는 게 별로 없었다. 그

냥 사서 마시는 일밖에는. 보이차 고수들을 만나도 몇 년 된 보이차인
지, 어디서 구했는지, 보이차 체험담 외에는 배울 것이 없었다. 그들
이 하는 일도 보이차를 사고 마시는 거였다. 그럼 나도 계속해서 값
비싼 차를 사서 쟁이고 마셔야 하나? 이런 고민이 들면서 흥미를 잃
었고 불씨가 꺼졌다. 난 왜 그렇게 보이차를 맹신하며 쫓아다녔을까?
보이차를 사 두면 오래될수록 돈도 되고, 건강에도 좋다 하니 무조건
붙어 의지했다. 오직 내 소유와 건강을 위해서였다. 결국 건강도 못
챙겼지만… 물론 보이차는 몇 잔 마시면 머리도 맑아지고 좋은 차다.
나처럼 많이 마시고 소유하고자 하는 욕심이 아니라면 말이다.

　나는 이제 불의 방향을 어디로 옮겨야 할까? 음에 붙어야 한다.
나에게 불이 있는 것은 내 안에 음을 간직하고 있다는 의미다. 나는
그동안 이 음을 무시하고 살았기에 생명 에너지가 마르고 소진될 수
밖에 없었다. 그로 인해 남은 것은 공허함이었다. 공허함은 음을 채
우라는 내 몸의 신호였다. 음은 내면을 탐구할 때 채워진다. 밖으로
무언가 행동을 하기 전에 일단 멈추고, 전체적인 것을 조망하고 건
너뛴 것들을 미세하게 보려고 할 때 채워진다. 왜 그렇게 소유하려
고 하는지, 그것이 진정 이익인지 나에 대한 탐구! 이 길은 속도를 내
려 해도 더디게 갈 수밖에 없다. 또한, 나를 이해하게 되는 만큼 타자
를 이해할 수 있다. 이런 인식을 확장해 나갈 때 불은 나를 태우고 꺼
지는 게 아니라 세상을 환하게 밝힐 것이다. 욕심으로 가리워진 나
의 본성을 탐구하고 소처럼 느린 걸음 속에서 쉼 없이 정진해 나가는
길. 그런 길만이 나의 불씨를 살리는 길이고, 세상을 비추는 길임을
황리원길을 통해 배웠다.

31
택산 함,

부부의 시작은
'발가락'에서부터!

고영주

澤山 咸 택산 함

咸, 亨, 利貞, 取女吉. 함, 형, 리정, 취녀길.

**함괘는 형통하니 올바름을 지키는 것이 이롭고, 여자에게 장가들면 길하다.**

初六, 咸其拇. 초육, 함기무.

**초육효, 엄지발가락에서 감응한다.**

六二, 咸其腓, 凶, 居吉. 육이, 함기비, 흉, 거길.

**육이효, 장딴지에서 감응하면 흉하니 자기 자리를 지키고 있으면 길하다.**

九三, 咸其股. 執其隨, 往吝. 구삼, 함기고. 집기수, 왕린.

**구삼효, 넓적다리에서 감응한다. 지키는 바가 상육을 따름이니 나아가면 부끄럽다.**

九四, 貞吉, 悔亡. 憧憧往來, 朋從爾思. 구사, 정길, 회망. 동동왕래, 붕종이사.

**구사효, 올바름을 굳게 지키면 길하여 후회가 없어진다. 초육에게 왕래하기를 끊임 없이 하면 친한 벗만이 너의 생각을 따를 것이다.**

九五, 咸其脢, 无悔. 구오, 함기매, 무회.

**구오효, 등에서 감응하니 후회가 없으리라.**

上六, 咸其輔頰舌. 상육, 함기보협설.

**상육효, 광대뼈와 뺨과 혀에서 감응한다.**

"리좀은 n차원에서, 주체도 대상도 없이 고른판 위에서 펼쳐질 수 있는 선형적 다양체들을 구성하는데, 그 다양체들로부터는 언제나 〈하나〉가 빼내진다(n-1), 그러한 다양체는 자신의 차원들을 바꿀 때마다 본성이 변하고 변신한다."(질 들뢰즈·펠릭스 가타리, 「리좀」, 『천 개의 고원』, 김재인 옮김, 새물결, 2001, 47쪽)

리좀이란, '뿌리 줄기'다. 어디서부터 출발했고, 어디로 향하는지 알수 없이 여러 갈래로 엉켜 있는 리좀이 의미하는 것은 바로 존재의 '다양성'이다. 삶이란, 수없이 많은 존재의 연결과 접속이 이루어지는 n차원적 시공간이다. 〈하나〉란 시대가 부여한 '지배적인 배치물'이다. 존재는 결코 〈하나〉로 예속되거나 귀속되지 않는다. 『천 개의 고원』의 저자들은 말한다. "n-1 하라!" 다양한 삶이 공존하는 n차원에서 절대적인 〈하나〉가 빼내질 때, 이때가 바로 본성이 변하고, 변신하는 삶의 '변곡점'이다.

2021년 1월, 나에게 아주 중요한 삶의 변곡점이 찾아왔다. 약 3년간의 연애 끝에 지금의 아내와 '결혼'을 약속한 것이다. 내 인생에 결혼이라니! 솔직히 설렘 반 두려움 반이었다. 나와 다른 이성을 만나 부부의 인연을 맺는 것이 무척이나 설레기도 했지만, 연인에서 부부라는 차원으로 들어선다는 것은 기존의 '나'와 전혀 다른 내가 되어야 하는 문제다. 망설임은 짧게! 이제 결혼이라는 변곡점을 통과해야만 한다. 이때, 『주역』은 어떻게 길을 열어 줄까.

『주역』에도 '변곡점'이 존재한다. 『주역』 64괘는 중천 건(重天乾)과 중지 곤(重地 坤)으로 시작해 서른번째 괘인 중화리(重火 離)까지가 상경(上經), 서른한번째 괘인 택산 함(澤山 咸)부터 예순네번째 괘인 화수 미제(火水 未濟)까지가 하경(下經)이다. 상경에서는 천도(天道), 즉 하늘의 순행이 펼쳐진다면 하경에서는 본격적으로 인간의 윤리, 인사(人事)가 펼쳐진다. 택산 함괘는 상경에서 하경으로 전환되는 '변곡점'인 셈이다. 정이천 선생님은 함괘에 대해 이렇게 말한다. "하늘과 땅은 만물의 뿌리이고 남편과 아내는 인류의 시작이니, 역의 상권은 하늘을 상징하는 건괘와 땅을 상징하는 곤괘로 시작하고 하권은 남자와 여자가 교감하는 것을 상징하는 함괘로 시작해서 관계의 지속성을 상징하는 항괘로 받았다."(정이천, 『주역』, 631쪽) 함(咸)괘와 항(恒)괘는 한마디로 부부의 괘다. 함괘가 남녀의 내적 교감을 이야기한다면, 그다음 괘인 항괘는 부부의 외적 교감과 관계의 지속적인 항상성을 이야기한다. 그렇다면 택산 함괘가 왜 남녀의 교감인지 각각의 소성괘가 상징하는 인간관계를 살펴 보도록 하자.

건괘(乾卦)는 아버지(父), 택괘(澤卦)는 소녀(小女), 리괘(離卦)는 중녀(中女), 진괘(震卦)는 장남(長男), 손괘(巽卦)는 장녀(長女), 감괘(坎卦)는 중남(中男), 간괘(艮卦)는 소남(小男), 곤괘(坤卦)는 어머니(母)를 의미한다. 즉 함괘는 소남과 소녀, 젊은 남녀가 부부의 인연을 맺고 교감하는 때다. 『주역』이 말하는 인류의 시작이 남편과 아내라니, 어쩌면 내 인생의 진짜 인간다운 삶은 결혼이라는 변곡점을 통과하는 지금부터가 아닐까.

새로운 삶의 시공간으로 들어서는 이때, 나는 존재의 어떤 전환이 필요할까. 그 답은 함괘의 괘상이 말해 주고 있다. 함괘는 기쁨을 상징하는 택괘(澤卦)가 상괘에, 멈춤을 상징하는 간괘가 하괘(下卦)에 있다. 젊은 남녀가 교감하려면 제일 먼저 남자가 아래로 내려와 여자에게 기쁘게 멈추어야 한다. "남자로써 여자에게 자신을 낮추어 내려가는 것은 화합의 지극함이다."(같은 책, 635쪽) 그녀의 엄격함(㎲)에 나는 폭주하는 관계들을 하나씩 정리했고, 방만하고 피곤한 습관들을 하나둘씩 고쳐 나갔다. 그럴수록 그녀는 내 공부에 응원을 아끼지 않았다. 공부는 내 삶의 가장 큰 '올바름'이다. 그녀의 응원으로 내 공부가 더욱 올바르고 굳건하게 지켜진다면 이보다 이로운 일이 또 있을까. 그녀에게 지극히 나를 낮추고 공부를 바탕으로 새로운 소통(亨)의 길을 열어 갈 수 만 있다면, 어찌 그녀에게 장가들지 않을 수 있겠는가. 함괘의 괘사도 말해 주고 있다. "함괘는 형통하니 올바름을 지키는 것이 이롭고, 여자에게 장가들면 길하다."(咸함, 亨형, 利貞리정, 取女취녀, 吉길.) 그녀에게 장가드는 것은 나에게 길(吉)한 길[路]이라 확신했다.

자! 이제 우리에게 남은 것은 결혼이라는 문턱을 어떻게 넘느냐이다. 이번 생에 결혼은 처음이라, 모든 것이 어설펐고, 미숙했다. 대체 어디서, 무엇을, 어떻게 준비해야 할까. 막막함에 유명한 결혼 전문업체에 의뢰했고, 얼마 후 웨딩 매니저와 미팅을 가졌다. 강남에 있는 높고 화려한 빌딩, 그곳에서는 대규모 웨딩 박람회가 진행되고 있었다. 요즘 2030은 비혼을 추구한다고 들었는데, 웬걸! 빌딩 안으로 들어서자 많은 예비 부부들이 줄지어 있었다. 매니저에게 원하는 예식장과 날짜를 확인해 계약을 진행했고, 식순에 대한 안내도 받았다. 이 정도면 결혼식 자체는 별다른 문제가 없어 보였다. 그러나 진짜 결혼 준비는 지금부터였다.

안내를 받고 들어간 또 다른 공간을 보고 나는 놀라지 않을 수 없었다. 입구부터 출구까지 결혼식 이외에 준비해야 할 예물이며 예단, 가구와 가전들이 회사별로 빽빽하게 전시되어 있었기 때문이다. 브랜드와 기능, 그리고 화려함에 따라 가격도 천차 만별이었다. 매니저에 따르면 '한꺼번에' 채워 넣고 시작하는 것이 요즘 결혼의 트렌드였다. 그곳에 모인 예비부부들과 우리는 무엇에 홀리기라도 한

듯 전시된 상품에 빨려 들어가고 있었다. 그중 내 발을 멈추게 한 곳은 가전제품 코너였다. 하루 24시간 쉬지 않고 청소하는 로봇 청소기, 미세먼지 시대에 공기를 맑게 해주는 공기청정기, 주름진 옷을 깔끔하게 펴 주는 스타일러, 더 이상 설거지를 고민할 필요 없는 식기세척기까지! 특히 빨래와 건조를 한 번에 해결할 수 있는 워시타워가 내 시선을 끌었다. 빨래를 건조대에 널지 않아도 되고, 날씨를 고려할 필요도 없어 보였다. 아무리 가사에 시간을 쓰지 않는 시대라지만, 이 모든 것이 결혼의 필수 조건이라니! 결혼이라는 변곡점 앞에 자본이 우리(2030)에게 부여한 단 〈하나〉의 배치물들이 이곳 웨딩 박람회에 응집되어 있었다. 각 커플들에게 배치된 웨딩 매니저는 어느 것 하나 생략할 수 없도록 서비스들을 제공하고 홍보했다.

매니저는 흔히 선택하는 필수 품목을 체크한 계약서를 내밀었다. 예상치 못한 금액에 우리 두 사람은 한동안 말이 없었다. '결혼은 현실이다', '돈 없이 결혼은 꿈도 못 꾼다'라는 말이 실감나던 찰나, 옆 테이블에서 한 커플의 다툼 소리가 들려왔다. 결혼의 필수 조건인 박람회의 상품들과 현실의 상황이 맞지 않았을 것이라 짐작했다. 옆 커플의 다툼을 들으며 아내와 나는 서로의 기분을 연신 살폈다.

생각해 보면 참 쉽고 편리한 시대다. 우리같이 직장인인 경우 번거롭게 발품을 팔 필요 없이 계약을 할 수 있고, 박람회에 있는 상품이 결혼 시작 때부터 구비되어 있으면 편리한 생활을 누릴 수 있으니까 말이다. 그러나 서비스 중 하나라도 생략한다면 관계의 갈등을 겪을 수밖에 없는 것이 현 결혼의 현실이다. 충돌을 피하고 싶어서였을까, 편리한 결혼생활을 누리고 싶어서였을까. 매니저가 내민 계약서에 우리는 결국 사인을 했다. 시대가 부여한 절대적 〈하나〉의 배치물 앞에서 관계의 충돌을 피하고 외면해 버린 것이다. 돌아선 자리에는 부부의 교감이 아닌 자본의 상품이 자리 잡아 버렸다. 박람회를 나온 후 마음 한구석 어딘가 허무하고 헛헛한 느낌이 들었다. 내 삶의 중요한 변곡점을 지나는 지금, 우리는 올바르게 교감하고 있는 것일까.

사실 함괘에서 말하는 남녀의 교감은 '감응'(感應)이다. 상괘의 연못물이 하괘의 산을 촉촉히 적시고 스며들며 감응하기 때문이다. 그런데 왜 '감응하다'의 감(感)이 아닌 마음(心)이 없는 함(咸)이라고 이야기할까. "이는 성인이 의도적인 마음을 가지고 사람에게서 감응을 구하지 않는데도 사람들은 저절로 감응하니, 또한 하늘과 땅 두 기운이 저절로 교류하여 통해서 만물이 화생하는 것과 같다. 즉 성인은 의도를 가지지 않고 교감한다는 의미다. 무심(無心)하게 교감한다는 것이다."(정이천, 『주역』, 650쪽) 그렇다. 함괘에서 무심이란, 마음이 없는 것이 아니라 사심(私心)이 없음을 말한다. 부부로서 감응하는 이때, 『주역』은 채우기보다는 오히려 비울 것을 말한다. 『천 개의 고원』의 저자들이 왜 존재의 다양성을 'n-1'이라고 했던가! 시대가 부여한 절대적 〈하나〉를 뺐을 때 느끼는 존재의 충만함이 바로 본성이 변하고, 변신하는 삶의 변곡점이기 때문이다. 즉 부부의 감응이 내 삶의 변곡점이 되려면 자본의 서비스를 사심으로 채워 넣는 것부터가 아닌 비우고 감응하며 부족한 것을 채워 나가는 것이어야 한다.

그런 의미에서 함괘의 초효는 '발가락에서 감응'(咸其拇함기무) 한다. 초효는 함괘의 시작이자, 양의 자리에 음이 왔기 때문에 깊이 감응하지 못해 엄지발가락만 꼼지락거리고 있다. 함기무의 감응이란 부부의 윤리를 하나 하나 고민해 가며 만들어 가는 '과정'이다. 웨딩 매니저가 내민 계약서에 사인을 한 순간 결혼의 중심도, 감응의 양식도 자본의 서비스가 중심이 되어 버렸다. 결혼을 준비하는 동안 자본이 규정해 준 상품에 끌려 가기만 했을 뿐, 우리가 중심이 되어 과정을 끌고 갈 수 없었다. 부부의 시작이 엄지발가락에서 감응해야 하는 이유는 함기무의 감응이 비록 깊지는 않지만, 필요하다 생각될 때 천천히 하나씩 채워 가며 감응할 수 있기 때문이다. 어쨌든 결혼이란 부모의 둥지를 떠나 꾸리는 새로운 삶의 시공간이 아니던가! 아이가 두 발로 서고 걸으려면 기고, 넘어지고, 다치는 차서(次序)를 밟아야 하듯, 어설프고 미숙함에서부터 차근차근 감응할 수 있는 과정을 겪어야만 한다. 관계의 충돌은 삶의 양식이다. 부부의 윤리는 여기서 탄생한다! 자본의 서비스 앞에서 갈등을 외면해 버리고, 편리함에 가려 남편과 아내의 윤리를 꾸려 가지 못한다면 진정한 부부의 감응이라고 할 수 있을까. 돌이켜 보니 결혼 전문업체에 의뢰했을 때부터 우리는 부부간의 작은 감응(咸其拇)조차 쉬운 방식으로 해결해 버리고 싶었던 것은 아닌지.

결혼 후 1년이 지난 지금, 집에 배치된 서비스 상품들은 모두 제 역할을 다하고 있는 중이다. 더 이상 가사 노동에 시간과 마음을 쏟지 않는다. 뜻밖에도 함괘 초효의 엄지발가락에는 길(吉)도 흉(凶)도 없다. 어쩌면 함괘의 진정한 감응은 배치된 서비스 상품들과도 감응하며 부부의 윤리를 만들어 가는 마음이 아닐까. 이 마음으로부터 새로운 부부의 윤리를 만들어 낼 수만 있다면, 내 삶의 진정한 변곡점이 될 수 있으며 함기무 뒤로 길(吉)한 길[路]이 열릴 것이다.

32
뇌풍 항,

배움이 선사하는
노년의 유쾌한 항상성

이윤지

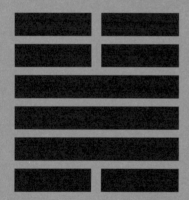

雷風恒
뇌풍 항

恒, 亨, 无咎, 利貞, 利有攸往. 항, 형, 무구, 리정, 리유유왕.

항괘는 형통하여 허물이 없으니 올바름을 굳게 지키는 것이 이롭고 가는 바를 두는 것이 이롭다.

初六, 浚恒. 貞凶, 无攸利. 초육, 준항. 정흉, 무유리.

초육효, 깊이 파고들어 오래 지속하는 것이다. 고수하는 것이라 흉하니 이로울 바가 없다.

九二, 悔亡. 구이, 회망.

구이효, 후회가 없어진다.

九三, 不恒其德, 或承之羞, 貞吝. 구삼, 불항기덕, 혹승지수, 정린.

구삼효, 덕을 오래 지속시키지 못한다. 간혹 수치로 이어질 것이니 그런 자신을 고수하면 부끄럽다.

九四, 田无禽. 구사, 전무금.

구사효, 사냥하는데 짐승을 잡지 못하는 것이다.

六五, 恒其德, 貞. 婦人吉, 夫子凶. 육오, 항기덕, 정. 부인길, 부자흉.

육오효, 그 덕을 오래 지속하여 행하면 올바르다. 부인의 경우는 길하고 장부의 경우는 흉하다.

上六, 振恒, 凶. 상육, 진항, 흉.

상육효, 흔들림이 오래 지속됨이니 흉하다.


밖에서 일을 보고 집에 돌아온 나는 부엌에 들어갔다가 잠시 어안이 벙벙했다. 아버지께서 식탁 위에 놓인 반찬을 두고 싱글벙글하고 계셨는데, 유리 반찬 용기에는 금방 한 듯 온기가 도는 감자조림과 애호박볶음이 얌전히 담겨 있었다. 눈을 둥그렇게 뜨고 의아해하는 나를 보며 아버지께서 이렇게 말씀하셨다. "야, 이거 하는데, 생각보다 시간이 오래 걸리더라. 감자 깎고 애호박 썰고 양념 재료 하나씩 찾아서 하는데 처음이라 더뎌서 그런지 꼬박 두 시간이나 걸렸어. 어디 괜찮은가, 맛 좀 봐라." 얼마 전 아버지는 당신이 즐겨 드시는 반찬 만드는 법을 좀 알려 달라고 하셨다. 그냥 메모지에 적어 달라고 하시는 걸, 이왕 배우는 거 한번 실습해 보시면 좋지 않겠느냐며, 아버지께 직접 감자조림과 애호박볶음 만드는 법을 차근차근 시연해 보여 드렸었다. 그리고 큼지막한 메모지에 요리하는 순서를 적어 드렸던 게 며칠 전이었다. 그런데 내가 일 보러 나간 사이 냉장고에 반찬이 떨어진 걸 안 아버지께서 스스로 직접 반찬을 만드신 것이었다! 이건 그냥 놀랄 일이 아니었다. 불과 몇 년 전만 하더라도 도저히 상상도 하지 못할 일이었다.

조강지처를 먼저 보낸 아버지는 은퇴하신 후에도 줄곧 식사와 빨래, 집안일 등을 가사도우미나 자식에게 의존해 오셨다. 어머니가 살아 계셨을 때나 이후로나 아버지에게 부엌일과 집안일은 당신과는 전혀 상관없는 일상의 영역이었다. 내가 어렸을 때부터 아버지는 물 한잔도 누군가에게 시켜서 드시던 분이셔서 집안에서는 우스개로 '리모컨 아버지'라고 부를 정도였다. 가정에서뿐만 아니라, 주위에서도 늘 대접받던 사회적 위치에 계셨던 아버지에게는 당신 스스로 부엌일 따위를 한다는 것은 상상조차 하지 못할 일이었다. 60대에 은퇴하신 후로도 아버지는 계속 당신이 누리고 계시던 일상에서의 어떤 지위를 유지하고자 하시는 것 같았다. 삶을 살아가면서 주위의 상황은 계속 변해 가기 마련인데 우리는 언제나 무언가를 고수하려는 경향을 지닌다. 내게 익숙한 방식의 관계, 내가 늘 일을 해오던 방식, 내가 일상을 영위하던 습관 등등. 이런 것들을 우리는 좀처럼 바꾸려고 하지 않는다. 오히려 어떻게든 지켜 가려고 한다.

『주역』에는 이렇게 변화를 거부하고 고수하려는 자세에 대해 생각해 보게끔 하는 괘가 있다. 항상성에 대해 말하는 뇌풍 항괘다. '항상'하다고 하면 늘 한결같이 변하지 않는 것이 떠오르는데, 의외로 항괘가 말하는 항상성의 맥락이란 이와 정반대다. 여기서 항상성이란 쉼 없이 움직이며, 멈추지 않고 변화를 지속하는 것을 말한다. 그러니까 항괘의 항(恒)이란 고정된 멈춤의 지속이 아니라 움직이는 변동의 지속이다. 항괘에서는 뇌(雷)와 풍(風)이 만나는데 이것은 우레와 바람이 만들어 내는 역동성을 상징한다. 양강한 우레와 유순한 바람이 서로 호응하며 끊임없이 지속하는 것이다. 그러나 호응은 언제나 같은 방식으로 이루어지지 않는다. 상황에 따른 다양한 음양의 화합이 변주된다.

옛 성인들은 항괘를 성숙한 부부의 도(道)에 비유하곤 했는데, 항상성을 갖는다는 것은 서로 다른 존재가 조화를 이루어 가는 것이기 때문이다. 우레와 바람이 함께 역동적인 변화를 만들어 내듯 부부 사이도 그렇게 지속적인 변화로 균형을 찾아간다면 평생의 해로라는 안정된 항상성을 유지할 수 있다는 것이다. 그러나 부부가 서로 균형을 맞추어 가는 것이 쉽지 않다는 건 웬만한 사람이면 다 안다. ^^;; 여기서 중요한 점은 부부관계 같은 우리 일상의 삶 속에서 항구함, 즉 안정된 균형을 이뤄 갈 수 있다는 것이다. 그것이 맞닥뜨려야 하는 상황이든, 타자와의 관계든, 자신과의 문제든 끊임없는 변수에 대항하며 균형을 유지하는 항구함이 물론 어렵기는 해도 말이다.

항괘의 구이는 하괘의 중앙에 위치함으로써 균형의 중도를 이룬 효다. 원래 이효는 음의 자리이므로 구이인 양에게는 온전한 상황이 아니다. 그래서 자연스레 후회할 만한데도 그렇지 않다(悔亡회망). 그것은 구이가 중(中)의 위치에서 항의 밸런스를 찾고 있기 때문일 것이다. 사실 우리가 살아가면서 모든 것이 잘 들어맞는 상황과 위치에 있기가 어디 쉬운 일인가. 오히려 늘 뭔가 예상치 못하게 달라지는 상황에 적응하고 맞춰야 하는 경우가 더 많다. 그렇게 구이는 불편한 자리에서 부대끼는 마음의 파고를 가라앉히고 마음의 평안과 균형을 찾으려는 모습을 보여 준다. 항괘의 구이효에 노년의 시기를 통과하고 계시는 아버지의 모습이 오버랩된다.

오랜 사회생활 동안 당신이 누리셨던 지위로 아버지는 소소한 일상의 일들에 대해 '내가 이런 일을 해야 할 사람이 아닌데…'라는 태도를 취하셨다. 청소, 빨래, 식사 준비는 누군가가 당연히 아버지를 위해 해야 하는 일이었다. 그런데 코로나 시기에 외부와의 접촉이 차단되고 집에서 모든 일을 해결해야 하는 상황이 되자 아버지는 그야말로 우레가 치는 일상의 변화에 맞닥뜨리게 되셨다. 폐 기저질환이 있으신 아버지는 외부인과의 접촉을 꺼리셨으므로 식구들 외에는 의존할 곳이 없어지셨다. 아버지의 청소와 빨래를 도와주던 가사도우미가 사라지자 처음에는 어찌할지 사태를 관망하시는 듯했다. 그런데 변화가 일어나기 시작했다. 시작은 빨래였다. 식구들이 아버지 방에 빨래가 쌓이는 것을 간과하고 있었던것이다. 참다 못한 아버지께서 세탁기 옆에 붙어 있던 사용설명서를 읽어 보셨는지 의문 나는 점을 물어 오셨다. 나는 세탁기 사용법을 궁금해하시는 아버지를 신기해하며 일단 설명을 해드렸다. 빨래가 많이 밀려 있다고 하시길래, "아, 제가 해드릴게요"라고 했는데, 그날 바빠서 그만 까먹고 말았다. 그런데 다음 날 빨래 건조대에 삐뚤빼뚤 아버지의 빨래가 널려 있는 게 아닌가! "빨래가 그렇게 간단한 건 줄 몰랐다. 세제 넣고 버튼 한두 번만 누르니까 저절로 되던데?" 팔십 평생 세탁기를 처음 돌려 본 아버지는 마치 현대문명을 처음 만나신 듯한 말씀을 하셨다.

항괘의 괘사에는 "가는 바를 두는 것이 이롭다"(利有攸往리유유왕)라는 표현이 나온다. 정도를 지키는 항구함이란, 각자 처한 상황에서 집착과 고집을 부리며 멈추어 서는 게 아니라, 다양한 변수와 섞이고 시행착오를 겪으면서 앞으로 나아가는 것이다. 아버지는 노년의 변화된 상황에서 스스로 고수하시던 것을 내려놓고 나름 새로운 시도를 하시려는 것 같았다. 빨래에서 자신감을 얻은 아버지는 이번엔 밥을 짓는 일에 도전하셨다. 밥하는 일은 쌀도 씻고, 물도 맞추고, 밥솥도 다루어야 하므로 빨래보다 난이도가 높았다. 그러나 몇 번의 실패 끝에 드디어 고슬고슬한 밥을 짓는 데 성공하자 아버지는 그렇게 뿌듯해하실 수가 없었다. 그렇지만 생전 처음 부엌일을 배우는 여든 노인의 손이 밥하는 데 익숙해지는 건 결코 쉬운 일이 아니었다. 뒤돌아서면 간단한 조작도 자꾸 잊어버리신다고 했다.

노년기에 변화하는 환경 속에서 항상성을 유지한다는 건 어떤 것일까? 일반적으로 노년의 안정된 삶이라고 하면 나이가 들었으니 큰 변화 없이 기존에 누리던 것이나 잘 유지해 가면 좋다는 통념이 있다. 그러나 노년이야말로 호기심이 가장 왕성해야 할 때가 아닐까? 우레와 바람과 같은 마음으로 끊임없이 주위와 공감하고 교류하는 변화를 만들어 낼 때 비로소 노년의 항상성이 유지된다. 나이가 들었다고 주위의 변화에 무기력하게 수동적인 태도를 취하거나, 그저 아무것도 하지 않아도 돈만 있으면 안정될 수 있다는 생각은 항괘의 지혜와는 멀어도 한참 멀다.

주변의 변화에 관심과 호기심을 가질 때, 소소하더라도 새로운 배움이 생기고 이럴 때 노년은 더 생기 있고 활기차다. 새로 무언가를 배운다는 것은 여전히 세상에 대한 호기심이 살아 있다는 뜻이고, 세상과 계속 공감하고 싶은 마음이고, 그래서 겸허하게 새로운 것을 받아들이려는 자세다. 이것이야말로 항괘가 말하는, 변화에 겸손하게 섞이며 나아가는 모습이 아닐까? 변화와 단절된 채 교류를 거부하고 자신만을 고수하는 것은 자연의 법칙에도 어긋난다.

신체의 노화, 사회적 위치의 변화, 역량의 변화를 겪는 아버지를 옆에서 지켜보면서, 노년의 시기에 매일의 일상에서 자신을 지키고 마음의 편안함을 유지하는 항의 기술이란 이런 소소한 배움이 아닐까라는 생각이 든다. 당신의 습관과 고집에 머무르지 않고 아버지는 새로운 배움을 익히시며 더디지만 조금씩 자신의 역량에 맞춰 나아가신다. 그래서인지 예전 같았으면 전혀 상상도 하지 못했을 부엌일을 하시며 치매 예방에 좋은 것 같다고 웃으신다.

오늘은 어제 친구분이 보내 주신 데친 봄나물을 참기름과 깨소금에 무쳐서 나물 만드는 법을 익히셨다. 한 손만 껴도 되는 장갑을 양손에 다 끼시고 봄나물을 정성스레 무치신다. 나물 무치는 법을 배우시는 노년의 아버지에게서 새로운 것을 배울 때의 푸릇한 봄기운이 느껴진다. 사계절은 순환하지만 매번의 봄, 매번의 계절은 다르다. 다른 역량, 다른 음양의 조화로 같은 봄이라도 다르게 등장하는 것이 항구함의 이치이듯, 아버지는 일상 속 소소한 배움으로 당신만의 새로운 봄을 유쾌하게 만들어 가시는 것 같다.

33
천산 둔,

미워하지 말고
달아나라

문성환

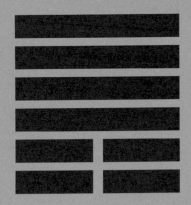

天山 遯 <sub>천산 둔</sub>

遯, 亨, 小利貞. 둔, 형, 소리정.

**둔괘는 형통할 수 있으니 바르게 함이 약간 이롭다.**

初六, 遯尾, 厲, 勿用有攸往. 초육, 둔미, 려, 물용유유왕.

**초육효, 물러나는데 꼬리가 되어 위태로우니 함부로 가지 말아야 한다.**

六二, 執之用黃牛之革, 莫之勝說. 육이, 집지용황우지혁, 막지승설.

**육이효, 황소 가죽을 써서 잡아매니 이루 다 말할 수 없다.**

九三, 係遯, 有疾, 厲, 畜臣妾, 吉. 구삼, 계둔, 유질, 려, 휵신첩, 길.

**구삼효, 얽매인 채로 물러나 병이 있어서 위태로우나 신하와 첩을 기르는 데에는 길하다.**

九四, 好遯, 君子吉, 小人否. 구사, 호둔, 군자길, 소인비.

**구사효, 좋아하면서도 물러남이니 군자에게는 길하고 소인에게는 나쁘다.**

九五, 嘉遯, 貞吉. 구오, 가둔, 정길.

**구오효, 아름다운 물러남이니 올바름을 굳게 지켜서 길하다.**

上九, 肥遯, 无不利. 상구, 비둔, 무불리.

**상구효, 넉넉하게 물러나니 이롭지 않음이 없다.**


기원전 227년 진(秦)나라의 함양궁. 천하를 통일(!)하려는 야심이 조금씩 현실이 되어 가던 어느날, 진왕(秦王: 훗날의 진시황)은 연나라 태자가 보낸 선물을 살펴보고 있었다. 하나는 자신을 배반한 장군 번오기의 목, 또 하나는 연나라의 지도. 그런데 지도가 펼쳐지자 숨겨 놓은 비수가 드러났다. 사신으로 온 형가(荊軻)는 재빨리 비수를 들어 진왕을 향해 덤벼들었다. 순식간에 궁은 아수라장이 되었다. 하지

만 암살 시도는 실패했고 형가는 장렬한 최후를 맞았다. 사마천의 명
문장 중에서도 명문장으로 손꼽히는 『사기』 '자객열전' 속 천하 제일
자객 형가의 이야기다.

사마천은 이야기의 본격적인 전개에 앞서 두 개의 형가 에피소
드를 남겼다. 한번은 형가가 유차 지역을 유람하던 중 개섭(蓋攝)이
란 인물과 검술에 대해 논쟁하게 되었는데, 개섭이 화가 나서 형가를
노려보자 형가가 말없이 자리를 피해 가 버렸다는 것. 개섭은 자신이
노려보았기 때문에 형가가 두려워서 도망친 거라고 말했다. 또 한번
은 노구천(魯句踐)이란 인물과 벌인 장기 시합 중에 실랑이가 벌어
졌다. 조나라 한단을 유람하던 중이었다. 이번에도 노구천이 호통을
치며 화를 내자 형가는 도망쳐 떠났다. 천하가 벌벌 떨던 진시황을
암살하러 가서도 태연했던 형가. 그런데 왜 사마천은 『사기』의 대표
자객 형가의 인물됨을 이와 같은 에피소드로 전하고 있는 걸까.

사마천의 '자객열전'의 마지막 대목. 형가의 진왕 암살 실패 소
식은 천하에 퍼져 흘렀다. 사람들은 형가의 용기와 연나라 태자 단과
의 약속을 끝까지 지키려 했던 협사로서의 절의를 두고두고 칭찬했
다. 그리고 그 사람들 속에 과거 형가와 장기를 두다 화를 내며 형가
를 윽박질렀던 노구천이 다시 등장한다. "아아, 그(형가)가 찌르는 검
술을 제대로 배우지 못한 것이 참으로 애석하구나! 그리고 그의 사람
됨을 제대로 알아보지 못한 내 자신이 너무도 후회막심하구나! 전날
내가 그에게 화를 내며 꾸짖었을 때 아마도 그는 나를 자신과 같은
부류의 사람이 못 된다고 여겼을 것이다." 형가의 도망(도주)은 비겁
해서도 용기가 없어서도 아니었다. 그럼 왜?

둔(遯)괘는 '물러나 은둔함' 혹은 '피하여 떠남'의 때를 알리는 괘다. 한마디로 도주, 도망, 피난의 때이다. 둔괘의 모양을 살펴보자. 위(상체)는 하늘(乾)이고 아래(하체)는 산(艮)이다. 푸른 하늘이 멀리 멀리 펼쳐져 있고 그 아래 산들이 첩첩이 펼쳐지고 있는 모습이다. 여섯 효의 모양을 일별하면 초효와 이효 두 개의 음효 위로 네 개의 양효가 놓여 있다. 『주역』의 효는 아래에서 위로 나아가는 법이니 이런 관점에서 보면 소인들(음효)을 군자들(3, 4, 5, 상효)이 피해서 도망가 버리는 형세임을 알 수 있다. 그러니까 푸른 하늘 아래 펼쳐진 산들 사이로 나아가는 것이 단순히 친자연적이거나 자유인의 여유로움 같은 것이라기보다는 그럴 만한 이유가 있어 스스로 피할 곳을 찾아 숨어드는 적극적인 행위임을 알 수 있다. 현인군자가 광활한 자연 속으로, 소인이라는 재난과 질곡을 피해, 자신의 뜻을 굽히면서까지 세상에 얽매이고 싶지는 않기에 선택한, 유유하면서도 자적한, 도주!

물론 모든 도주/피난이 다 똑같은 건 아닐 게다. 혼자 간 북한산 등산길에서 멧돼지와 마주쳤을 때, 민주화 운동을 하다 수배 중이던 대학생이 경찰의 불심검문에 걸렸을 때, 갑작스런 실직 때문에 월세가 밀린 청년 세입자가 집 앞에서 주인의 목소리를 들었을 때 등등. 도망/피난은 할 수밖에 없는 것이지만 해야 하는 것이기도 하고 하지 않을 수 없는 것이기도 하다. 또한 모든 도망이 능사일 리도 없다. 다만 달이 차면 기울 듯이, 세상일엔 각각의 때가 있고 각각의 때에는 저마다의 이치가 있을 뿐이다. 이것이든 저것이든, 최소한 둔괘의 도주(/피난)는 부정적이거나 소극적인 상황과는 다르다.

소극적이기는커녕 사실 도주는 매우 적극적인 실천의 한 양식이다. 여기에는 무엇보다도 냉철한 현실 인식이 바탕되어야 하기 때문이다. 특히 자연 세계에서 도주란 호불호의 가치 평가 영역이 아니라 생존의 문제 자체이다. 힘 대 힘이 맞부딪치는 생존 현장에서 시공간의 조건을 포함한 지금 나의 힘이 상대를 이겨 낼 수 없다면 재빨리 도주하는 게 상책이다. 『맹자』가 말한 '오십 보를 도망간 것이나 백 보를 도망간 것이나 도망쳤다는 점에서는 똑같다'는 말은 이 경우에 해당하지 않는다. 도망의 때라면 백 보를 도망간 것은 오십 보만 도망간 것에 비해 최소한 오십 보만큼 생존의 여지가 더 크다. '줄행랑'은 일찌감치 병법 36계에 포함된 기본기 중의 기본기이다.

이러한 의미는 둔괘의 괘사에서도 살펴볼 수 있다. '도망치는 때는 형통함을 얻게 된다'(遯둔, 亨형)는 것이다. 왜? 도망치는 주체가 군자이기 때문이다. 군자가 도망쳐야겠다고 판단했다면 도망치는 게 옳은 것이기 때문이다. 다시 반복하지만 도망 그 자체가 옳거나 그른 것이 아니다. 산에서 우연히 멧돼지를 만난 것에 무슨 잘잘못이 있겠는가. 하지만 피차간에 잘못이 없지만 자칫 큰 피해를 입을 수 있기에 몸을 보존하기 위해서는 도망치는 것이 최선인 것이다. 민주투사 역시 불심검문하는 경찰은 일단 피하고 보는 게 상책이다. 이 경우에는 비록 옳음이 내게 있다 해도 도망쳐야 하는데, 그렇다면 심지어 월세가 밀린 청년 실업자의 경우 더 말할 것이 있겠는가.

여하튼 군자로서 도주한다는 것이 둔괘의 때다. 도망치는 것이 가장 바른 행위인 때라는 말이기도 하다. 도망하지 않는다면 소인들에 의해 해를 입게 될 우려가 있다. 소인들이 군자들을 만나 자신들의 됨됨이가 부끄러워져서 감추려고 급급한 때가 있는 반면, 이를테면 박(剝)괘의 때처럼 군자의 덕이 소인들에 의해 깎여 나가는 때도 있다. 소인들이 군자들에게 해를 입히거나 핍박한다고 해서 군자들의 가치가 훼손되거나 더럽혀지는 것은 아니지만, 형세상 소인들이 우세하여 군자들이 위협을 당하는 때가 있다는 말이다.

둔괘의 괘사는 이어서 말한다. "바르게 함이 약간 이롭다."(小利貞소리정) 『주역』은 군자의 학문이니 당연히 도망의 때에 합당한 이치 역시 곧고 바르게 행동하는 데 있음을 밝히고 있는 점은 일견 당연하다고 할 수 있다. 도망치는 것으로 끝이 아니라 도망의 때에 올바름을 지켜야 한다는 말이다. 요컨대 도망 자체를 목적으로 삼기보다는 일종의 수단으로 여길 필요가 있다. 한편 그렇게 올바르게 해도 둔의 때에는 조금 이로움이 있을 뿐이다. 그 이유는 괘의 형세상 둔괘는 아래에 있는 음효들이 점점 자라나 성장하는 때이기 때문이다. 요컨대 어떤 때에 우리가 할 수 있는 최선을 다했다 하더라도 그 최선의 끝이 반드시 최고의 결과로 이어지는 것은 아니다.

그렇다면 이러한 때에 군자들은 어떻게 해야 할까. 「대상전」은 이렇게 말한다. "소인을 멀리하되, 미워하지 않으면서 엄격하게 한다."(遠小人원소인, 不惡而嚴불오이엄) 큰 틀에서는 소인을 멀리해야 한다. 도망치고 또 도망치듯 피하고 또 피하라. 안 볼 수 있다면 안 보고, 안 마주칠 수 있다면 안 마주칠 수 있게 도망치고 피하는 게 최상책이다. 하지만 그럴 수 없는 경우라면? 그럴 땐 함께 있으면서 피할 수 있어야 한다. 미워하지 않으면서 엄격하게 한다는 말이 그것이다. 군자는 소인들과 함께 있을 때 소인이 되지 않도록 해야 한다. 군자와 소인은 분명히 구별되지만 군자와 소인이 따로 존재하는 것은 아니다. 군자의 마음을 쓰는 이가 군자이고 소인의 마음을 쓰는 이가 소인일 뿐이다.

1949년, 중국을 장악한 공산당은 1950년 티베트를 무력 침공했고, 티베트의 수도 라싸를 점령했다. 여러 외교적 노력 등이 무산되고, 티베트 자치권 등에 관한 협정안이 중국에 의해 일방적으로 강제 체결되면서 1959년 당시 티베트의 수장이었던 제14대 달라이 라마는 티베트를 떠나 인도로 망명을 결정했다. 지금의 인도 다람살라 티베트 임시정부는 그렇게 시작되었다.

2022년 현재. 라싸는 중국 본토와 연결되는 철길이 열리고, 티베트인보다 더 많은 한족들이 거주지를 차지한 곳이 되었다. 학교에서도 티베트인들은 티베트어 대신 중국어를 배우지만, 티베트는 지금도 현재형이다. 지금까지 대략 120만 명이 넘는 티베트인들이 살해당했고 수십만 명의 티베트인들이 자유를 찾아 망명한 것으로 알려져 있다. 해발 3,700미터 고원, 지구상 어느 곳보다 아름다운 대승불교 전통을 실현하고 있던 천년제국의 운명은 아마 알려진 것보다 더욱 참혹했을 것이고, 그 상황은 지금도 끝이 아니다. 놀라운 것은 이 과정에서 티베트인들은 부처님의 제자로서 자신들이 가진 믿음과 스승에 대한 존경심을 결코 잃지 않았다는 사실이다. 유명한 일화 하나. 중국 공산당에게 가족들이 살해당하고 그 자신 또한 잡혀가 모진 고문을 당하고 풀려난 한 티베트 승려는 이렇게 자신의 소회를 밝혔다. '잡혀 있는 동안 중국에 대한 자비심을 잃을까 봐 두려웠다.'

현실의 티베트는 중국이라는 이웃한 강대국에 군사적으로 병합되었다. 이 과정에서 티베트는 강대강의 무력 전쟁을 하지 않았다.

중국군을 상대할 군사력이 부재했기 때문이기도 하지만, 그 이전에 부처님의 제자들이었기에 폭력을 내려놓았기 때문이었다. 문제는 폭력의 수단 여부가 아니다. 폭력에 폭력으로 맞서겠다고 마음먹는다면 총과 대포에 대항해 칼과 몽둥이 심지어 온몸으로도 저항은 가능하다. 중요한 건 상대의 폭력에 폭력으로 대응하지 않으면서 그 폭력으로부터 자유로워져야 하는 문제인 것이다. 티베트의 승려가 중국의 폭력(고문)에 대해 온몸으로 대항했던 건, 상대에 대한 증오가 아니라 자신의 자비심을 지키는 일이었다.

둔괘의 네번째 효는 호둔(好遯)이다. "좋아하면서도 물러남이니 군자에게는 길하고 소인에게는 나쁘다."(好遯호둔, 君子吉군자길, 小人否소인비). 도주(도망)가 '좋다'는 말과 연결된다는 게 흥미로운데, 다섯번째 효에는 아름다운(嘉) 도주도 있으니 둔괘는 가히 도망의 재발견세트라 할 만하다. 어찌 됐건 좋은 도주라니, 신선하다. 좋은 도주가 가능한가. 물론 가능하다. 도주 자체는 상황의 여의치 않음을 반영하는 것일 테지만, 도주해야 할 때 잘 도주할 수 있다면 그것이 곧 좋은 도주가 아닐까? 도망가야 할 때를 알고 잘 도망가는 이의 뒷모습은 얼마나 아름다운가!

그런데 사효에서 말하는 좋은 도주(好遯)는 이것보다 좀 더 상황이 깊다. 단순히 좋은 도주가 아니라, 상황이 좋은데도 불구하고 도주해야 하는 상황을 가리키기 때문이다. 의외로 실제 삶에서 이런 경우는 종종 마주치게 되곤 한다. 쉽게 말해 도주해야 하는 때이긴 한데 세부적으로는 의외로 상황이 좋게 느껴지는 때랄까. 군자들의 얘기에 적절한 예시는 아니지만, 이를테면 주식 시장이 비정상적으로 가열되어 최고점을 연일 경신하는 그런 상황 같은? 분명 물러나야 할 때인데 시장 상황이 달콤해서 자칫 손을 떼야 하는 시기를 놓칠 수도 있는.

이렇게 생각해 보면 사효에서 왜 군자는 길하고, 소인은 옹색해진다고 말했는지 이해할 수 있다. 대의에 동의했다면 소의를 털고 잊어야 한다. 이것이 가능한 사람이 군자라면, 소의에 걸려 넘어지는 이들이 소인이다. 대의가 비전이라면, 소의는 현실적인 이익, 감각적인 쾌락 등으로 풀어 볼 수 있지 않을까. 말로는 쉬워 보이지만 실제 상황이라면 눈앞의 달콤함에 흔들리지 않기가 생각보다 쉽지 않을지도 모른다. 여하튼 이것을 '군자길(君子吉), 소인비(小人否)', 즉 군자는 길하겠지만 소인은 옹색해진다고 둔괘는 말한다.

도주란 무엇인가. 달아남이다. 피하는 것이다. 떠나는 것이다. 하지만 도주의 가장 큰 의미는 도주함으로써 도주할 수밖에 없었던 상황의 의미와 구도 자체를 변화시키는 데 있다. 어떤 도주의 상황이 있다고 가정해 보자. 힘 대 힘이 맞부딪치는 상황 같은? 그런데 감당할 수 없는 정도의 힘이라면? 부당한 폭력이라면? 눈에는 눈, 이에는 이라는 말도 있지만 힘에는 힘이 꼭 좋은 방식인 것은 아니다.

어떤 사람이 공자에게 원한에 대해 덕(德)으로 갚아 주면 괜찮은 것인지 물었다. 공자는 반문했다. 그렇다면 덕에 대해서는 무엇으로 갚을 것인가. 공자는 말한다. 원한은 정직(直)하게 갚고, 덕에는 덕으로 갚을 것. 공자는 왜 원한을 덕으로 갚는 것을 꺼렸을까. 그리고 공자는 또 왜 원한을 원한으로 갚는 게 아니라 정직하게 갚으라고 말했을까. 그 이유는 어쩌면, 소인과는 어떤 일을 다투어 그 결과가 설혹 승리하게 될 때조차도 나 역시 소인이 되지 않을 수 없기 때문이 아니었을까. 그렇다고 원한을 덕으로 갚아야 하는 것도 아니다. 원한은 그에 걸맞게 갚아 줘야 한다. 원한의 방법으로는 아니게, 내 자신에게는 솔직·정직하게!

도주란 일단 지금의 상황 바깥으로 피하는 것이다. 문제를 외면하기 위해서가 아니라, 다른 판에서 그 문제를 제대로 풀기 위해서는 일단 그 판을 피하고 볼 일이다. 도망(도주)이 최선의 방법이라는 것도, 무작정 도망하고 볼 일이라는 말도 아니다. 하지만 도망(혹은 은둔)이 그 자체로 약자의 정신 승리가 아니라는 것. 도망의 때에 제대로 도망하는 것은 내 자신의 군자됨을 손상시킨 것이 아니라 오히려 군자여서 가능한 도망이 있다는 것.

도망에도 도(道)가 있는가. 그렇다. 도망에도 때가 있고, 원칙과 도리도 있다. 도망은 일단 소인을 피해 소인으로부터 도망치는 것이다. 요컨대 소인을 피해 될 수 있는 한 멀리 도망쳐야 하는 때다. 하지만 인간사 세상일에 어떻게 소인을 피할 수 있을까. 그럼에도 둔괘는 말한다. 소인과는 다투지 말아야 한다. 왜? 이긴다 해도 실익이 없기 때문이기도 하고, 다른 한편으로 그것은 내 스스로 소인이 되는 길일 뿐이기 때문이다. 소인에게서 멀어질 수 없다면 소인 안에서 도망쳐라. 이 말은 모순처럼 보이지만 어쩌면 소인을 피할 수 없을 때 소인과 함께 있으면서도 소인에 물들지 않도록 스스로를 다스리는 유일한 도주로일지 모른다. 이제 「대상전」의 의미가 다시 보인다. 소인을 미워하지 말고, 스스로 엄격할 것. 소인을 미워하지 말라, 연민할 수 있는 군자가 돼라. 미워할 수 없다면 힘껏 도망쳐 달아나라.

34
뇌천 대장,

몸에서도 글에서도
힘을 빼자

김희진

雷天 大壯 뇌천 대장

大壯, 利貞. 대장, 리정.

**대장괘는 올바름을 굳게 지키는 것이 이롭다.**

初九, 壯于趾, 征凶, 有孚. 초구, 장우지, 정흉, 유부.

**초구효, 발에서 장성한 것이니 나아가면 흉하게 될 것이 틀림없다.**

九二, 貞吉. 구이, 정길.

**구이효, 올바름을 굳게 지켜 길하다.**

九三, 小人用壯, 君子用罔. 貞厲, 羝羊觸藩, 羸其角. 구삼, 소인용장, 군
자용망. 정려, 저양촉번, 리기각.

**구삼효, 소인이라면 강한 힘을 쓰고 군자라면 상대를 무시한다. 그 상태를 고수하
면 위태로우니 숫양이 울타리를 치받아서 그 뿔이 다치는 것이다.**

九四, 貞吉, 悔亡. 藩決不羸, 壯于大輿之輹. 구사, 정길, 회망. 번결불리, 장
우대여지복.

**구사효, 올바름을 굳게 지키면 길하여 후회가 없어진다. 울타리가 터져 열려서 뿔
이 다치지 않으며 큰 수레의 바퀴살이 강한 것이다.**

六五, 喪羊于易, 无悔. 육오, 상양우이, 무회.

육오효, 양들을 온화하게 대하여 힘을 잃게 하면 후회가 없다.

上六, 羝羊觸藩, 不能退, 不能遂. 无攸利, 艱則吉. 상육, 저양촉번, 불능
퇴, 불능수. 무유리, 간즉길.

**상육효, 숫양이 울타리를 치받아 물러날 수도 없고 나아갈 수도 없다. 이로운 것이
없으니 어렵게 여기면 길하다.**


뇌천 대장괘는 아래에 강건한 건(乾)괘가, 위에는 움직여 나아가는

진(震)괘가 있다. 대장이라는 명칭에서부터 씩씩한 기상과 용맹함이 느껴진다. 하지만 우두머리, 두목을 뜻하는 대장(大將)과는 한자가 다르다. 대장(大壯)은 '큰 것이 강성하다', '자라나는 것이 크다'는 의미이다. 그러니까 힘차게 앞으로 뻗어 나가는 기세를 강조하는 것이다. 큰 것이 자라난다는 것은 '양'(陽)이 자란다는 것인데, 양은 음에 비해 큰 것이기 때문에 올바르고 큰 도를 나타낸다. 그렇다면 소인배가 물러가고 대인배가 나서는 지천 태(地天泰)의 태평성세가 떠오르지 않을 수 없다. 지천 태보다 양이 하나 더 자랐으니 더 확실한 양의 세상이 아닐까? 그래서 대장의 국면은 대인배들이 승기를 잡고 쭉쭉 밀고 나가는 좋은 세상일 것만 같다.

하지만, 그러면 그렇지. 『주역』에서는 좋은 것과 나쁜 것에 대한 통념은 통하지 않았다. 대장의 괘사는 딱 두 글자. "리정"(利貞)으로, '올바름을 굳게 지키는 것이 이롭다'는 의미다. 왜냐하면 강건함이란 올바르지 못하면 '강경하고 사나운 행위'일 뿐이기 때문이다. 소인배들도 기세등등하면 잔인하고 폭력적이지만, 대인배들의 세상이라고 해도 마찬가지다. 양기와 같이 뻗치는 힘은 주위를 압도하기 마련이다. 그 힘이 발휘될 때 원칙이 없고 통제되지 않는다면 똑같이 폭력일 뿐이니, 이때에는 오직 한 글자, '정'(貞)이 필요하다. 그래서 큰 도인지 아닌지, 옳은지 그른지는 정해져 있는 고정된 실체가 아니다. 그저 끊임없이 자신이 올곧게 대의를 지키고 있는지를 성찰할 수밖에 없다.

하지만 우리는 얼마나 고정된 잣대로 세상을 보는가? 나는 『주역』을 읽는 독자로서 스스로를 군자를 지향하고 도를 좋아하는 사람이라고 생각하며 『주역』을 읽을 때가 많았다. 역사적이고 정치적인 사건들을 연결하면서 읽다 보면 특히 그렇다. 양기가 기세 좋게 뻗어나가는 대장괘를 보면서 마치 내가 바라던 도가 펼쳐진 세상이 도래한 것 같고, 주르륵 늘어선 양효들이 제발 좀 '리정'(利貞)을 명심해서 이 국면이 무사히 태평성세로 지속되기를 바라는 마음이 있었다. 나는 양 자체를 옳음으로 보고 있었던 것이다. 하지만 웬걸, 이 양효들은 그냥 '힘'일 뿐이요, 숫양이 미친듯이 울타리를 들이받다가 뿔이 상하는 것처럼, 힘을 주체 못해 낭패당하기 십상인 괘다. 대장괘는 큰 도가 이루어진 좋은 세상이 아니라 뻗치는 힘을 어쩔 것인지 고심하는 것이 핵심인 것이다. 그 힘을 잘 다루는 것이 이 괘의 관건이다.

그럼 이제 글에서의 '힘' 이야기를 해보자. 〈감이당〉에서 글 발표를 하면 같은 문제로 지속적으로 혼나는 사람이 있다. 그 지적들이 글쓰기 테크닉이 아니라 습관이나 신체 상태, 욕망의 문제까지 아우르고 있어서 잘 안 고쳐지기 때문이다. 나 역시 고질적으로 같은 지적을 받곤 했는데, 반복해서 들은 코멘트 중 하나가 '힘을 빼라'였다. 글 속에서 차력을 하는 것도 아닌데 어떻게 힘을 빼라는 거지? 어떤 대목을 보고 글에 힘이 들어가 있다는 거지? 사실 처음엔 동의하기 힘들었다. 글이 나를 온전히 드러낸다는 것을 몰랐기 때문이다. 하지만 몇 번이나 같은 코멘트를 듣고 나서 '혹시 그건가…?'라는 감이 오기 시작했고, 글에 내 모습, 특히 신체성이 그대로 반영된다는 것을 깨달았다. 그리고 글쓰기의 위력을 실감하지 않을 수 없었다. 사실은 내가 삼십대 후반에 뇌경색을 겪은 후 한의원에서 맨날 들었던 말이

'힘을 빼라'였기 때문이다. 어깨도 뭉쳐 있고, 몸도 긴장해 있지만 내 신체의 가장 큰 문제는 뻗치는 기운이었다. 똑같은 '힘 빼라'인데 한의원에서 들은 '힘'과 글쓰기 현장에서 들은 '힘'이 연결이 될 거라고는 상상도 못했었다. 몸이나 글이나, 왜 그렇게 힘을 주고 있는지. 나는 울타리를 들이받는 대장괴의 숫양처럼 뻗치는 기운을 제어하지 못하면서 낭패를 많이 겪었다.

우선, 몸의 문제에서는 힘을 주고 있지도 않은데 힘을 빼라고 하니 대체 어떻게 해야 할지, 참 난감했다. 의사는 요가를 권했다. 나는 가만히 서서 호흡을 하거나 천천히 스트레칭을 하는 게 너무 간지럽고 좀이 쑤셔서 요가는 하는 시늉만 하고 따로 달리기로 땀을 뺐다. 나중에 의사가 알고선 달리기를 계속하면 기운이 위로 뻗쳐 올라가는 신체 상태가 바뀌지 않기 때문에 또 뇌경색이 올 수 있다고 해서 포기했다. 지금은 요가만 해도 충분히 땀이 나지만, 당시에는 대체 이 맹숭맹숭한 요가가 어떻게 운동이 되고 몸의 힘을 조절한다는 건지 이해할 수가 없었다.

글쓰기에서도 나는 같은 난관에 처했다. 나는 내 글 어디에 힘이 들어가 있다는 건지 알 수가 없었다. 선언문도 아니고, 주장을 하는 것도 아닌데 어디에 '힘'이 들어간 걸까? 힘을 빼기는커녕 찾을 수도 없어서 그다음 글도, 또 그다음 글도 비슷하게 흘러갔던 것이다. 그러다가 나는 내가 모종의 전제 위에서 글을 쓴다는 것을 알게 되었다. 꼭 어딘가로 도달해야 할 것처럼 비장한 결의에 차 있는데, 그것이 바로 힘을 '빡!' 준 글의 실체였다. 나는 현재를 부족한 상태로 보고 발전을 향해 나아가야 한다는 신념을 갖고 있었다. 양효가 커 가듯 말이다. 그래서 역사의 진보를 믿었고, 나의 성장도 추구했다. 그 힘이 있었기에 공부하러 〈감이당〉에 왔다. 세상을 바꾸고자 하는 마음도 컸고, 그런 내가 대의를 따르는 거라고 여겼다. 대장괘를 보고서 마치 대의의 승리인 것처럼 느꼈던 그 마음도 양이 옳음이고 양이 커 가는 게 좋은 거라는 전제 때문이었던 것이다.

하지만 커지는 양(陽)의 힘이 어떤 건지를 숫양(羊)은 적나라하게 보여 준다. 울타리로 앞이 막혀 있는데도 '나아가야 해! 나아가야 해!' 하면서 들이받으니 뿔이 걸리고 상하게 된다(羸其角리기각). 아마 머리도 꽤나 아플 것이다. 이 힘을 제어하는 것이 대장괘의 관건이자 나의 과제이기도 했다. 신체와 생각과 글은 하나로 연결되어 있다. 치우친 몸에 병이 왔듯이 나의 글은 내 치우친 생각들을 드러내 주고 있었다.

육오는 떼로 몰려오는 양의 기운을 부드럽게 제어하는 음의 군주다. 힘은 힘으로 맞서선 안 된다. "양들을 온화하게 대하여 힘을 잃게 하면 후회가 없다."(喪羊于易상양우이, 无悔무회; 고은주, 『주역입문강의』, 215쪽) 정이천은 육오의 효사인 상양우이(喪羊于易)의 이(易)를 화이(和易), 즉 온화하고 평정한 태도로 풀었다. 평온하고 온화한 요가의 호흡으로 뻗치는 기운을 다스려서 힘을 빼 주는 것처럼 음으로 양을 다스리는 것이다. 그런데 오효에 대한 도올 선생님의 해석은 조금 다르다. 도올은 '이'(易)가 아니라 '역'(易)이라고 읽는데 '밭의 변경(場)'이라는 글자의 변형으로 보기 때문이다. 그러면 육오의 해석이 '밭의 변경에서 숫양을 잃어버렸다'가 된다(김용옥, 『도올주역강해』, 460쪽). 도올은 이것이 바로 대장괘가 자신의 '아이덴티티'를 상

실한 것이라고 해설하며 자기의 자랑이자 정체성인 힘을 잃은 것은
아주 속이 후련한 일이라며 통쾌해했다. 대장괘의 정체성은 강성하
게 커지는 힘 그 자체다. '장심'(壯心)을 잃었으니 당황스럽고 망연자
실할지도 모르겠다. 하지만 오효가 그렇게 자신의 힘을 잃지 않았다
면 그 힘은 너무 강고해져서 자기 힘에 자기가 압도되어 위태로웠을
것이다. 제어하든지, 잃든지, 두 해석 모두 오효의 단계에선 힘이 없
어진 상태다. 머리카락 잘린 삼손처럼 힘이 없기 때문에 위험한 상황
을 피했다. 그래서 후회할 것이 없게(无悔무회) 되는 것이다. 대장괘
의 군주가 '장심'이라는 정체성을 잃어야 이 괘가 무사하다니!

　나는 뭔가 꽉 차 있는 상태로 공부를 시작했다. 중년에 공부를
한다는 것은 뭔가를 쌓아 가는 공부가 아니라, 여태까지 쌓은 것을
허무는 과정이 되어야 한다. 쌓은 것 중에 가장 견고한 것이 바로 '나'
라는 자아상이다. 그것은 오랫동안 축적된 생각의 방식, 신체의 습관
이다. 이것을 잃으면 장심을 잃은 대장괘의 군주와 같이 망연자실하
고 혼란스러울지 모른다. '난 이런 사람이야', '내 사전에 이런 단어는
없다', '평생 이러고 살았는데 어쩌라고'… . 우리는 이런 생각을 하면
서 오랜 습관과 생각을 바꾸려고 하지 않는다. 하지만, 이걸 깨는 게
공부다.

　나는 대장괘 양효의 기세등등함을 신체적 증상으로 공감했지
만, 나뿐 아니라 다른 많은 사람들도 생각과 글에서 견고한 자아상
을 만들어 가고 있다는 점에서 대장괘를 닮았다. 글쓰기는 이런 견고
한 자아상을 깨는 데 가장 좋은 방법이다. 왜냐하면 글쓰기는 시선을
안으로 돌려야 하고, 속도를 늦춰야 하고, 차분히 생각하는 작업으로

매우 음적인 공부 방법이기 때문이다. 수렴하는 공부가 바로 강력한 육오효다. 글쓰기로 상양우이(喪羊于易) 하기! 힘 좀 빼고 살자.^^ 그 것이 인생에 후회를 없게 하는 중년의 공부다.

35
화지 진,

혼자서는
결코 빛날 수 없다!

고영주
—————

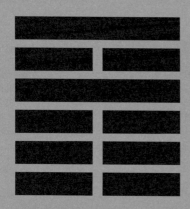

火地 晉
화지 진

晉, 康侯用錫馬蕃庶, 晝日三接. 진, 강후용석마번서, 주일삼접.

진괘는 나라를 안정시키는 제후에게 말을 많이 하사하고, 하루에 세 번 접견하는 것이다.

初六, 晉如摧如, 貞吉. 罔孚, 裕无咎. 초육, 진여최여, 정길, 망부, 유무구.

초육효, 나아가거나 물러남에 올바르면 길하다. 주변에서 믿어 주지 않더라도 여유로우면 허물이 없다.

六二, 晉如愁如, 貞吉, 受玆介福于其王母. 육이, 진여수여, 정길, 수자개복우기왕모.

육이효, 나아가려다 근심하는 것이지만 올바름을 지키면 길하니 왕모에게서 큰 복을 받는다.

六三, 衆允, 悔亡. 육삼, 중윤, 회망.

육삼효, 무리가 믿고 따르니 후회가 없어진다.

九四, 晉如鼫鼠, 貞厲. 구사, 진여석서, 정려.

구사효, 나아가는 것이 다람쥐와 같으니 계속 고수하면 위태롭다.

六五, 悔亡. 失得勿恤, 往吉, 无不利. 육오, 회망. 실득물휼, 왕길, 무불리.

육오효, 후회가 없게 된다. 득실을 근심하지 말아야 하니 나아가면 길하여 이롭지 않음이 없다.

上九, 晉其角, 維用伐邑, 厲吉, 无咎. 貞吝. 상구, 진기각, 유용벌읍, 려길, 무구. 정린.

상구효, 그 뿔에까지 나아가니 오직 자기 자신을 강하게 단속하는 데에 사용하면 엄격하더라도 길하고 허물이 없다. 하지만 올바름의 측면에서는 부끄러움이 있다.

매주 월요일, 퇴근 후 저녁 6시 40분이면 어김없이 온라인으로 '퇴근

길 주역' 강좌를 함께하는 학인들을 기다렸다. 작년 초부터 강좌 매니저를 맡아 왔고, 하반기에는 강의까지 하게 되어 월요일은 항상 긴장과 바쁨의 날이었다. 홀가분함과 아쉬움 속에서 어느덧 강좌가 무사히 종강되었다. 돌이켜보면, 『주역』 책을 펴 놓고 강의 준비를 했던 지난날들이 아직도 믿기지가 않는다. 처음 〈감이당〉에 접속해 띄엄띄엄 공부를 했을 때와는 다르게 공부가 제법 성장했고, 나름 성대하게 나아가고 있는 셈이다.

『주역』에도 밝고 성대하게 나아가는 괘가 있다. 바로 화지 진괘다. "'진'(晉)이란 나아감이다"라는 「서괘전」의 내용을 정이천 선생님은 이렇게 풀이한다. "모든 것이 강성해진 끝에 가서 멈추는 이치는 없으니, 강성해졌다면 반드시 나아가므로 진괘가 대장(大壯)괘를 이었다."(정이천, 『주역』, 699쪽) 상괘는 불을 상징하는 이(離)괘가, 하괘는 땅을 상징하는 곤(坤)괘가 자리한 화지 진의 상(象)은 밝은 태양이 땅 위로 솟아 오르고 있는 모습이다. 하여 '晉'(진)에는 단순히 앞으로만 전진하는 '進'(진)과는 달리 밝고 성대하다는 뜻이 함께 담겨 있다. 그래서인지 진괘는 나라를 다스리는 일에 누구보다도 밝고 성대한 덕(德)을 갖추고 있는 '강후'(康侯)로 시작한다. 그렇다면 강후를 강후로서 밝고 성대하게 해주는 힘은 무엇일까. 그것은 수많은 인연들과의 '만남'이다.

그동안 〈감이당〉에서 여러 세미나를 했고, '감이당-대중지성'(고전을 읽고, 쓰고, 낭송하는 프로그램. 이하 '감성')에서는 읽고 쓰는 공부의 근력을 키웠다. 정규직이라 비록 일요일 주말 하루뿐이었지만, 이 만남으로부터 내 일상은 크게 달라졌다. 그러다 우연히! 몇 년 전에 글공방 〈나루〉(물길이 열리는 나루터라는 뜻으로 현재 내가 공부 훈련을 하고 있는 곳이다)와 접속하게 되었다. 스승과 도반과 함께 공부로 활동할 수 있는 네트워크가 열리게 된 것이다.

진괘의 강후가 첫번째로 만나는 사람은 바로 왕이다. 나라를 안정되게 다스리려면 누구보다도 왕과의 관계가 두터워야 한다. 그러자면 강후에게 꼭 필요한 태도가 있다. 바로 '순종'이다. 다시 진괘의 상으로 돌아가 보면, 마치 밝은 왕에게 순종하는 제후의 모습처럼 리(離)괘의 밝음(明)에 곤(坤)괘의 순종(順)이 붙어 있는 모습이다. 새로운 네트워크에 접속한 만큼 나 또한 〈나루〉 선생님들에게 '순종'하는 태도를 갖는 것이 가장 중요했다. 지금까지도 나에게 있어 〈나루〉 선생님들은 밝음의 주체다. 순종하는 마음으로부터 출발해야만 앞으로의 공부가 밝아지고 성대하게 나아갈 수 있으며, 공부공동체의 윤리와 여기에서 만나는 인연들에게 마음을 다할 수 있으리라 믿었다.

진괘의 강후가 왕에게 순종하는 마음이 강할 때, 왕은 '용석마번서'(用錫馬蕃庶), 제후에게 말을 하사하며 나라를 부유하게 하고 번성시키려고 한다. 공부공동체이니 만큼 텍스트와의 만남도 매우 중요한데, 〈나루〉에서 만난 첫 책이 바로 『주역』이었다. 『주역』이 나의 일상에서 부유해지고, 〈나루〉의 관계 안에서 밝고 성대하게 번성하려면 어떻게 해야 할까. 먼저 어렵고 낯선 64괘의 기호와 괘사, 그리고 효사를 필사하고 암기했다. 공부가 한층 성장하려면 텍스트와 친해지는 것이 가장 중요했기 때문이다. 거기다 〈나루〉 도반들까지 나서서 부족하고 어설픈 한자를 체크해 주었다. 여러 사람들의 응원과 관심 덕분에 '내가 이 정도로 공부를 할 수 있었나' 싶을 정도로 생소

했던 『주역』이 안정되어 갔고 〈나루〉에서의 공부가 즐거워지기 시작했다.

그런데 문제는 강의였다. '내가 강의라고? 그것도 『주역』으로?' 당시 〈나루〉에서는 '암송 주역' 프로그램 개강을 앞두고 있었다. 나를 포함해 〈나루〉 선생님들과 도반들이 『주역』의 64괘를 나누어 강의를 진행하기로 한 것이다. 솔직히 지금까지 강의를 듣기만 했지, 해볼 생각은 전혀 하지 않았기 때문에 강의를 준비한다는 것은 나에게 큰 근심일 수밖에 없었다. 그런 점에서 진괘 육이효의 처지가 나와 같다고 할 수 있다. "나아가려다 근심하는 것이지만 올바름을 지키면 길하다."(晉如愁如진여수여, 貞吉정길) 수(愁)란 '근심하다'라는 뜻이다. 육이효는 밝고 성대하게 나아가는 때이나 아직은 괘의 하체에 있고, 음(陰)이라 덕(德)이 강하지 못해 강직한 힘을 쓸 수 없어 근심하고 있는 중이다.

나도 육이효와 마찬가지로 〈나루〉와 접속한 첫 해라 아직은 배워야 할 위치라 생각했다. 거기다 사실 이전까지의 공부는 나 혼자만 열심히 읽고 쓰면 되는 문제였다. 하지만 강의는 단순히 『주역』을 열심히 외우고 쓴다고 해서 할 수 있는 문제가 아니다. 강후가 왕에게 받은 말을 '번서'(蕃庶)한다는 것은 왕뿐만 아니라 백성과의 만남으로까지도 나아가야 하는 것이다. 강의 역시 마찬가지다. 〈나루〉와의 만남으로부터 나의 공부가 밝고 진솔하게 또 다른 만남으로 번져 갈 수 있느냐의 문제였다. 강의로 근심하고 있던 와중에 어째서인지 〈나루〉 도반들과의 공부가 어긋나기 시작했다. '암송 주역' 개강 첫날부터 순탄하지 못했고, 전체적으로 공부가 진전되지 않으면서 상황이 좋지 않게 흘러간 것이다. 계속되는 실수 때문인지, 시절인연 때문인지 함께 공부하던 도반들이 하나둘씩 〈나루〉를 떠나갔다.

처음 〈나루〉에 접속했을 때와는 다른 분위기가 맴돌았다. 강의 준비를 함께 나눌 도반들이 없어 막막하기도 했고, 강의 날짜가 다가오면 다가올수록 초조해져만 갔다. 그러나 여기서 물러날 수는 없었다. 진괘의 육이효는 근심하고 있기는 하지만, 음의 자리에 음이 위치하고 있어 정(正)하다. 『주역』에서 '자리가 올바르다(正)'라는 것은 무엇일까. 그것은 자신이 처한 상황에서 가장 합당한 일을 할 수 있다는 것을 말한다. 그러니 육이효의 "진여수여"는 근심하는 것 위에서 밝고 성대하게 나아가고 있는 것이기도 하다.

내가 할 수 있는 합당한 일이란 괘를 암기하고 소화한 만큼 강의안을 써 보면서 〈나루〉로부터 주어진 공부의 리듬을 이어 가는 것이었다. 강의를 준비할 때 선생님들께서 요청하신 것은 단 하나! 『주역』의 언어들을 모두와 소통할 수 있는 언어들로 만들어야 한다는 것! 지금까지 나 혼자만 알고 곱씹었던 언어가 아닌 곧 마주할 학인들과 진솔하게 소통할 수 있는 언어들을 고민하는 것이 나의 숙제였다. 육이효로부터 배울 수 있는 올바름이란, 밝고 성대해진 다음에 강의를 하는 것이 아니라, 근심하는 것 위에서 강의를 준비하며 인연을 확장시킬 수 있는 힘을 기르는 일이다.

매주 괘 하나씩 강의를 준비했고, 선생님들께서는 일요일마다 강의를 체크해 주셨다. 사실 그동안 주중에는 공부와의 마주침이 적었다. 모두와 소통할 수 있는 언어뿐 아니라 한문 강독, 스토리텔링, 목소리, 호흡까지 체크를 받아 가며 강의 시연을 하면서 공부와의 만남이 예전보다 훨씬 빈번해졌다. 마치 진괘의 왕과 제후가 하루에 세 번이나 마주하는 '주일삼접'(晝日三接)의 빈번함처럼 말이다. 빈번했지만 선생님들 앞에서의 강의 시연은 지금까지 대중지성에서 학기 말에 해왔던 에세이 발표나 렉처(미니강의)와는 전혀 다른 밀도와 긴장감을 받았다. 여러 우여곡절을 겪었고, 하반기에 들어서야 겨우 첫 강의를 할 수 있게 되었다. 얼마나 긴장되고 떨렸던지 그때의 만남과 훈련이 없었다면 지금까지도 『주역』으로 강의를 한다는 것은 상상도 할 수 없었을 것이다.

육이효는 자리가 정(正)할 뿐 아니라 하체의 중앙에 위치해 있어 중(中)한 힘도 갖고 있다. 특히 곤괘의 중앙이라 자신과 응(應)하고 있는 오효를 향한 순종(順)이 누구보다 강하다. 오효를 향한 순종을 바탕으로 밝고 성대하게 나아갈 수 있기에 육이효의 길(吉)함은 구체적인 복(福)으로 확장된다(受玆介福于其王母수자개복우기왕모). 육오효는 군주이지만 음의 자질이라 왕모(王母)라 칭했고, 밝음의 주체인 이괘의 주효이기 때문에 진괘에서 누구보다도 밝다(明). "육오효는 크게 밝은 군주로서 자신과 더불어 덕이 같은 육이효와 함께하려고 해서, 반드시 구하여 총애와 녹봉을 줄 것이니, 큰 복을 왕모에게 받는 것이다. '개'는 크다는 뜻이다."(정이천, 『주역』, 706쪽) 오효는 군주의 자리로서 나에게는 〈나루〉의 선생님들이면서, 음효의 자질로써 부족한 나를 품어 주고 『주역』을 함께 공부해 준 학인들이기도 하다. 이렇듯 '퇴근길 주역'은 수많은 인연들에게 받은 개복(介福)이라고 할 수 있다.

강좌를 준비하면서 프로그램 모집글을 처음 써 보았다. 그동안 수많은 누군가의 모집글을 스쳐 보고 지나갔지만, 글을 쓰는 것만큼이나 마음을 다해야 한다는 사실과 나의 배움 안에 다른 사람들을 참여시키고자 하는 일이 얼마나 어려운 것인가를 느꼈다. 거기다 누군가를 이토록 기다려 본 일이 또 있었을까. 커리큘럼을 올리고 혹여나 강좌를 신청하는 사람들이 없어 폐강이라도 되면 어쩌지 싶었다. 온갖 초조함과 긴장 속에서 강좌가 무사히 개강되었을 때는 너무나 기뻤고, 강사료를 받았을 때는 나의 비전에 한 걸음 다가간 것 같아 뿌듯하기도 했다.

그렇다. 진괘의 강후가 나라를 다스리는 데에 아무리 밝고 성대하다 해도 말을 하사하고 빈번하게 만나 줄 왕이 없다면 아무런 소용이 없듯이, 나를 써 주고 공부의 장(場)을 열어 주는 인연들과의 만남이 없었다면 강좌 매니징을 하고 강의를 한다는 것은 꿈도 꾸지 못했을 것이다. 그러니 앞으로 나에게 주어질 공부와 비전 또한 〈나루〉의 밝음과 수많은 인연들이 선물해 준 큰 복(介福)이라고 확신한다. 나 또한 누군가를 강후로서 빛나게 해줄 수 있는 인연이 되어 주는 것! 이것이 진정한 화지 진의 모습이다. 글을 다 쓰고 보니 전생에 무슨 복을 쌓았는지 나는 복도 많다. 참 많다.

36
지화 명이,

충신과 현자들을
반가워할 수만은 없는 이유

문성환
———

地火 明夷
지화 명이

明夷, 利艱貞. 명이, 리간정.

**명이괘는 어려움을 알고 올바름을 굳게 지키는 것이 이롭다.**

初九, 明夷于飛, 垂其翼. 君子于行, 三日不食, 有攸往, 主人有言. 초구, 명이우비, 수기익, 군자우행, 삼일불식, 유유왕, 주인유언.

**초구효, 밝은 빛이 손상당하는 때이니 나는 새의 날개가 아래로 처지는 것이다. 군자가 떠나가면서 3일 동안 먹지 않으니 나아갈 바를 두면 주변 사람들이 이런저런 말을 한다.**

六二, 明夷, 夷于左股, 用拯馬壯, 吉. 육이, 명이, 이우좌고, 용증마장, 길.

**육이효, 밝은 빛이 손상당하니 왼쪽 넓적다리를 다쳤으나 구원하는 말이 건장하다면 길하다.**

九三, 明夷于南狩, 得其大首, 不可疾貞. 구삼, 명이우남수, 득기대수, 불가질정.

**구삼효, 밝은 빛이 손상당하는 때에 남쪽으로 사냥 나가서 그 우두머리를 얻지만 빨리 바로잡을 수는 없다.**

六四, 入于左腹, 獲明夷之心, 于出門庭. 육사, 입우좌복, 획명이지심, 우출문정.

**육사효, 왼쪽 배로 들어가 밝은 빛을 손상당한 육오의 마음을 얻어서 문 앞의 뜰로 나오는 것이다.**

六五, 箕子之明夷, 利貞. 육오, 기자지명이, 리정.

**육오효, 기자가 밝은 빛을 감춘 것이니 올바름을 지키는 것이 이롭다.**

上六, 不明晦, 初登于天, 後入于地. 상육, 불명회, 초등우천, 후입우지.

**상육효, 밝지 못하여 어두우니 처음에는 하늘에 오르고 나중에는 땅속으로 들어간다.**

명이(明夷)는 빛이 손상된 상태(혹은 상황)다. 자연현상으로 보면, 태양이 제대로 빛나지 못하는 상황이고, 사회 정치적으로 보면 암울한 현실, 이를테면 우매하거나 폭력적인 리더(군주) 등으로 인해 야기된 현실을 가리킨다. 폭군 네로? 청나라 말기? 연산군 시절? 어쩌면 작금의 한국 사회? 얼핏 생각해 봐도, 역사적 사례들은 차고 넘칠 만큼 많다.

명이의 때는 밝음이 부상을 당하는 때이기도 하다. 명철한 신하(明臣)들은 암군(暗君)의 세상에서 제대로 살기가 힘든 법이다. 세상이 미쳤다면 그만큼 제 정신으로는 살기가 힘들다. 이런 점에서 『주역』의 명이괘는 흥미롭게 살펴볼 지점이 많다. 명이괘는 단순히 어두운 시대의 현상을 폭로하고 비판하기 위한 괘가 아니다. 명이괘는 이렇게 묻는다. 지금이 명이의 때라면 당신은 어떻게 (해야) 할 것인가. 이 질문은 진지하고 또 중요하다. 왜? 명이는 윤회하니까. 명이는 계속 되돌아온다.

중국 고대사에서 명이의 때를 떠올리게 하는 대표선수는 단연 은(殷)나라의 주왕(紂王)왕이다. 주왕은 애첩 달기와 함께 주지(酒池)와 육림(肉林)을 만들어 방탕한 향락을 즐겼다. 기름칠을 한 쇳덩이를 불에 달궈 놓고 그 위로 죄인들을 걷게 하여 불 속으로 미끄러지게 하는 포락형을 자행했다. 은나라 주왕은 암군의 대명사다. 흥미롭게도 그러한 최악의 명이 때에 충신이면서 성인급에 해당하는 군자들이 한꺼번에 등장한다. 시대가 영웅을 만든다더니, 성인(군자)은 명이의 때를 만나 완성되는 것일까.

명이괘의 괘사는 심플하다. 리간정(利艱貞). 어려움을 알고 올바름을 굳게 지키는 것이 이롭다. 무슨 긴 말이 필요할까. 어둡고 엄혹한 시절에 무슨 세세한 매뉴얼이 필요하겠는가. 다만 한 가지, 스스로 올바름을 굳게 지킬 수 있을 뿐이다. 그런데 시절이 어두컴컴하여 하수상한데 올바름을 지킨다는 건 대체 어떤 걸까. 스스로 옳다고 생각하는 신념을 걸고 부서지는 한이 있더라도 더러운 세상과 부딪치는 걸까. 아니면 일단은 세상으로부터 몸을 피한 채 때가 지나길 기다리는 것일까. 그것도 아니라면 나와 뜻이 맞는 동지들을 규합하거나 도움을 얻을 수 있는 세력을 찾아 원조를 구할까.

구성과 구조의 측면에서 보면, 명이괘의 상체는 곤(坤; 地), 하체는 리(離; 火)다. 빛(이를테면 태양)이 땅 아래에, 다시 말해 태양이 땅속에 파묻혀 있는 모양새다. 당연히 세상은 빛을 잃어 어두컴컴한 상황. 군자는 해가 뜨면 마음과 몸을 다해 일을 도모하고 해가 지면 몸과 마음을 쉬게 하는 법이다(feat. 택뢰 수괘 「상전」). 하지만 명이괘의 어두움은 자연스럽게 해가 진 어두움이 아니다. 환하고 밝아야 할 때에 어둡고 희미해지는 일이 생기면 어떻게 될까? 명이괘는 바로 이러한 때, 이러한 문제를 다루고 있다. 당신, 지금이 명이의 때라면, 어떻게 해야 할까?

큰 틀에서 명이괘는 "어려움을 알고 올바름을 굳게 지키는 것"(艱貞간정)이라는 괘사의 말을 주요 논점으로 다룬다. 그런데 흥미로운 점이 있다. 명이괘에서는 오효가 아니라 육효(상효)가 군주효라는 사실이다. 『주역』의 효사를 만든 이는 왜 이렇게 설정해 놓았을까. 추측건대 명이괘는 희미하고 흐릿하고 탁한 군주의 시대이고, 하여 군주가 스스로 어떻게 할 수 있는 때가 아니라고 보았기 때문이 아니었을까. 그렇게 보면 초효부터 오효까지 명이의 시대에 어떻게 탈 (脫)명이할 것인가의 문제를 다루고 있다는 사실 역시 거꾸로 이해 가 된다. 요컨대 명이의 시대에 가장 군주다운 이는 아이러니하게도 군주가 아니며, 군주일 수도 없다. 다시 말하면 군주의 지위를 가지 고 있기에 군주다운 행위를 할 수 있는 게 아니라, 군주다운 행위를 하는 이가 '진짜 군주'인 시대다.

초효는 명이의 때를 피해 떠나는 설정으로 되어 있다. 하늘을 나는 새들도 날개를 아래로 늘어뜨려야 하는 때다. 이러한 시절에 군 자는 피해 떠나간다. 3일간 먹지도 않는다(혹은 먹을 수도 없다?). 『사 기』 '백이열전'에 따르면 은나라 말기, 고죽국의 왕자였던 백이는 의 탁할 곳을 찾던 중 평소 노인을 우대한다는 서백(西伯)의 소문을 듣 고 그쪽으로 향했다. 하지만 이미 백이가 서백의 땅으로 찾아갔을 때 서백 창(주문왕)은 이미 죽었고, 오히려 백이는 그의 아들 주무왕 이 은나라 주왕을 향해 일으킨 군대를 마주치게 된다. 여기서부터는 잘 아는 이야기다. 백이는 주무왕의 군사 행동이 아버지를 위하는 아 들의 행동으로 부적절하고(不孝불효) 왕에 대한 신하의 행동으로서 도 부당하다(不仁불인)고 지적하고, 이에 분노한 군사들이 백이를 죽 이려 하지만 강태공이 나서서 제지한다. 노인을 잘 대우한다는 서백 의 땅을 찾아왔던 백이, 나이 80이 넘은 노인으로 서백을 만나 비로 소 세상을 향해 뜻을 품었던 강태공, 두 사람은 이렇게 먼 길 먼 시간 을 거쳐와 운명적으로 조우하지만 이 기로에서 두 사람의 운명은 다 시 한번 정반대로 갈라지게 된다. 주나라의 시대가 되었을 때 백이는 수양산에서 굶어 죽었고, 강태공은 제나라의 개국 군주(제후)가 되었다. 그리고 세상에는 강태공의 영예보다 백이의 죽음에 관한 무수한 말들이 더 많이 남았다(君子于行군자우행, 三日不食삼일불식, 有攸往유유왕, 主人有言주인유언. 군자가 떠나가면서 3일 동안 먹지 않으니, 나아갈 바를 두면 주변 사람들이 이런저런 말을 한다).

음효인 명이괘 이효의 주인공은 무왕과 주공의 아버지이자『주역』의 예순네 괘사를 지은 서백 창(昌) 주문왕이다. 주문왕은 주왕의 시절 은나라 서쪽 지역의 제후였다. 서백 창은 덕이 높고 노인을 잘 봉양해 많은 이들의 신망을 얻었는데, 주왕의 탐학(貪虐)이 커질수록 서백 창의 이름은 높아졌다. 그러던 중 주왕은 서백 창의 세력을 의심해 유리(羑里)라는 감옥에 가두었는데, 바로 이 유리 감옥에서 서백 창은 복희씨가 남긴 예순네 개의 괘상에 각각의 괘사를 지었다. 이것이 오늘날 우리가 보고 있는『주역』의 64괘사다. 서백 창은 당시 천하의 2/3에 해당하는 세력을 얻었음에도 끝내 무력으로 은나라 주왕을 공격하는 데까지 이르지 않았는데, 아마도 그것은 그가 스스로 자신의 때에 자신이 할 바가 무엇인지 알고 있었기 때문일 것이다. 단지 군사적으로 힘이 더 강하다는 사실은 은나라 주왕과의 전쟁을 일으킬 필요충분한 조건이 될 수 없었다. 아직 거사(!)를 일으킬 만한 때가 아니었다. 비록 주왕에 의해 힘겨운 고초를 겪었지만 결정적일 만큼 힘을 잃지도 않았고, 더욱이 천하의 3분의 2에 해당하는 세력의 지지와 무엇보다도 자신의 대업을 이어 줄 두 아들(주무왕, 주공)과 강력한 우군(강태공)이 있었다(夷于左股이우좌고, 用拯馬壯용증마장, 吉길. 왼쪽 넓적다리를 다쳤으나, 구원하는 말이 건장하다면 길하다).

기원전 1046년. 주무왕 희발(姬發)은 은나라 서쪽 제후들을 규합하여 마침내 주왕을 힘으로 공격한다. 당시 은나라의 병사들은 대부분 은나라가 여러 지역에서 강제로 잡아온 노예병들이었는데, 부패한 주왕의 정치 때문에 처우가 열악했을 뿐 아니라 사기 또한 저하되어 있었다. 기록에 따르면 은나라 병사들은 창을 거꾸로 돌려잡았다고 되어 있다. 요컨대 주나라 군대에 맞서 싸우기는커녕 도리어 주왕을 공격하는 데 함께했다는 뜻이다. 주왕은 스스로 불구덩이에 몸을 던져 자살했고, 600여 년을 이어 온 대제국(商商/은殷)은 그렇게 역사 속으로 사라졌다. 역사는 이제부터 주나라의 시간으로 기록된다. 주무왕의 동생이자 거사의 핵심 동지인 주공(周公) 희단(姬旦)은 새로운 시스템으로 천하를 일신시켰지만, 은나라 왕족 및 유민들에 대해서는 제거하기보다 제도 내에서 통제할 수 있는 방식으로 흡수하였다. 예컨대 주나라는 자신들의 수도를 호경으로 옮기면서, 주왕의 아들인 무경에게는 은나라 수도에 그대로 머물도록 했고, 주왕에게 핍박받았던 은나라의 충성스런 현자들을 복권시켰다. 예컨대 주왕에게 살해된 비간(比干)은 장례를 새로 치러 주었고, 감옥에 갇혀 있던 기자(箕子)를 풀어 주었을 뿐 아니라 그에게 새로운 왕조의 비전을 물었다. 또한 미자(微子)를 송(宋) 땅의 제후로 삼아 은나라의 제사가 끊기지 않도록 했다. 이와 같은 주무왕(그리고 주공)의 이야기는 명이괘 삼효에 해당한다(明夷于南狩명이우남수 得其大首득기대수 不可疾貞불가질정. 밝은 빛이 손상당하는 때에 남쪽으로 사냥 나가서 그 우두머리를 얻지만 빨리 바로 잡아서는 안 된다).

　　명이괘 사효와 오효는 은나라의 인자(이자 충신)인 미자와 기자의 이야기다. 미자 계(啓)는 주왕의 서형(庶兄)이었고, 기자는 주왕의 숙부였다(또 한 명의 은나라 현인인 비간 역시 주왕의 숙부다). 공자는 이렇게 말했다. "미자는 떠났고, 기자는 노비가 되었고, 비간은 간언하고 죽었다." 떠나고(去), 노예가 되고(奴), 죽고(死)! 요컨대 이것은 인자(仁者)들이 명이의 시대를 살아간 삶의 양식 혹은 그들이 보여 준 인격의 태도였다고 할 수 있다. 인자란 자신의 밝은 덕을 밝히며 사는 사람들이다. 그런데 그런 인자들에게 밝은 빛이 훼손되는 시절, 혹은 자신의 밝은 덕을 더 이상 그대로 밝히며 살아가기 힘든 시기가 닥쳤다면? 명이괘는 전반적으로 이러한 물음에 근거해 있다. 이는 또한 공자가 언급한 이 구절이 단순히 과거의 현인을 기리는 칭송 이상이 되는 이유이기도 하다.

비간은 주왕의 잘못된 정치를 바로잡기 위해 여러 번 간언했지만 주왕은 듣지 않았다. 비간은 주왕의 숙부였지만 또한 신하이기도 했다. 간언은 반복될수록 수위와 강도가 높아지고 세졌다. 비간은, 제대로된 신하라면 죽음을 무릅쓰지 않으면 안 된다고 생각했다. 그리고 끝내 주왕에게 죽임을 당했다. '성인의 심장은 일곱 개라 하던데 진짜 그런지 한번 봅시다!' 주왕의 폭정이 극으로 치달아가는 순간이다.

사실 간언으로 따지자면, 비간 이전에 미자가 있다. 미자에게 주왕은 항렬로는 형제였지만 지위로는 군신 관계라는 미묘하면서도 애매한 어정쩡함이 있었다. 이는 선왕 제을의 선택이 미자가 아닌 주왕으로 정해지는 순간 발생할 수밖에 없는 왕실 정치 역학의 문제이기도 하다. 하지만 현인이자 덕이 높았던 미자는 자신의 입장과 분수를 명확히 인식하고 있었다. 은나라의 현자로서 미자는 충심으로 아우이자 주군인 주왕에게 여러 차례 진심 어린 충언을 올렸지만 주왕

(혹은 은나라)의 상황은 이미 회복하기 어려운 수준으로 치닫는 형국이었다. 미자는 은나라의 예와 악을 담당하는 태사와 소사와 상의한 후 은나라를 떠났다. 미자는 자신의 목숨은 내던지지 않은 대신 은나라의 정통이 조상들에 대한 예와 악에 있음을 잃지 않았고 이것을 지키려고 노력했다(六四육사, 入于左腹입우좌복, 獲明夷之心획명이지심, 于出門庭우출문정. 육사효, 왼쪽 배로 들어가 밝은 빛을 손상당한 육오의 마음을 얻어서 문 앞의 뜰로 나오는 것이다).

오효 주인공은 기자다. "箕子之明夷기자지명이, 利貞리정."(기자가 밝은 빛을 감춘 것이니, 올바름을 지키는 것이 이롭다) 미자는 떠났고, 비간은 간언을 하다 죽었다. 기자는 어떻게 했을까? 기자는 아무것도 하지 않았다. 정확히 말하면 기자는 미친 척하며 노비가 되었다. 다시 말하면 기자는 적극적으로, 최선을 다하여, 아무것도 하지 않아도 되는 것이 되려고 했다. 이것을 명이괘에서는 '기자가 밝은 빛을 감추었다'고 말한다. 태양빛이 제대로 빛나지 않는 시대, 누군가는 그 태양빛을 다시 제대로 밝혀 보려 하고(비간) 또 누군가는 태양빛이 밝지 않은 곳에 있기를 거부하고 떠나갔다면(미자), 또 누군가는 스스로 자신의 빛을 감추었다는 뜻이다. 기자는 미자가 떠나는 것을 환영했지만 자신은 은나라가 망하더라도 남의 신하와 종이 되지는 않겠다며 남았다. 미자는 떠나지 않을 수 없는 것이 도리였고, 기자는 떠날 수 없는 것이 도리였기 때문이다. 주왕은 기어이 기자를 붙잡아 가두었지만, 기자는 살아남아 은나라의 예와 악을 또 다른 세상으로 전한다.

이제 명이괘의 마지막(상효)이자 이번 글의 주인공(?)이자 중국 고대사회 최악의 빌런인 주왕 이야기를 해보자. 『사기』「은본기」(殷本紀)에 따르면 주왕의 인물됨은 다음과 같다. "재주는 천부적으로 사물을 분별하는 능력이 대단하고 민첩하여 받아들이고 이해하는 능력 또한 빼어났다. 힘은 보통 사람보다 훨씬 세서 맨손으로 맹수와 싸울 정도였다. 지혜는 남의 말을 듣지 않을 만큼 충분하였다. 말솜씨는 잘못을 감추고도 남았다. 신하들 앞에서 자신의 재간을 뽐내기를 좋아하고, 자신의 명성이 천하의 누구보다 높다고 생각하여 모든 사람을 자기 아래로 여겼다." 잠깐! 우리가 보려는 주왕이 맞는가? 성격 삐딱한 권력자이자 음란대마왕이면서 간신들 아첨에 놀아나는 고약하게 비틀린 흐리멍텅한 제왕이 아니고? 확실히 주왕은 보통이 아닌 게 틀림없다.

은나라 서쪽 방면의 제후였던 서백 창(주문왕)이 차츰 제후들을 규합하고 천하 백성들의 신망을 얻어 나갈 때, 하루는 신하였던 조이가 주왕에게 현실을 알려 주었다. "지금 우리 백성들이 하나같이 은나라의 멸망을 바라면서 '하늘이시여, 어찌하여 천벌을 내리시지 않으며, 어찌하여 천명(天命)은 빨리 오지 않습니까?'라고 말합니다. 왕께서는 어찌하시렵니까?" 이에 대한 주왕의 대답. "내가 태어난 것이 바로 천명이 아닌가?"

명이괘의 상육은 말한다. 불명회(不明晦), 밝지 못하고 어둡다. 초등우천(初登于天) 후입우지(後入于地), 처음에는 하늘에 오르지만 이후에는 땅속에 들어간다. 이 효사가 주왕을 놓고 쓰여진 것인지는 알 수 없지만, 주왕에게 대입해 보면 이보다 더 잘 어울리는 한줄평이 있을까 싶을 정도다. 잘 알려진 것처럼 『주역』의 세계는 모였다 흩어지고 이르렀다가는 떠나고 상승했다가는 하락하는 움직이고 변환하는 우주이다. 한 사람의 일생에서도 한 시대 혹은 한 국가(세계)에서도 혹은 작다면 작은 하나의 사건에서도 이러한 원리는 모두 같다고 할 수 있다. 그런 점에서 보면 누구에게 더 낫고 누구에게 더 나쁜 세상이나 더 좋거나 나쁜 시절이라는 게 있을 수 있을까.

왜적의 침략에 맞서 조선을 구한 이순신, 목숨을 걸어야 했던 유관순, 안중근, 윤봉길 등등의 독립운동가들, 혹은 전태일, 박종철, 이한열 등등. 역사는 영웅과 의사/열사들의 이름을 기억하지만 이분들은 결국 그 시대와 무관할 수 없다. 따지고 보면 중국 사상의 핵심이라고 할 만한 제자백가의 사상가들 대부분은 수백년간 이어진 전쟁의 시대(전국시대)에 어떻게 살 것인가를 고민한 결과였다. 영웅 현자들이 명이의 시대를 배경 삼아 탄생한다는 아이러니 혹은 역설.

사실 명이의 때를 이야기하는 명이 괘가 유독 현자들의 고사와 얽혀 이야기되는 이유가 여기에 있다. 명이란 말 그대로 빛의 손상됨이고, 정치적 은유로 보면 천하를 밝은 덕으로 비추어야 할 군주가 제대로 능력 발휘를 하지 못해 벌어지는 암울한 현실이기 때문이다. 명이의 때란 어둡고 막막하여 그저 빨리 지나기만을 바라야 할 것 같지만, 『주역』의 원리에서 보면 이는 곧 현자들이 덕을 발휘하는 때와 동전의 양면이 된다. 아니, 이렇게도 뒤집어 말해 볼 수 있을까. 이토록 현자들이 많으니 어지간히 해선 좋은 군주로 이름 남기긴 참 힘들겠구나!^^ 농담이지만, 명이 끝에 현자들이 출현하는 건 틀림없는 사실이다. 그 역은 아니다. 「대상전」은 이렇게 말한다. 군자는 명이의 때에 '어둑하게 해서 밝힌다'(用晦而明용회이명). 어둠의 시대에는 빛나는 것이 능사가 아니란 말씀!

『논어』에서 자공은 주왕의 불선(不善)함이 세상에 알려진 것처럼 심하지는 않았을 것이라고 말했다. 물론 주왕은 많이 불선했다. 하지만 문제는 주왕이 얼마나 불선했느냐가 아니다. 불선한 삶은 또 다른 온갖 불선한 것들을 불러온다는 것. 왜? 어째서? 그곳(불선)은 천하의 모든 나쁜 것들이 모이는 하류이기 때문이다. 이런 까닭에 군자들은 하류에 처하는 것을 두려워한다.

역설적이게도 명이의 시대는 현자들의 시대이기도 하다. 하지만 이는 현자들이 덕을 밝히기 쉬워서가 아니라, 다른 어느 시절보다 현자들의 덕이 필요한 때이기 때문이다. 하여 역사는 '마침내' 크고 바른 방향으로 길을 내며 나아간다. 천부적인 재능과 조건을 한 몸에 가졌던 주왕은 스스로 자기 빛을 훼손하고 하류가 되었다. 반면 주왕 같은 이가 아무리 세상을 어둡게 만들어도 그 시절 은나라에는 많은 현인 군자들이 등장한다. 그들은 모두 좁게는 자기 자신을 위해, 넓게는 세상을 향해 자신들의 밝은 덕을 밝히는 데 주저하지 않았다. 명이의 시대는 언제든 돌아온다. 그리고 밝은 빛이 훼손된 시절은 나의 덕이 움츠러들 수 있는 때이기도 하다. 하지만 한 가지는 분명하다. 나의 덕이 빛을 잃는 것은 훼손하려는 시대 혹은 시절에 있지 않고 그것을 품고 있는 내게 달려 있다는 것. 명이괘는 이렇게 말했다.

37
풍화 가인,

믿음과 위엄으로
어른 역할 하기

김희진
———

風火 家人 풍화 가인

家人, 利女貞. 가인, 리녀정.

**가인괘는 여자가 올바름을 지키는 것이 이롭다.**

初九, 閑有家, 悔亡. 초구, 한유가, 회망

**초구효, 집안을 법도로 방비하면 후회가 없다.**

六二, 无攸遂, 在中饋, 貞吉. 육이, 무유수, 재중궤, 정길.

**육이효, 이루려는 바가 없으니 가운데 있으면서 음식을 장만하면 올바르고 길하다.**

九三, 家人嗃嗃, 悔厲, 吉. 婦子嘻嘻, 終吝. 구삼, 가인학학, 회려, 길. 부자희
희, 종린.

**구삼효, 집안사람들이 원망하는 소리를 내면 엄격함을 후회하지만 길하다. 부인과**
**자식이 희희낙락하면 끝내 부끄럽게 될 것이다.**

六四, 富家, 大吉. 육사, 부가, 대길.

**육사효, 집안을 부유하게 하는 것이니 크게 길하다.**

九五, 王假有家, 勿恤, 吉. 구오, 왕격유가, 물휼, 길.

**구오효, 왕이 집안을 다스리는 도를 지극히 하는 것이니 근심하지 않아도 길하다.**

上九, 有孚, 威如, 終吉. 상구, 유부, 위여, 종길.

상구효, 진실한 믿음이 있고 위엄이 있으면 끝내 길하다.


코로나가 시작되었던 2020년의 일이다. 학교가 문을 닫았다. 온라인
으로 개학을 했지만, 생활의 규칙과 리듬이 깨진 아이들은 여전히 밤
에 늦게 자고 아침에 늦게 일어났다. 주중에 4일을 연구실에 나갔던
나는 여타 직장 다니는 엄마들처럼 밥을 준비해 두거나 점심값을 두
고 나올 수밖에 없었는데, 애들은 오후 늦게야 점심을 먹었고, 저녁

은 그만큼 더 늦어지기 일쑤였다. 무엇보다 사용 시간에 제약이 있었던 컴퓨터와 스마트폰을 하루 종일 손에 쥐고 있을 수 있게 되면서 아이들은 신체적으로 또 정신적으로 점점 무력해져 갔다. 저녁에 들어가면 좀비가 되어 있는 아이들을 보며 걱정과 불안이 올라왔다. 남편은 내 탓을 하는 눈치였다. 이렇게 나vs아이들, 남편vs아이들, 나vs남편 사이의 갈등이 심해지더니, 화를 내고 싸우느라 집안 꼴은 점점 난장판이 되어 갔다.

코로나 사태의 긴 터널은 우리가 상상만 했던 수많은 일들을 실제로 경험하게 해주었다. 폐허가 되어 버려진 도시의 사람들처럼 모든 사람이 입과 코를 막고 서로 멀찌감치 떨어진다. 불안과 불통의 사회가 되었다. 배달시켜서 밥을 먹고, 학교에 가지 않고도 원격으로 모든 수업을 다 하니 팔·다리가 퇴화된 채 기계조종만 하는 미래인간이 도래한 것 같았다. 사회적으로 새로운 이슈들이 생산되었고 코로나 이후의 삶을 대비했다. 나는 코로나보다 이런 급격한 변화가 더 무서웠다. 바이러스에 감염되는 것보다 아이들이 게임과 스마트폰에 중독된 신체가 되어 가는 것이 두려웠고, 포스트 코로나 시대라는 사회적 이슈보다 집안의 일상 리듬을 안정시키는 것이 더 절박한 과제였다.

『주역』에는 '집안을 다스리는 도'에 관해 콕 집어 말하고 있는 괘가 있다. 바로 37번째의 풍화 가인괘다. 괘 이름 자체가 '집안 사람들'이다. 우리는 집에서 일어나는 일과 사회적인 일들을 구분한다. 가정은 사적이고 은밀한 공간이 되어서 가정폭력이나 극단적인 선택 같은 사건이 벌어져야 공론의 장으로 불려 나오며, 가정에 대한 사회적 요구의 수준은 '폭력은 절대 안 돼!'에만 집중되어 있다. 집에서 무슨 일이 벌어지든 바깥으로 시끄럽게 하지 말라는 것이다. 하지만 '수신제가치국평천하'(修身齊家治國平天下)로 익히 들어 왔듯이 동양의 유교적 질서에서 '가정'은 사회와 국가의 기틀이자 뿌리로 여겨져 왔다. 가인괘의 괘상은 바로 이걸 나타내는데 내괘(內卦)인 불에서 외괘(外卦)인 바람이 나오는 형상이다. 바람은 불로부터 생겨난다. 나라와 천하의 안녕도 모두 가도(家道)에서 비롯된다는 걸 보여 주는 것이다.

코로나가 모두 지나간 후, 언제 그랬냐는 듯 가족들은 다시 뿔뿔이 흩어져 아침 저녁에만 아주 잠깐씩 얼굴을 봐서 싸울 일이 줄었다. 하지만 훌쩍 커 버린 아이들과 부모가 아파트라는 좁은 공간에 갇혀 있었던 이 긴 시간을 통해 현대의 가족이란 정말 어떤 형식적 규율도 없고 정서적인 공감과 가족공동체로서의 연대도 없다는 것을 경험했다. 코로나가 지나갔다 해도 이 문제는 내게 생각할 거리를 남겨 주었다. 아이들이 학교를 졸업하고 나면 집에 있는 시간이 길어질 것이고, 독립을 하게 되어도 가끔씩은 모일 터인데, 이렇게 중심이 없는 가족은 대체 무엇을 바라고 한 공간에 모여 앉아 있을 것인가? 집안의 질서, 가족들간의 관계, 즉 가도(家道)에 대해 생각해 보지 않을 수 없다.

가인의 괘사는 "여자가 올바름을 지키는 것이 이롭다"(利女貞리녀정)이다. 우리는 '가부장'이라는 말 때문에 집에선 아버지가 '대빵'이라고 관념적으로 생각하지만, 현실적으로는 어머니가 하는 집안일이 훨씬 많고 영향력도 크다는 걸 알 수 있다. 이 말은 집에선 여자가 더 힘이 세다는 의미가 아니다. 여기저기를 두루 살피고 돌보는 일을 주로 했던 전통적인 여성의 역할을 강조하는 것이다. 이 말에 비춰 보면 남편이 나를 탓하는 것도, 아이들에 대한 나의 불안과 걱정이 심해진 것도 그럴 만한 일이다. 나는 집안의 자질구레한 일에 구애되는 것이 싫었고 아이들이 크고 나면 빨리 독립시켜 책임에서 벗어나고 싶다는 생각뿐이었으니 말이다.

그럼 어떻게 올바름을 지킬 수 있을까? 가인괘의 가르침은 단호하고 간단하다. 각 구성원은 각자의 자리에서 주어진 역할만 하면 된다. 지아비는 지아비답게, 부인은 부인답게, 형은 형답게, 동생은 동생답게! 그게 바로 가도(家道)란다. 또한 집안에 엄한 어른이 있어야 하는데, 이는 부모를 말하는 것이다(家人有嚴君焉가인유엄군언, 父母之謂也부모지위야). 고로 부모의 역할은 엄한 어른이 되는 것이다.

이 '엄한 어른'의 역할만 하면 되는 것이 뭐 그리 어려운가? 어렵다. 나는 너무 무섭게 굴다가도 아이가 눈치를 보면 애정결핍을 걱정해서 다시 다정하게 대하고, 뭔가를 금했다가도 아이가 측은하거나 잘한 일이 있으면 보상으로 금한 것을 풀어 줬다. 이렇게 이랬다 저랬다 하면 '엄한 어른' 노릇을 유지하지 못한다. 가인괘의 구삼효에는 우리 집의 풍경과 너무 흡사한 장면이 나온다. 너무 엄하게 해서 아이들이 억압되어 있으면 후회하고(家人嗃嗃가인학학, 悔厲회려) 또 사이가 좋을 때는 엄마와 아들이 무람없이 낄낄댄다(婦子嘻嘻부자희희). 정이천은 경고한다. 이렇게 '제멋대로 절제 없이'(自恣無節자자무절) 굴었다가는 패가망신한다고(終至敗家종지패가)! 구삼효의 경고는 이것이 비단 지금 우리 집의 문제만이 아니라 예나 지금이나 가도를 세워 가는 데에 가장 큰 어려움이라는 것을 보여 준다. 과도한 엄격함과 절제 없이 풀어진 상태 사이에서 중심 잡기. 이것이 관건이다. 나는 이것을 맨 위의 상구효와 『홍루몽』 속 어른의 역할에서 찾아보았다.

『홍루몽』은 중국 청나라 때의 장편소설이다. 거대 가문의 흥망성쇠와 집안에서 일어나는 모든 일을 섬세하게 그리고 있는데, 그 가문을 이끌어 가는 '가모'(家母)는 남녀를 통틀어 가족 중 가장 서열이 높은 할머니다. 『주역』의 효로 치면 그녀의 자리는 맨 윗자리, 상구의 자리에 해당할 것이다. 집안의 중심은 분명 구오인 아들과 며느리 들에게 있으나 집안의 도는 연장자에게 예를 다하는 '효'가 중심이므로 상구가 제일 높다. 할머니는 권력에서 물러난 힘없는 자리가 아니라 오히려 진정한 어른의 노릇이 뭔지를 보여 줘야 하는 자리에 있다.

상구의 효사는 '有孚유부 威如위여 終吉종길'이다. 상구의 어른은 진실한 믿음(有孚)과 위엄(威如)으로 가도를 세운다는 것. 믿음은 내면에서 우러나는 것이다. 정이천은 "집안을 다스리는 도는 지극한 진실과 정성이 아니라면 이룰 수 없다"(治家之道非至誠不能也치가지도비지성불능야; 정이천, 『주역』, 747쪽)고 했다. 손주에 대한 가모의 사랑은 지극하기 이를 데 없는데, 손주가 이래서 사랑하고, 저래서 예뻐하는 것이 아니라 그냥 사랑한다. 여자애들 꽁무니나 쫓아다니는 성향으로는 건실한 남자로 크기 힘들다는 걸 알면서도 걱정을 드러내지 않고 기다려 준다. 공부를 해서 어머니, 아버지를 기쁘게 하라고 타이르기도 하지만, 안 한다고 해서 속상해하거나 억지로 시키는 것도 아니다. 그녀의 마음은 아이가 어쩌는가에 따라 널뛰는 것이 아니라, 그저 정성을 다하여 아이를 사랑으로 보듬는 역할에 충실할 뿐이다. 할머니의 이런 믿음(有孚유부)이 손주에게 자유를 준다. 우리는 이런 믿음과 아이의 미래를 옥죄는 기대를 곧잘 혼동한다. 하지만 진정한 믿음은 아이를 지금의 한계에 가두지 않고 다른 존재로 변화해 갈 수 있는 가능성을 열어 준다. 못 믿으면서 방치했을 때의 자유와 진실한 믿음에서 얻는 자유는 질이 다르다.

가모의 위엄은 어떠한가? 집안 사람들이 모두 가모에게 머리를 조아리고 복종하는 것은 가문 전체의 질서가 효에 기반해 있는 데다 아들들부터 어머니 앞에서 순종하기 때문이다. 역시, 자식은 자식답게! 가족 간의 관계에서 자신의 역할을 하는 것이 가도의 출발이다. 이렇게 집안의 분위기는 그녀의 권위와 위엄을 드높여 주고 있는데, 묘하게도 이 할머니의 권위는 항상 자애롭고 즐거운 분위기를 만드는 데 쓰인다. 그녀는 위계를 이용해 무섭게 하는 것, 즉 억압을 용납하지 않는다. 자기 아들이 손주를 훈육한다고 곤장을 때렸을 때는 달려가서 손주를 끌어안고 울며 아들의 훈육 방법을 잘못되었음을 꾸중한다. 가모는 후회할 만큼 무섭게 하지도 않고, 절제 없이 풀어지지도 않는 그 사이의 길에서 가족을 이끈다. 외부에 반응하는 것이 아니라 내부에서 우러나오는 사랑이기 때문일 것이다. 그것이 가모의 진실한 믿음(有孚)이다.

상구효의 「상전」에선 '위엄이 있어 길함은 자신을 돌아보는 것'(威如之吉위여지길, 反身之謂也반신지위야; 정이천, 『주역』, 748쪽)이라고 했다. 그러니까 집안에서 위엄 있는 어른 역할을 한답시고 아이들에게 위력을 행사하면 번지수가 틀린 것이다. 위엄이란 자신을 돌아보며, 혹시 원칙없이 이랬다저랬다 하지는 않는지, 믿음을 잃지는 않았는지를 반성하는 것이다. 군자는 가인괘를 보고서 자신의 말이 필요한 말인지, 행동엔 일관성이 있는지를(言有物而行有恒언유물이행유항) 돌아본다고 한다. 집안의 안정을 지키는 일은 대체 이 말 안듣는 아이들을 어떻게 할 것인가가 아니다. 아이의 문제 행동에도 믿음을 갖고 일관되게 행동할 수 있는지 부모 자신을 돌아볼 일이다. 그렇게 할 수 있다면 앞으로의 집안 풍경은 중독과 폭력 대신에 철저한 자아 성찰과 수행의 장이 될 수도 있을 것이다.

38
화택 규,

어긋남의 때를
건너가는 법

**안혜숙**

火澤睽
화택 규

睽, 小事吉. 규, 소사길.

**규괘는 작은 일에는 길하다.**

初九, 悔亡, 喪馬, 勿逐自復. 見惡人, 无咎. 초구, 회망, 상마, 물축자복. 견악
인, 무구.

**초구효, 후회가 없다. 말을 잃지만 쫓아가지 않아도 저절로 돌아온다. 사이가 나쁜
사람일지라도 만나야 허물이 없다.**

九二, 遇主于巷, 无咎. 구이, 우주우항, 무구.

**구이효, 후미진 골목에서 군주를 만나면 허물이 없다.**

六三, 見輿曳, 其牛掣, 其人天且劓. 无初有終. 육삼, 견여예, 기우체, 기인천
차의. 무초유종.

**육삼효, 수레가 뒤로 끌리고 소를 막아서니 그 수레에 탄 사람이 머리를 깎이고 코
가 베인다. 시작은 없지만 마침은 있으리라.**

九四, 睽孤, 遇元夫, 交孚, 厲无咎. 구사, 규고, 우원부, 교부, 려무구.

**구사효, 어긋나는 때라 외로운 처지인데 훌륭한 남편을 만나 진실한 믿음을 가지고
사귀니 위태롭지만 허물이 없다.**

六五, 悔亡, 厥宗噬膚, 往何咎? 육오, 회망, 궐종서부, 왕하구?

**육오효, 후회가 없어지니 그 뜻을 같이하는 사람들이 살을 깊이 깨물듯이 완전히
믿고 따라 주면 나아가는 데 무슨 허물이 있겠는가?**

上九, 睽孤, 見豕負塗, 載鬼一車. 先張之弧, 後說之弧, 匪寇, 婚媾, 往
遇雨, 則吉. 상구, 규고, 견시부도, 재귀일거. 선장지호, 후탈지호, 비구, 혼구, 왕우우,즉길.

**상구효, 어긋나는 때라 외로워서 돼지가 진흙을 뒤집어쓴 것과 수레에 귀신이 가득
히 실려 있는 것을 본다. 먼저 활줄을 당기다가 나중에는 활을 풀어 놓는데, 이는 도
적이 아니라 혼인할 짝이니 육삼에게 가서 비를 만나면 길하다.**

매 학기 글쓰기 합평이 끝나면 위기가 찾아온다. 위기의 강도는 저마다 다르다. 선생님의 코멘트 내용과 강도가 다 다르기 때문이다. 어떤 동료들은 선생님의 코멘트 자체를 못 견디다 떠나기도 했다. 또 글쓰기가 본인에게 독이 된다는 평을 듣고 자의반 타의반 하차한 경우도 있다. 공부가 단순히 지식의 축적이 되어 기존의 '자아'를 무겁게 강화시킬 뿐이라는 것. 글쓰기로 가볍고 자유로워지기는커녕 오히려 자신을 해치는 글쓰기라니! 대부분의 우리는 이 사이의 어디쯤에 있다. 되새기고 싶지 않은 쓰린 코멘트를 붙들고 자신에게서 나온 글을 다시 본다. 스승의 코멘트와 나의 글 사이의 어긋남과 괴리. 코멘트가 없었으면 전혀 알아채지 못했을, 내 눈에는 보이지 않는 이 어긋남을 발견하는 일이 글쓰기 합평의 괴로움이자 즐거움이다. 그런데 어느 순간 즐거움보다는 괴로움이 커지고 급기야 괴로움이 위기로 바뀔 때가 있다. 똑같은 어긋남의 패턴, 고질적인 습관이 반복될 때다.

3년 전쯤 나에게도 큰 위기가 찾아왔다. 공부하는 햇수는 늘어나는데 글쓰기는 변화 없이 똑같은 패턴을 반복하고 있었다. 글쓰기는 답보 상태였고 의욕도 점차 상실되어 갔다. 당시 맡고 있었던 살림멤버로서의 활동도 주어진 일을 그저 수동적으로 하고 있었다. 그러면서도 짜여진 스케줄은 늘 분주한 느낌이었다. 힘들다 시간 없다는 말을 달고 살았다. 연구실 생활도 글쓰기도 나의 일상도 어떤 단단한 경계 안에서 쳇바퀴 도는 듯했다. 스스로도 너무 답답했지만 돌파구를 찾을 수 없었다. 이런 나에 대한 선생님의 진단은 내가 여전히 견고한 '자아'에 갇혀 있기 때문이라는 것이었다. 오랫동안 길들여진 '착하고 좋은 사람'이라는 자아 이미지에서 아직도 벗어나지 못하고 있다고. 자아에 갇혀 있으니 타인이나 공동체가 눈에 잘 들어오지 않고 관심도 생기지 않는 것이라고. 그러면 세상에 대한 질문도 생기지 않고 글을 쓸 수가 없다고. 그건 착한 게 아니라 이기적인 것이라고. 처음 이런 말을 들었을 땐 충격이었고, 일말의 억울한 마음, 동의되지 않는 부분도 있었지만 시간이 흐르면서 난 온전히 그 말을 받아들였다…고 생각했다. 그러나 그건 생각이었을 뿐, 오십여 년을 그렇게 살아온 몸과 마음의 습관의 힘은 막강했다. 그러던 차 나의 수동적 태도를 보다 못한 선생님이 처방을 내리셨다. 살림멤버 활동에서 하차하고 공부도 알아서 하라는 것. 이젠 더 이상 선생님이 내 공부에 개입하지 않으시겠다는 것으로 들렸다. 반복되던 어긋남과 괴리가 이젠 더 큰 어긋남, 떠남의 위기로 다가오는 순간이었다.

화택 규(火澤睽)괘는 마음의 어긋남과 괴리, 떠남, 분열을 의미한다. 위에는 불이 있고 아래에는 연못이 있는 상이다. 불꽃은 불타오르고 연못의 물은 아래로 내려간다. 두 형체가 서로 어긋나고 그 뜻 또한 함께 가지 않으니 분열하고 등을 진다는 뜻이 있다. 융합하고 교감하기 힘든 상황과 조건이다. 그런데 규괘는 막상 각각의 국면에서는 괴리와 분열이 아니라 만남을 말하고 있다. 여섯 개의 효들 모두가 이 어긋남의 상황에서 어떻게 만날 것인가를 이야기하고 있다는 것. 초효는 사효와, 이효는 오효와, 삼효는 상효와. 만나면 허물이 없고 처음은 힘들어도 끝은 길(吉)하다. 각자 처한 자리에서 어떻게 만나고 교감할 것인가의 방법이 다를 뿐이다. 그러면 어긋남의 상황에서 돌이킬 수 없이 마음이 어긋나 버리거나 더 큰 위험에 빠지지 않고 길이 열린다는 것이다.

위기는 기회라고 흔히들 말한다. 변화의 계기라고. 어떤 식으로든 그 위기를 벗어나야 하니 변화하지 않으면 안 된다고. 그런데 변화에의 욕망 이전에 한동안 내게 찾아온 건 홀로 떨어져 나온 듯한 외로움이었다. 도를 향해 가는 길에서 스승의 가르침과 어긋나고 도반들과도 분리된 처지에 놓인 듯한 외로움, 내가 자초한 외로움이었다. 규괘의 구사효가 내 눈에 들어온 이유다. 구사효 역시 분열의 때에 편안하지 않은 위치에 자리해 외로운 자다(睽孤규고). 괘의 위치는 중간을 넘어선 상태로 어긋남의 상황이 깊어져 홀로 잘 대처하지도 못한다. 그러나 강양(剛陽)한 덕을 가지고 있다. 비록 지금 처한 처지는 외로운 처지이지만 그가 지닌 양(陽)의 덕성은 군자의 덕성이자 군자의 길을 포기하지 않는 덕성이라 할 수 있다. 나 역시 그랬다. 비록 공부가, 글쓰기가 답보 상태였지만 공부의 길에서 떠날 생각은 없었다. 그러면 어떻게 해야 하는가? 너무 반갑게도 그 방법을 사효에서 명쾌히 알려 주고 있었다. "반드시 뜻이 통하는 부류의 사람을 구하여 화합하라"(정이천, 『주역』, 763쪽)가 그것이다. 여기서 '우원부'(遇元夫), 훌륭한 남편이 그런 사람이다. "'부'(夫)란 양한 성질을 칭하고 '원'(元)이란 좋음의 뜻"(같은 책, 763쪽)이 있다. 그러니 원부(元夫)는 군자를 추구하는 '훌륭한 사대부'이자 같은 뜻을 지닌, 뜻이 통하는 동지라 할 수 있다. 그 동지가 초효다.

내게는 이 초효에 해당하는 동지들, '원부'(元夫)가 있었다. 연구실에 들어온 초기부터 오랫동안 동고동락을 함께해 온 동료들. 일주일에 며칠씩 함께 밥 먹고 웃고 떠들며 공부한다. 긴 시간을 거쳐 오며 서로의 문제와 위기들, 즐거움과 괴로움을 옆에서 보고 또 나누어 왔다. 말 그대로 인생길의 도반에 다름 아니다. 도반의 힘은 위기의 때에 진가를 발한다. 나는 이 동료들을 '다시' 만났다(遇元夫). 물론 이들은 이번 위기 이전에도 계속 보고 만나 온 도반들이다. 그런데 이전과는 다르게 이들의 존재감이 다가왔다. 옆에 있다는 것만으로도 너무 든든하고 기뻤다!…라는 말만으론 턱없이 부족한 느낌이다. 그들이 내게 보여 준 신뢰의 마음만큼 힘이 되는 게 있을까. 동료들 역시 나와 함께하는 걸 기뻐한다는 마음이 전달될 때처럼 기쁨을 주는 게 있을까. 도반 없는 공부를 상상한 적도 없지만, 정말 같은 길을 가는 이 벗들이 없었다면 내가 지금까지 공부할 수 있었을까 싶었다. 세상에서 가장 슬픈 건 스승이 포기한 제자보다 도반들이 함께하고 싶지 않은 동료가 아닐까. 나도 그들이 힘들 때 든든한 힘이 되고 기쁨이 되는 좋은 동지가 되고 싶었다. 그럼 나는 어떤 동지가 되어야 할까? 어떤 마음으로 이들을 만나야 할까? 사효와 초효의 만남이 그 길을 보여 준다.

구사효도 초구효도 양(陽)이다. 음과 양이 아니니 서로 호응하는 관계가 아니다. 그러나 분열과 괴리의 때에는 덕이 같아서 저절로 친하게 모여든다. 같은 양의 덕을 가졌다는 건 같은 도(道), 군자의 길, 공부의 길을 가는 동지라 할 수 있다. 같은 덕을 가진 두 양이 만나 '반드시 지극한 진실과 정성을 가지고 서로 연대해야'(같은 책, 763쪽) 이 위태로운 시기를 벗어날 수 있다. "서로 믿음을 가지고 교제"(交孚교부)하라는 말이 그것이다. "반드시 '지극한 진실과 정성'으로 연대하고 화합하라!"가 내게 내리는 변화의 처방이다. 그러면 지극한 진실과 정성으로 벗을 만나는 마음은 어떤 마음인가. 그런 연대는 어떤 연대인가? 그 마음은 스스로 자신 안에서 찾을 수밖에 없다.

마침 우리는 자체적으로 글쓰기 모임을 만들었다. 선생님의 지도가 없어도 서로의 글에 대한 피드백을 하면서 글쓰기를 이어 나갔다. 이 과정에서 나는 나의 괴로움의 원인인 '자아', 그 허상과 정직하게 대면하고 싶었다. 글을 쓰다 보면 어느새 올라와 나도 모르게 움직이고 있는 마음, 내가 붙들고 있는 '자아상'──착하고 좋은 사람이고 그럴듯해 보이는──이 글쓰기에서 작동하고 있는 게 보였다. 부끄럽고 찌질해 보이는 자기 모습이 드러나는 글은 자체 검열 단계에서 걸러내고 뭔가 '있어 보이는?'(⌒;) 글을 쓰려 하고 있었다. 이 글을 쓰고 있는 지금도 기를 쓰고 자체 검열의 패턴이 작동해 소곤거리곤 한다. '너무 쪽팔리지 않냐… 굳이 그렇게까지…' 하면서. 그러나 이제 나는 알고 있다. 이런 소리가 바로 허구의 자아상이 속삭이는 소리라는 걸. 내 마음의 오랜 습관적 패턴이 만들어 낸 망령된 소리라는 걸.

이런 솔직하지 못한 마음은 지극하기는커녕 진실하고 정성스러운 마음과는 너무 거리가 먼 마음 아닌가. 선생님이 한때 왜 나더러 '푼수가 돼라'는 미션을 주었는지도 구체적으로 와 닿았다. 그럴듯한 자기 모습이건 모자라고 찌질한 푼수건 어차피 내가 만든 허상이다. 중요한 건 어떤 상에도 꺼둘리지 않고 '진실함과 정성'으로 사람들과 관계를 맺는 일이다. 그러려면 푼수처럼 자아의 경계를 허물고 있는 그대로의 자신을 진솔하게 드러내라는 소리였다. 자기 욕망의 다른 이름인 자아를 고수하고 있는 한 동료관계뿐만 아니라 어느 누구와의 관계도 '진실한 믿음으로 연대하고 소통'하기는 어렵다. 자아를 지키기 위한 사심, 사사로운 욕심이 우선이기 때문이다. 자아를 고수하는 경계 안에서만 모든 관계를 맺기 때문이다.

이렇게 동료들과 연대해 글쓰기를 했던 시간들이 나를 더 큰 어긋남과 떠남의 위험에 빠지지 않게 해주었다. 위태로웠지만(厲려) 허물없이(无咎무구) 위기의 시간들을 통과할 수 있었다. 동료들을 '지극한 진실과 정성'으로 만나는 마음이 어떤 마음인지, 어떻게 그 마음을 향해 가야 하는지를 배웠다. 어긋남의 때를 건너가는 법을.

절뚝거릴 땐
멈추고 성찰하는 게 능력

이윤지

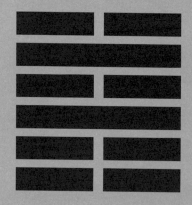

水山 蹇 수산 건

蹇, 利西南, 不利東北, 利見大人, 貞吉. 건, 리서남, 불리동북, 리견대인, 정길.

**건괘는 서남쪽이 이롭고, 동북쪽은 이롭지 않으며 대인을 만나는 것이 이로우니 올바름을 굳게 지키면 길하다.**

初六, 往蹇, 來譽. 초육, 왕건, 래예.

**초육효, 나아가면 어렵고 제자리로 돌아오면 영예가 있다.**

六二, 王臣蹇蹇, 匪躬之故. 육이, 왕신건건, 비궁지고.

**육이효, 왕의 신하가 고난 속에서 더욱 어려운 것이니 이는 자신의 잘못이 아니다.**

九三, 往蹇, 來反. 구삼, 왕건, 래반.

**구삼효, 나아가면 어렵고 오면 제자리로 돌아오리라.**

六四, 往蹇, 來連. 육사, 왕건, 래연.

**육사효, 나아가면 어렵고 제자리로 오면 아래의 효들과 연대한다.**

九五, 大蹇, 朋來. 구오, 대건, 붕래.

**구오효, 큰 어려움에 처하여 동지들이 온다.**

上六, 往蹇, 來碩, 吉, 利見大人. 상육, 왕건, 래석, 길, 리견대인.

**상육효, 나아가면 어렵고 돌아오면 여유로워 길하리니 대인을 보는 것이 이롭다.**


우리는 누구나 살면서 어려움을 겪는다. 왕후장상이라도 인간이라면 예외 없이 인생의 부침이 있기 마련. 『주역』 64괘 중엔 인간이 삶에서 겪는 어려움을 말하는 4대 난괘(難卦)가 있다. 시작할 때의 혼돈과 어려움인 둔(屯)괘, 역량이 부족한 곤(困)괘, 잇단 위험이 중복된 감(坎)괘 그리고 어려운 상황과 장애를 만난 건(蹇)괘다. 이 중에서도 건괘의 형국은 앞으로는 험난한 물이요 뒤로는 산이 버티고 있어 멈춰서 나아갈 수 없는 상황이다. 한창 일이 진행되고 있는데 다리를 절뚝거리는 난감한 모습이다. 오래전 다쳤던 왼쪽 다리가 안 좋아져서 절뚝거리고 있는 요즘 내 모습이 다리를 저는 건괘의 상황 딱 그대로다. 『주역』 64괘는 심오한 상징으로 그 안에 함축된 철학과 지혜를 탐구하는데 상징이 문자 그대로 현실이 될 수도 있다니, 쩝!

나의 왼쪽 다리가 수난을 겪은 역사는 아주 오래다. 열 살 무렵 뼈가 부러진 것을 시작으로 20대에는 자그마치 세 번이나 다쳐 고생을 했다. 눈 덮인 산 위에서 발을 헛디뎌 인대를 다쳤는데 함께 있던 친구들이 걱정할까 봐 괜찮다고 하고 겨우 돌아와 퉁퉁 부은 다리를 치료하느라 오랜 기간 고생을 했었다. 그런가 하면 직장 다닐 땐 야외 워크숍에서 무릎 부상을 당했다. 간신히 회복한 지 1년쯤 지나 이번엔 사소하게 미끄러지는 실수로 인대가 아예 파열되어 버리고 말았다. 당시는 인대 복원이 위험도가 높은 수술이어서 의사는 일단 급한 대로 부서진 연골만 제거하고, 나중에 의술이 더 좋아질 때까지 재활을 꾸준히 하고 조심할 것을 당부했다. 몇 년 뒤 의사가 수술을 권유했을 땐 일상생활에 큰 무리가 없어 수술을 하지 않고 재활운동을 하며 조심조심 살기로 했다. 그런데 코로나로 인해 그동안 느슨하게나마 해오던 운동을 못해서인지 무릎 상태가 급격히 악화되었고, 급기야 어느 날 공부하던 책상에서 일어나 움직이려는데 순간 무릎에 힘을 줄 수 없는 어이없는 지경에 이르고 말았다. 해야 할 공부, 돌봐야 할 일들이 잔뜩인데 대체 이게 무슨 일이람! 깊은 한숨이 절로 나왔다.

고난의 상황에 닥친 건괘의 효들은 거의 대부분 '나아가면 어렵고(往蹇왕건) 돌아오면(來래) 어떻다'는 일관된 표현을 하고 있다. 수산 건은 외괘가 험난한 물이고 내괘는 멈춤의 산이니 무턱대고 앞으로 돌진하면 안 되고 '아, 가면 위험하구나!'를 판단해서 멈추고 돌아와야 한다. 작전상 일단 후퇴란 의미다. 따라서 초효처럼 기미를 일찌감치 간파하고 발길을 돌리면 좋겠지만 하괘의 위에 있는 구삼은 추진력도 있겠다, 정응하는 상육과도 코드가 맞으니 나아가고 싶은 마음이 가득하다. 그러나 무턱대고 가면 위험을 감당할 수 없으리란 걸 알기에 제자리로 돌아온다(往蹇왕건, 來反래반). 어려움을 어려움이라고 판단하고 물러설 줄 아는 것도 지혜. 강물이 시커멓게 넘실대는데 저 건너 급한 볼일이 있으니 강을 건너겠다고 서두르는 것은 어리석은 일이다. 길을 가다 다리를 절게 되면 일단 멈춰서 상황을 살펴야지 마음이 바쁘다고 뛸 수는 없는 법.

험난함이 닥쳐도 어리석은 자는 사사로운 욕망으로 위험을 알아보지 못하고 결국 멈추지 못한다. 왜 그럴까? 자신의 욕망과 습관대로 반복하던 생각과 행위를 멈추지 못하기 때문이다. 내게 있어 한쪽 다리가 아프고 제대로 힘을 쓸 수 없다는 건 험난함을 예고하는 신호다. 만약 상태가 악화되어 수술을 피할 수 없게 된다면 그건 아주 큰 곤란을 감당해야 하는 상황이 된다. 척추 마취를 해야 하는 수술도 부담이지만 온전히 회복하려면 적어도 1년은 주변 사람의 도움을 받고 고생하며 재활치료를 해야 하기 때문이다. 운동으로 다리의 근력을 유지하면서 불안정한 무릎을 보호할 수 있다면 수술을 유보해 보자고 의사가 마지막으로 조언을 준 것이 6년 전이었다. 하여 그동안 그런 대로 조금씩 운동을 하며 근근이 버텨 왔는데 코로나 상황으로 운동 시설이 문 닫은 후로는 전혀 신경을 못 쓰고 있었다.

그러나 코로나도 핑계일 뿐 실은 공부와 다른 일들이 더 중요하다며 몸을 챙기는 걸 뒷전으로 미룬 것에 지나지 않았다. 나는 연구실 두 군데를 오가며 대중지성 수업과 여러 세미나에 참여하느라 늘 일정이 빠듯했다. 매주 며칠씩 수업과 세미나에 다녀오고 집에서는 공부하는 시간을 확보하기 위해 꼭두새벽부터 집안일을 하고 잠도 줄였다. 무릎은 이즈음 언젠가부터 신호를 보내고 있었다. 내 의지와는 상관없이 자주 꺾이고 돌아가기도 하고 자세를 변경할 때 소리가 나기 시작했다. 공부란 책을 보고 글을 쓰는 것만이 아니라, 일상에서 몸과 마음을 조화롭게 하는 것이라 배웠거늘, 나는 무릎이 보내는 신호를 모르는 척 무시하고 괜찮겠거니 하고 있었다.

건괘는 위험을 무시하고 앞으로 나아가면 후회하니 위험을 감지하면 멈추라고 한다. 일단 멈추어 방향을 전환해서 다시 제자리로 돌아가는 구삼의 '래반'(來反)도 가능하다. 공자는 험난함을 보고 멈출 수 있는 것은 능력이자 지혜라고 했다(見險而能止견험이능지, 知矣哉지의재). 그런 의미에서 본다면 '래반'이란 돌아가는 단순한 행위에 그치는 것이 아니라 왜 이런 어려움에 처하게 되었는지 스스로를 반성하고 성찰함으로써 덕을 닦는 반신수덕(反身修德)에까지 이르러야 한다. 멈춤과 성찰이 요구되는 때인 것이다. 아, 그런데 나는 딱 정반대로 생각하고 있었다. 아프고 힘든 상황에 처해도 모든 것을 차질 없이 해내는 것이 중요하고 그런 것이야말로 나 자신을 다스리는 능력이라고 여긴 것이다. 그러나 건괘는 내게 그건 유능한 게 아니라 어리석은 무능함이라고 말한다.

돌이켜보면 나는 다리를 다쳤을 때마다 상황을 수긍하고 받아들이기보다 부인하고 비켜 가고자 했던 것 같다. 갑자기 다친 상황을 반가워할 사람이 어디 있을까마는 나는 통증이 그렇게 못 견딜 수준이 아니면 걱정스러워하는 주위 사람들에게 손사래를 치며 괜찮다고 했다. 모처럼 어렵사리 여행을 갔는데 운전을 담당한 내가 무릎이 아프다고 해서 친구들과의 여행 계획이 어긋나는 게 싫었고, 한창 바쁜 시기에 절뚝거리며 회사에 짐이 되고 싶지 않았다. 내겐 몸의 아픈 상태를 돌보고 도움을 청하는 것보다 책임감 있는 사람으로 남는 게 더 중요하게 여겨졌다. 그러나 그렇게 애써 상황을 부인하고 아프지 않은 척한 것은 결론적으로 치료를 더디게 해 고통만 가중시키고 말았다.

　　건괘의 괘사는 고난의 시기엔 동북쪽을 피해 서남쪽으로 가라고 한다. 춥고 험난한 동북쪽과 달리 서남쪽은 따뜻하고 평평해서 걸음을 걷기에 편안한 곳이다. 그러니까 어려울 땐 감당하기 쉬운 곳으로 가서 순리에 따라 처신하라는 의미다. 이번에도 애초에 아픈 위험이 감지되었으면 멈추고 무리하지 말았어야 했다. 일상을 점검하며 어디에서 무엇이 무리가 됐기에 이런 상황에 이르렀는지 찬찬히 삶의 리듬을 살폈어야 한다. 코로나 기간이라도 집 안에서 할 수 있는 운동을 찾을 수도 있었을 것이다. 그런데 왜 나는 자신을 돌보지 않고 해야 할 공부와 집안일, 집안 어르신을 챙기고 심지어 봉사까지도 빠짐없이 다 해내려고 했던 걸까? 그건 물론 맡은 일과 약속에 대한 책임감 때문이었다. 그러나 양해를 구하고 도움을 요청해도 될 일이 아니었을까? 몸의 신호를 무시하면서 그렇게 역할과 책임을 모두 다

잘 해내고 싶다는 욕망의 근저에는 대체 무엇이 있었던 걸까?

곰곰이 들여다보니 나는 내가 남을 도와줄 수는 있어도 뭔가 나의 처지를 변명해야 하고 도움을 받는 상황은 피하고 싶었던 것이다. 그건 도움을 받는 데 서투른 것이기도 하지만 내 이미지를 도움을 베푸는 자, 책임을 다하는 자로 견고히 하려는 오만함이기도 하다. 언제나 상황의 변화란 있기 마련이고 바뀐 상황을 겸허히 받아들여 거기서 내가 할 수 있는 것과 없는 것을 가려 도움을 청할 것은 청해야 한다. 어려움을 무시하고 혼자 나아가겠다는 건 무모하다. 구삼도 양강한 힘을 쓰던 방식으로 계속 나아가면 곤란한 상황에 처할 수 밖에 없다. 그러나 구삼은 멈추고 '래반'(來反)함으로써 자신의 몸과 마음을 돌이켜 성찰한다.

절뚝거리고 있는 나 자신을 본다. 나빠진 다리 상태를 예전처럼 부인하고 어떻게든 봉합해 보려던 내게 이번엔 상황이 여의치 않다. 코로나 때문에 몇 달을 기다려 만난 의사는 일단 무릎이 매우 불안정하니 수술 날짜를 잡아 놓고 그 사이 치료와 재활운동을 통해 상태가 호전되는지 보며 수술을 결정하자고 한다. 『주역』은 다리를 절뚝거리며 통과하는 건(蹇)의 시기엔 반드시 멈추어 자신을 성찰하고 올바름을 지킴으로써 곤란에서 벗어나라는 지혜를 알려 준다. 지금 나의 상황에서 성찰하며 올바름을 지킨다는 건 뭘까? 그건 아픈 몸을 대하는 나의 잘못된 태도를 돌아보고 공부하는 일상을 점검하고, 몸을 보살피며, 몸과의 관계를 다시금 정립하는 게 아닐까? 그게 제자리로 돌아오는 구삼의 미덕이 아닐까? 수산 건괘의 「단전」에서 어려움의 때와 작용이 위대하다(蹇之時用大矣哉건지시용대의재)고 당당히

말할 수 있는 것도 그렇게 닥친 어려움을 통해 지혜를 훈련할 수 있
기 때문일 것이다. 나의 절뚝거리는 다리가 나 스스로를 성찰하는 계
기가 되기를! 건괘의 공부가 시작이다.

40
뇌수 해,

나의 욕심
해방 일지

전현주
———

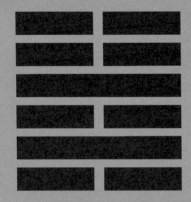

雷水 解
뇌수 해

解, 利西南, 无所往. 其來復吉, 有攸往, 夙吉. 해, 리서남, 무소왕. 기래복길, 유유왕, 숙길.

**해괘는 서남쪽이 이로우니 나아갈 필요가 없다. 와서 회복하는 것이 길하니 나아갈 바를 둔다면 서둘러 하는 것이 길하다.**

初六, 无咎. 초육, 무구.

**초육효, 허물이 없다.**

九二, 田獲三狐, 得黃矢, 貞吉. 구이, 전획삼호, 득황시, 정길.

**구이효, 사냥하여 세 마리 여우를 잡아 누런 화살을 얻으니 올바름을 굳게 지켜서 길하다.**

六三, 負且乘, 致寇至, 貞吝. 육삼, 부차승, 치구지, 정린.

육삼효, 짐을 져야 할 소인이 수레를 타고 있는 것이라 도적을 불러들이니 올바르더라도 부끄럽게 될 것이다.

九四, 解而拇, 朋至斯孚. 구사, 해이무, 붕지사부.

**구사효, 너의 엄지발가락을 풀어 버리면 벗이 이르러 이에 진실로 미더우리라.**

六五, 君子維有解, 吉, 有孚于小人. 육오, 군자유유해, 길, 유부우소인.

**육오효, 군자만이 오직 풀 수 있어 길하니 소인들의 행태를 보면 알 수 있다.**

上六, 公用射隼于高墉之上, 獲之, 无不利. 상육, 공용석준우고용지상, 획지, 무불리.

**상육효, 공이 높은 담장 위에서 매를 쏘아 맞히어 잡으니 이롭지 않음이 없다.**


비록 백수이지만, 나에겐 임대를 준 집이 하나 있다. 30대 중반이었던 15년 전쯤 구매한 집. 그 집을 구매하고 그곳에 살기 전까지 한 집에서 2년 이상을 살아 본 적이 없었다. 어렸을 적엔 아버지 직장 때문에 계속 이사 다녔다. 성인이 되면 안정적인 주거를 마련할 것 같았는데, 자꾸 이사 갈 일들이 생겼다. 아니, 한 집에 2년 가까이 살면 마음이 들썩였다. 내가 이사 갈 일들을 만들었다고나 할까. 그러다 그 집을 만났다. 나는 그 집에서 평생 살고 싶다고 생각했다.

집 구매 당시 나는 매우 안정적인 직장을 다니는 중이었다. 대출금은 일하면서 갚으면 된다 생각했다. 좋은 직장에 멋진 집. 내가 어렸을 적부터 꿈꿔 온 생활의 시작! 더는 바랄 것이 없었다. 그런데 삶은 내 마음대로 되지 않았다. 그 멋지던 직장을 다니며 나는 소진되었다. 더 다니면 숨을 못 쉴 거 같았다. 집 대출금을 생각하면 그만둘 수 없었지만, 일단 살아야겠다는 생각이 들었다. 그래서 퇴사를 했다. 그러자 나는 나의 아름다운 집을 유지할 수 없게 되었다. 눈물을 머금고 전세를 놓았고, 대출금을 갚았고, 나는 부모님 댁으로 이사했다. 언젠가 다시 돌아올 것을 기약하며. 얼마 후 새 직장을 찾았지만, 내 집으로 돌아갈 형편은 되지 못했다. 그리고 몇 년 뒤, 본격 백수가 되었다.

그렇게 시간은 흘렀다. 10여 년 동안 다양한 세입자들이 들어오고 나갔다. 그들은 모두 잘 지냈고 특별한 이유(지방 발령, 아기 탄생 등)가 아니면 보통 재계약을 했다. 이번 세입자도 그렇게 재계약을 하고 4년째 살고 있었다. 그리고 다시 돌아온 만기일. 나는 이 세입자는 특별히 이사할 일이 없을 것으로, 당연히 재계약할 것으로 지레짐작했다.

현재 시세에 대해 아는 바가 없었기에 나는 먼저 부동산에 연락해 보았다. 그 사이, 생각보다 집값이 많이 올랐다. 나는 전세금을 더 올려받고 싶지 않았다. 부동산 사장님은 그동안 오른 차액을 월세로 환산해 주셨다. 20만 원이라니! 내가 너무 놀라자, 사장님께서는 15만 원 이하는 시세와 비교하여 너무 낮다고 하셨다. 그렇지만 나는 그렇게까지 받고 싶지 않았다.

세입자에게 연락해서 월세 12만 원을 제안했다. 그는 생각해 보더니 재계약을 하겠다고 했다. 계약 날짜가 한 달이 넘게 남아 있어서 계약서 작성은 3주 정도 뒤에 하기로 했다. 때가 되어 계약 날짜를 잡기 위해 나는 세입자에게 전화했다. 그런데 갑자기 세입자가 월세를 깎아 달라고 했다. 이미 다 합의된 내용이었는데, 이제 와서? 순간 나는 기분이 나빠졌다. 나는 내가 매우 공정한 집주인이라 자부하고 있었다. 시세보다 훨씬 더 낮은 금액을 제시하지 않았는가. 이사 비용과 부동산 중개료를 생각하면 내가 제시한 조건이 세입자에게 유리할 수밖에 없을 텐데. 그런데 더 깎는다고!

한번 괘씸하다는 마음이 일어나고 기분이 나빠지자, 나의 머릿속에선 이상한 논리가 작동하기 시작했다. 내가 월세를 15만 원에서 3만 원을 깎은 것이 아니라, 20만 원에서 8만 원을 깎아 주었다는 생각이 든 것이다. 다른 사람한테 집을 세놓으면 20만 원을 받을 수 있지 않을까 하는 욕심도 스멀스멀 올라왔다. 나의 '넓은 아량'을 무시하는 세입자를 내보내고 나에게 더 이익이 되는 사람을 데려와야겠다! 이런 마음을 들키지 않기 위해 세입자에게는 이렇게 말했다. "재계약을 썩 내키지 않아 하시는 것을 보니 집이랑 인연이 끝난 게 아닐까요? 월세 추가 조정은 불가합니다. 이사 여부는 며칠 더 생각해 보세요."

얼마 후 세입자는 재계약을 안 하겠다며 연락했다. 나는 바로 집을 내놓았다. 이사하겠다는 마음이 강하게 들었는지 세입자도 집을 최대한 빨리 빼 달라 요청했다. 문제는 만기일이 이제 코앞으로 다가왔고, 마침 추석 연휴 직전이었다는 것이다. 거기다 요즘 뉴스에서 이슈화되는 집값 폭락 상황까지. 집을 보러 오는 사람이 없었다. 나는 불안해지기 시작했다. 이럴 때 내가 할 수 있는 것은 무엇일까?

나는 지금이 바로 주역점을 쳐야 할 때라고 생각했다. 내가 느끼는 주역점의 최대 매력은 이렇다. 어떻게 해야 할지 잘 모르는 문제를 만났을 때, 군자의 삶을 살겠다는 마음 위에서 질문한다는 것. 나는 고귀하게 살고 싶은데, 당면한 문제를 어떤 마음가짐, 어떤 행동을 하며 풀어 갈 것이냐를 내가 사는 이 시공간의 때와 도리를 구하며 묻는 일. 점을 치며 이렇게 물었다. "군자는 세입자에게 어떤 행동을 취해야 하는 때일까요?" 그러자 『주역』이 나에게 답했다. "짐을 져야 할 소인이 수레를 타고 있는 것이라 도적을 불러들이니 올바르더라도 부끄럽게 될 것이다."(負且乘부차승, 致寇至치구지, 貞吝정린)

나는 이 답변을 보는 순간 정신이 번쩍 들었다. 나에게 딱 필요한 명확한 답이었던 것이다. 이 구절은 뇌수 해(雷水 解)괘의 세번째 효사였다. 해(解)괘는 '세상의 근심과 고난에서 풀려난 해방이 된 때'(정이천, 『주역』, 792쪽)를 말한다. 그 효들은 우리가 자신을 묶어 두는 것들로부터 풀려 나오는 여섯 가지 방법을 보여 준다. 이 중 3효는 양의 자리에 있는 음효이다. 음유한 자가 강한 자리에 있다. 나아가 하체의 맨 끝자리에 있기에 그곳의 바름을 지켜야 한다. 그런데 자기 자리를 몰라서일까? 그는 자기 분수에 넘는 것을 탐낸다. 상체의 것을 갖고자 한다. 해방이 썩 쉽지 않을 것을 우린 예감할 수 있다.

삼효의 첫 글자 부(負)를 정이천 선생은 '짐을 져야 할 소인'이라고 풀었다. 리하르트 빌헬름 선생식으로 설명하면 이렇다. '가난으로부터 나와 편안한 상황으로 가고, 빈궁으로부터 자유로워진 자'(R. Wilhelm, *The I Ching: Or Book of Changes*, Penguin Books, 1995, p.156). 이것은 올해 나의 상황과 정확히 일치한다. 백수이지만 나는 그동안 우리 공부공동체에서 여러 활동을 통해 생활비를 벌었다. 수업이나 공간 관리 등 각종 매니저를 하면서 활동비를 받는 형식이다. 생활은 그럭저럭 유지할 수는 있었으나, 종종 기존에 모아 둔 돈을 사용하곤 했다.

그런데 올해부터 선생님들께서 그동안 내가 해온 공부를 다른 사람들과 함께 나눌 수 있는 장을 열어 주셨다. 나는 우리 공동체 〈남산강학원〉 및 글공방 〈나루〉에서뿐만 아니라 우리의 네트워크인 〈감이당〉과 〈사이재〉에서도 강의를 하게 되었다. 덕분에 나는 작년과는 또 다르게, 조금은 더 안정적으로 생활과 공부를 이어 갈 수 있게 된 것이다. 내가 좋아서 하는 공부. 기꺼이 회비를 내면서도 기쁘게 하는데, 그것으로 돈까지 벌다니! 이렇게 축복받은 삶이 가능하다니! 나는 나의 살림의 기반인 돈 문제에서 해방되었다. 여기까지는 좋았다. 문제는 사람의 마음이다. 욕심이 생기는 마음. 이는 3천 년 전에도 마찬가지였나 보다.

빌헬름 선생은 이렇게 말한다. "해방의 때, 무거운 짐스러운 부담으로부터의 구원은 삶에 자유롭고 활기찬 영향을 끼친다. 그러한 때에 우리는 자신이 얻은 업적을 필요 이상으로 과도하게 진행하면 안 된다."(ibid., p155) 즉, 가난에서 해방되어 다른 삶의 장이 열린 사람이 마차까지 탐내서는 안 된다는 말이다(負且乘부차승). 그렇게 욕심을 계속 부리다 보면 무슨 일이 벌어질까?

삼효는 이미 해방된 상태에서 자신이 얻은 바에 만족하지 못하고 과도하게 계속 밀고 나가면 도적을 불러 들인다(致寇至치구지)고 한다. 마차까지 탐내는 마음은 결국 불행을 불러온다는 예언. 도적은 외부에서도 올 수 있고 내 자체에서도 올 수 있는 일이라 생각된다. 예전에 그랬던 적이 있었다. 회사 다니며 아르바이트를 했는데, 과로로 인해 결국 몸이 안 좋아졌다. 그때 번 돈은 고스란히 병원으로 갔다. 내 몸이 도적이 되었다. 그 외에도 예상 못한 돈이 들어왔을 때 허무하게 나간 경험도 있었다. 들어왔던 만큼만 나가도 다행이다. 어떨 때는 그보다 더 나갈 때도 있었던 것 같다.

여기까지만 말해 주었어도 나는 『주역』의 점괘를 실천할 생각이었다. 그런데 꼬리에 붙어 있는 말, "올바르더라도 부끄럽게 될 것이다"(貞吝정린)에서 나는 『주역』의 지혜에 감탄했다. 이 마지막 말이 없었더라면 나는 계속해서 나 자신을 정당화하거나, 『주역』의 말에 마음을 온전히 싣지 않았을 것이다. 그런데 '올바르더라도'라는 말에 나는 나의 마음을 명확히 볼 수 있었다. 나는 월세를 많이 올리지 않은 자신을 기특해하고 있었다. 나를 욕심이 없는 사람이라고 생각하기까지 했다. 하지만 나는 어느 순간 내가 못 받게 된 월세를 혼자 높이 책정하고 그것을 아쉬워하고 있었다. 내가 시세보다 낮은 돈을 제시한 것은 올바른 일이라 생각한다. 그러나 그 마음 뒤에 있는 나의 우쭐함. 그것은 정말 부끄러운 마음이다. 이 효의 마지막 부분이 내 마음에 확 들어오면서 나는 정신을 차렸다.

점을 보자마자 부동산에 연락했다. 월세 10만 원에 내놓아도 되겠냐고 물었다(사장님한테 폐를 끼치는 것 아니냐고). 부동산 사장님은 내가 원하는 대로 편하게 하라 하셨다. 세입자에게 월세를 낮추겠다고 연락을 했지만, 그래도 이사하겠다는 답변을 받았다. 바로 가격을 낮춰 집을 다시 내놓았다. 세입자는 계속 집이 언제 나갈 것 같냐고 재촉을 했다. 이전이라면 나는 불안해하며 그 연락을 받았을 것이다. 그러나 나는 자신이 있었다. 내 욕심을 보고, 그것을 내려놓으니 마음이 그렇게 편할 수 없었다. 나는 나의 욕심으로부터 해방되었다. 추석 연휴가 끝나자 집을 보러 여러 사람이 왔다 갔다고 했다. 그리고 바로 계약이 되었고 새로운 세입자가 이사를 왔다.

이러한 과정을 거치며 나는 왜 "負且乘, 致寇至, 貞吝"이라는 효가 해괘에 있는지 깨달았다. 주역점을 보기 전까지 나는 내가 어떤 것에 붙들려 있다는 생각조차 하지 못했다. 그런데 '부차승'이라는 단어를 보는 순간 나는 나를 불안하게 한 나의 욕심을 깨달았다. 이미 자유를 얻었음에도 더 바라는 마음. 그것이 나를 불안하게 하고 괴롭히고 있음을.

나의 모습을 이렇게 대면하지 않았더라면 나는 나를 바른 사람이니, 다른 이들이 문제라 생각했을 것이다. 이랬다저랬다 한다며 세입자를 미워하거나 폭락하는 부동산 시장을 원망하며. 나의 욕심에서 해방되니 탓할 대상이 하나도 없어졌다. 그리고 나의 마음은 평온하고 자유로워졌다. 이렇게 나는 해방되었다.

41
산택 손,

덜어 내지 않아야 더해 준다,
불손익지(弗損益之)

안혜숙
———

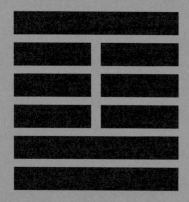

山澤損 산택 손

損, 有孚, 元吉, 无咎, 可貞, 利有攸往, 曷之用? 二簋可用享. 손, 유부,
원길, 무구, 가정, 리유유왕, 갈지용? 이궤가용향.

**손괘는 진실한 믿음이 있으면 크게 길하고 허물이 없어 올바르게 할 수 있으니 나**
**아가는 것이 이롭다. 어떻게 쓰겠는가? 대그릇 두 개만으로도 제사를 받들 수 있다.**

初九, 已事遄往, 无咎, 酌損之. 초구, 이사천왕, 무구, 작손지.

**초구효, 일을 마치거든 빨리 떠나가야 허물이 없으니 적절히 헤아려서 덜어 내야**
**한다.**

九二, 利貞, 征凶, 弗損益之. 구이, 리정, 정흉, 불손익지.

**구이효, 올바름을 굳게 지키는 것이 이롭고 함부로 나아가면 흉하니 자신의 중도를**
**덜어 내지 않아야 육오의 군주에게 더해 줄 수 있다.**

六三, 三人行, 則損一人, 一人行, 則得其友. 육삼, 삼인행, 즉손일인, 일인
행, 즉득기우.

**육삼효, 세 사람이 갈 때에는 한 사람을 덜어 내고 한 사람이 갈 때에는 그 벗을 얻**
**는다.**

六四, 損其疾, 使遄有喜, 无咎. 육사, 손기질, 사천유희, 무구.

**육사효, 그 병을 덜어 내되 신속하게 하면 기쁨이 있고 허물이 없게 된다.**

六五, 或益之, 十朋之. 龜, 弗克違, 元吉. 육오, 혹익지, 십붕지. 귀, 불극위, 원길.

**육오효, 혹 더할 일이 있으면 열 명의 벗이 도와준다. 거북점일지라도 이를 어길 수**
**없으니 크게 길하다.**

上九, 弗損益之, 无咎, 貞吉. 利有攸往, 得臣无家. 상구, 불손익지, 무구,
정길. 리유유왕, 득신무가.

**상구효, 덜어 내지 않고서 더해 주면 허물이 없고 올바름을 지켜서 길하다. 나아가**
**면 이로우니 신하를 얻는 것이 집안에 국한되지 않으리라.**

오래전 언젠가 함께 공부하는 동료 C가 J에게 신랄하게 잘못을 지적하게 되는 상황이 있었다. 난 그 상황은 이해가 되었지만 J가 많이 민망할 것 같았다. 아마도 나라면 완곡하게 돌려 말하거나 개별적으로 해결하려 했을 것이었다. 그때 선생님께서는 C가 J를 가장 아끼기 때문이라고 하셨다. 여러 사람들이 함께하는 공동체에선 모든 일이, 감정적인 문제까지도 투명하게 소통되어야 한다고 했다. 그래야 불필요한 오해나 묵은 감정의 문제로 더 복잡해지지 않는다고. 공부공동체인 연구실에선 끊임없이 관계와 소통의 문제가 일어난다. 그럴 때마다 옳고 그름을 제대로 분별하는 것과 더불어 어떻게 표현하고 처신해야 하는가의 문제에 당면하곤 한다. 이번에 들여다본 손괘에서 그 해답의 일단을 발견했다.

보통 나처럼 '착하고 좋은 사람'이라는 소리를 듣는 사람은 자신의 바람보다는 상대방의 바람에 맞춘다. 자기 견해와 맞지 않아도 적극적으로 자기주장을 하지 않는다. 당장 관계가 어색해지고 그로 인해 오는 불편함이 싫기 때문이다. 그래서 싫은 소리를 잘 하지 않는다. 혹 생각이 달라도 침묵하거나 때론 관계를 불편하지 않게 하기 위해 맘에 없는 말을 하기도 한다. 이런 처사는 겉으로 보기엔 자신을 낮추고 자신보다는 남을 우선으로 하니 내 것을 덜어 내는 것처럼 보인다. 보통, 보다 착한 사람이 더 손해 보고 희생하고 더 덜어 낸다고 생각하지 않는가. 그러나 과연 그럴까.

"(…) 덜어 내는 것의 뜻은 인욕을 덜어서 천리로 돌아감일 뿐이다."(정이천, 『주역』, 815쪽) 이 말에 따르면 덜어 내야 할 것은 인욕이고, 취해야 할 것은 천리로 돌아감이다. 그럼 천리로 돌아간다는 건 어떤 것인가? 천리가 무엇인지 알아야 그에 비추어 덜어 내야 할 인욕이 분명해진다. 그러니 덜어냄의 도리를 좀 더 따라가 보자.

덜어 냄(損)이 있으면 반드시 더함(益)이 있다. 나의 손해가 누군가에게는 이익이 되고, 나의 이익은 누군가의 손해로부터 온다. 떼려야 뗄 수 없는 관계다. 손(損)괘는 내괘인 아래를 덜어 외괘인 위를 두텁게 하는 괘이다. 아래 괘를 기준으로 덜어 냄과 보탬을 이야기한다. 안으로부터 덜어 내 바깥을 이롭게 한다는 것. 이는 자신의 내면의 덕으로서 바깥인 타인과 세상을 이롭게 한다는 말이기도 하다. 그래서 아래 세 효는 모두 위의 세 효와 호응한다. 기쁨으로 아래에서 덜어 내고 위와 호응하며 보탬이 되고 있다. 그렇다. 중요한 건 자신의 덜어 냄이 상대에게 보탬이 되어야 한다는 거다.

이는 손괘의 형상에서도 그대로 나타난다. 산 아래 연못의 물이 산 위의 온갖 것들을 자라게 한다. 연못이 깊으면 깊을수록 산세 또한 깊고 수려하다. 내면의 덕이 깊을수록 세상을 이롭게 하는 이치다. 물은 그 자체로서 다른 생명을 살린다. 일부러 덜어 내려는 것이 아니다. 존재 자체로서 누군가를 살리고 보탬이 된다. 공자는 이 괘상을 보고 "분노를 억제하고 욕심을 막으라"(懲忿窒欲징분질욕; 같은 책, 819쪽)고 했다. 산 아래 연못이 있는 형상은 '자연스런' 자연의 모습이다. 그러나 인간은 불행하게도 이런 자연스런 모습에서 벗어나 있다. 인간은 물과 같은 무심한 존재가 아니라 탐진치라는 인욕에 휘둘리는 존재다. 그러나 옛 성현들은 알고 있었다. 인간의 본성은 이런 천지자연의 이치, 곧 천리(天理)가 그 근본 바탕이라는 것을. 인욕을 덜어 내면 자신의 근본인 천리로 돌아갈 수 있다는 것이다. 그러면 만물을 살려 내는 물처럼 존재할 수 있다고.

그렇다면 함께 공부하는 관계에서 소위 '착하게 배려하는' 관계 맺기는 어떻게 해석해야 하는가? 구이효가 그 답을 알려준다. 불손익지(弗損益之)! '덜어 내지 않는 것이 증진시키는 것이다!' 언뜻 이해하기 힘들다. 덜어 냄을 말하는 손괘에서 덜어내지 않는 것을 말하고 있으니까. 그러나 여기에서 덜어 냄의 진정한 의미를 알 수 있다. 이는 무조건 덜어 낸다고 누군가에게 보탬이 되는 게 아니라는 말이다. 자신에게서도 상대에게서도 덜어 내서는 안 되는 마음이 있다. 바로 '중도'의 마음이다. 구이의 올바름은 중도를 뜻으로 삼은 것(象日상왈, 九二利貞구이리정, 中以爲志也중이위지야)에서 온다. 천리를 따르는 마음이 중도다. 사심과 인욕에서 벗어난 마음이다. 이는 덜어 낼 어떤 것이 아니라 강직하게 지켜야 할 마음이다(利貞). 이 중도의 마음을 배우는 것이 공부가 아니던가. 그런데 당장 관계가 불편해지는 게 싫다고 침묵하고 상대방을 배려하는 것은 '강직하게 중도의 올바름을 지키는 태도를 잃고 유순하게 상대를 기쁘게만 하는 태도'(정이천, 『주역』, 822쪽)일 뿐이다. 자신도 상대방도 향상시키는 것이 아닌 사사로운 욕심이자 인욕일 뿐임을 알 수 있다. 그러니 계속 그렇게 가면 흉하다고 했다(征凶정흉).

그럼 이 중도에 비추어 소통하고 관계 맺는 것에 대해 생각해 보자. 분명 도반의 잘못을 지적하는 사람도 잘못된 평가를 할 수 있고 틀릴 수 있다. 그러나 여기서 중요한 것은 대충 봉합하여 지나가지 않고 그때그때 솔직하게 표현한다는 것이다. 그러다 보면 갈등이 더 커지기도 하고 해소되기도 한다. 그 사이에 지적한 사람의 감정이나 마음도 드러난다. 사특한 감정에서 나온 말인지 함께 향상하고자 하는 도반의 마음에서 이야기한 것인지도 드러난다. 중요한 건 정직하고 투명한 소통의 과정이다. 이런 소통의 과정에서 자신도 상대도 중도의 올바름을 찾아갈 수 있다. 서로에게 향상과 유익함이 있는 것이다. 그래서 구이효와 응하고 있는 육오효는 그 얻는 바가 말할 수 없이 크다고 했다. "혹 증진시킬 일이 있으면, 열 명의 벗이 도와주고 신령하고 귀중한 거북일지라도 어길 수 없으니 크게 길하다!"(같은 책, 822쪽) 육오의 큰 길함은 강직하게 중도를 지키는 구이를 만났기 때문이다. 마치 하늘이 도와주는 것과 같다고 했다. 동료에게 이보다 더 보탬이 되는 덜어 냄의 도리가 어디에 있을까. 구하지 않아도 스스로 찾아와 돕는 이런 벗을 얻는 것보다 길하고 귀한 일은 없다. 그러니 또한 누군가에게 이런 귀한 벗이 되는 것보다 더 소중한 일은 없다.

'소통과 관계의 문제에서 어떻게 표현하고 처신할 것인가?'에 대한 구이효의 답은 명확하다. 자기 안의 본성이자 만물을 유익하게 하는 천리를 따르는 마음, 중도를 지키라! 어떤 관계에서든 아무리 불편해도 결코 덜어 내지 않아야 하는 것이 있다. 어설프게 배려하는 관계에서 내가 덜어 내고 있었던 건 공부의 도리이기도 한 이 중도의 도리였다. 자신의 중도를 덜어 내지 않아야 가장 남에게 보탬이 된다는 '불손익지'는 손괘가 내게 알려 준 덜어 냄의 최상의 도리다.

42
풍뢰 익,

맹모삼천지교가
필요한 때

성승현

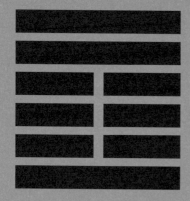

風雷益 풍뢰익

益, 利有攸往, 利涉大川. 익, 리유유왕, 리섭대천.

**익괘는 나아갈 바를 두는 것이 이롭고, 큰 강을 건너는 것이 이롭다.**

初九, 利用爲大作, 元吉, 无咎. 초구, 리용위대작, 원길, 무구.

**초구효, 큰일을 일으키는 것이 이로우니, 크게 좋고 길해야 허물이 없다.**

六二, 或益之, 十朋之. 龜, 弗克違, 永貞吉. 王用享于帝, 吉. 육이, 혹익지, 십붕지. 귀, 불극위, 영정길. 왕용향우제, 길.

**육이효, 혹 보탤 일이 있으면 열 명의 벗이 도와 주는 것이다. 거북점일지라도 이를 어길 수 없으나, 오래도록 올바름을 굳게 지키면 길하다. 왕이 이런 마음을 써서 상제께 제사드리면 길하리라.**

六三, 益之用凶事, 无咎, 有孚中行, 告公用圭. 육삼, 익지용흉사, 무구, 유부중행, 고공용규.

**육삼효, 보태는 일을 흉한 일에 쓰면 허물이 없으나, 진실한 믿음을 가지고 중도로써 행해야 군주에게 고할 때에 규로써 할 수 있다.**

六四, 中行, 告公從, 利用爲依, 遷國. 육사, 중행, 고공종, 리용위의, 천국.

**육사효, 중도로써 행하면 군주에게 고해서 따르게 하리니, 윗사람에게 의지하여 나라의 도읍을 옮기는 것이 이롭다.**

九五, 有孚惠心, 勿問, 元吉, 有孚, 惠我德. 구오, 유부혜심, 물문, 원길, 유부, 혜아덕.

**구오효, 진실한 믿음이 있어 마음으로 세상을 은혜롭게 하니 묻지 않아도 크게 길하고, 백성들이 믿음을 가지고 나의 덕을 은혜롭게 여긴다.**

上九, 莫益之, 或擊之, 立心勿恒, 凶. 상구, 막익지, 혹격지, 입심물항, 흉.

**상구효, 보태 주는 사람이 없고, 어떤 사람은 공격한다. 마음먹기를 늘 하던 대로 하지 말아야 하니, 흉하다.**

대중지성 에세이 발표를 앞두고 튜터링을 할 때였다. 한 학인의 이야기에 안타까운 마음이 들었던 기억이 있다. 그녀에게는 자녀가 둘 있는데, 초등학생이 된 첫째에게 주식을 가르치고 있다고 했다. 물론 주식은 합법적인 경제활동이고, 자본주의 사회에서 필요한 것이라고 생각한다. 다만 아이들의 경우 돈에 대한 개념이 세워지기 전일 텐데, 어린 나이에 주식을 배우는 것은 시기상조가 아닌가 싶었다. 솔직히, 아이가 걱정됐다. 그런데, 알고 보니 자녀에게 주식을 가르치는 게 그 학인만의 특수한 상황은 아니었다. 요즘에는 아이들이 어릴 때부터 주식에 대한 교육을 받는 일이 많다고 한다. 풍뢰 익(風雷 益)괘를 보니 그때가 생각났다. 익(益)은 보태고 더한다는 뜻이다. 윗사람들이 자신의 것을 덜어 아랫사람에게 보탬이 되어 주는 상황이다. 어른이 아이에게 돈을 보태 주어 이익을 보게 하는 것도 익괘에 속한다고 할 수 있다. 그런데, 이것이 진정 아이에게 보탬이 되는 일일까. 자식을 위한다는 명목으로 주식 공부를 시키고 있는 지금의 부모에게 다른 메시지가 필요하지 않을까 생각하게 됐다. 돈을 소유하고 증식하는 용도 이외에는 어떤 상상력도 발휘할 수 없는 시대를 사는 우리에게 '익괘'는 어떤 실마리를 전해 줄지 살펴보자.

익괘는 '이익'을 만들어 내는 괘다. 이익을 만들어 내는 데 있어 초구효와 육사효의 협업이 단연 돋보인다. 초구는 가장 어리다. 하지만 익괘에서는 어리기 때문에 보호해 줘야 한다는 상식이 통하지 않는다. 오히려 초구는 "큰일을 일으키는 것이 이로우니"(利用爲大作 용위대작) 과도할 정도로 활동할 수 있도록 도와야 한다. 익괘에서는 초구의 활동이 전체의 이익을 도모하게 되기 때문이다. 이때 육사효가 해야 할 일은? 일반적으로는 새로운 일을 과감하게 시작해도 좋다고 해석하기도 한다. 하지만 육사의 본질적인 임무는 '교육'에 있다. 이 메시지는 괘사에서도 이미 암시하고 있다. 괘사에서 '큰 하천을 건넘에 이롭다'(利涉大川)고 하는데, '리섭대천'을 함으로써 행해지는 것은 목도(木道)다. 목은 오상(五常, 사람이 지켜야 할 다섯 가지 덕목)에서 '인'(仁)에 배속된다. 인은 만물을 살리는 하늘의 도다. 큰하천을 건너면서까지 실천해야 하는 것은 어짊을 실천하는 것이기도 하다. 어짊을 실천하는 데 교육만 한 것이 없다고 보는 것이다. 이 교육의 도를 실행할 자가 바로 육사다. 육사는 "중도로써 행하면 군주에게 고해서 따르게 하리니, 윗사람에 의지하여 나라의 도읍을 옮기는 것이 이롭다"(中行중행, 告公從고공종, 利用爲依리용위의 遷國천국)고 한다. 하지만 육사의 위(位)는 중(中)에 있지 않아 부중(不中)하다. 중도를 행하기 어려운 상황이지만 중도로 행하면 윗사람인 구오효의 마음을 움직일 수 있고, 그에 의지해서 수도를 옮길 수 있다. 수도를 옮긴다는 것은, 인(仁)을 실천할 수 있는 다른 장소로 옮기는 것이다. 맹모삼천지교(孟母三遷之敎)를 떠올려도 좋다. 아이의 교육을 위해 큰 하천을 건너는 모습이다. 큰 하천을 건너는 것이 곧 육사효에서 말하는 천도라고 볼 수 있는 것이다. 그렇다면, 천도가 진정 의미하는 게 무엇인지 생각해 봐야 한다.

익괘에서 천도는 육사가 초구를 위해 장소를 옮기는 것이다. 천도라는 것이 물리적으로는 장소를 옮기는 것이기도 하지만, 마음의 장을 옮기는 일이라고 해석할 수도 있다. 내가 서른 살 무렵에 겪었던 일을 예로 들어 보려 한다. 인문학에 관심이 생겨 몇몇 출판사가 개최하는 행사에 자주 참여하며 '인문학의 맛'을 보던 시기였다. 그러던 중 그린비출판사에서 주최한 『돈의 달인, 호모 코뮤니타스』(고미숙 지음) 출간 이벤트를 접하게 됐다. 내용은 대략 이랬다. 독자 스스로 이 책에 대한 가치를 매기고 값을 선지불하는 것이었다. 출간 전에 이 책과 접속한 독자에게 혜택을 주는 이벤트라고 생각했고, 정가에 미치지 못하는 책값을 송금했다. 책을 받아 보고 나서야 내가 책정한 책값에 대한 부끄러움이 밀려 왔다. 책값에 대한 공정하고 합당한 가치를 매기기보다는, 싼값에 책을 살 수 있는 횡재수로 여겼다는 생각이 들었기 때문이다.

책의 내용은 더 충격적이었다. 이 책을 한마디로 요약하면 '소유에서 증여로'라고 할 수 있다. 한마디로 돈을 소유하려 하지 말고 세상으로 흘러가도록 해야 한다는 것이었다. 그 당시 나로서는 상상도 하지 못했던 사고방식이었다. 동시에 저항감도 올라왔다. 돈을 모으는 이유는 지금의 삶을 윤택하게 하고, 더 나아가서는 노후에 여유롭게 살기 위한 게 아닌가 생각했기 때문이다. 내가 소유하려는 게 뭐가 문제지? 소비로 스트레스를 푸는 게 어때서? 등등 끝도 없는 질문과 불만이 올라왔다. 하지만, 내면에서는 알고 있었던 것 같다. 이 책이 제시하는 비전이 옳다고 말이다. 그때 처음으로 생각했다. 나는 돈에 대해서 공부한 적이 한 번도 없다고. 나는 서른 살이 되어서야 초구가 배워야 할 내용을 접할 수 있었다. 그전에는 개인 혹은 가족 범위에서 편안하고 안정된 삶을 영위하는 목적으로 돈을 벌어야 한다고 배웠다. 아니, 배우지 않아도 저절로 그렇게 인식하고 있었다. '소유에서 증여로' 인식의 장을 옮겨야겠다고 생각한 것은 그때의 사건과 사람이었다. 출판사의 이벤트가 없었다면, 『돈의 달인 호모 코뮤니타스』라는 책이 아니었다면 나는 평생 그렇게 믿으며 살지 않았을까. 당시 출판사와 저자는 육사의 위치에 있었던 것이다.

그렇다고 해서, '소유에서 증여로' 사는 삶을 살아 내기가 쉽다는 뜻은 아니다. 쉽지 않다. 잠깐 한눈을 팔면 소유 중심으로 사고하기 십상이다. 그래서 육사는 어렵지만 중도를 지켜야 한다고 이야기하는 것이다. 육사는 중도를 지키면서 초구를 위한 교육도 담당해야한다. 이를 위해 두 가지를 기억해야 할 것 같다.

첫번째로는, 손해와 이익의 메커니즘을 정확히 이해해야 한다는 것이다. 풍뢰 익괘는 바로 앞에 위치한 산택 손괘와 함께 봐야 한다. 손괘는 손해를 본다는 뜻이고, 익괘는 이익을 본다는 뜻이다. 유학자들은 대부분 외괘(위)를 지배층으로, 내괘(아래)를 서민층으로 봤다. 손괘는 서민이 손해를 감수하여 지배층에게 이익을 주는 구조이므로, 주로 세금으로 해석한다. 익괘는 지배층이 자기 것을 서민에게 나누어 주어 이익을 보도록 하므로, 주로 복지로 해석한다. 재미있는 것은, 손괘든 익괘든 누군가 손해를 봐야, 다른 누군가가 이익을 본다는 사실을 여실히 보여 준다는 것이다. 당연하게도 누군가가 이익을 보면 누군가는 손해를 본다. 우리가 일상을 살면서 얻는 이익이 누군가의 손해를 담보로 한다고 생각해 본 적이 있는가. 손괘와 익괘의 메커니즘은, 주식을 비롯한 모든 경제활동에 대해서 다시 생각하게 만든다.

두번째로는 증여로 운영되는 삶의 현장을 경험해야 한다는 것이다. 이를테면, 〈감이당〉이 그런 현장이다. 〈감이당〉에서는 '돈'에 대한 실험을 많이 한다. 나는 〈감이당〉에서 공부를 하지 않았다면 상상하지 못했을 돈의 흐름을 경험했다. 청년펀드가 대표적이다. 청년펀드는 공부로 자립하려는 청년들과, 청년들이 자립해서 당당하게 살았으면 좋겠다고 생각하는 사람들을 이어 주는 장치다. 많은 사람들이 청년펀드에 증여한다. 〈감이당〉에서 공부를 하지 않더라도, 청년의 자립을 위해 아낌없이 증여하는 사람들이 많다. 익괘의 구조를 보여 주는 대표적인 사례다. 이렇게 모인 돈은 청년들의 공동체 활동, 해외 활동, 다양한 아르바이트를 지원하는 등 그들의 자립에 쓰인다. 매년 시작하는 대중지성 프로그램으로 모인 회비도 운영비를 뺀 나머지는 청년펀드로 사용된다. 그런데, 돈뿐만이 아니다. 활동도 그렇다. 어떤 활동도 개인이 점유하지 않는다. 주방과 카페 매니저, 영상물 편집, 공간 매니저 등 한 개인이 독점하지 않는 것이다. 일정 기간이 끝나면 다음 사람에게 인수인계를 하게 되는데, 이때 자신이 활동했던 배움과 노하우를 전수한다. 일종의 증여다. 공부도 마찬가지다. 오늘 강사였던 사람이 다음날에는 강의를 듣는 사람이 된다. 오늘은 내가 공부한 것을 아낌없이 나누지만, 다음날에는 누군가의 지혜를 얻는 것이다. 〈감이당〉에서 운영되는 모든 것은 소유의 맥락에 머물러 있는 것이 없다.

이제 나는 중년의 나이에 접어들었다. 내가 출판사와 책을 통해 새로운 세상을 경험했듯이 나 역시 육사가 하는 일들을 적극적으로 실천해야 하는 시기다. 「대상전」에서 보면, 익괘는 바람과 우레가 함께 있는 모습이다. 이 둘이 만나면 시너지가 생긴다. 바람이 격렬하게 불면 우레의 소리도 신속하게 되고, 우레의 소리가 격렬해지면 바람도 거세진다. 서로가 도우며 그 세력을 보태는 모습이다. 이 모습을 통해 배울 수 있는 것이 '개과천선'이다. 자기에게 이익이 되는 방법은 무엇인가? 타인의 선함을 보면 바람처럼 즉각 실천에 옮기고, 자신의 과실을 자각하면 번개가 치듯 잘못을 고치는 것이다. 알면 바로 고치고 실천에 옮겨야 하는 것이다. 우리가 늘상 걸려 넘어지는 지점이 무엇인가? '조금만 더 누리고 나서, 조금만 더 벌고 나서 좋은 일을 하겠다는 마음'이 아닌가. 익괘에 따르면, 어림도 없는 마음이다. '소유에서 증여로'라는 방향을 설정했다면, 소유에 천착하는 마음을 바로 내려놓고, 증여의 흐름에 올라타야 한다. 우리의 마음이 바뀌어야, 아이들에게 어떤 교육이 필요한지 구체적인 방안이 마련될 것이다. 우리 모두의 마음에 맹모삼천지교가 필요한 때다.

43
택천 쾌,

**끝나야
끝난 거다!**

신근영

澤天夬 택천 쾌

夬,揚于王庭,孚號有厲.告自邑,不利卽戎,利有攸往. 쾌, 양우왕정, 부호유려. 고자읍, 불리즉융, 리유유왕.

**쾌쾌는 왕의 조정에서 드날리는 것이니, 진실한 믿음을 가지고 호령하여 위험이 있음을 알게 한다. 자기 자신에서부터 고하되 군사를 일으키는 것은 이롭지 않으며, 나아갈 바를 두는 것이 이롭다.**

初九,壯于前趾,往不勝爲咎. 초구, 장우전지, 왕불승위구.

**초구효, 발이 앞으로 나아감에 강건한 것이니, 나아가서 감당하지 못하면 허물이 되리라.**

九二,惕號,莫夜有戎,勿恤. 구이, 척호, 모야유융, 물휼.

구이효, 두려워하며 호령하는 것이니, 늦은 밤에 적군이 있더라도 걱정할 것이 없다.

九三,壯于頄,有凶.獨行遇雨,君子夬夬.若濡有慍,无咎. 구삼, 장우규, 유흉. 독행우우, 군자쾌쾌. 약유유온, 무구.

**구삼효, 광대뼈가 건장하여 흉함이 있다. 홀로 가서 상육과 사귀어 비를 만나니 군자는 과감하게 결단한다. 비에 젖은 듯해서 노여워하면 허물이 없으리라.**

九四,臀无膚,其行次且.牽羊悔亡,聞言不信. 구사, 둔무부, 기행차저. 견양회망, 문언불신.

**구사효, 엉덩이에 살이 없으면서 나아가기를 머뭇거린다. 양(羊)을 이끌고 나아가면 후회가 없겠지만, 말을 들어도 믿지 않는다.**

九五,莧陸夬夬,中行无咎. 구오, 현륙쾌쾌, 중행무구.

**구오효, 쇠비름나물을 과감하게 끊어 내면, 중도를 행함에 허물이 없다.**

上六,无號,終有凶. 상육, 무호, 종유흉.

**상육효, 울부짖어도 소용없으니 끝내 흉함이 있다.**

살면서 우리는 얼마나 많은 결심들을 할까. 내일부터는 일찍 일어나야지, 오늘부터는 다이어트를 해야지, 올해는 제대로 영어공부를 해봐야지, 일주일에 세 번은 꼭 운동을 해야지 등등. 스스로 생각이라는 것을 하면서부터 우리는 수많은 결심들 속에 살아간다. 그리고 그 결심들만큼 수많은 실패들을 경험한다. 그럴 때면 묘한 죄책감 같은 게 올라오곤 한다. 자존감도 떨어진다.

나에게도 수많은 작심삼일의 날들이 있었다. 그런데 돌아보면 그때마다 내가 한 것이라곤 의지박약을 탓하는 게 전부였다. 습관을 바꾸기 위해서는 어떻게 마음의 길을 내야 할지 구체적으로 들여다본 적이 없었던 거다. 그저 막연하게 생각할 뿐이었다. 다음엔 더 굳게 마음을 먹으리라, 아자! 그렇게 매번 하나마나한 또 다른 결심으로 반성은 끝이 났다. 씁쓸한 뒷맛과 함께.

그래서였을까. 공부를 하면서 그 개운치 않은 뒷맛을 없앨 방법들에 눈이 가곤 했다. 철학, 과학, 심리학 등 다양한 분야가 그와 관련된 문제를 다루고 있었다. 왜 아니겠는가. 무언가를 결심한다는 것, 그건 새로운 일상을 꾸리고 싶다는 욕망이다. 기존의 습관을 끊어 내고 삶의 새로운 장으로 나아가기. 우리는 그런 결단을 통해 삶의 변곡점을 만들어 내게 된다.

『주역』 또한 삶의 이 중요한 시공간을 펼쳐 보인다. 택천 쾌(澤天 夬)괘가 그것이다. 쾌(夬)괘의 형상은 특이하다. 맨 아래 초효부터 오효까지가 모두 양효다. 음효는 그 끝에 겨우 하나가 있을 뿐이다. 그러니까 아래서부터 양효가 자라나더니 종국에는 음효 하나만 남겨 놓은 형국인 것이다. "다섯 양효가 아래에서부터 성장하여 극한에 이르려 하고 하나의 음효는 그 위에서 소멸하여 없어지려고 하니, 여러 양효가 위로 나아가 하나의 음효를 과감하게 제거하는 것이 바로 쾌괘다."(정이천, 『주역』, 857쪽) 그렇기에 택천 쾌괘는 과감한 척결, 결단을 의미한다.

보통 『주역』에서 양효는 군자를, 음효는 소인을 상징한다. 이런 면에서 쾌괘는 군자가 자신의 세력을 키워 소인을 척결하는 때라 할 수 있다. 하지만 군자와 소인이 이미 결정되어 따로 존재하는 것은 아니다. 우리 안에는 군자와 소인이 모두 있다. 그러니까 군자의 마음을 쓰면 군자가 되는 것이요, 소인의 마음을 쓰면 소인이 되는 것이다. 해서 쾌괘는 자신 안에 군자의 마음을 세워 나가는 과정이자, 그 속에 남아 있는 소인의 마음 한 자락을 없애는 길을 보여 준다. 요컨대 택천 쾌의 시공간은 이런 소인의 마음을 끊어 내는 지혜를 담고 있다. 삶의 새로운 장, 그것은 과거의 습을 과감하게[決] 끊어낼[斷] 때 열리는 것이기 때문이다.

그럼 택천 쾌가 말하는 결단의 순간으로 들어가 보자. 쾌괘에서 처음 만나게 되는 결단의 태도는 '양우왕정(揚于王庭), 왕의 조정에서 드날리다'이다. 왕의 조정이란 공적인 장소를 뜻한다. 그러니까 결단은 모든 이들에게 공개된 공적인 장을 필요로 한다는 것이다. 맞는 말이다. 혼자서 한 결심은 쉽게 무너지는 법이다. 그래서 흔히들 이야기하곤 한다. 고치고 싶은 습(習)이 있다면 주변에 널리 알리라고.

어떤 습을 바꾸려 할 때 우리가 오해하는 지점도 이와 관련된다. 우리는 우리 '자신의 의지'를 가지고 습을 끊어 낼 수 있다고 믿는다. 하지만 이는 큰 착각이다. 우리가 기대고 있는 그 '의지'라는 것,

그것은 지금의 내가 가진 의지이며, 지금의 나란 기존의 습들로 이루어진 나인 것이다. 결국 나의 의지란 기존의 습 위에서 작동하는 의지이자, 기존의 습이 가진 방향성을 나타낼 뿐이다. 요컨대, 나의 의지란 내가 끊어 버리고 싶은 그 습들의 편에 서 있는 것이다. 하여 의지에 의존하는 한 우리는 기존의 습과 결별할 수 없다. 결단에는 '나의 의지'와는 다른 타자의 힘이 필요하다. 나의 방향성을 틀어 줄 물리적 배치. 즉, 타자에게 열린 관계의 장이 요구된다. 택천 쾌가 말하는 왕의 조정이란 이런 의미다.

연구실 청년들의 공부 과정 중에 '100일 항심(恒心)'이라는 것이 있다. 자신이 고치고 싶은 습을 친구들과 나누고 100일 동안 그것을 지켜 나가는 것이다. 과자나 초콜릿을 먹지 않는다든지, 야식을 끊는다든지, 저녁에 일찍 자는 습관을 들인다든지, 새벽 운동을 한다든지 각자가 바꾸고 싶은 일상들을 친구들과의 약속을 통해 만들어 가게 된다. 물론 100일을 한다고 해서 그것이 온전히 자신의 습이 되지는 않는다. 그럼에도 100일이라는 시간은 꽤 쏠쏠하다. 자기 일상을 조율하는 실험, 다른 일상을 살아가며 느끼게 되는 여러 감정들, 자신조차 몰랐던 자신의 새로운 모습과의 조우, 그리고 100일의 시간을 오롯이 자신이 만들어 갔다는 자존감. 이 모든 경험들에 결정적인 힘이 되어 준 것은 바로 친구들과의 약속이다! 그 약속이 없었다면 처음 세운 그 마음을 지켜 나가기란 사실상 불가능했을 게다.

물론 이 과정이 쉽지만은 않다. 자신 안에 올라오는 여러 갈등들과 마주해야 한다. 그러다 보면 친구들과의 약속이 억압처럼 느껴지기도 한다. 내가 하고 싶은 것을 못하게 하는 어떤 압력처럼 여겨지는 것이다. 이런 땐 생각의 방향을 바꿔야 한다. 친구들 때문에 무엇을 못하고 있는 게 아니라, 친구들 덕분에 무언가를 해볼 수 있게 된 것이다. 친구들이 아니었다면 열리지 않았을 새로운 삶의 장. 그렇게 조금은 넓어진 삶의 지평. 프랑스의 철학자 푸코가 말했듯, 우리는 친구들을 통해 한 번도 되어 보지 못한 내가 되는 그런 자유를 영위하게 되는 것이다.

결단은 결코 억압이 아니다. 아니, 억압이 되어서는 안 된다. 억압을 통해서는 무언가를 끊어 낼 수 없기 때문이다. 이를 쾌괘는 '불리즉융(不利卽戎), 군사를 쓰면 이롭지 않다'는 말로 표현하고 있다. 그러니 결단이 억압이 되는 순간 떠올려 보자. 그것을 하지 않음으로써 내게 열리는 세계를, 그럼으로써 어떤 자유가 내게 오는지를. 결단이란 무언가를 하지 못하게 되는 부정적 행위가 아니라 새로운 삶의 길로 가는 출구일 뿐이다.

결단의 또 다른 지혜가 담겨 있는 것은 이효다. "두려워하며 호령하는 것이니, 늦은 밤에 적군이 있더라도 걱정할 것이 없다."(九二구이, 惕號척호, 莫夜有戎모야유융, 勿恤물휼) '늦은 밤'이란 우리의 몸과 마음이 완전히 풀어지는 때다. 이런 때 적군이 쳐들어온다면 속수무책으로 당할 수밖에 없다. 물론 그 피해 또한 매우 심각할 것이다. 하여 이효에서 말하는 '늦은 밤의 적군'이란 가장 무서운 적, 가장 위험한 적을 의미한다. 하나 여기서 명심해야 할 건, 그것이 적군 그 자체의 강함이라기보다는 느슨해진 우리 마음에서 비롯되었다는 사실이다. 지금 우리에게 필요한 것은 마음의 긴장을 놓치지 않는 것, 방심하지 않는 일이다. 두려워하며(惕) 경계하고 호령하는(號) 자의 엄한 태도를 지켜 나가기. 그렇다면 "늦은 밤에 적군이 있더라도 걱정할 것이 없다".

택천 쾌괘는 양의 기세가 훌륭하다. 반면 음의 기운은 쇠미하다. 해서 우리에겐 쉽게 방심하는 마음이 일어난다. 하지만 마지막 남은 소인의 마음이야말로 독하디 독하다. 겨울의 끝, 이제 봄이라 여길 때쯤 부는 꽃샘추위의 매서움처럼 말이다. 끝에 매달린 음효라고 쉽게 생각해서는 안 된다. 그 하나 뒤에는 맹렬한 욕망이 숨어 있다. 보잘것없는 외양을 띠고 있지만 무엇보다 강력한 힘을 가진 마지막 음효. 아니다. 보잘것없어 보이기에 가장 무서운 게 바로 그 소인이다.

실제로 우리는 그런 소인의 모습에 곧잘 넘어간다. 새롭게 몸에 새기고 싶은 양식. 하지만 그렇기에 낯설고 불편한 행동들. 그럴 때면 올라오는 마음이 있다. 이제까지 열심히 잘 지켜 왔으니 오늘 '하루 정도'는, 이번 '한 번 정도'는 안 해도 괜찮지 않을까. 달콤하다. 힘들어하느니 잠시 잠깐 나를 풀어 주고 다시 시작하는 게 더 나은 듯싶다. 이제 그 말은 달콤함을 넘어 합리적으로까지 들린다. 하지만 그것이 곧 '늦은 밤의 적군'인 것이다.

20년쯤 피워 온 담배를 끊으며 난 그 적군의 매서움을 혹독히 겪었다. 금단증상도 어느 정도 해결되었다고 생각되었을 쯤이었다. 밑도 끝도 없이 이런 마음이 올라왔다. 한 대는 괜찮지 않을까. 한 대만 딱 피우고 안 피우면 되잖아. 그렇게 난 수많은 '딱 한 대'의 담배들을 피웠다. 하지만 그러다 알게 되었다. '한 대쯤'이라는 말이 의미하는 바를. 그건 내가 이미 한 개비의 담배도 허용해서는 안 된다는 것을 알고 있다는 반증이었다. 난 그런 나를 속여야만 했다. 지금 내가 하는 행동이 별것 아닌 것처럼 여겨지길 원했다. 그것이 내 결심을 무너뜨리는 일이 아니라고 믿고 싶었다. 그래서 나온 말, 그것이 '한 대쯤'이었다. 그제야 난 사소한 듯 보이는 그 말의 위험을 알았고, 그렇게 담배와의 인연은 정리되었다.

기존의 습관을 끊어 나가는 중 누구나 한 번은 만나게 되는 소인의 마음. 대수롭지 않은 일로, 하찮은 일로 위장하며 나타나는 감미로운 말들. 결단의 위험은 거기에 있다. 하여 쾌쾌의 이효는 우리에게 경계의 말을 던진다. 사소한 것으로 보이는 마음일수록 두려워할 줄 알아야 한다고. 가볍게 다가오는 말일수록 엄하게 대응해야 한다고.

오랫동안 살아왔던 삶의 양식과 결별하는 일은 결코 쉽지 않다. 더욱이 그 마지막은 심히 괴롭다. 하지만 괴로움이 크다는 것은 끝이 멀지 않았다는 소리이기도 하다. 물리학에서 말하는 마찰력의 원리가 그렇다. 정지한 물체를 움직이려고 우리가 힘을 가할 때, 가장 많은 힘을 필요로 하는 순간은 그 물체가 움직이기 직전이다. 내가 물체를 움직이려고 힘을 주면 줄수록, 그에 저항하는 마찰력 또한 커지기 때문이다. 하지만 마찰력이 극에 달했다는 건, 이제 곧 물체가 움직일 거라는 증거이기도 한 것이다.

불교에서는 이 상태를 '업장'을 가지고 설명한다. 업장이란 간단히 말해 우리가 습관적으로 해온 행위들을 가리킨다. 그런데 이 "업장은 하나의 자기 운동력"을 갖고 있다. 그러니까 업장이라는 놈도 자기 생명력이 있다는 것이다. 해서 업장 또한 소멸되는 것에 저항한다. 끝까지 살아남으려 안간힘을 쓴다. 때문에 우리가 업장을 없애려고 힘을 쓰면 쓸수록 업장은 더욱더 기승을 부리게 된다.

나는 연구실에서 이 업장의 힘을 종종 목격하곤 했다. 나름 새로운 삶의 패턴을 잘 만들어 가고 있던 청년들이 어느 날 갑자기 공부에 대한 회의를 토로하며 약속한 글을 써 오지 않거나, 관계를 망쳐 버리는 사고를 치는 것이었다. 왜 그러는지 이유를 물어보면 나름 이런저런 이야기들을 하곤 했지만, 그다지 신통치 않은 답변들뿐이었다. 내가 보기엔 그 친구들 역시 자신이 왜 그런 행동을 하는지 명확히 알지 못했다. 그럴 때면 궁금했다. 무슨 귀신이 쓰인 것도 아니고 왜 갑자기 저렇게 돌변하는 것일까? 이제는 알겠다. 우리의 과거의 습들 또한 하나의 존재성을 가지고 있기에 그것 또한 살아남으려 발버둥치는 것이었다.

뇌과학에서도 이와 관련된 현상이 있다. 오랫동안 뇌는 각각의 영역마다 그 기능이 결정되어 있어, 일단 그 영역들이 구분되고 나면 결코 그 역할을 바꿀 수 없다고 여겨져 왔다. 하지만 현대 뇌과학에 따르면, 그 영역들은 자신들의 기능을 바꿀 수 있다. 이를 뇌의 '가소성'이라 한다. 그렇다면 이런 가소성을 만드는 조건은 어떤 것일까?

시각 장애인은 눈으로는 시각 신호를 받을 수 없지만, 뇌의 시각피질만큼은 여전히 살아 있다. 그런데 선천적 시각 장애를 가져서 어릴 때부터 점자책을 읽어 온 경우, 그의 시각피질은 역할을 바꿔 촉각과 언어 기능에 사용된다. 하지만 14세 이후에 후천적 시각 장애를 가지게 된 사람은 점자책을 읽더라도 그 영역이 바뀌지 않았다. 따라서 아무런 역할도 하지 못하는 시각 영역은 죽은 듯 보인다. 이 현상만 보면, 이런 차이가 생긴 이유가 장애를 갖게 된 '시기'와 관련된 것처럼 보인다. 그래서 나이가 들어 뇌의 신경세포가 일단 자리 잡고 나면 그 배치를 바꿀 수 없다고 이야기되곤 한다. 하지만 그렇지 않다.

선천적 시각 장애와 후천적 시각 장애에는 또 다른 차이가 있다. 후천적 시각 장애는 선천적인 경우와 달리, 희미한 빛을 분간하는 등 아주 약하더라도 시력을 유지하고 있다는 거다. 그리고 바로 이 미약하게나마 들어오고 있는 빛, 이 보잘것없는 적은 빛이 뇌의 가소성을 막는 장애물이다. 시각피질은 '아주 조금'이라도 빛이 들어오는 한 자신을 변화시키려 하지 않는 것이다. 실제로 비장애인인 경우에도 빛이 '전혀' 들어오지 않는 안대를 쓰고 지내면, 단 5일 만에 시각피질이 촉각이나 청각에 사용된다. 이처럼 뇌는 한 톨의 여지라도 있는 한, 기존의 배치를 바꾸려 하지 않는다. 어떤 사소한 신호도 뇌의 변화에는 '늦은 밤의 적군'이 되는 것이다.

택천 쾌는 마지막 남은 소인의 그 거칠고 사나운 위세를 알았다. 그렇기에 이제는 이룬 것 같다는 생각이 들 때가 가장 위태로운 순간이라 말하고 있는 것이다. "우세한 이쪽의 힘으로 쇠락한 저들을 척결할지라도, 만일 쉽게 여기고 대비함이 없으면, 예상하지 못하는 후회가 있을 것이다. 이것은 아직도 위태로울 수 있는 이치가 있기 때문이라서, 반드시 경계하고 두려워하는 마음이 있어야 근심이 없게 된다."(정이천, 『주역』, 859쪽) 모든 일은 끝나야 끝난 거다! 소인은 언제나 사소하고 하찮은 모습으로 그 마지막 위력을 보여 준다. 그 앞에서 한 번 더 마음을 단속하는 것. 거기에 삶의 변곡점이 자리한다.

44
천풍 구,

지혜로운 스승들의 쇠 고동목,
'백미 토크'를 보라!


고영주
———

天風 姤
천풍 구

姤, 女壯, 勿用取女. 구, 여장, 물용취녀.

**구괘는 여자가 힘이 센 것이니, 그 여자에게 장가들지 말아야 한다.**

初六, 繫于金柅, 貞吉, 有攸往, 見凶. 羸豕孚蹢躅. 초육, 계우금니, 정길, 유유왕, 견흉. 리시부척촉.

초육효, 쇠로 된 굄목에 매어 놓으면 바르게 되어 길하고, 나아갈 바를 두면 흉한 일을 당하리라. 힘없는 돼지는 날뛰고 싶은 마음이 가득하다.

九二, 包有魚, 无咎, 不利賓. 구이, 포유어, 무구, 불리빈.

**구이효, 꾸러미에 물고기가 들어옴은 허물이 없으나 손님에게는 이롭지 않다.**

九三, 臀无膚, 其行次且, 厲, 无大咎. 구삼, 둔무부, 기행차저, 려, 무대구.

**구삼효, 엉덩이에 살이 없으나 나아가기를 머뭇거리니, 위태롭게 여기면 큰 허물이 없다.**

九四, 包无魚, 起凶. 구사, 포무어, 기흉.

**구사효, 꾸러미에 물고기가 없음이니, 흉한 일이 일어날 것이다.**

九五, 以杞包瓜, 含章, 有隕自天. 구오, 이기포과, 함장, 유운자천.

**구오효, 구기자나무 잎으로 오이를 감싸는 것이니, 아름다운 덕을 머금고 있으면 하늘로부터 내려 주는 복이 있다.**

上九, 姤其角, 吝, 无咎. 상구, 구기각, 린, 무구.

**상구효, 그 뿔에서 만나니 부끄러우나 탓할 곳이 없다.**


작년 말(2022)부터 팀 내 분위기가 심상치 않다. 새해가 밝았음에도 팀원들끼리 소박한 계획조차 나누지 않았고, 매주 금요일이면 회식으로 불태웠던 모임도 어느새 사라져 버렸다. 오전 업무를 시작하기 전 커피 한잔씩 하며 담소를 나누는 것은 고사하고, 동료들은 이래도 그만, 저래도 그만인 얼굴로 멍~하니 컴퓨터 모니터만 바라보고 있다. 마치 활활 타오르던 불꽃이 한순간에 꺼져 버린 것처럼 사무실이 적막하고 서늘하기만 하다. 지금 내 눈에 비치는 침울함, 도대체 이 침울함은 어쩌다 감돌게 되었을까.

상괘는 하늘을 상징하는 건(乾)괘가, 하괘는 바람을 상징하는 손(巽)괘가 자리한 천풍 구(天風 姤)괘는 '만남'을 의미한다. 하늘 아래로 바람이 불고 있는 구(姤)괘에 대해 정이천 선생님은 이렇게 말하고 있다. "하늘 아래에 있는 것은 만물이며 바람이 불어 접촉하지 않는 것이 없으니, 이것이 바로 만물과 만나는 모습이다. 또 하나의 음효가 처음 아래에서 생기니, 음이 양과 만나는 것이므로, 만남이라고 한 것이다."(정이천, 『주역』, 878쪽)

바람(風)은 무엇 하나 지나치지 않고 사물들과 접촉할 수 있는 물상이다. 세상 만물은 바람과의 만남을 피할 수 없다. 또한 구괘는 괘상으로 보면 여섯 효 중 오직 초효만이 음효로서 위에 자리하고 있는 다섯 양효들과의 만남이기도 하다. 그렇기에 괘의 분위기가 좋을 것 같지만, 예상과 달리 구괘는 이 만남을 '여장'(女壯)이라 하며, 물용취녀(勿用取女), 즉 그녀에게 결코 '장가들지 말아야 한다'고 강조한다. 강한 여자란 누구를 가리키는 것일까. 바로 괘의 맨 아래에 위치한 초효를 말한다. "구괘는 이제 막 나아가는 음효가 점차로 건장하게 자라서 양에 대적하는 상황이니, 취해서는 안 된다."(같은 책, 879쪽) 『주역』에서 음은 소인으로 사사로우며, 올바른 도(道)를 구현하는 대인과 대비되는 존재다. 현재 팀원들이 침울함과 마주하고 있는 이유가 양(陽)에게 대적할 수 있는 힘, 즉 여장한 마음을 취했기 때문은 아닐까.

몇 년 전부터 팀원들은 투자에 열을 올리기 시작했다. 휴대폰으로 주식과 비트코인 차트를 열어 서로의 실익을 공유하며 기뻐하기도, 한탄하기도 하면서 말이다. 가상화폐가 처음 등장했을 때 비트코인을 매수해 활발하게 투자 활동을 했고, 그중 몇몇은 회사 월급의 몇 배 이상으로 수익을 냈다. 뿐만 아니라 부동산 시세가 엄청나게 치솟을 당시 영끌로 아파트 매매에 혼신의 힘을 다했고, 신분증과 재직 증명서만 있으면 쉽게 만들 수 있는 마이너스 통장은 그들이 원활한 투자와 투기를 할 수 있는 자금의 발판이 되어 주었다. 수익이 늘면 늘수록 팀원들은 회사 업무에 집중하지 못했다.

팀원들의 모습은 마치 초효의 여장한 마음이 날뛰는 모습과도 같았다. '리시부척촉'(羸豕孚蹢躅). 시(豕)란, '돼지'를 의미한다.『주역』에서 돼지는 사납지는 않지만 음(陰)하고 조급한 동물로 상징된다. 초효는 음효로서 겉으로 약하디 약한 돼지이지만, 속마음은 양효를 소멸시킬 만큼 '척촉'(蹢躅), 즉 날뛰고 싶어 한다는 것이다. 겉으로 평범해 보이는 이삼십대 회사원일 뿐인 팀원들은 어떤 상황에서든 다른 이들보다 더 나은 서비스를 누리기 위해 저마다의 이유와 탐욕을 품고 있었다. 투자와 투기로 인한 수익이 오르면 오를수록 회사 생활에 보였던 창의, 성실, 열정, 근성 같은 그들의 양(陽)들은 조금씩 조금씩 소멸되어 갔다.

올해 초, 팀원들의 투자의 장에 균열이 가기 시작했다. 환율이 오르면서 주식과 비트코인으로 원하는 만큼의 수익을 내기가 어려워졌고, 영혼까지 끌어모아 아파트에 투자했던 동료들은 치솟는 금리에 차갑게 얼어붙은 부동산 시장의 여파로 맥을 못 추고 있다. 어디 그뿐인가. 마이너스 통장은 투자의 발판이 아닌 숨통을 조여 오는 수단이 되었고, 계속되는 물가 상승으로 맛집이며 가벼운 여행 한 번 가기가 부담스러운 상황이다. 돈을 증식하기 위한 수단이 이래도 안되고, 저래도 안 되니 월요일부터 금요일까지 침울할 수밖에! 요즘은 적막한 사무실에서 업무를 하고 있자면, 투자와 투기로 활기를 띠었던 그때가 차라리 더 낫지 않았나 싶기도 하다.

구괘의 초효가 리시부척촉한 마음을 '유유왕'(有攸往), 다시 말해 끝까지 밀고 나아갔을 때 보게 되는 흉(凶)함이 사무실에 감돌고 있는 침울함이다. 이 침울함 속에서 '조용한 사직'이라는 근태(근무태도)가 더욱 심화되었다. 조용한 사직이란, 실제로 사직을 하는 것은 아니지만 정해진 시간과 업무 범위 내에서만 일을 하고 초과근무, 즉 야근을 거부하는 이삼십대의 직장생활 방식을 말한다. 또한 승진이나 직급에 자신의 물리적·정치적·정신적인 힘을 투여하지 않는다. 조금 있으면 인사고과 시즌이 다가오지만 팀원들은 그러거나 말거나 한결같이 조용한 사직 중이다. 사실 이전에도 나와 팀원들의 근태가 이러하기는 했다. 오전 8시 30분 정각에 자리에 앉아 업무 준비를 했고, 오후 5시 29분에 퇴근종이 울리면 쏜살같이 사무실 문을 나가버렸다. 그런데 침울함을 머금은 조용한 사직은 이전과는 다른 분위기를 조성하고 있다. 오전 7시부터 업무를 시작해 야근이 당연한 상사들의 곱지 못한 시선으로 말이다.

이쯤에서 내가 근무하는 회사를 잠깐 소개하자면, 은행 빚이 없을 만큼 재정이 튼튼한 중소기업이다. 지난날 IMF 외환위기, 금융 위기 등, 국가가 경제적으로 어려웠을 때에도 회사 자력으로 극복해 낼 만큼 내구력이 좋다. 이삼십대의 청춘을 회사에 쏟아부었던 오륙십대 상사들이 그 힘의 주역이라 할 수 있다. 그들에게 회사란 일터와 생계 수단을 넘어 그 이상의 영역이다. 그래서인지 상사들은 늘 번(Burn)한다. 그렇게 열심히 일할 수가 없다. 사실 코로나19로 힘든 시기를 겪었는데, 이 위기를 이겨 낼 수 있었던 동력도 그들의 '번'이 있었기 때문이다. 한쪽은 여전히 뜨겁고, 한쪽은 너무나 차갑다. 저 멀리서 팀원들을 쏘아보는 상사들의 눈빛, 싸늘하다. 비수가 날아와 꽂히는 것처럼 따갑다. 팀원들은 아랑곳하지 않지만, 상사들의 차가운 시선과 팀원들의 침울함으로 사무실은 점점 활기를 잃어 가고 있다. 현재는 팬데믹 이후 영업실적이 매우 저조한 상황이다. 그 어느 때보다 상사들과의 팀워크가 활발하게 이루어져야 하는데…. 그러자면 팀원들이 침울함으로부터 벗어나야 하지 않을까. 그러기 위해서는 조급하고, 날뛰는 마음부터 제지할 수 있는 아주 강력한 힘이 필요하다.

여장한 초효가 바르고(貞) 길(吉)하기 위해 필요한 힘을 '계우금니'(繫于金柅)라고 한다. 계우금니란 '고동목에 묶어 둔다'는 말이다. 고동목(柅)은 굴러가는 수레를 멈추게 하는 물건이다. '금니'(金柅) 즉, 쇠로 만들어 묶어 놓았으니(繫) 그 견고함은 매우 강하다. "견고하게 제지해서 나아가지 못하게 하면 양강하고 올바른 도가 길할 것이다."(정이천, 『주역』, 884쪽) 그렇다면 회사 상사들의 '번'이 팀원들에게 계우금니가 되어 줄 수 있을까. 아마 그렇지는 못할 것이다.

한쪽은 노동으로, 한쪽은 투자와 투기로 움직이고 있을 뿐, 돈을 증식하기 위한 욕망은 같기 때문이다. 만남의 때를 이야기하는 나 또한 자본을 중심으로 수직적이고 위계적인 관계에서 새롭게 내 삶을 구성해 내기란 어렵다. 거기다 팀원들이 '번'으로 계우금니한다면 결국 번-아웃되어 버리고 말 것이다. 지금 팀원들에게는 '불타는' 고동목이 아니라 '지혜'로운 고동목이 필요하다.

백수는 미래다! 여기에서 '백미 토크'를 소개하고자 한다. 백미 토크란 깨봉(서울 중구 필동)에서 공부하는 오륙십대 백수 선생님들의 '고전과 인생'에 대한 찐 토크로, 지니TV 채널의 한 코너이다. 먼저 깨봉(〈감이당〉+〈남산강학원〉)은 '고전'에 대한 강좌와 세미나가 열리고, 글쓰기를 하며 낭송이 울려 퍼지는 공부공동체다. 고전의 지혜로부터 이삼십대 백수들은 삶의 길을 내고, 밥을 먹고, 살림을 꾸려가며, 우정을 쌓는다. 그리고 그 사이 사이로 선생님들의 지혜가 스며들면서 바르고 길한(貞吉정길) 공동체 윤리가 탄생한다. 그야말로 청년과 중년이 크로스되며 집단지성을 이루는 곳. 이곳이 깨봉이다.

깨봉의 백수 선생님들은 내 삶의 멘토이자 스승이다. 백미 토크가 나에게 강렬했던 것은 5·18항쟁부터 87년 민주화운동, 여성노동자 투쟁, 강경대 열사 사건 등 80~90년대 대한민국의 격동기를 겪었던 스승들의 이삼십대 스토리를 '리얼'하게 보고 들을 수 있었기 때문이다(흑역사까지도^^). 스승들은 국가의 엄청난 폭거와 맞서며 민주화를, 노동 해방을 외치며 청춘의 에너지를 쏟았다. 현재 팀원들이 침울할 만큼 자본의 함정에 걸려 날뛰고 조급해하고 있다면, 그 시절 스승들은 끊임없이 시대에 질문하고 저항하며 투쟁했던 것이다. 그러나 사물이 바람과의 만남을 거스를 수 없듯이, 스승들도 시대의 변화를 거스를 수 없었다. 투쟁과 저항의 불씨는 사그라들었고, 사회는 급속도로 성장했다. 그 변화 속에서 스승들은 백수의 길에서 길을 내며 삶의 강건한 지혜를 심었던 것이다.

　백수의 삶이 정규직의 날뛰는 마음을 계우금니할 수 있다고? 그렇다! 그 지혜의 씨앗이 열매가 되어 지성으로서 영성으로서 정규직인 나에게 계우금니가 되어 주고 있기 때문이다! 어찌 팀원들의 투자와 투기만이 리시부척촉이겠는가. 지난 10년, 이십대와 삼십대를 관통하면서 가족, 연애, 식욕, 증식 등 자본으로부터 날뛰는 내 안의 여러 욕망을 들여다보았다. 고전을 만나 읽고 쓰고, 스승들에게 배우며 조급해하는 내 마음으로부터 삶을 긍정하고 기쁘게 하는 법을 열어가고 있다. 깨봉의 윤리, 그리고 스승들의 지혜와 만나지 못했다면 현재 누구보다 여장한 마음을 먹었을 것임을, 리시부척촉했음을 확신한다. 지금도 깨봉은 내 삶의 활력이고, 두려움이자 긴장이며, 설렘이자 아쉬움이고, 존재의 충만함이자 내 삶의 비전(공부로 밥벌이)을 열어 주고 있는 시공간이다. 마음이 번다해질 때, 여장한 마음이 날뛰려고 할 때, 삼가고 제지할 수 있는 스승들의 지혜가 나에게는 강력한 금니, 쇠 고동목이다! 그러니 팀원들에게 이렇게 외치고 싶다. 지혜로운 스승과 만나라! 그리고 배워라! 침울해하지 말고 유쾌해져라! '배울지니, 유쾌할지니 지니TV' 채널('구독'과 '좋아요' 부탁드립니다ᄾᄉ)에는 백미 토크뿐만 아니라 고전의 지혜와 연결될 수 있는 여러 네트워크가 존재한다. 부디 이 네트워크로부터 조급하고 날뛰는 마음을 계우금니할 수 있기를!

45
**택지 췌,**

**흔들리더라도,**
**끝까지 가라**

**안혜숙**

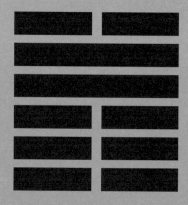

澤地 萃
택지 췌

萃, 亨, 王假有廟. 利見大人, 亨利貞. 用大牲, 吉, 利有攸往. 췌, 형, 왕격 유묘. 리견대인, 형리정. 용대생, 길, 리유유왕.

**췌괘는 왕이 종묘를 세우는 것이 지극하다. 대인을 만나는 것이 이로우니 형통하고 올바름을 굳게 지키는 것이 이롭다. 큰 희생을 쓰는 것이 길하니 나아갈 바를 두는 것이 이롭다.**

*初六, 有孚不終, 乃亂乃萃. 若號, 一握爲笑, 勿恤, 往无咎.* 초육, 유 부부종, 내란내췌. 약호, 일악위소, 물휼, 왕무구.

초육효, 구사에 대한 믿음을 가지고 있으나 끝까지 가지 못하면 이에 마음이 어지 러워지고, 같은 부류가 모여들 것이다. 만일 크게 울부짖는다면 한 줌의 무리에게 비웃음거리가 될 것이나 이를 근심하지 말고 나아가면 허물이 없다.

六二, 引吉, 无咎, 孚乃利用禴. 육이, 인길, 무구, 부내리용약.

**육이효, 구오와 서로 끌어당기면 길하여 허물이 없을 것이니, 진실한 믿음으로 소 박한 제사를 드리는 것이 이롭다.**

六三, 萃如嗟如, 无攸利. 往无咎, 小吝. 육삼, 췌여차여, 무유리. 왕무구, 소린.

**육삼효, 모이게 하려다가 탄식하니 이로울 바가 없다. 나아가면 허물이 없지만 약 간 부끄럽다.**

九四, 大吉, 无咎. 구사, 대길, 무구.

**구사효, 치우침 없이 두루 행해서 길하게 되어야 허물이 없다.**

九五, 萃有位, 无咎. 匪孚, 元永貞, 悔亡. 구오, 췌유위, 무구. 비부, 원영정, 회망.

**구오효, 백성들의 마음이 모여서 그 지위에 있게 되니 허물이 없다. 믿지 않는 자가 있어도 우두머리의 덕을 지속적으로 바르게 지켜 나가면 후회가 없어진다.**

上六, 齎咨涕洟, 无咎. 상육, 자자체이, 무구.

**상육효, 한탄하며 눈물, 콧물을 흘리나 탓할 곳이 없다.**

3학기가 되었는데, 월강(감이당 월요대중지성의 별칭)에서 공부하는 대여섯 명의 학인들이 이번 학기의 에세이 발표 마무리를 하지 못했다. 한두 명 있을까 말까 한 다른 때에 비해 현저히 많은 숫자다. 중간에 코로나 팬데믹이라는 강력한 변수가 있긴 했다. 상황이 악화되어 더 이상 대면 수업을 할 수 없게 되었다. '줌'이라는 온라인 수업방식에 따라 집에서 각자 접속하다 보니 '모여서' 함께할 때에 비해 확실히 수업 밀도가 떨어지고 참여도가 낮아졌다. 각자 개인 사정들에 더해 외부 환경적 요인까지 겹쳐진 원인이 컸던 것 같다. 그러나 이런 외적인 어떤 이유들이 끝까지 마무리하지 못한 문제의 핵심은 아닐 것이다. 그렇게 보면 포기해야 할 이유는 너무나 많고도 많기 때문이다. 중도에서 포기한 이유보다 중요한 건, 그럼에도 불구하고 끝까지 간 것과 아닌 것의 의미가 무엇인가이다. 이유야 어떻든 공부 과정의 한 마디를 마무리하는 것과 그러지 못한 것은 별 차이가 없는 것일까. 새삼 '끝까지 가는 것'의 의미를 생각하게 한 괘와 효가 있었다. 택지 췌(澤地 萃)괘의 초효가 그것이다.

췌(萃)는 함께 '모인다', 혹은 '모은다'는 의미이다. 괘의 형상이 연못이 땅 위에 올라가 있어서 물이 모인 모습이다. '모이는 것'은 사람이 살아가는 존재 방식이다. 핏줄로, 같은 직종으로, 같은 취미로, 혹은 어떤 목적, 어떤 동질감 등등으로 엮인다. 이렇게 동류가 모이는 것 자체는 사물의 속성이다. 「계사전」에서도 "변화의 방향성이 같은 종류끼리 모이고, 모든 사물은 무리에 따라 나뉘니, 길흉이 생겨난다"(方以類聚방이류취, 物以群分물이군분, 吉凶生矣길흉생의)고 했다. 사람이 모이고 재물이 모이니 풍성해지고 무슨 일이든 도모할 수 있기도 하지만 또한 온갖 예측하지 못한 일들이 일어나고 다툼과 혼란이 생기는 게 당연지사다. 그래서 모임의 때에 중요한 것이 사람의 마음을 모아 끌고 갈 수 있는 대인(大人)이다. 왕이 종묘를 세우듯 지극한 마음과 정성으로(王假有廟왕격유묘) 천리를 따르는 자가 대인이다. 사욕이 없으니 사람의 마음이 절로 따르고 모임의 구심점이 된다.

공부공동체인 〈감이당〉 또한 사람이 모이는 곳이다. 누가 오라 하지 않았는데도 스스로 마음이 향해 모인 곳이다. 그 구심점엔 공부가 있다. 천지의 이치가 담긴 고전에서 삶의 지혜를 찾기 위한 공부다. 이렇게 공부에 뜻을 두고 모였어도 온갖 사람들의 사심과 욕망이 드러나는 장이기도 하다. 크고 작은 갈등과 혼란이 없을 수 없다. 이럴 때 '왕격유묘'(王假有廟)로서 중심을 잡아 주는 대인이 공부의 비전이요, 그 길에 동행하는 스승과 벗들이다. 한데, 스스로 원해서 시작한 공부라 해도 사람의 마음처럼 변하기 쉬운 게 없다. 언제 어느 때 흔들리고 변할지 알 수 없는 게 사람의 마음이다. 처음 시작을 의미하는 초효에서 '끝까지 가는 것'을 강조한 이유도 이 점을 경계한 때문이리라.

초효에서 내 눈에 들어와 꽂힌 대목은 '믿음을 가지고 있으나 끝까지 가지 못하면(有孚不終유부부종) 마음이 혼란해지고 같은 부류가 모여들 것이다(乃亂乃萃내란내췌)'이다. 대중지성에 온 사람들은 1년간 이어지는 공부프로그램을 보고 나름의 믿음이 있어서 공부를 선택했을 터이다. 그런데 막상 와 보니 생각보다 쫓아가기가 힘든 경우가 대부분이다. 읽어 내야 할 책들은 벅차고, 해보지 않은 발제를 해야 하니, 기대했던 바와도 다를 수 있다. 게다가 힘든 글쓰기까지 해야 한다. 글쓰기 앞에서 포기한 사람이 부지기수다. 애초 생각한 것과 다르니 마음에 틈새가 벌어지고 흔들린다. 공부에 대한 믿음을 가지고 있어도 멈추고 싶은 마음이 든다(有孚不終). 그러면 당연히 마음이 혼란해지고 이전의 편한 관계나 익숙한 동류들과 어울리게 된다(乃亂乃萃). 공부에 뜻을 두었던 마음이 어지러워지고(象曰상왈, 乃亂乃萃내란내췌 其志亂也기지란야) 다시 공부하기 이전의 삶의 패턴으로 돌아가 버리는 건 순식간이다. 우리는 흔히 무언가 마음을 혼란하게 하는 외부의 다른 원인이 있어서 공부를 멈춘다고 말한다. 그러나 공부를 멈추고 싶은 마음, 이렇게까지 힘들게 해야 해? 라는 마음이 그런 외부의 원인을 만들고 불러오는 게 아닐까. 다행히 『주역』은 이럴 땐 어떻게 해야 하는지에 대한 해법까지 알려 준다.

초육은 시작하는 자리다. 굳건한 심지를 가진 양(陽)이 와야 할 자리에 유약한 자질을 가진 음(陰)이 와 있다. 흔들리는 게 당연하다. 이제 막 공부를 시작하면서 흔들리지 않으리라 여기는 것도 교만이 아니겠는가. 그러니 믿음을 가지고 있는 정응(正應)의 관계인 구사효를 부르라 한다(若號약호). 모임(萃)의 때에 중요한 건 '함께' 가야 한다는 것이다. 흔들리고 힘들 때 함께하는 동료들보다 힘이 되는 건 없다. 초육은 유약하여 흔들리긴 하지만 공부에 대한 믿음은 있는 자다. 구사효는 처음 자신이 마음을 내었던 공부에 대한 믿음이자 그 과정을 함께하는 동료이고 스승이라 할 수 있다. 힘들면 힘들다고 크게 울부짖으며 그 짝을 부른다(若號)는 건 그래도 함께 가겠다는 마음의 표현이다. 힘들고 흔들릴 때마다 울부짖으면 된다. 그 짝을 부르면 된다. 그 부름이 끝까지 가겠다는 믿음과 의지의 표현이자 약속이기도 하다. 그 마음이 1년의 과정 동안 자신을 지켜 주고 끌어간다. 그것만이 유약한 초효가 살 길이다. 초효는 순종을 의미하는 중지 곤괘의 맨 아래에 처해 있다. 기쁨으로 순종하는 마음은 있지만 오래도록 지속하는 강건함이 부족한 자질이다. 그러니 초육에게 가장 필요한 덕목은 초발심을 굳건히 지켜 끝까지 가져가는 것이다.

그러면 이전에 어울리던 소인배 동류들이 가지 못하게 비웃고 낄낄거린단다(一握爲笑일악위소). 힘든 공부하지 말고 우리랑 즐겁게 놀자고, 아니 이전의 편한 습관대로 살아가라고. 갖가지 불안이나 유혹, 쓸데없는 자의식 등으로 발목을 붙드는 것들이 바로 이 한줌의 무리(一握)를 의미한다. 하지만 그따위 한줌의 무리를 걱정하지도 두려워하지도 말고 무조건 가라! 그래야 허물이 없다!(勿恤물휼, 往无咎왕무구) 초효에게 가장 큰 허물은 끝을 보지 못하는 것이다. 시작이 있으면 끝이 있는 게 세상 만물의 이치다. 아침부터 밤까지 다 지나보아야 하루를 알고, 봄·여름·가을·겨울을 다 겪어야 한 해를 안다. 하나의 괘는 초효로부터 여섯 효를 다 통과해야 새롭게 변한다. 공부의 과정에도 마디가 있다. 짧으면 짧은 대로 길면 긴 대로 그때그때 한 마디를 끝내는 것, 바로 그것이 공부다. 끝이 있다는 것, 그 자체로 하나의 성취이자 완성이기 때문이다. 그러니 흔들리면 어떤가. 흔들리더라도, 그냥 끝까지만 가라! 끝나면 좋은 거니까.^^

46
지풍 승,

도반을 믿고
나아가라

**이경아**
———

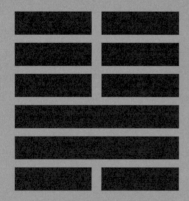

地風升 <sub>지풍 승</sub>

升, 元亨, 用見大人, 勿恤, 南征吉. 승, 원형, 용견대인, 물휼, 남정길.

**승괘는 크게 좋고 형통하니, 구이의 대인을 만나 보되 근심하지 말고 남쪽으로 나아가면 길하다.**

初六, 允升, 大吉. 초육, 윤승, 대길.

초육효, 구이를 믿고 따라 올라가는 것이니, 크게 길하다.

九二, 孚乃利用禴, 无咎. 구이, 부내리용약, 무구.

**구이효, 진실한 믿음이 있으면 소박한 제사를 드리는 것이 이로우니, 허물이 없으리라.**

九三, 升虛邑. 구삼, 승허읍.

**구삼효, 빈 고을에 올라가는 것이다.**

六四, 王用亨于岐山, 吉, 无咎. 육사, 왕용형우기산, 길, 무구.

**육사효, 왕이 기산에서 형통한 것처럼 하면 길하고 허물이 없으리라.**

六五, 貞吉, 升階. 육오, 정길, 승계.

**육오효, 올바름을 굳게 지켜야 길하리니, 계단을 딛고 오르는 것이다.**

上六, 冥升, 利于不息之貞. 상육, 명승, 리우불식지정.

**상육효, 올라감에 어두운 것이니, 쉼 없이 정도를 행하는 것에는 이롭다.**


〈감이당〉에서 고전을 읽고, 글쓰기를 하면서 새로운 것을 알게 되고 깨치니 즐겁고 재미있었다. 그러면서 막연히 나도 고전에 나오는 인류의 스승들처럼 크고 위대한 존재가 되고 싶어졌다. 하지만 나의 이런 마음과는 다르게 몸은 늘 지쳐 있었고 안색은 점점 누렇게 변해 갔다. "얼굴이 안 좋아 보여요. 어디 아프세요?" 사람들이 나에게 하는 첫마디 인사였다. 심지어 잠을 많이 잤을 때도 잠을 못 잔 얼굴이라고 했다. 마음은 즐거운데 몸은 지쳐 있는 내 모습을 보았다. 진리에 이르고 자유로운 존재가 되겠다고 공부하면서, 과거의 습관처럼 빨리 성적을 내고, 뭔가를 채우려는 식으로 공부를 하고 있었던 것은 아닐까? 지풍 승(地風 升)괘는 내가 어떤 마음으로 공부를 대해야 하는지를 질문하게 했다.

지풍 승괘는 상승이 무엇인지 상승을 이루려면 어떤 자세를 취해야 하는지 상승의 도리에 대해 이야기한다. 상승에 도리가 있다니. 빨리 더 높이 가면 좋은 게 아니던가? 승괘의 괘상을 보면 땅을 상징하는 곤(坤)괘가 위에 있고 나무를 상징하는 손(巽)괘가 아래에 있다. 『주역』에서 곤괘는 땅으로서 유순함과 포용력을 나타내고, 손괘는 나무이면서 공손함을 나타내니 승괘는 공손함으로써 순종하는 괘다. 공자님은 괘상을 보며 "나무가 땅속에서 생겨나 위로 자라나는 모습이니 이를 보고 군자는 그 덕을 따르고 작은 것을 쌓아서 높고 위대하게 한다"(地中生木지중생목, 升승, 君子以군자이 順德순덕, 積小以高大적소이고대)라고 했다. 여기서 『주역』이 말하는 '상승'의 진정한 묘미를 엿볼 수 있다.

승괘에서 말하는 상승이란 나무가 땅을 뚫고 나와 성장하는 과정이다. 다시 말하면 나무가 땅을 뚫고 나와 아름드리나무가 되어 많은 사람들에게 시원한 그늘을 제공하고, 비를 피하는 장소가 되기도 하고, 사람들이 소원을 빌기도 하는 큰 나무가 되는 과정이다. 나무가 자라는 것은 한번에 이루어지는 게 아니다. 봄, 여름, 가을, 겨울의 스텝에 맞춰 날마다 조금씩 꾸준히 이루어진다. 이처럼 승괘의 덕은 나무의 성장처럼 이치에 맞게 행동하는 것이며, 작은 선(善)을 쌓아서 높고 위대하게 하는 과정이 바로 상승이다. 정이천은 학업의 충실함과 도덕의 숭고함이 모두 축적하는 것을 통해 이루어진다고 했다. 무엇을 축적하는 것일까? 지혜를 축적하는 것이다. 공부란 사심을 버리고 작은 지혜를 하나하나 쌓아, 높고 위대해지는 과정이다.

그럼 구체적으로 어떻게 해야 하는지 다시 효사부터 들여다보자. 나는 시작하는 단계인 승괘의 초육이 눈에 들어왔다. 초육은 "윤승 대길"(允升, 大吉)이다. 땅속에서 이제 지면을 뚫고 나온 초육은 기세는 강하지만 음이라 약한 존재다. 또 손괘의 맨 아래이니 공손하고 또 공손해야 하는 자리다. 육사와 호응해서 힘을 얻어야 하지만 육사는 같은 음이라 응하는 관계가 아니기에 도움을 주지 못한다. 아직 스스로 올라갈 힘이 없는 초육은 누군가를 믿고 따라 올라가야 한다(允升). 누구를 믿고 따라야 하는가? 바로 구이다. 구이와는 비(比)의 관계로서 음양의 조화를 이룬다. 구이는 초육의 입장에선 괘사에서 말한 대인이라고 할 수 있다.

괘사에 따르면 대인을 만나되 상승을 이루지 못할까 근심하지 말고, 그를 믿고 앞으로 나아가면 길하다고 했다(用見大人용견대인, 勿恤물휼, 南征吉남정길). 상승하려면 반드시 자신을 이끌어 줄 대인이자 스승을 만나야 한다. 만났으면 이것저것 따지지 말고 믿고 나아가라고 한다. 구이는 육오인 군주와 호응을 이루며, 유약한 군주가 신임하고 의지하는 자다. 양으로서 강하지만 중을 얻어 진실한 마음으로 덕을 따르며 깨달음을 향해 나아가는 자다. 초육에게 구이는 지극한 공손함으로 믿고 따라야 할 강중(剛中)한 현자이며 대인이다. 「상전」

에서 말하듯이 초육은 구이와 같은 길을 가고 품고 있는 뜻이 맞아야 크게 길할 수 있다(允升大吉윤승대길, 上合志也상합지야).

　　나는 여러 해 동안 〈감이당〉에서 공부를 했지만 고전평론가 과정에 와서야 비로소 공부를 시작한 것 같은 마음이다. 이 과정 2년 차인 아직 스스로 올라갈 힘이 없는 초육인 나에게 필요한 건 구이다. 나에게 구이는 함께 공부하는 도반들이다. 처음에는 서로의 글에 대해 날카로운 코멘트를 주고받는 과정에서 자의식이 올라와 힘들었다. 나를 합리화시키고 싶고 변명도 하고 싶었다. 하지만 도반들의 말에 귀를 기울이고, 공손함으로 코멘트를 들으면서, 그들을 믿고 순수하게 따라가다 보니 그 과정이 오히려 내게 공부의 기쁨을 주었다(允升, 大吉). 공손함이란 자의식을 버리고 마음을 비우는 자세다. 공손하게 따르는 게 수동적인 것 같지만 그들의 코멘트를 내가 수용하고 자발적으로 재구성하니 오히려 능동적이다. 이런 능동성 덕분에 예전보다 공부할 게 더 많은데도 즐겁다. 혼자 결과를 내겠다고 안간힘을 쓸 때보다 몸이 덜 피곤하다. 도반들은 코멘트로 내가 땅을 뚫고 나와 성장할 수 있게 도와준다. 나에 대해서 이렇게 관심을 가지고 이끌어 주는 그들의 열정은 진리에 이르는 길은 함께 가야 가능한 것임을 아는 데서 나온다. 내 무의식과 습관에 대해 예리하게 코멘트해주는 도반들이 나에게는 대인이다. 나 또한 그들에게 코멘트를 해줄 때는 대인이 된다.

　　공부는 결코 쉽지 않다. 승패의 괘상이 말해 주는 것처럼, 공부를 한다는 것은 성적을 내는 것이 아니라 작은 지혜를 하나씩 쌓아 높고 위대해지는 것이다. 자의식과 오만을 내려놓고 공손하게 도반들을 따라가고, 가르침에 집중하는 태도만이 마침내 땅을 뚫고 나오는 상승을 가능케 한다. 승괘가 모이는 것을 나타내는 췌(萃)괘의 다음인 이유는 상승이란 일단 사람들이 모여야 가능한 것이기 때문이다. 혼자가 아닌 여럿이 모여서 함께 공부하며 진리에 이르기 위해 나아가는 모든 과정이 상승이다. 나라는 씨앗이 이런 상승의 과정을 함께 겪어 낼 준비가 되어 있는지 진지하게 되짚어 본다. 도반들과 같이 겪어 내고 또 겪어 나갈 공부의 시간이 허무가 아닌 충만감으로 채워지고 있음을 분명히 느낀다. 이 모든 순간이 바로 상승이고 도약임을 알겠다. 내가 더 지혜를 축적하고 크게 성장해서 그들에게 믿음을 주고 그들을 끌어 줄 수 있기를 기대해 본다.

47
택수 곤,

집에 들어가도
아내를 볼 수 없는 곤궁함!

고영주

澤水困 택수 곤

困, 亨, 貞, 大人吉, 无咎. 有言不信. 곤, 형, 정, 대인길, 무구. 유언불신.

곤괘는 형통하고 올바를 수 있으니 대인이라야 길하고 허물이 없다. 말을 해도 믿지 않을 것이다.

初六, 臀困于株木. 入于幽谷, 三歲不覿. 초육, 둔곤우주목. 입우유곡, 삼세부적.

초육효, 밑둥만 있는 나무에 앉아 있으니 곤란하다. 어두운 골짜기로 들어가서 3년이 지나도 볼 수 없다.

九二, 困于酒食, 朱紱方來. 利用亨祀, 征凶, 无咎. 구이, 곤우주식, 주불방래. 리용향사, 정흉, 무구.

구이효, 술과 밥에 곤궁하지만 붉은 무릎가리개를 한 구오의 군주가 올 것이다. 제사를 드리는 것이 이로우니 나아가면 흉하여서 탓할 곳이 없다.

六三, 困于石, 據于蒺藜. 入于其宮, 不見其妻, 凶. 육삼, 곤우석, 거우질려. 입우기궁, 불견기처, 흉.

육삼효, 돌에 눌려서 곤란하고 가시풀에 찔리며 앉아 있다. 그 집에 들어가도 아내를 볼 수 없으니 흉하다.

九四, 來徐徐, 困于金車, 吝, 有終. 구사, 래서서, 곤우금거, 린, 유종.

구사효, 천천히 내려감은 쇠수레에 막혀 곤란하기 때문이니, 부끄럽지만 끝맺음은 있을 것이다.

九五, 劓刖, 困于赤紱, 乃徐有說, 利用祭祀. 구오, 의월, 곤우적불, 내서유열, 리용제사.

구오효, 코를 베이고 발뒤꿈치를 잘리니 자주색 무릎가리개를 한 신하가 막혀 있지만, 서서히 기쁨이 있으리니 하늘과 땅에 제사를 드리는 것이 이롭다.

上六, 困于葛藟, 于臲卼, 曰動悔, 有悔, 征吉. 상육, 곤우갈류, 우얼올, 왈동회, 유회, 정길.

상육효, 칡덩굴과 높고 위태로운 자리에서 곤란을 겪으니, 움직일 때마다 후회하며 뉘우치면, 어떤 일을 하든 길하게 된다.


2019년, 내가 근무하는 회사 팀 내에서 '아파트 청약' 바람이 불었다. 나는 이미 집이 있었기 때문에 그 대열에 합류할 수는 없었지만, 다른 팀원들은 '내 집 마련'을 꿈꾸며 아파트 청약에 혼을 실었다. 간절함이 하늘에 닿았던 것일까. 참여했던 팀원들 전원 청약에 당첨이 되었고, 그 무렵 갑자기 아파트 값이 폭등하기 시작했다. '영혼까지 끌어모아'(영끌) 대출을 받아야 할 테지만, 순식간에 몇 억씩 오른 아파트값에 팀원들은 로또라도 당첨된 것처럼 기뻐했다.

그중 특히 J군은 부동산으로 차액을 남기는 원리를 아주 잘 이용했다. 일종의 '투기'인 셈인데, 아파트를 사고 팔고를 반복하더니 몇 달 새 어마어마한 돈을 벌게 되었다. 그는 자신이 목표했던 자산에 어느 정도 도달했는지, 이때다 싶어 사직서를 제출했다. 인수인계 후 당당히(!) 사무실 밖으로 나가는 J군을 보며 나를 포함한 팀원들 모두 그를 부러워했다. 그런데 2년이 지난 2021년, J군은 다시 회사에 복귀했다. 우리는 오랜만에 만난 그를 반갑게 맞이했지만, 그의 안색은 그다지 좋지 않아 보였다. 그동안 J군에게 무슨 일이 있었던 것일까.

『주역』에는 네 가지의 흉한 괘(사흉괘四凶卦)가 있다. 그중 하나가 바로 택수 곤(澤水 困)괘다. 위에는 연못을 상징하는 택(澤)괘가, 아래는 물을 상징하는 감(坎)괘가 자리하고 있는 곤(困)괘는 '고달프고, 힘들다'라는 뜻을 갖고 있다. 괘상에서도 힘듦과 고달픔을 느낄 수 있다. 마땅히 물이 차 있어야 할 연못에 물이 전부 아래로 빠져 연못이 말라 있는 모습이기 때문이다. 거기다 구이효는 위와 아래로 음효들에게 갇혀 있는 상황이고, 구사효와 구오효 위로는 음효가 올라타고 있어 『주역』에서 양과 음이 자리하는 이치에 어긋나고 있다. 이러한 곤괘의 모습을 보고 정이천 선생님은 「서괘전」을 통해 "올라가기만 하고 그치지 않으면 반드시 곤란해지므로 그래서 곤경을 상징하는 곤괘로 받았다"(정이천, 『주역』, 933쪽)라고 말한다.

회사를 그만둔 J군은 부동산 투기로 모은 자금을 바탕으로 본격적인 투자 일선에 뛰어들었다. 부동산과 마찬가지로 주식과 비트코인도 잘만 하면 힘들게 일하지 않고도 큰 돈을 벌 수 있을 거라 믿었던 것이다. 그는 자신의 투자가 성공할 것이라고만 생각했지, 실패할 것이라고는 생각하지 않았던 모양이다. 하지만 J군이 생각했던 것과는 반대로, 투자 시장이 침체되면서 가상화폐가 폭락하고야 말았다. 그칠 줄 모르는 욕심 때문에 그는 2년 만에 부동산 투기로 모은 2억 원 전부를 주식과 비트코인으로 날리고 말았다.

J군의 상황은 매우 심각하게 바뀌었다. 아내와 자식도 있었던 그는 공장 일과 아르바이트를 전전하며 생계를 이어 갔지만 형편은 전혀 나아지지 않았고, 몸도 성치 않았다고 한다. 그러다 마침 팀 내에 공석이 생겼고, 우여곡절 끝에 다시 회사로 복귀할 수 있었다. 의기양양하게 사무실을 걸어 나갔던 2년 전과는 확연하게 달라진 J군의 모습. 그런 그를 나와 팀원들은 환영해 주었고, 이전처럼 돈독하게 지내며 일을 하고 있었다.

그런데 최근 팀 내 분위기가 심상치 않다. 아무래도 J군이 이런 분위기를 조성한 장본인인 것 같다. 그는 팀원 한 명 한 명을 식당으로 불러내 한참을 이야기하고는 자리로 돌아왔다. 그때마다 그의 얼굴은 썩(!) 좋지 않아 보였다. 그리고 며칠 후, 나에게도 J군의 호출이 있었다. '아, 드디어 내 차례구나.' 그렇게 나는 식당 한켠에서 J군과 마주했다. 그의 손에는 작년에 분양받은 아파트 계약서가 있었고, 그는 한참을 망설이다 입을 열었다.

내 예상은 적중했다. 그는 얼마 전부터 팀원들에게 돈을 빌리고 있었던 것이다. 사정을 들어 보니, 주식과 비트코인으로 날린 돈은 2억이 전부가 아니었다. 잃은 돈을 만회하기 위해 은행에서 돈을 빌려 또다시 주식과 비트코인에 덤벼들었던 모양이다. '빚투'(빚내서 투자)의 시작! 이 일로 그가 겪었던, 그리고 앞으로 겪어야 할 상황들은 택수 곤괘의 육삼효와 매우 비슷하다.

대체로 곤괘의 음효들은 곤궁한 상황을 헤쳐 나갈 수 없는데도, 자신의 궁핍한 모습을 가리고, 모면하기 위해 자꾸만 나아가려는 경향이 있다. 특히, 유약한(陰) 자질의 육삼효는 강한 자리(陽)를 차지하고 있어 가만히 있지 못하고 자꾸만 조급해한다. 그래서일까. 육삼효에서는 곤괘의 여섯 효사들 중 가장 힘들고 곤궁한 상황들이 연출된다. 첫 장면은 돌덩이에 깔린 곤궁함(困于石곤우석)으로 시작된다. 자신을 누르고 있는 구사와 구오, 단단한 두 양효를 어떻게든 뚫어 보려 애를 쓰고 있다. 이 모습은 마치 잃은 돈을 복구하기 위해 은행에서 돈을 빌려 빚투를 시작하는 J군의 모습과도 같다. 그는 심지어 아내의 명의까지 빌려 대출을 받아 주식과 비트코인에 쏟아부었다. 그러나 조급하게 벌인 일이 결과가 좋을 리 만무했다. 결국 빚이 빚을 낳는 최악의 상황까지 오고야 말았고, J군에게 남겨진 채무액은 무려 3억 원. 주식과 비트코인이라는 돌덩이는 이제 3억 빚이라는 돌덩이로 변해 그를 누르고 있었다.

더욱 안타까운 일은 돌에 깔린 곤궁함으로 끝나지 않는다는 것이다. 따가운 가시나무에 찔리고, 다치며 헤어 나오지 못하는 상황(據于蒺藜거우질려)으로 이어진다. 그는 눈덩이처럼 불어난 빚을 갚을 길이 없어 이미 파산 신청을 한 상태였다. 조금만 잘못되면 월급 계좌까지 압류를 당할지도 모르는 상황이었고, 기본적인 경제활동마저 위태로웠다. 그는 어마어마한 채무액을 갚아야 하는 현실과 주변 사람들에게 돈을 빌릴 수밖에 없는 이 상황이 가시밭길을 걷는 것처럼 막막하고 부끄럽다고 말했다. 아무리 가까운 사이더라도 쉽게 돈을 빌려 주지 않을 것 같아서였는지, 내 앞에 내민 아파트 계약서는 그의 담보였던 것이다. 그러나 팀원들 그 누구도 그에게 돈을 빌려 주지 않았다. "육삼효는 중정을 이루지 못한 음유한 자질로 위험의 극한에 처했으면서도 강함을 쓴다. 양의 위치에 자리하는 것은 강함을 쓰는 것이니, 이는 곤경의 상황에 잘 대처하지 못함이 심한 자다."(정이천, 『주역』, 942쪽)

돌에 깔리고, 가시밭길을 걷는 상황 속에서 육삼효는 겨우겨우 집에 들어가게(入于其宮입우기궁) 된다. 여기서 '집'(宮)이란 편안함을 상징하며, 육삼효에게는 자신의 마음을 진솔하게 보여 줄 수 있는 유일한 안식처인 셈이다. 그러나 아내를 볼 수 없는 흉(凶)함으로 막을 내린다. J군도 마찬가지였다. 나에게 돈을 빌릴 때, 나는 그가 생계가 어려워 돈을 빌리는 줄만 알았다. 지금 그에게 필요한 돈은 약 이천만 원. 채무액에 비해 적은 금액을 빌리려는 그에게 나는 이유를 물어 보았다. 그는 자신의 장모님에게 이천만 원을 빌렸다고 한다. 부동산으로 많은 돈을 벌었으니 아내와 장모는 그런 남편, 그런 사위를 믿었던 것이다. 그 믿음에 금이 가게 할 수 없었던 그는 모든 것을 잃어버린 자신의 상황을 아내에게 차마 말할 수 없었다. 그래서 생각해 낸 방법이 이천만 원을 빌려 일단 자신의 궁핍함을 가려 보겠다는 심산인 것이었다.

순간 나는 너무나 놀랐다. 이 방법으로 자신의 궁핍하고 곤궁한 상황을 넘어갈 수 있다는 말인가? 오히려 누구보다 가족에게 먼저 자신의 힘들고 어려운 상황을 솔직하고 진솔하게 말해야 하지 않을까. '돈'을 증식시키려는 욕심으로 벌어진 곤궁함을 '돈'으로 감추고, 가리고 있으니 매일 집에 들어가 아내를 보더라도 진정으로 아내를 볼 수 없는 격이다(不見其妻불견기처). 어쩌면 J군에게 가장 곤(困)한 상황은 투기와 빚투보다도, 삶의 안식처를 잃어버린 흉(凶)함이 아닐까. 그는 자신을 진솔하게 보여 줄 수 있는 마지막 자리마저 잃어 가고 있었다.

아내마저 볼 수 없는 흉함이라…. 가히 사흉괘라 할 만하다. 그러나 곤(困)의 때에도 솟아날 구멍이 있다. 괘사에서는 이에 대해 대인의 마음을 품는다면 형통하고 올바를 수 있다(大人吉대인길)고 말한다. 『주역』에서 대인과 소인의 차이는 '받아들이느냐, 감추느냐'에 있다. 소인은 말라 있는 물, 즉 곤궁한 상황을 계속해서 감추려고만 한다. 물이 말라 있는데, 마치 차 있는 것처럼 말이다. 그러나 대인은 자신의 고달프고 힘든 상황을 있는 그대로 받아들이고 인정한다. 자신의 곤궁함을 드러냄으로써 스스로와 소통할 수 있는 문이 열리고(亨), 자신을 잃지 않는 길과 마주할 수 있다(貞). 곤(困)의 때는 결코 부자연스럽거나 특정한 누군가만 겪는 것이 아니다. 『주역』을 이루고 있는 육십네 개의 자연의 이치 중 하나이며, 우주의 스텝이다.

하지만 J군은 이 사실을 인정하고, 받아들이지 않았다. 그래서 더 조급해졌고, 더 감추려고 했다. '왜 나에게만 이런 일이!'라고 생각할 때, 우리는 더욱더 곤궁해질 수밖에 없다. 곤궁함을 극복하기 위한 조급함보다는 곤궁함 그 자체와 마주할 수 있는 길에 서고자 하는 힘! 여기가 곤의 때에도 자신을 잃지 않고 갈 수 있는 올바른(貞) 출발선이고, '대인'의 한 걸음이다.

48
수풍 정,

알아주지 않아도
도는 맑고 고요하다

김희진
———

水風井
수풍 정

井, 改邑, 不改井, 无喪无得, 往來井井. 汔至亦未繘井, 羸其瓶, 凶.

정, 개읍, 불개정, 무상무득, 왕래정정. 흘지역미율정, 리기병, 흉.

**정괘는 고을은 바꾸어도 우물은 바꿀 수 없으니, 잃는 것도 없고 얻는 것도 없으며,**

**오고 가는 이가 모두 우물물을 마신다. 거의 이르렀는데도 두레박줄이 우물에 닿지**

**못한 것과 같으니 두레박이 깨지면 흉하다.**

初六, 井泥不食. 舊井无禽. 초육, 정니불식. 구정무금.

**초육효, 우물에 진흙이 있어 아무도 먹지 않는다. 오래된 우물에는 짐승들도 찾아**

**오지 않는다.**

九二, 井谷, 射鮒, 甕敝漏. 구이, 정곡, 사부, 옹폐루.

**구이효, 골짜기와 같은 우물이라서 두꺼비에게만 흐르고 항아리가 깨져서 물이 샌**

**다.**

九三, 井渫不食, 爲我心惻. 可用汲, 王明, 並受其福. 구삼, 정설불식,

위아심측. 가용급, 왕명, 병수기복.

구삼효, 우물 바닥을 파내어 물이 깨끗한데도 사람들이 먹지 않으니 내 마음이 슬

프다. 끌어올려 쓸 수 있으니 구오의 군주가 현명하면 모두 함께 그 복을 받는다.

六四, 井甃, 无咎. 육사, 정추, 무구.

**육사효, 우물에 벽돌을 쌓으면 허물이 없으리라.**

九五, 井洌, 寒泉食. 구오, 정렬, 한천식.

**구오효, 우물물이 맑으니 시원한 샘물을 마신다.**

上六, 井收勿幕, 有孚, 元吉. 상육, 정수물막, 유부, 원길.

**상육효, 우물물을 긷고서 장막으로 뚜껑을 덮지 않으니 오래 유지되는 믿음이 있어**

**매우 좋고 길하다.**

2023년에 내가 맡았던 월요대중지성반이 열리지 못하고 폐강됐다. 바야흐로 3년간의 코로나가 끝나가는 때였으니, 그 지긋지긋한 비대면의 암울함을 벗고 많은 학인들과 만날 거라 기대했었다. 억눌려 있던 소비심리가 폭발한다는 보복소비라는 말도 있으니, 같은 논리로 공부 좋아하는 사람들 역시 기다렸다는 듯 공부하러 나올지도 모른다고 생각했는데…. 하지만 오리엔테이션을 며칠 남겨 두고도 신청자가 네 명뿐이어서 아쉬운 마음으로 폐강을 결정할 수밖에 없었다.

아쉬움이 컸던 이유는 커리큘럼에 『홍루몽』이 있었기 때문이다. 사실 들어 있는 정도가 아니라 아예 1년 4학기 내내 『홍루몽』을 읽고 쓰는 과정이었다. 뿐만 아니라 『홍루몽』과 함께 『천 개의 고원』이라는 철학서를 역시 4학기 동안 공부해야 했다. 우리 반 커리큘럼 제목 역시 이 두 권의 책제목을 합친 것이었다. 그걸 짤 시점은 내가 리라이팅한 『홍루몽』 책을 내놓은 지 1년 정도 지난 때였고, 코로나가 한창일 때 책이 나왔기 때문에 이젠 『홍루몽』을 널리 읽히고픈 생각이 절실했다. 처음엔 다른 고전소설 읽기도 적절히 섞었다가 프로그램 회의에서 나온 의견을 듣고 수정하면서 양이 방대한 『홍루몽』에 집중하는 방향으로 가닥을 잡았다. 강좌를 접게 되었을 때, 사람들이 왜 1년 내내 『홍루몽』을 읽는 것으로 짰냐고 조심스레 물었다. 나는 이 책은 양도 양이지만 길어 올릴 수 있는 주제도 너무 많고 굉장히 심오하여 세 번은 읽어야 느낌이 올 것 같아서 그랬다고 말했다. 너무 역설적이지 않은가. 너무너무 좋은 거라고 홍보하고 있지만 실상 아무도 안 읽게 됐으니 말이다.

수풍 정괘는 우물에 관한 괘이다. '우물 정(井)' 자를 보라. 네모

난 우물터의 모양을 형상하고 있다. 솥의 모양을 형상한 화풍 정(火風鼎)의 솥 정(鼎) 역시 기물의 모양을 본뜬 글자다. 두 글자 모두 인간에게 없어서는 안 될 물과 음식을 다루는 중요한 도구로, 이 문명의 이기들은 나르거나 담거나 조리하여 사람이 그것을 먹을 수 있게 한다. 사실 음식과 물은 어디에나 있지만, 그걸 먹고 마시려면 도구가 있어야 한다. 그래서 화풍 정괘와 수풍 정괘는 음식과 물이 사람에게 먹히느냐 마느냐가 중요하다.

우물은 까마득히 깊고 어둡다. 그곳에 두레박을 던져 돌돌 도르레를 돌려 두레박이 우물 밖으로 나올때까지, 끝까지 길어 올려야 한다. 그래서 결과가 중요하다. 다른 일과는 달라서 중간까지만 하다가 멈춰서는, 최선을 다했다거나 여기까지는 경험해 봤다는 의미 부여를 할 수가 없다. '거의 다 됐어, 조금만, 조금만~' 할 정도로 물을 끌어올렸어도 마지막에 우물에서 그 물바가지를 꺼내서 마시지 않으면 아무 소용이 없다. 괘사에서 말하는 "흘지역미율정"(汔至亦未繘井)이라는 문구는 거의 다다랐어도 결국 우물 밖으로 꺼내지 못하는 경우를 상정하고 있다. 어디까지 끌어올렸든 못 먹었으면 흉하다.

우물의 도는 누구나 그 물을 마실 수 있게 항상 깨끗한 물이 차 있어야 한다는 것이다. 사람들이 퍼 마신다고 해서 그만큼 물이 줄지 않는다. 또, 아무도 안 마신다고 해서 우물 밖으로 물이 흘러넘치지도 않는다. 이 항상성으로 수많은 사람들의 목마름을 한결같이 해결해 주는 것이 우물의 도다. 그래서 우물의 도는 군자의 도, 지혜, 진리 같은 정신적이고 영적인 공부로 많이 비유된다. 진리와 지혜의 본성이 꼭 물과 같기 때문이다. 아무리 많은 사람이 진리의 영감을 받아도 진리가 닳아 없어지지 않는다. 또 아무도 그 진리를 거들떠보지 않아도 나 좀 봐 달라고 넘쳐흐르거나 버려지지도 않는다. 진리는 깊은 우물 속 그 자리에 고요히 있는 것이다.

삼효의 효사를 보면 우물을 파서 먹을 수 있게 떡하니 만들어 놓았건만, 아무도 먹지 않아 마음이 슬프다(井渫不食정설불식, 爲我心惻위아심측)는 문장이 눈에 띈다. 『주역』에서는 보기 드문 감정 표현이다. 어떤 괘에는 불쾌하다는 표현도 간혹 있지만, 자신보다 못한 자를 따를 때의 고역을 나타내는 것이지 이런 정서적인 감정 표현은 아닌 것이다. 수풍 정의 구삼은 양강하여 능력이 있는 자다. 아래의 효들은 더럽거나 땅속으로 새서 사람에게 이용될 수 없다면, 드디어 사람이 먹을 수 있는 말끔하고 깨끗한 물이 등장한 것이다. 그러나 '불식'이다. 왜 안 마실까? 이유는 없다. 또는 너무 많은 이유가 있거나. 월요반에 사람이 오지 않을 때 나는 이런저런 원인들을 생각해 보았었다. 두 책만 반복해서 읽는 커리큘럼이 너무 무지막지해서? 월요일이라서? 담임이 미덥지 못해서? 시절인연이 안 맞아서? 왜 이 좋은 걸 안 알아줄까를 생각하다 보면 나도 슬퍼졌다.

그런데 정이천은 이 삼효가 자질은 있어 강직하지만 중을 이루지 못했다고 해설한다. 마음만 간절하여 등용되지 못함을 슬퍼하고 있는 것이라고 하며, 구삼은 등용되지 못했으나 중용을 지킨 공자와는 다르다고 한다. "공자가 안연에게 말했다. '등용되면 능력을 행하고, 버려지면 능력을 감추는 자는 오직 나와 너뿐이로구나!'"(『논어』「술이」; 정이천, 『주역』, 968쪽에서 재인용) 공자는 자신을 좋은 물건에 비유하며 자신을 팔기 위해 수많은 나라를 주유하지만, 자신을 알아

주지 않으면 능력을 감추고 슬퍼하지 않는 현인이다. 도가 쓰이지 않는 세상에서 도가 버려진다고 해서, 그 도가 줄어들거나 훼손되거나 없어지는 것이 아니기 때문이다. 마치 깊은 우물물처럼 말이다.

자, 군자라면 때를 기다리면 될 뿐, 슬퍼할 일은 아니지 않은가? 삼효의 뒷부분은 왕의 눈이 밝으면 쓰여서 복을 받는다는 내용이다. 언젠가는 분명히 이 물이 사람들에게 먹힐 것이며, 달고 시원한 물맛을 알아줄 것이라고 강조한다.『주역』을 쓴 성인은 이 구삼효에서 유례없이 안타까움을 표하고 희망적인 메세지를 전하고 있다. '끌어올려 쓸 수 있다'(可用汲가용급)는 표현을 굳이 넣으면서 이 물이 충분히 자격이 된다는 것을 강조하는 것이다. '수질검사 적합!'이라고 말이다. 그러면서 왕이 보는 눈이 없다고 슬며시 돌려 깐다. 내게는 이 표현이 사람들이 이 물을 안 먹는 상황에는 아무 이유가 없으며 누군가는 나중에라도 분명히 알아줄 것이라고 구삼을 위로하고 있는 것처럼 들린다. 프로그램이 폐강될 때, 나도 비슷한 위로와 용기를 받았던 것 같다. 선생님들께선 원인을 찾기보다는 나의 한 해 공부 계획을 다시 짜는 데 집중했다. 덕분에 나는 이 고전들에 대한 애정과 믿음은 고이 간직하고 쓸데없는 번민은 빨리 흘려보냈다.

맡은 반은 없었지만 2023년은 바빴다. 학인이 많은 반에 튜터로 들어가고 강좌매니저도 하며 감사히 공부하며 보냈다.『홍루몽』이라는 지혜의 우물은 고요히 잠겨 있고, 나는 마치 옮겨 간 두레박처럼 다른 곳에서 쉴틈 없이 바빴다고나 할까? 정괘의 마지막 효는 우물을 사용하고 우물 뚜껑을 덮지 않는다는 내용이다. 지혜의 우물은 모두에게 열려 있다. 강좌가 닫혔어도 책은 언제나 그대로 있으니까.

49
**택화 혁,**

**마음의 등불로 밝히는**
**변혁의 길**

김희진
———

澤火革 택화 혁

革, 已日乃孚, 元亨, 利貞, 悔亡. 혁, 이일내부, 원형, 리정, 회망.

혁괘는 날이 지나야 이에 믿게 되니 크게 형통하고, 올바름을 굳게 지키는 것이 이로우니 후회가 없다.

初九, 鞏用黃牛之革. 초구, 공용황우지혁.

초구효, 황소 가죽을 써서 단단히 묶는다.

六二, 已日乃革之, 征吉, 无咎. 육이, 이일내혁지, 정길, 무구.

육이효, 날이 지나서야 이에 크게 바꿀 수 있으니, 그대로 해나가면 길하여 허물이 없다.

九三, 征凶, 貞厲. 革言三就, 有孚. 구삼, 정흉, 정려, 혁언삼취, 유부.

구삼효, 그대로 나아가면 흉하니 올바름을 굳게 지키고 위태롭게 여기는 마음을 품어야 하리라. 개혁해야 한다는 공론이 세 번 이루어지면 믿을 수 있다.

九四, 悔亡, 有孚, 改命, 吉. 구사, 회망, 유부, 개명, 길.

구사효, 후회가 없으니 진실한 믿음이 있으면 천명을 바꾸는 것이 길하리라.

九五, 大人虎變, 未占有孚. 구오, 대인호변, 미점유부.

구오효, 위대한 사람이 호랑이처럼 변화시키는 것이니, 점을 치지 않아도 믿음이 있다.

上六, 君子豹變, 小人革面, 征凶, 居貞吉. 상육, 군자표변, 소인혁면, 정흉, 거정길.

상육효, 군자는 표범처럼 변하고 소인은 얼굴만 바꾸니, 끝까지 나아가려고 하면 흉하고 올바름을 지키고 있으면 길하다.


공부에도 권태기가 있다. 그럴 때마다 우리는 왜 공부하는지, 비전은 무엇인지를 고민하게 된다. 〈감이당〉에서 공부하는 동안 수시로 받았던 질문이 '왜 공부하는가?'이고, 나도 집안살림하랴 과제하랴 치일 때마다 '내가 과연 여기서 이러고 있는 것이 제대로 가고 있는 것일까'라고 스스로에게 질문하곤 했다. 처음 공부하러 왔을 땐, '더 이상 이렇게 살 수 없다'는 혁명적 기개와 열정이 가득했으나, 힘들 때마다 멈칫거리고 그 질문들에 답을 찾아가며 한 걸음씩 여기까지 온 것이다. 그리고 지금 또다시 한 걸음을 떼기 위해 질문을 한다. '공부의 비전이 무엇이냐'고.

그럼 먼저 내게 공부가 무엇이었나를 돌아보아야 한다. 처음 공부하러 왔을 때, 내게 공부는 '나를 바꾸는 변혁'이었다. 수동적 삶에서 능동적 삶으로, 노예에서 주인으로 살 수 있는 힘이 공부에 있다고 믿었다. 당시에 고미숙 선생님의 책에 나오는 '일상의 리듬'과 '욕망의 배치'라는 키워드가 폐부를 찔렀다. 육아에 매달려서 내 몸은 돌보지 않으니 건강이나 생활이 엉망진창이었기 때문이다. 몸을 돌보고 정신을 차릴 때가 되었다. 세상을 바꾼답시고 헛짓거리하지 말고 먼저 나를 바꿔서 일상의 혁명을 이루고 나면 나는 좀 더 단단해지고 어지러운 사회 변화에 부화뇌동하지 않을 것 같았다. 당시에 나는 게을렀고 무기력했으며 불만이 많았다.

일상 속에 '혁명'이란 단어를 가져오면 너무 거창한 것 같지만, 사실 나로서는 우주가 180도 바뀌는 일이었다. 대학 때는 농민학생연대활동을 주로 하는 소모임에 참여하고, 졸업 후엔 가톨릭 단체에서 생명평화운동을, 결혼 후에는 지역에서 진보정당 활동을 하는 등 나의 시선은 온통 밖으로 향해 있었다. '세상을 바꾸자!' 이것이 나의 오랜 구호였다. 하지만 분노 뒤엔 항상 그만큼의 열패감이 따라온다. 모두가 부자 되기를 열망하는 세상에서 무기력한 신체로 표류하다가, 다시 대통령선거가 있던 겨울에 그만 절망했다. 그때 나는 다른 무엇보다 스스로에게 화가 났다. 내가 빠져 있는 어떤 이분법적 환상속에서 분노와 좌절을 반복하고 있는 무기력한 내 모습을 깨달았기 때문이었다. 이제 나를 바꾸지 않으면 더 이상 못 살 것 같았다. 이렇게 공부의 장과의 접속은 일종의 회피이기도 했고 다른 존재가 되고 싶은 열망이기도 했다.

수년이 지나 다시금 비전을 묻는 지금, 초심을 되돌아보니 또 다른 질문이 생겨난다. 나는 다른 존재가 되었을까? 이번에 『주역』 글을 쓰면서 택화 혁(澤火 革)괘를 고른 것은 이 질문들에 대한 답을 찾고 싶어서였다. 혁괘는 변혁과 혁명의 도에 관한 괘이니, 나를 변혁하려는 공부가 지금 어디서 막혀 있는지 알려 주지 않을까?

혁(革)은 연못 가운데 불이 있어 물과 불이 서로 다투는 상이다. 「단전」에서는 두 여자가 함께 살면서 서로 마음도 안 맞고, 누구 하나 자기 뜻을 관철하지 못하고 있다고 비유하는데(二女同居이녀동거, 其志不相得기지불상득, 曰革왈혁), 그 다툼이 큰 변화를 예고하는 것이다. 다툼은 변화를 생성한다. 그러나 변화할 필요가 생겼다고 해서 무조건 바꾸자고 뛰쳐나가면 안 된다. 섣불리 움직이면 혁명이 아니라 반항이 될 뿐으로, 후회만 남기고 만다. 그래서 바꾸려는 뜻이 사람들의 믿음을 얻을 때까지 시간을 두고(已日乃革之이일내혁지), 여론을 모아서 해야 하는 것(革言三就혁언삼취)이 변혁을 도모하는 자의 자세다. 허, 참… 너무 신중해서 이러다 언제 혁명을 하나 싶기도 하다.

그런데, 혁괘의 구사효에 이르면 때가 무르익었으니 가차 없이 변혁을 하라고 촉구한다. 상체(澤)와 하체(火)가 서로 만나 다투고 있는 형세이니 위아래가 만나는 접점인 삼효와 사효는 변혁의 분위기가 가장 무르익어 치열한 때다. 그중에서도 사효의 자리는 변혁의 임무를 맡은 자로서 양강한 자질까지 갖추었다. 기다릴 만큼 기다렸고, 여론도 무르익어 때가 되어서 후회할 일이 없으니 믿음을 가지고서 명을 고쳐 나가라고 하는 것이다(悔亡회망, 有孚유부, 改命개명, 吉길). 그렇다. 그는 책임을 맡은 자이므로 당연히 변혁의 뜻이 가슴 깊이 들어와 있어야 한다. 누가 시켜서가 아니다. '때가 되었다! 더 이상의 후회는 없으니 이제 나가자!' 뒤돌아보지 않는 당당한 변혁의 주체의 모습이다.

사실 내가 비전에 대해 고민한 것은 이미 꽤 오래전부터의 일이다. 공부 햇수가 늘어 가면서 점점 뭔가를 맡게 되었다. 글쓰기 튜터를 하고, 강의도 하고, 반을 맡기도 했는데 그때마다 나는 '과연 내가?'라며 스스로를 못 미더워했다. 누군가에게 '선생님'이 되어 이끄는 것은 부담스럽다. 아직 한참 부족한데 강의하려니 자신이 없었고 내 자리가 아닌 것 같았다. 하지만 사효의 자리는 주체적으로 이끄는 자리다. 공부에 설레고 재밌어하며 졸졸 따라가는 게 아니라, 변혁을 실천하며 다른 이의 신뢰를 이끌어 내는 것이다. 그게 바로 구사효가 가지고 있는 미더움, 부(孚)이다. 바로 밑의 삼효만 해도 변혁의 여론이 분분해야 비로소 믿고 움직인다(革言三就혁언삼취, 有孚유부). 그의 부(孚)는 아직 바깥에 있는 것이다. 그러나 상체로 넘어와서 사효의 자리가 되면 믿음(孚)은 그의 마음 한가운데에 쑥~! 들어앉아 있어야 한다.

「상전」에서는 '명을 바꿔 길함은 뜻을 믿기 때문이다'(改命之吉개명지길 信志也신지야; 왕필, 『주역』, 381쪽)라고 했다. 자신이 세운 뜻에 대한 확고한 믿음은 내가 가는 길을 비춰 주는 마음의 등불과도 같다. 여태까지는 바깥에서 비춰 주는 등대를 보고 무작정 따라갔다면, 이제 방향을 알 수 없는 어둠 속에서 어디로 갈지를 스스로 결정하고 밀고 나가야 하는 것이다. 공부하는 데 비전을 세우라는 질책은 그 진실한 믿음(孚)이 아직 내 안에 있지 않고, 여전히 바깥의 목표나 바깥의 스승, 바깥의 텍스트들을 보면서 기뻐하고 즐거워하고 있었기 때문이었다. 이렇게 아직 스스로의 마음에 등불을 켜지 못한 사람을 '운명을 변혁했다'(改命)고 할 수는 없으리라.

정말 운명을 변혁하여 다른 존재가 된다면 구태여 말하지 않아도 세상 모두가 그 뜻을 다 알 수가 있다. 구오효의 "대인호변"(大人虎變)이 말하듯이, 그의 말과 행동, 표정과 음성까지 모든 변화가 호랑이 무늬가 드러나듯이 뚜렷하게 보이기 때문이다. 그의 존재 자체가 이토록 뚜렷이 변화를 보여 주기에 점치지 않아도 미래를 알 수 있다(未占有孚미점유부). 즉, 묻지 않아도 그의 뜻, 비전을 알 수 있는 것이다.

나는 공부를 왜 하냐, 비전이 뭐냐는 질문을 받으면서 조금 억울했다. 실제로 공부의 보람을 느끼고 있으며 나쁜 습관들이 많이 바뀌었다고 생각했기 때문이다. 게으름과 무기력에서 벗어났고, 책을 읽고 글도 쓰고 규칙적인 생활을 한다. 무거웠던 신체의 습관이 때때로 저항하더라도 잘 버티며 일상의 리듬을 잃지 않는다. 그러나 이게 다다. 이 정도로 정말 내 삶을 변혁했다고 할 수 있을까? 나의 뜻을 세우고 그 뜻의 힘으로 나아가고 있나? 아직 그러지 못하기 때문에 공부의 비전이 뭐냐는 질책을 받은 것이다. 비전을 단순히 미래의 목표라고 생각하거나 성인과 스승의 가르침대로 사는 것이라고 여기는 한, 아직 화학적 변화를 이룬 다른 존재는 되지 못한 것이다. 존재의 변화란 내가 변화했다고 구구절절 설명하기 전에, 호랑이의 무늬처럼 저절로 드러나 보이게 마련이다.

돌아보면 젊은 시절부터 여태까지 내가 했던 활동들도 마찬가지였던 것 같다. 농민운동, 통일운동, 평화운동에 청춘을 바쳤다고 생각했지만, 혁언삼취(革言三就) 후에야 믿음이 생겨 앞의 선배들을 뒤따르는 데에서 그쳤다. 누군가의 믿음(孚)을 보고 나도 동의하여 따라가기는 했으나 나는 누구에게도 그 믿음을 보여 주지 못했고, 따라가던 대상이 사라지면 또 다른 대상을 찾아 꽁무니에 섰다. 세상은 계속 바뀌었고, 활동의 양태들도 바뀌었으며, 외치던 구호도 바뀌었으나, 나의 한계만은 한 번도 넘어서 본 적이 없는 변혁운동을 했던 것이다.

『주역』의 혁괘는 천지가 뒤바뀌는 커다란 변혁을 말한다. 이 괘는 하늘의 대리자인 상제가 더 이상 하늘의 명을 받지 못한다고 여겨 그 상제(하늘)를 바꿔 낼 정도의 정당성과 힘을 지니고 있다. 그래서 명(命)을 바꾼다고 하는 것이다. 명은 목숨이자 운명이기에, 그걸 바꾸려면 존재를 걸고 밀고 나갈 수 있는 힘이 필요할 것이다. 남을 따라가는 공부로는 변혁을 할 수 없다. 스스로의 뜻에 의한 것이 아니면 어떤 변화도 일시적인 것이기 때문이다. 단 한마디라도 공부로 체득한 기쁨을 다른 사람들에게 내 언어로 나눌 수 있을 때, 구사효처럼 자신의 믿음으로 등불을 밝히며 전진한다고 할 수 있을 것이다.

50
화풍 정,

내 안의 찌꺼기를
쏟아내자

송형진

———

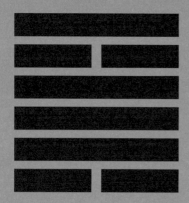

火風鼎 화풍 정

鼎, 元吉, 亨. 정, 원길, 형.

**정쾌는 크게 형통하다.**

初六, 鼎顚趾, 利出否. 得妾, 以其子, 无咎. 초육, 정전지, 리출비. 득첩, 이기자, 무구.

초육효, 솥의 발이 뒤집어졌으나 나쁜 것을 쏟아내니 이롭다. 첩을 얻어서 그 사람을 도우니 허물이 없다.

九二, 鼎有實, 我仇有疾, 不我能卽, 吉. 구이, 정유실, 아구유질, 불아능즉, 길.

**구이효, 솥에 꽉 찬 음식이 있지만, 나의 상대에게 병이 있으니 나에게 다가오지 못하게 하면 길하리라.**

九三, 鼎耳革, 其行塞, 雉膏不食. 方雨, 虧悔終吉. 구삼, 정이혁, 기행색, 치고불식. 방우, 휴회종길.

**구삼효, 솥귀가 바뀌어서 구삼이 나아가는 것이 막히고 기름진 꿩고기를 먹지 못한다. 그러나 비가 내리게 되면 구삼이 부족함을 뉘우친 것이니 결국 길하게 된다.**

九四, 鼎折足, 覆公餗, 其形渥, 凶. 구사, 정절족, 복공속, 기형악, 흉.

**구사효, 솥의 다리가 부러져서 군주에게 바칠 음식을 엎었으니, 구사의 얼굴이 붉어지고 흉하다.**

六五, 鼎黃耳金鉉, 利貞. 육오, 정황이금현, 리정.

**육오효, 솥의 누런 귀에 쇠로 만든 고리 장식이 달렸으니, 올바름을 굳게 지키는 것이 이롭다.**

上九, 鼎玉鉉, 大吉, 无不利. 상구, 정옥현, 대길, 무불리.

**상구효, 솥의 옥으로 된 고리이니, 크게 길하여 이롭지 않음이 없다.**

"왜 그럴듯한 남성들조차 번번이 여성을 존중하는 것에 실패하는 가?" 어느 젊은 여성 정치인이 자신의 성추행 피해를 폭로하면서 던진 질문이다. 이를 보도한 신문기사를 읽고 나서 그녀가 던진 질문이 한동안 머릿속에서 맴돌았다. 최근 몇 년 동안 있었던 진보를 자처하는 이들이, 사회적으로 그럴듯한 평가와 지지를 받던 이들이 벌였던 성폭력 사건들을 보면서 들었던 나의 의문과 유사했기 때문이다. 그녀의 질문은 상대방을, 특히 자신보다 약자인 사람을 존엄한 존재로 대하는 것에 실패한다면 누구든지 성폭력의 가해자가 될 수 있다는 점을 상기시킨다. 그리고, 유사한 일들이 우리에게서 빈번하게 일어날 수도 있음을 말해 주고 있다. 한편으로, 남녀가 함께 살아가는 건강한 공동체를 생각할 줄 아는 그럴듯한 남성이라고 자신을 생각한다면 더욱 이 질문에 대한 답을 찾으려 해야 한다는 생각도 들었다. 그 질문에 답을 찾으려는 과정과 그런 과정에서의 각성을 통해 크게 변하지 않고서는 지금 이 세상에서 계속 그럴듯한 사람으로 인정받으며 살아가기가 쉽지 않아 보이기 때문이다. "사물을 변혁하는 것은 가마솥만 한 것이 없다"(革物者莫若鼎혁물자막약정)고 「서괘전」에서 말하고 있는데, 마치 펄펄 끓는 가마솥에 들어갔다 나오는 것처럼 획기적인 인식과 가치의 전환이 필요해 보이는 시절이다.

『주역』64괘에는 가마솥을 뜻하는 괘가 있다. 그것은 택화 혁(澤火 革) 다음에 오는 화풍 정(火風 鼎)이다. 정(鼎)은 솥의 모습을 취한 것인데, 그냥 솥이 아니다. 변혁의 가마솥이다. 괘의 상은 나무 위에 불이 있는 모습(木上有火목상유화)이다. 이는 나무에 불을 붙이고, 그 불로 가마솥을 펄펄 끓여 삶아서 음식을 만들어 낸다는 뜻이 된다. 그래서 가마솥의 용도를 "사물을 변혁시키는 데 있으니, 날것을 변화시켜 익힌 것으로 만들고 딱딱한 것을 변화시켜 부드러운 것으로 만드는 데 있다"(정이천, 『주역』, 990쪽)고 풀고 있다. 가마솥에 날것을 넣어 푹 삶으면 여러 사람이 나누어 먹을 수 있는 잘 익은 음식이 만들어진다. 그런 점에서 가마솥의 정괘가 가지는 의미는 맛있게 먹을 수 있는 음식의 창조, 이 새로움의 출현에 있다고 할 수 있겠다. 「잡괘전」에서도 "혁은 오래된 것을 버리는 것이고, 정은 새것을 취하는 것이다"(革去故也혁거고야, 鼎取新也정취신야)라고 했다. 그러니까 기존의 가치와 질서를 끊어 내고, 변화하는 시대에 부합하는 새로운 가치와 질서 그리고 그에 걸맞은 삶의 방식에 대한 성찰이 정괘의 의미라고 할 수 있겠다.

그렇다면 정괘의 의미를 잘 살릴 수 있기 위해서 무엇이 필요할까? 다시 말해, 가마솥의 음식을 잘 만들어 낼 수 있으려면 어떻게 해야 할까? 우선 튼튼하고 안정된 가마솥이 있어야 할 것이고, 좋은 땔감, 신선한 재료, 깨끗한 물이 필요할 것 같다. 이렇게 모든 것이 준비되면 불을 잘 지펴서 푹 삶기만 하면 되는 것일까? 그렇지가 않다. 가마솥에 찌꺼기가 있을 수도 있으니, 본격적으로 사용하기 전에 가마솥을 깨끗하게 하는 작업이 선행되어야 한다. 이러한 점을 말해 주고 있는 것이 정괘의 초육효이다. "솥의 발이 뒤집혀서"(鼎顚趾정전지) 당장 쓸 수 없는 상태이지만, 솥이 뒤집혔기 때문에 솥 안에 남아 있던 "나쁜 것들(찌꺼기들)이 쏟아져 나올 수 있게 되었으니 이롭다"(利出否리출비)는 것이다. 솥 안의 찌꺼기들이 있는 상태에서 불을 지펴 푹 삶아 낸 음식은 잘 만들어진 것이라고 보기 어렵다. 어쩌면 음식이라고 불리기도 어려운 것이 만들어질지도 모르는 일이다. 그렇기 때문에 가마솥을 사용하기 전에 그것을 깨끗하게 만드는 것은 좋은 음식물을 만들어 내기 위한 필수요건이 된다고 할 수 있다. 이렇게 해서 깨끗해진 가마솥을 '적절한 사람을 얻는다'는 뜻으로 '첩을 얻는 것'(得妾득첩)으로 비유를 했고, 그 가마솥에 불을 지피는 것을 '그 집의 자식(혹은 그 집의 주인)을 돕는 것'(以其子이기자)으로 풀고 있다. 그렇게 할 수 있다면 정괘의 시절을 '허물 없이'(无咎무구) 살아갈 수 있다고 초육효는 가르쳐 주고 있는 것이다.

이 초육효 가르침의 핵심은 새로운 정괘의 시절을 허물 없이 살아가기 위해서는 덕지덕지 붙은 과거의 찌꺼기를 쏟아내 버리라는 것이다. 그렇게 하려면, 우선 솥을 뒤집는 것처럼 나를 뒤집는 일부터 해야 할 듯하다. 물구나무를 서서라도 찌꺼기가 쏟아져 나올 수 있다면 그렇게 해야 하지 않을까. 아마도 그것은 아무 문제의식 없이 살아가려는 '그래 왔잖아'라는 관성적인 삶의 방식에서 벗어나는 일이라는 생각이 든다. 앞서 여성 정치인의 질문과 연관 지어서 생각해보면, 가부장제에 기반을 둔 남녀 차별적인 인식과 가치에서 벗어나려는 일이지 않을까. 그럴듯한 남성들이 번번이 여성 존중에 실패하는 가장 큰 이유는 뿌리 깊은 가부장적 인식과 가치에서 연유한다고 생각하기 때문이다. 내 또래의 중년 남성들이 대부분 그런 것처럼 나는 전형적인 가부장적 집안에서 자랐다. 남성인 아버지는 가장이면서 집안의 생계를 책임졌고, 여성인 어머니는 그 하위주체로서 집안 살림을 맡았다. 집안의 대소사는 주로 아버지 중심으로 결정되었다. 그러한 가부장적인 구조에서 남녀 차별은 당연시되었다. 그렇게 당연시되는 차별에 대해서 별 문제의식을 느끼지 못했으며, 오히려 남자라는 이유만으로 혜택을 받았고, 그것을 당연하게 생각하며 자랐다. 또한, 그러한 구조 속에서 생길 수 있는 차별을 방지하기 위한 어떠한 교육도 제대로 받지 못했다. 그렇기 때문에 차별을 당연한 것으로 여기며 지금까지 살아왔다고 해도 과언은 아니다. 어쩌면 여성은 남성에게 대등한 존재가 아니라 기본적으로 남성의 하위주체로 여기는 생각에 크게 불편한 것이 없었기 때문에 아무런 문제의식을 가질 필요가 없었을지도 모른다.

그렇기 때문에 솥을 일부러라도 뒤집어 찌꺼기를 쏟아내려고 하는 것처럼 자신을 뒤집어 쏟아내려는 의식과 의지가 필요하다. 어떻게 하면 좋을까? 그것을 위한 방법으로 자신의 매 순간의 행동을 면밀하게 살펴보는 일이 필요할 듯하다. 어떤 질문과 함께 말이다. 여성 정치인이 했던 질문처럼 나의 의식과 행동 근저에 깔린 것들을 면밀하게 살필 수 있는 그런 질문을 던지면서 말이다. 그 질문의 힘이 기존 가치와 질서에 익숙해져 있는 신체를, 가부장제에 기반을 둔 남성 중심적 문화에 절어 있는 감각과 의식을, 내 몸에 덕지덕지 붙어 있을 그런 찌꺼기를 느끼게 하고 그래서 쏟아내 버릴 수 있게 하지 않을까. 그렇게 할 수 있을 때 변혁의 가마솥인 정괘의 시절을, 남녀 차별 없이 서로 조화롭고 화합하는 건강한 공동체를 지향하는 시절을 그럴듯해 보이는 사람이 아닌 적절한 사람으로 허물 없이 살아갈 수 있게 할 수 있으리라. 이러한 초육효의 가르침을 실천하기 위해서 매 순간의 행동에 질문을 하기 시작한다. 나는 존중하고 있는가?

51
중뢰 진,

천둥 속에서
웃는 법

**이경아**

———

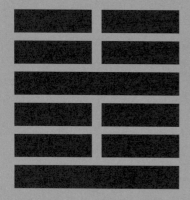

重雷震 중뢰 진

震, 亨. 震來虩虩, 笑言啞啞. 震驚百里, 不喪匕鬯. 진, 형. 진래혁혁, 소언 액액. 진경백리, 불상비창.

**진괘는 형통하다. 우레가 진동할 때 돌아보고 두려워하면 훗날에 웃고 말하며 즐거 워할 때가 있으리라. 우레가 진동하여 백 리를 놀라게 할 때, 큰 숟가락과 울창주를 잃지 말아야 한다.**

初九, 震來虩虩, 後笑言啞啞, 吉. 초구, 진래혁혁, 후소언액액, 길.

초구효, 우레가 진동할 때 돌아보고 두려워해야 훗날 웃고 말하는 소리가 즐거울 것이니 길하다.

六二, 震來, 厲, 億喪貝, 躋于九陵. 勿逐, 七日得. 육이, 진래, 려, 억상패, 제 우구릉. 물축, 칠일득.

**육이효, 우레가 맹렬하게 진동하여 위태로운 것이라 재물을 잃을 것을 헤아려서 높 은 언덕에 올라간다. 잃어버린 것을 쫓아가지 않으면 7일이 지나서 얻으리라.**

六三, 震蘇蘇, 震行, 无眚. 육삼, 진소소, 진행, 무생.

**육삼효, 우레가 진동하여 정신이 아득해지니 놀라고 두려워하면서 행한다면 과실 이 없으리라.**

九四, 震遂泥. 구사, 진수니.

**구사효, 진동하여 끝내 진창에 빠져 버렸다.**

六五, 震往來, 厲, 億, 无喪有事. 육오, 진왕래, 려, 억, 무상유사.

**육오효, 진동하여 위로 가거나 아래로 내려가는 것 모두 위태로우니, 현실을 헤아 려서 그 자리에서 해야 할 일을 잃지 말아야 한다.**

上六, 震索索, 視矍矍, 征凶. 震不于其躬, 于其隣, 无咎, 婚媾有言. 상 육, 진삭삭, 시확확, 정흉. 진불우기궁, 우기린, 무구, 혼구유언.

**상육효, 우레가 진동하여 넋이 나가 두리번거리는 것이니, 나아가면 흉하다. 우레**

가 자신에게 떨어지지 않고 그 이웃에 떨어지면 허물이 없을 것이지만, 혼인한 짝은 원망하는 말을 할 것이다.


2년 전 한 해 동안 공부할 텍스트로 『에티카』를 선택했다. 『에티카』라는 제목이 참 멋져 보여서였다. 주변에선 『에티카』를 고른 나의 무모한 행동에 대해 우려의 시선이 있었다. 텍스트를 읽다가 알았다. 그 우려가 무엇이었는지. 글자만 읽을 수 있었지 도무지 무슨 말인지 알 수가 없었다. 텍스트를 바꿀까, 바꾼다고 뭐가 달라지나 어렵긴 마찬가지지… 이런저런 고민을 하던 중 그 외계어 같은 글 속에 흥미롭고도 익숙한 단어를 발견했다. '신'(神). 스피노자가 말하는 신을 만나는 순간 나에게 강력한 우레가 진동했다. 스피노자에 따르면 인간은 자신이 못하는 것을 다 하는 완전한 존재로, 자신의 목적을 위해 신을 상상해서 만들었다. 신이란 초월적이고 인격적 대상이 아닌 끊임없이 변화하고 생성하는 자연법칙이었다. 이게 무슨 소리? 스피노자는 내가 지금까지 생각해 왔던 신과는 전혀 다른 신을 말하고 있었다. 이 새로운 앎의 진동은 나를 흔들었다. 이런 나에게 중뢰 진괘가 눈에 들어온 건 어찌 보면 당연한 일이다.

진(震)괘는 우레가 겹쳐져 있는 괘다. 우레란 천둥번개를 말한다. 천둥은 천동(天動)이 변한 말인데 하늘이 흔들리는 소리가 천둥이다. 이 우레는 땅의 움직임(地動)과 짝이다. 그런 면에서 우레가 두 개나 겹쳐 있는 진괘는 하늘과 땅의 소리가 만나 내는 천지를 뒤흔드는 가장 큰 소리이며 진동이다. 그래서 진괘는 맹렬하게 천지를 흔드는 모습이고 이런 진동에는 떨면서 두려워하는 뜻이 있다. 괘상을 보면 하나의 양이 두 음 아래에서 생겨난다. 아래에서 생긴 양은 음을 뚫고 나아가며 만물을 흔들어 깨우고 세상을 밝게 비춘다. 진괘가 형통한 이유다. 이 음이란 나에게 새겨진 습이며 전제이기도 하다. 신을 믿든 믿지 않든, 길흉이 모두에게 일어난다는 걸 알면서도 나는 여전히 '하늘에 계신 아버지'에 대한 환상을 버리지 못하고 있었다. 새로운 사유를 하는 건 힘든 일이고 그냥 습관대로 사는 게 편해서였다. 텍스트를 읽을 때도, 신을 자연법칙으로 바꿔서 읽으면 이해가 되다가도, 신으로 읽으면 자동으로 하느님 아버지로 연결됐다. 그래서 읽기가 더 어려웠다. 스피노자가 신에 대해 하나하나 풀어 주는 정리는 오래된 나의 아버지 하느님을 흔들었다.

나는 이 진동에 어떻게 대처해야 하는 걸까? 우레를 피해 귀를 막고 어딘가로 숨을 수 있을까? 내 안에서 일어나는 진동이기에 숨을 곳이 없고, 스피노자를 통해 새로운 길을 알게 되었기에 과거로 돌아갈 수도 없다. 진동이 나를 통과하도록 해야 한다. 어떻게? 나는 초효에서 답을 구했다. 초구효는 "우레가 진동할 때 돌아보고 두려워해야 훗날 웃고 말하는 소리가 즐거울 것이니 길하다"(震來虩虩진래혁혁, 後笑言啞啞후소언액액, 吉길)이다. 초효는 진동을 일으킨 당사자며 진동의 시초다. 양의 자리에 양이 왔기에 크게 동요하는 상황이지만 양이기에 그것을 뚫고 나갈 힘이 있다. 초구에서는 먼저 우레가 진동할 때 호랑이를 만난 듯 자신을 돌아보고 반성하며 두려워하라고 한다. 이때의 두려움은 나를 성찰하고 내 전제를 깨고 나가게 해주니 긍정적인 두려움이다. 예전 선비들이 우레가 치면 자다가도 일어나의관을 정제하고, 자신이 법도에 어긋난 일을 하지 않았을까 두려워하며 자신의 마음가짐과 행동을 돌아보듯 말이다. 초효는 그런 후에라야 웃으면서 말할 수 있고, 길하다고 말한다. 우레는 엄청난 공포일 수도 있다. 하지만 「상전」에서 말하는 것처럼 우레를 통해 두려워하고 자신을 수양한다면 고정되고 익숙한 것들을 뚫고 나아가, 새로운 것과 접속할 수 있는 기회이기도 하다.

스피노자라는 진동은 나를 두렵게 했다. 내가 잘하고 있다고 생각한 신앙생활이 잘못된 방향이 아니었는지 두려워졌다. 이 두려움은 신에 대한 내 마음과 행동을 돌아보게 했다. 한편으로는 스피노자를 통해 지금까지와는 다르게 살고 싶은 가슴 벅찬 전율도 있었다. 나는 신이란 나에게 도움을 주는 존재라고 생각했다. 그래서 신에게 도움을 받으려면 신을 믿고 신에게 매달리는 게 중요했다. 신의 가르침을 실천하는 게 아니라 신의 사랑을 받아 힘들 때 꺼내 쓰려고 열심히 봉사도 하고, 미사도 드리고, 교무금도 냈다. 또한, 비워야 하느님 나라에 들어가는데 나는 내 소유를 늘리기 위해 신을 믿었다. 재테크에 성공하면 그것의 일부를 바치겠으니 기도를 들어 달라고 신과 거래하는 마음으로 빌었다. 실패했을 때는 기도가 부족했고, 구체적이지 않아서 그렇게 된 것이기에 부동산 주소를 콕 찍어 더 열심히 기도했다. 그러다 성공해서 돈을 벌면 난 그것의 일부를 감사헌금으로 냈다. 실패했으면 안 냈을 것이다. 이런 기도로 번 돈은 아름다운 기부로 둔갑했다. 내 탐욕은 보지 못하고 기부해서 즐거운 나만 있었다. 이런 욕심을 신앙으로 포장했다. 예수님의 가르침은 뒷전이었고 언제나 나를 앞세우고 채우려 했다. 그러면서도 구원받길 원했다. 뭔가 한참 어긋났다.

초효의 상전에서는 우레의 진동으로 자신을 성찰할 수 있다면, 새로운 사유를 통해 법칙을 세울 수 있고, 그 법칙으로 인해, 웃고 말하는 것이 즐겁게 된다고 한다. 법칙이 생기면 법칙을 따라야 하니 삶이 피곤해질 것 같은데 왜 웃을 수 있다고 하는 걸까? 법칙이란 윤리다. 윤리란 도덕의 명령이 아닌 성찰을 통해 자신이 세우는 것이니 기쁨일 수밖에 없다. 스피노자에 따르면 신이란 초월적으로, 이 세계 밖에서 무언가를 조종하는 존재가 아니다. 이 세계는 만물과 신이 분리되지 않고 상호인과로 작동하면서 연결되어 있으며, 이 세계 안에 끊임없이 변화하며 낳고 낳는 모든 것이 신이었다. 스피노자라는 천둥은 나 혼자만 잘 먹고, 잘 살면 되는 것이 아니라 나 또한 신의 일부로서 만물과 연결되어 있으며, 그 타자들과의 연결 속에서 함께 살아가는 것임을 알게 했다. 기도란 내 것을 채워 달라고 비는 게 아니라 존재의 연결 속에서 나를 보고 내 욕심을 성찰하는 시간이었다. 이것이 진동을 통해 세운 나의 윤리다.

이 윤리를 통해 힘든 일을 겪을 때, 나의 이익을 위해 신에게 기도하는 게 아니라 관계성 속에서 그 일이 정말 힘든 일인지, 이익이 정말 좋은 것인지, 그 안에 어떤 욕심이 있는지를 묻게 되었다. 이런 과정은 스스로 무언가를 뚫고 나가는 것이기에 더디고 어렵지만, 성찰의 기쁨과 웃음을 주었다. 나를 얽어맸던 초월신에 대한 전제에서 해방될수록 마음이 편안해졌다. 모태신앙인 남편과 신에 대해 내가 공부한 것을 나누면서 웃고 떠드는 것도 즐거웠다. 새해에도 『에티카』라는 천둥을 통해 두렵지만 웃게 되는 길을 계속 가 보려고 한다.

52
중산 간,

차마고도,
돈독하게 영혼을 멈추어야 할 때!


고영주
———

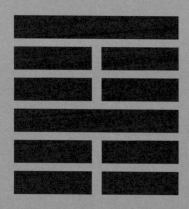

重山艮 중산 간

艮有背, 不獲其身, 行其庭, 不見其人, 无咎. 간기배, 불획기신, 행기정, 불견기인, 무구.

**등에서 멈추면 그 몸을 얻지 못하며, 뜰을 걷더라도 그 사람을 보지 못하여 허물이 없으리라.**

初六, 艮其趾, 无咎, 利永貞. 초육, 간기지, 무구, 리영정.

**초육효, 발꿈치에서 멈추는 것이라 허물이 없으니, 오래도록 올바름을 유지하는 것이 이롭다.**

六二, 艮其腓, 不拯其隨, 其心不快. 육이, 간기비, 부증기수, 기심불쾌.

**육이효, 장딴지에서 멈추는 것이니 구삼을 구제하지 못하고 따르게 되어 마음이 불쾌하다.**

九三, 艮其限, 列其夤, 厲薰心. 구삼, 간기한, 열기인, 려훈심.

**구삼효, 한계에 멈추는 것이라 등뼈를 벌려 놓음이니 위태로움이 마음을 태운다.**

六四, 艮其身, 无咎. 육사, 간기신, 무구.

**육사효, 그 자신에서 멈추는 것이니, 허물이 없다.**

六五, 艮其輔, 言有序, 悔亡. 육오, 간기보, 언유서, 회망.

**육오효, 광대뼈에서 그침이라. 말에는 순서가 있으니 후회가 없어진다.**

上九, 敦艮, 吉. 상구, 돈간, 길.

**상구효, 독실하게 멈추는 것이니 길하리라.**


얼마 전부터 내 '영혼'이 계속해서 '요동'치고 있다. 이유는, 최근 경제 상황이 심상치 않기 때문이다. 모처럼 장을 보러 동네 마트로 들어선 순간, 나는 내 두 눈을 의심했다. '계란 한 판이 9천 원이라고?!' 그뿐만이 아니다. 채소며 과일, 생필품까지! 물가가 올라도 너무 올랐다. 많은 요인이 있겠지만, 코로나19로 인해 묶여 있던 소비 심리가 팬데믹이 해제되면서 시장에 급속하게 풀린 것이 가장 컸다. 현재는 물가 상승을 잡기 위해 미국에서는 불가피한 '금리 인상'이 계속되고 있다. '빅 스텝', '자이언트 스텝', 생전 들어 보지도 못한 용어들이 뉴스에서 보도될 때마다 내 영혼은 걷잡을 수 없이 요동쳤다. 왜냐고? 나는 '영끌족'이기 때문이다.

영끌이란 '영혼까지 끌어모으다'의 줄임말로 지금 2030 청년들의 재테크 열망을 대표하는 언표다. 할 수 있는 모든 수단을 총동원하여 은행에서 대출을 받아 부동산이나 주식, 비트코인 등 투자에 올인하는 방식을 말한다. 나도 다르지 않았다. 이 시대 청년 중 한 사람으로서 영끌 대열에 합류했다.

5년 전, '영혼까지 끌어모아' 은행에서 대출을 받고 아파트를 매수했다. 셋방살이가 싫기도 했지만, 지금이야말로 부동산 투자로 내 미래 자산가치를 올려야 할 때라고 생각했다. 나는 확신했다. 향후 분명히 부동산 시장은 오를 것이라고! 내 짐작대로 2021년에는 아파트 값이 어마어마하게 폭등했다. 영혼을 담보 삼아 매수한 아파트였지만, 하루가 다르게 상승하는 부동산 시세를 휴대폰 어플로 볼 때마다 나는 영혼을 끌어모은 보람을 느꼈다.

그런데 지금은? 너무나 절망적이다. '한국은행의 기준금리 인상으로 당사 금리가 변경됩니다.' 몇 달 새 은행에서 이 문자만 네 번이나 받았다. 사실 첫 대출을 받았을 당시만 해도 금리는 그다지 높지 않았다. 그런데 계속되는 금리 인상으로 이자가 눈덩이처럼 불어났다. 이뿐만이 아니다. 원리금의 부담으로 아파트 매수 심리가 크게 떨어졌고, 이 때문에 아파트 거래량이 현저하게 줄어들었다. 사려는 사람이 없으니 얼마 전까지만 해도 고공행진하던 내 아파트 값이 결국 폭락하고야 말았다. 이자는 이자대로 불어나지, 치솟았던 아파트 값은 끝없이 추락하고 있지, 오른 물가는 좀처럼 잡히지 않지…. 솔직히 월급날이 와도 원금과 이자 때문에 기쁘기는커녕 정신이 혼미해질 지경이다. 어떻게 하면 요동치는 내 영혼을 멈출 수 있을까.

『주역』에는 '멈춤'을 상징하는 괘가 있다. 바로 간(艮)괘다. 중산 간괘는 간(艮)괘가 두 번 중첩되어 있는 상을 하고 있다. 정이천 선생님은 「서괘전」에서 "진(震)은 진동이지만, 어떤 사물도 끝까지 진동할 수 없어서 멈추므로, 멈춤을 상징하는 간괘로 받았다"(정이천, 『주역』, 1029쪽)라고 말한다. 중뢰 진(重雷 震)괘에서는 엄청난 진동과 우레가 맹렬하게 일어났다면, 중산 간괘에서는 때에 맞게 멈출 수 있어야 한다.

중산 간괘에서 '멈춤'이란 무엇일까. 그것은 행할 때는 행하고, 그칠 때는 그치고, 나아가야 할 때는 나아가고, 물러날 때는 물러나는 것이다. 그렇다. 중산 간괘의 멈춤은 단순히 가만히 있는 것이 아니라, 때에 맞는 합당한 일을 의미한다. 아마도 내 영혼이 요동치는 이유는 2030 청년으로서 영끌이 합당하지 않았기 때문 아닐까.

그렇다면 청년이기에 합당한 일이란 무엇일까. 우연히 티베트 순례자들의 이야기를 담은 〈차마고도〉 다큐멘터리를 보게 되었다. 티베트 순례자들에게서 때에 맞는 영혼의 움직임과 멈춤을 볼 수 있었다. '더꺼'는 티베트의 서쪽 지역으로 중국 쓰촨성과 인접한 지역이다. 부사, 처자, 라빠, 루루, 다와. 이 다섯 사람은 살아 있는 부처 '활불' 앞에 서 있다. 이들이 활불에게 논하고자 하는 것은 티베트 불교의 상징인 라싸에 있는 '조캉사원'으로 떠나기 위해서다. "조캉사원은 '석가모니의 전당'이라는 뜻을 담고 있는 것에서 알 수 있듯이 티베트인들이 가장 성스러운 사원으로 존중하는 곳이다."(인사이트 아시아 차마고도 제작팀, 『차마고도』, 예담, 2007, 238쪽)

라싸 순례는 티베트인들에게 평생을 통해 이루고 싶은 일생 일대의 소원이다. 순례길에 오르는 각자만 비전도 인상적이다. 서른한 살인 라빠는 승려가 되고 싶었지만 인연이 닿지 않아 승려가 되지 못했다. 라빠는 승려가 되어 남에게 선행을 베풀고, 다음 생에는 조금이라도 선한 사람으로 태어나기를 바라는 마음을 품었다. 스물여덟 살의 처자는 집이 너무나 가난해서 승려가 될지 장사꾼이 될지, 순례가 끝나고 나면 자신의 운명이 정해질 것이라고 믿는다. 무엇보다 〈차마고도〉를 보면서 놀라웠던 것은 나와 같은 2030 청년이 순례를 간다는 것이었다. 내가 영끌로 투기를 하며 오로지 세속의 기준과 외부가 지향하는 가치에만 움직였다면 티베트의 젊은 순례자들은 오직 삶에 대한 비전, 그리고 다음 생의 자신의 삶과 영혼을 위해서 움직이고 있었다.

청년의 힘을 쓰는 방식이 이렇게나 다를 수 있다니! 각자만의 비전을 가슴에 품고 순례를 떠나기 전, 이 청년들이 가장 먼저 하는 일은 바로 세속을 '등'지고 활불 앞에 멈추는 일이다. 중산 간괘도 마찬가지로 간기배(艮其背), 등에서 멈추는 것으로 때를 기다린다. '등'은 눈이 보고 있는 외부와 정반대에 위치한 신체다. 눈이 보고 있는 대상은 외부로 향하는 욕망, 그리고 탐욕이다. 욕심과 탐욕을 등지고 활불에게 절을 올리며 순례의 때를 기다리는 2030 청년 순례자들을 보고 같은 청년임에도 다른 삶, 다르게 영혼을 움직이는 모습에 감탄하지 않을 수 없었다. 어쩌면 청년이야말로 '간기배'해야 하는 때가 아닐까.

드디어 때가 왔다. 순례의 첫날, 더꺼에서 라싸까지의 거리는 약 2,300km. 걸어서도 가기 힘든 곳을 청년 순례자들은 '오체투지'(五體投地)를 하며 순례길에 오른다. 오체투지란 두 팔꿈치와 두 무릎 그리고 이마를 땅에 대는 티베트 순례자들의 합장 방식으로, 말 그대로 다섯 개의 신체를 땅에 던진다는 뜻이다. 상상이나 할 수 있을까. 세상 만물 앞에 자신의 몸을 최대한 엎드려 오체투지로 2,300km 히말라야 고원을 넘는 모습을! 자칫 목숨을 잃을 수도 있다. 인간으로서는 감히 갈 수 없는 길을 청년임에도 불구하고, 아니! 청년이기에 할 수 있는 행(行)이라고 그들은 스스로 깨닫고 믿는다.

순례를 떠난 지 6개월. 어느새 계절이 바뀌었다. 세속을 등지고 순례를 떠나는 순례자들은 늘 '불획기신'(不獲其身)하다. '그 몸을 얻지 못하는 것'이란 무엇일까. 중산 간괘에서 말하는 '몸'이란 사사로운 마음이다. 마음이 사사롭다는 것은 자신에게 주어진 삶의 순리를 생략하는 것이다. 영끌로 부동산에 올인할 때의 나는 남들보다 먼저, 빨리, 조금이라도 더! 가져야겠다는 마음뿐이었다.

하지만 청년 순례자들은 세속을 등졌기 때문에 삶의 순리를 온전히 순례길에 쏟는다. 그들은 '한 치의 땅'도 그냥 지나치거나 생략하는 법이 없다. 오체투지로 지나갈 수 없는 언덕이나 개울이 나오면 그 거리만큼 제자리에서 절을 한 다음 두 발로 언덕을 넘고 개울을 건넌다. 게다가 이들에게 경의를 표하며 건넨 돈이나 음식들도 혼자만 사사롭게 챙기거나, 절대 과하게 먹지 않는다. 2,300km의 순례길을 가는 동안 한 뼘의 땅도, 한 뼘의 마음도 사사롭게 지나치거나 쓰지 않기 때문에 그들은 늘 불획기신, 사사로운 몸을 얻지 않는다.

6개월간의 대장정이 끝나 간다. 순례자들의 두 팔꿈치와 무릎, 그리고 이마는 두꺼운 굳은 살로 변해 버렸다. 그런 그들의 눈에 저 멀리 빛나고 경이로운 포탈라궁이 비치고, 그 아래로 라싸가 보이기 시작했다. 그곳은 더꺼와는 달리 자동차가 쉴 새 없이 지나다니고, 높은 건물과 빌딩이 우뚝 솟아 있는 대도시다. 지쳐 있을 법도, 더꺼와는 다른 환경에 마음이 흔들릴 만도 하건만, 순례자들의 자세는 전혀 흐트러짐이 없다. 차가 다가오면 멈추고, 지나가면 다시 오체투지로 나아간다. 조캉사원에 도착해서도 그들의 영혼은 흔들림이 없어 보인다. 그들의 얼굴에서는 그 어떤 기쁨도, 안도감도, 성취감도 찾아볼 수 없다. 라싸에 있는 사람들이 그들에게 수없는 찬사와 경의를 표하지만 그들은 결코 평정심을 잃지 않는다. 한쪽으로 치우치지 않고 움직이지 않는 평평한 저울의 모습처럼 평정심이야말로 중산 간괘가 일러 주는 최고의 덕(德)이다. 너무나 감격스럽고 경이롭지 않은가! 티베트 순례자들보다 더 많이 소유하고 있음에도 늘 불안해하고 쫓기며 사는 나와 우리 사회의 청년과는 달리, 청년 순례자들에게서 볼 수 있는 다른 삶의 벡터가! 이야말로 진정한 영혼의 끌어올림, 때에 맞는 영혼의 멈춤이다.

순례자들의 순례길은 끝났지만 그들의 순례는 지금부터다. 순례자 다섯 명은 이곳 라싸에서 2~3개월을 머물며 다시 부처님께 10만 배를 올린다. 그들의 몸은 참배를 하며 움직이고 있지만, 영혼은 그 어느 때보다도 고요하다. 부처님께 절을 올리는 그들의 몸과 영혼은 독실함으로 충만하다. 독실하다는 것은 자신의 몸과 영혼의 관계가 깊고 돈독하다는 의미다. 그렇기에 때에 맞는 합당한 일을 할 수 있는 것이 아닐까. 중산 간괘의 상구효가 그러하다. 보통 극한에 처하면 자신의 올바름을 잃기가 쉽다. 그러나 중산 간괘의 상구효의 멈춤은 행할 때는 행하고, 그칠 때는 그치는 도(道)가 가장 돈독하다(敦艮돈간, 吉길). 한 치의 흔들림도 없는 티베트 순례자들처럼!

오체투지는 결코 쉬운 행(行)이 아니다. 순례자들에게 '절'이란 무엇일까. 그것은 자신을 가장 깊이 들여다보고자 하는 행위이다. 자신을 낮출 때만이 가장 깊은 자신의 내면을 볼 수 있다. 나와 나의 영혼이 가장 독실하고 돈독해질 수 있는 길. 나에게는 글쓰기가 그러하다. 책을 읽을 때는 외부의 탐욕과 욕심으로부터 '간기배'할 수 있고, 글을 쓸 때는 절을 하는 것처럼 '불획기신'한다. 이 행(行)이 청년인 지금 나에게 가장 합당한 나아감이며, 절망적으로 요동치는 영혼을 멈출 수 있는 나만의 순례다. 글을 마무리하는 이 순간이 영끌로부터 요동치는 내 영혼이 가장 돈독하게 멈추는 때다.

53
풍산 점,

삶이 편리하지만
불안하다면…

**신근영**

———

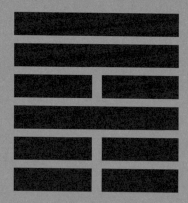

風山漸
풍산 점

漸, 女歸吉, 利貞. 점, 녀귀길, 리정.

점괘는 여자가 시집가는 것이 길하니, 올바름을 지키는 것이 이롭다.

初六, 鴻漸于干. 小子厲, 有言, 无咎. 초육, 홍점우간. 소자려, 유언, 무구.

초육효, 기러기가 물가로 점차 나아가는 것이다. 소인배는 위태롭게 여겨 말이 있으나 허물이 없다.

六二, 鴻漸于磐. 飮食衎衎, 吉. 육이, 홍점우반. 음식간간, 길.

육이효, 기러기가 넓은 바위로 점차 나아가는 것이다. 음식을 먹는 것이 즐겁고 즐거우니 길하다.

九三, 鴻漸于陸. 夫征不復, 婦孕不育, 凶, 利禦寇. 구삼, 홍점우륙. 부정불복, 부잉불육, 흉, 리어구.

구삼효, 기러기가 육지로 점차 나아가는 것이다. 남자는 가면 돌아오지 않고 부인은 잉태하더라도 기르지 못하여 흉하니 도적을 막는 것이 이롭다.

六四, 鴻漸于木. 或得其桷, 无咎. 육사, 홍점우목. 혹득기각, 무구.

육사효, 기러기가 나무로 점차 나아가는 것이다. 혹 평평한 가지를 얻을 수 있으면 허물이 없으리라.

九五, 鴻漸于陵. 婦三歲不孕, 終莫之勝, 吉. 구오, 홍점우릉. 부삼세불잉, 종막지승, 길.

구오효, 기러기가 높은 언덕으로 점차 나아가는 것이다. 부인이 3년 동안 잉태하지 못하나 끝내 구삼과 육사가 이기지 못하니 길하리라.

上九, 鴻漸于陸(逵). 其羽可用爲儀, 吉. 상구, 홍점우륙(규). 기우가용위의, 길.

상구효, 기러기가 허공으로 점차 나아가는 것이다. 그 날개가 본보기가 될 만하여 길하다.

조삼모사(朝三暮四). 중국 송나라의 저공이 원숭이들을 기르고 있었다. 생활이 궁핍해지자 원숭이들에게 줄 먹이가 부족해졌다. 그래서 저공은 원숭이들에게 말했다. 이제부터는 도토리를 아침에는 세 개, 저녁에는 네 개밖에 줄 수가 없구나. 원숭이들은 불같이 화를 냈다. 그러자 다시 저공이 제안했다. 그렇다면 아침에 네 개, 저녁에 세 개를 주면 어떻겠니. 원숭이들은 그 말에 기뻐하며 춤을 췄다.

이 이야기의 해석에는 두 가지가 있다. 첫번째는 저공의 간교한 술수와 원숭이의 어리석음으로 조삼모사를 읽는 거다. 아침에 세 개, 저녁에 네 개나, 아침에 네 개, 저녁에 세 개는 결국 일곱 개로 똑같다. 한마디로 원숭이들이 먹는 양은 이러나저러나 같다. 그럼에도 원숭이들은 좋아하고 있는 것이다.

두번째 해석은 이와는 전혀 다른 관점에서 접근한다. 아침으로 세 개, 저녁으로 네 개를 먹는 것은 아침과 저녁으로 각각 네 개, 세 개 먹는 것과는 완전히 질적으로 다르다고 보는 거다. 앞의 첫번째 해석은 양적인 결과가 동일하다는 것에 초점을 두고 있다. 반면 두번째 해석에서 중요한 것은 순서의 차이다. 3+4와 4+3은 같지만, 3 다음에 4가 오는 것과 4 다음에 3이 오는 것은 전혀 다른 이야기라는 거다. 예컨대 다이어트 중인 사람은 하루에 같은 양을 먹더라도 저녁에 덜 먹는 법이다.

둘 중 어느 쪽 해석이 마음에 드시는지. 『주역』의 '풍산 점'(風山漸)괘라면 두번째 해석에 손을 들어 줄 것 같다. '점'(漸)은 점점, 차츰, 또는 천천히 나아감을 뜻한다. 그런데 여기서 느리게 나아감이란 단지 속도가 늦다는 걸 의미하지 않는다. "나아가기를 순서대로 하는 것이 점차적인 진입이다. 요즘 사람들은 느리게 나아가는 것을 점차적인 것이라고 하는데, 나아가기를 순서에 따라 해서 차례를 뛰어넘지 않기 때문에 느린 것이다."(정이천, 『주역』, 1046쪽) 요컨대, 점괘의 핵심은 '순서'다.

현대인들에게는 이 순서라는 면모가 잘 와닿지 않는다. 모든 것을 양으로 환원해서 계산하기 때문이다. 아침의 1시간과 저녁의 1시간은 동일한 1시간이라는 식이다. 하지만 이제 막 깨어난 몸이 겪는 1시간과 잠자리에 들어야 하는 몸이 느끼는 1시간은 질적으로 다르다. 마치 봄의 시간이 가을의 시간과는 다르듯이 말이다. 우리가 듣는 음악도 순서가 가진 그 힘을 잘 보여 준다. 도-미-솔은 미-도-솔과 다르고, 솔-미-도 하고도 전혀 다른 느낌을 주는 것이다. 해서 음들의 배열이 달라지면 완전히 다른 음악이 탄생한다.

풍산 점은 이처럼 순서를 상징하는 것들로 이루어져 있다. 괘사의 경우에는 여자가 시집가는 것으로 그 순서의 의미를 풀고 있다. 고대에 여자가 시집을 가기 위해서는 반드시 여섯 단계를 거쳐야 했기 때문이다. 효사에 나오는 기러기 역시 순서에 대한 상징이다. 철새인 기러기는 오는 때와 가는 때를 지켰으며 이동을 함에 있어서는 무리가 질서 있게 움직였다. 또한, 여섯 개의 효사는 물가에서 바위로, 다시 육지에서 나무로 올라가 구릉을 거쳐 하늘로 나아가는 순서를 차례대로 담고 있다.

점괘는 이처럼 순서, 즉 과정 그 자체에 주목해야 하는 때다. 다시 말해 점괘는 나아가서 이르게 되는 그 도착점, 혹은 결과의 문제가 아니라는 거다. 오히려 점괘의 시공간에서는 성취에 대한 마음을 경계해야 한다. 결과를 얻고자 하는 마음이 앞서면 순서를 무시하고 싶어지기 때문이다. "사람이 나아가는 데에 욕심이 동하면 조급하여 점차적인 순서를 따르지 못하므로, 곤궁하게 된다."(정이천, 『주역』, 1051쪽)

현대 사회가 가진 빠른 속도감의 정체도 이런 조급함이 아닐까 싶다. 결과적으로 자신의 손에 쥐게 될 것에만 마음을 빼앗긴 상태. 해서 과정이란 생략될수록 좋은 거라는 믿음. 때문에 우리 시대는 어떻게든 길을 단축하는 게, 아니 건너뛰는 게 능력이라 이야기한다. 그래서일까. 이 시대의 꿈은 마치 로또나 대박이 된 듯하다.

하지만 어디에 그런 길이 있을까. 어떻게 과정 없이 도착지에 이를 수 있을까. 그럼에도 이 시대는 마치 그것이 가능한 일인 듯 말한다. 입시학원들은 최대한 시간을 단축하여 성적을 올릴 수 있는 방법을 내세우고, 다이어트 광고들은 운동과 식사량을 조절하는 그 지난한 시간 없이 한 알의 약으로 쫙쫙 살을 뺄 수 있다고 선전한다. 온갖 유통사업망은 또 어떤가. 손가락 몇 번 움직이는 것만으로도 상품을 신속하게 우리 품에 안겨 준다. 사실, 여기 어디에도 중간 과정은 생략되지 않는다. 대신 그 모든 과정이 '돈'으로 바뀌었을 뿐이다. 자본주의는 이렇게 과정조차도 상품화한다. 그럼으로써 소비의 사이클 또한 더욱 가속화되는 것이다. 이번 택배 상자가 채 열리기도 전에 또 다른 택배가 도착할 수 있도록.

이처럼 자본주의 상품 경제는 과정을 서비스화한다. 하지만 이보다 더 심각한 문제는 될 수 있는 한 과정이란 것을 보이지 않게 하려 든다는 점이다. 어떻게 닭이나 소, 돼지가 길러지는지는 베일 속에 감춰 놔야 한다. 그래야 죄책감 때문에 육류 소비가 줄어드는 것을 막을 수 있으니까. 택배 기사님들이 주민용 엘리베이터를 이용하지 않는 게 아파트의 품격(?), 아니 가격을 만들고, 건물의 청소노동자들은 보이지 않는 시간에 일하고 보이지 않는 공간에서 쉬어야 한다. 과정은 단 한 번도 생략된 적이 없다. 단지 누군가가, 어떤 존재들인가가 그림자가 되어 그곳을 채워 주고 있을 뿐이다.

이런 사회 속에 살면서 우리는 과정이란 것에 무감각해졌다. 최종적으로 손에 넣게 되는 그 결과에만 시선이 맞춰져 있는 것이다. 해서 어떻게 그 결과에 이르게 되는지, 요컨대 절차나 과정에 대해서는 문외한이다. 문제는 과정에 대한 이런 무지가 단지 지갑을 텅텅 비게 만드는 데서 끝나지 않는다는 거다. 그리고 이는 결국 삶에 대한 무능력으로 이어지게 될 것이다. 삶에서 만나게 되는 크고 작은 사건들. 그 앞에서 느껴지는 막막함. 어디서부터 손을 대야 하는 걸까, 어떻게 풀어 나가야 하는 걸까. 삶의 문턱들을 직접 겪고 통과할 힘을 잃어버린 채, 이를 대신할 능력자를 찾아 의존하거나 두려움 속에서 밑도 끝도 없이 돈을 좇으며 살아가게 되는 것이다.

절차를 건너뛰고, 과정을 생략할 수 있다는 것은 허위다. 허위 위에 있는 삶은 결코 평안할 수 없다. 해서 상품 경제인 자본주의 사회에서 우리 삶은 몹시 편리하나, 몹시 불안하다. 풍산 점의 괘상은 이에 대한 하나의 경계다. 점괘의 위에 있는 풍(風, 바람)은 오행상 나무를 나타낸다. 하여 점괘는 하체에 있는 산 위에 나무가 서 있는 모습이다. 요컨대, 산꼭대기에 우뚝 솟은 나무인 것이다. 하지만 이 나무가 높이 서 있을 수 있는 것은 오로지 산 덕분! "나무가 높은 것은 그것이 산 위에 있기 때문이다. 그 높음은 거저 높은 것이 아니라 원인이 있는 것이다. 그 높음의 원인이 있다고 하는 것은 그 나아감의 순서를 밟았다는 뜻이다. 그래서 점(漸)이라고 한 것이다."(도올 김용옥, 『도올주역강해』, 649쪽)

그렇다. 3층 집을 짓고 싶다면 1층과 2층을 지을 수밖에 없다. 뛰고 싶다면 우선 네 발로 기고, 다시 두 발로 걷는 과정을 거쳐야 한다. 지금 뭔가 중간을 건너뛰었는데 결과에 도착해 있는가. 그렇다면 그건 반드시 누군가 그 중간의 일을 해줬기 때문이다. 다른 도리가 없는 것이다. 너무나도 단순한 진리, 하지만 모두가 잊고 지내는 진리. 점괘는 이를 곱씹어 보게 만든다.

특히 점괘의 오효는 점진적 나아감이 어떤 것인지를 잘 보여 주고 있다. "구오효, 기러기가 높은 언덕으로 점차 나아가는 것이다. 부인이 3년 동안 잉태하지 못하나 끝내 구삼과 육사가 이기지 못하니 길하리라."(九五구오, 鴻漸于陵홍점우릉, 婦三歲不孕부삼세불잉, 終莫之勝종막지승, 吉길) 오효는 군주의 자리에서 중정(中正)하고, 이효와도 응(應)하고 있다. 그래서 오효는 점괘 중 가장 좋은 효로 얘기된다. 그런데 이상하게도 "부인이 3년간 아이를 갖지 못한다". 요컨대 오효는 성취하는 바가 없다. 물론 오효는 끝내 뜻을 이루어 길하겠지만, 여하튼 지금 현재 손에 쥔 것은 없다. 그럼에도 풍산 점은 말한다. 오효가 점(漸)의 때에 정점이라고. 이것이 풍산 점괘가 가진 독특함이다.

오효에는 결과물이 없다. 바꿔 말해, 오효에는 오직 과정만이 담겨 있다. 여전히 장애(구삼과 육사)가 있어 이것들과 한창 씨름 중인 것이다. 풍산 점은 바로 이 분투의 현장, 과정의 한복판에 있는 오효를 최상의 상태로 본다. 오효가 종내 길한 이유도 여기에 있을 게다. 과정을 피하려 하지 않는다는 것, 치열하게 과정을 겪어 나가고 있는 중이라는 것, 그것이 오효가 자리한 높은 언덕의 풍경이다. 과정 없이 도달할 수 있는 결과는 없다. 하지만 오효는 여기서 한 발 더 나아가 이렇게 말하는 듯하다. 결과는 말 그대로 과정의 끝에 오는 하나의 '효과'에 불과한 것은 아닐까, 라고.

글을 쓰다 보면 점괘의 지혜가 절실해진다. 글을 쓴다는 것은 내 안에 있는 말들에 순서를 부여하는 작업이다. 어떻게 열고, 풀고, 맺을지. 이것이 생각의 조각들을 하나의 글이 되게 하기 때문이다. 하지만 무엇보다 중요한 것은 미리 그 결과를 계산하지 않고, 글 쓰는 과정 그 자체에 집중할 수 있는가이다. 사실 이 집중도가 글의 순서를 만들고, 글의 강밀도를 생산한다. 그렇게 되면 그 글은 누군가와 소통하는 힘을 갖게 된다. 하여 좋은 글이란 바로 이 과정에 대한 집중도에 달려 있다 할 수 있다. 반면 좋은 결과물에 대한 욕심이 앞서면 글은 방향을 잃고 궁색해진다.

하지만, 이게 쉬운 일이 아니다.^^;; 지금처럼 대부분의 과정이 서비스화된 시대, 결과 중심의 사회에 익숙한 신체성으로는 글쓰기의 '점진적인 나아감'이 더더욱 어렵게 느껴진다. 하나, 그렇기에! 글쓰기는 지금 우리 시대에 가장 필요한 훈련이 아닐까 싶다. 글쓰기에서는 결코 과정을 생략할 수 없기 때문에! 글쓰기는 과정 그 자체이기 때문에! 글쓰기의 매력은 바로 여기에 있다. 삶이 편리하지만 불안하다면, 글쓰기의 현장에 접속해 볼 일이다. 풍산 점의 지혜를 연마할 수 있는, 분투하는 평안한 삶을 만날 수 있을 테니.

54
뇌택 귀매,

절룩거리는 글쓰기
—갈 수 없고 가지 않을 수도 없을 때

문성환

雷澤 歸妹 뇌택 귀매

歸妹, 征凶, 无攸利. 귀매, 정흉, 무유리.

**귀매괘는 섣불리 나아가면 흉하니 이로울 바가 없다.**

初九, 歸妹以娣, 跛能履, 征吉. 초구, 귀매이제, 파능리, 정길.

초구효, 잉첩으로 시집보내니 절름발이가 걸어가는 것이나 그대로 나아가면 길하리라.

九二, 眇能視, 利幽人之貞. 구이, 묘능시, 리유인지정.

**구이효, 애꾸눈으로 보는 것이니 차분하고 안정된 사람의 올바름을 지키는 것이 이롭다.**

六三, 歸妹以須, 反歸以娣. 육삼, 귀매이수, 반귀이제.

**육삼효, 시집가기를 기다리는 것이니 돌이켜 낮추어서 잉첩으로 시집보낸다.**

九四, 歸妹愆期, 遲歸有時. 구사, 귀매건기, 지귀유시.

**구사효, 시집갈 혼기가 지난 것이니 시집가는 일이 지체되는 것은 때가 있기 때문이다.**

六五, 帝乙歸妹, 其君之袂, 不如其娣之袂良, 月幾望, 吉. 육오, 제을귀매, 기군지메, 불여기제지메량, 월기망, 길.

**육오효, 제을이 어린 누이를 시집보내는 것이다. 본처의 소매가 잉첩의 소매보다 아름답지 못하니, 달이 거의 차오르면 길하다.**

上六, 女承筐无實, 士刲羊无血, 无攸利. 상육, 여승광무실, 사규양무혈, 무유리.

**상육효, 여자가 제수 담을 광주리를 이어받았으나 내용물이 없고 남자가 희생양을 칼로 베지만 피가 나오지 않으니 이로울 바가 없다.**

"언니! 만일 자고 있지 않으면 한 가지 부탁이 있어요. 조금 있으면 동이 틀 텐데, 그때까지 언니가 알고 있는 그 많은 재미난 이야기 중 하나를 들려주세요!

아아! 이런 즐거운 시간을 가지는 것도 이번이 마지막일 테니까요!"

(『천일야화』千一夜話 중에서)

멀고 먼 옛날 페르시아의 한 왕국. 샤리아(왕)는 매일 새로운 신부와 결혼을 하고, 하룻밤이 지나면 신부를 처형한다. 과거 왕비가 자신 모르게 저질렀던 불륜에 대한 수치심과 복수심으로 왕은 그렇게 매일 밤 새 결혼을 하고 온 나라를 공포 속으로 몰아넣었다. 어느 날 셰에라자드라고 불리는 한 여인이 왕의 신부로 자원했다. 동생 디나르자드의 수행을 받으며 왕의 궁전에 도착한 첫날, 신랑(왕)을 기다리는 침실에서, 어린 여동생(디나르자드)은 천진하고 낭랑한 목소리로 언니를 조른다. 그리고 그렇게 시작된 언니의 이야기. 한 번도 못 들은 사람은 있어도 한 번 들으면 절대 하룻밤만 듣는 사람은 없다는, 한 번 들으면 멈출 수 없고 한 번 시작되면 끝나지 않는, 천 일 하고도 하룻밤(1001)의 재미난 이야기들.『천일야화』혹은『아라비안나이트』.

"어쩜 언니의 이야기는 이렇게 재미있을까요?" 날이 밝으려 할 때면 디나르자드는 이렇게 말했다. 그러면 셰에라자드는 이렇게 대답한다. "오늘 이야기는 내일 들려줄 이야기에 비하면 별것도 아닌걸…. 만일 왕께서 하루 더 살게 해주셔서 나머지 이야기를 할 수 있도록 허락하신다면 말이지만…." 하루, 또 하루, 이야기는 이어진다. 왕은 매일 밤 디나르자드 옆에서 셰에라자드의 이야기를 듣고, 어느 순간 스스로 그다음 이야기를 듣고 싶은 강한 욕망을 품게 된다. 그렇게 디나르자드는 언니(셰에라자드)를 살리고, 자신을 지켰으며(언니가 죽으면 그다음 차례는 자신이었을 테니까), 나아가 분노에 사로잡혔던 왕과 왕국의 모든 젊은 여인들(백성들)을 구했다.

디나르자드는 언니 셰에라자드의 혼례에 수행된 잉첩(媵妾)이었다. 잉첩이란 시집가는 여인이 데려가는 여동생이나 친족 여인 등을 이르는데, 동서양을 막론하고 권력 관계의 신분제 사회에서는 흔하게 볼 수 있는 결혼 제도였다. 그리고 바로 이 주제를 우리는 『주역』 54호 귀매(歸妹)괘에서 만난다. 귀매란 '누이를 시집보내다'(또는 '젊은 여인의 혼인')라는 뜻이다. 이때 혼인하는 누이(어린 누이동생 혹은 딸)는 정식으로 결혼 의전을 밟아 혼례를 치르는 정처(正妻)가 아닌 여인을 가리키고 있다. 「서괘전」에 따르면 귀매괘는 53호 점(漸)괘의 뒤를 잇는데, 단사인 '여인이 시집가는 것은 길하다'(女歸여귀, 吉길)라는 데서 보듯 정처는 점괘의 주제와 통한다. 즉 점괘는 차례와 순서, 즉 절차의 중요성이 주제다. 반면 귀매에서는 '어린 누이를 시집보내는 데 나아가는 것은 흉하다'(歸妹귀매, 征凶정흉)고 한다. 혼례라는 큰일을 치른다는 점에서는 비슷하지만, 점괘와 귀매괘는 차서를 지키며 일을 진행하는 때와 그럴 수 없는 때로 비교해 볼 수 있다.

귀매의 괘상을 살펴본다. 뇌택 귀매. 위는 움직임의 진(震; 雷)괘이고 아래는 기쁨의 태(兌; 澤)괘이다. 진은 장남이고 태는 막내딸이니, 귀매는 어린 딸(소녀)을 시집보내는 뜻임을 괘상에서 알 수 있다. 하여 귀매의 주체는 딸(혹은 누이)을 시집보내는 가장(부모)의 입장에서 출발한다. 오효에 '제을이 누이동생을 시집보낸다'(帝乙歸妹제을귀매)라는 말이 있는 걸 보면, 괘명이 여기에서 유래되었음을 추측해 볼 수 있다. 여기엔 은나라왕인 제을조차 누이동생(딸)의 혼례를 불리한(?) 조건에서 치를 수밖에 없었던 역사적 사실도 포함된다.

귀매이제(歸妹以娣). 귀매괘 초구효는 잉첩(娣)으로 시집가는 어린 딸(혹은 누이)의 이야기다. 잉첩으로 시집보내다(/시집가다)라는 말은 주체가 누구이든 상황이 녹록지 않다는 걸 말해 준다. 딸(혹은 누이)을 시집 보내는 부모의 입장이든 그런 상황이 되어 잉첩으로 시집가게 된 본인의 입장이든 더 좋은 혼처가 있다면 굳이 이렇게 혼사를 치를 이유가 없기 때문이다. 잉첩의 지위는 당연히 본처보다 낮고 천하다. 물론 집안 입장에 따라선 딸 둘을 한꺼번에 유력자에게 시집보냄으로써 기대하는 효과가 분명히 있다. 잉첩은 여느 첩과는 달리 정처를 직접 보좌할 뿐 아니라, 그 후사를 대비하는 일이 되기도 하는 까닭이다. 즉 언니에게 자식이 없으면 동생의 자식으로 대를 잇기도 하고, 언니가 죽으면 언니 대신 정처로 격상되기도 한다.

하지만 어디까지나 잉첩은 잉첩이다. 본처의 '덤'(첩) 그 이상도 이하도 아니다. 일생일대의 상대를 만나는 일에 누군들 자신의 바람(욕망)이 없을 수 있겠는가마는 생각보다 훨씬 많은 경우 이렇듯 예고도 없이 예상 밖에서 들이닥치곤 하는 것이 인생이다. 생각해 보면 우리가 이유를 알고 순전히 자유의지로 원해서 선택했다고 여기는 순간조차 그것이 과연 제대로 안 것이고, 자유로운 선택이었다 할 수 있을까. 그렇기에 문제의 핵심은 어떻게 이러한 상황을 맞닥뜨리지 않을 수 있는가가 아니다. 이 조건은 선택이 아니라 필연인 것이다. 속된 말로 매 순간 주사위는 나와 무관하게 던져진다.

파능리(跛能履), 절룩이지만 걸어갈 수 있다. 아마도 이는 잉첩에 대한 비유일 것이다. 여느 때 같다면 두 발로 번갈아 리듬을 맞추어 가며 걸음을 걸을 테지만, 그럴 수 없거나 또는 그럴 수밖에 없는 상황인 것이다. 그러므로 잉첩으로 가야 하는 결혼과 절룩거리며 걸을 수밖에 없는 걸음은 모두 현실의 불구성을 뜻한다. 그런데 효사의 마지막에 반전이 있다.

정길(征吉), 나아가면 길하다. 괘사에서 정흉, 즉 '귀매의 때에는 나아가는 것이 흉하다'라고 말한 것을 생각해 보면, 초효에서 '나아가면 길하다'라고 말하고 있는 것은 일견 앞뒤가 맞지 않는 것처럼 보인다. 하지만 『주역』에는 괘의 때와 각 효의 이치가 상반되는 경우들이 자주 발생한다. 일단은 좋은 일이든 나쁜 일이든 그 속에는 일률적이지 않은 강도와 리듬의 변화(단절) 등이 있게 마련이라고 이해해 두자. 여하튼 대부분의 해설에 따르면 이 구절은 절룩이기는 해도 가는 일에는 문제가 없다는 뜻이다. 잉첩이기는 해도 이 또한 정식 혼례라는 점에서는 나아간 것이 된다. 하여 초효의 '정길'은 잉첩, 절룩걸음 등을 조건문으로 이해하면 조금 쉽게 이해할 수 있다. 귀매 전체는 함부로 일을 도모하는 것이 좋지 않은 때이지만, 귀매 초효는 누군가의 잉첩으로(또는 절름걸이) 일을 도모할 여지가 있다는 식으로. 잉첩으로 혼인하기, 절룩걸음으로 걸어가기.

『논어』에는 공자가 제자 자로와 함께 길을 가던 중 거대한 강 앞에서 만난 현자들(장저, 걸닉)에게 길을 묻는 장면이 있다. 문진(問津), 자로로 하여금 나루터(갈 길)를 묻다. 장저와 걸닉은 길을 묻는 자로에게 이렇게 말한다. '세상이 저 도도히 흐르는 장강(長江)의 물처럼 세차게 흘러가는데(이미 세상이 도를 잃고 혼탁해진 채 휩쓸려 가는 중인데) 무슨 길[道]을 찾겠다는 것이냐!' 이 말을 전해 들은 공자는 탄식한다. "천하에 도(道)가 행해지고 있다면 내가 굳이 이렇게 바로잡겠다고 나섰겠는가?"(무엇이라도 해보지 않을 수 없어서 이러는 것이다.)

공자의 매 순간이 언제나 실현 가능한 조건에 있었던 것은 아니었다. 『논어』에는 공자를 가리켜 '되지 않을 걸 알면서도 행하는 사람', '상갓집 개' 등으로 조롱하는 장면이 나오는데, 이는 공자의 행보가 당시의 시류에서 볼 때에는 실패(?)가 예견된 것이었음을 의미한다. 사실 공자의 일생은 장강의 흐름을 거슬러 기어이 길을 찾아내고자 하는 '반(反)시대적' 의지의 한 생애였다고 할 수 있다.

나는 공부하고 글을 쓰는 일이 직업인 사람인데, 돌이켜보니 공부하고 글쓰는 일이 귀매괘와 많이 닮았다는 생각이 든다. 물론 글쓰는 일이야말로 어떤 면에서는 기본기와 절차가 중요한 작업이다. 이를테면 주제 잡고, 목차 잡고, 기승전결을 나누고, 퇴고하고 등등…(이렇게 보면 점漸괘로구나^^). 하지만 글쓰기는 보통 어지간해선 스스로 주도적이고 능동적이기가 쉽지 않은 행동 영역이기도 하다. 공부를 좋아한다고 말하던 많은 학인들이 글쓰기 앞에서 넘어져 일어나지 못하는 일은 결코 드문 일이 아니다. 연구실(공부공동체 〈남산강학원〉)에서 공부의 강도를 가름하는 척도는 단연 글쓰기다. 요컨대 스터디, 강학, 강의 등등의 여러 공부 프로그램에서 학습자가 느끼는 공부의 강도는 글쓰기의 횟수와 원고량 등에 정확하게 비례한다. 그런 점에서 글쓰기는 점(漸)보단 귀매(歸妹)의 때로 마주치는 경우가 훨씬 많다고 할 수 있다. 글쓰기란 내 공부의 마지막 문턱이거나 또는 어떤 이유로든 쓰지 않을 수 없이 마주하게 되는 경우들이 대부분이므로.

글쓰기를 안 하면 되지 않느냐고? 물론 그럴 수 있으면 그렇게 하면 된다. 하지만 이 또한 이십수 년간의 경험상 여러 방법들과 비교해 글쓰기만 한 수련의 장이 없다는 것을 안 이상 어쩔 수 없다. 글쓰기는 보통 마주하고 싶진 않지만 말 그대로 하지 않을 수 없이, 그렇게 닥쳐 온다. 결과는? 여러 가지 이유들로 회피되거나 주저앉는 일들이 많다. 끝까지 못 쓸 것 같아서. 이야기가 곁길로 새는 것 같아서. 막상 써 보니 너무 사적인 이야기인 것 같아서 등등. 하지만 글쓰기는 잘할 수 있을 때가 따로 있는 것도, 결과가 좋을 것 같으면 해도 되는 주식 투자 같은 것도 아니다. 한 편의 글을 완성한다고 해서 끝나는 것도 아니다. 소재나 주제나 능력 등이 축적되는 것도 아니다. 매번 한 번의 글쓰기가 들이닥치고 매번 그 한 번의 글쓰기를 넘어갈 수 있을 뿐이다. 인생이, 귀매의 때가 그런 것처럼.

나는 왜 공부하고 글을 쓰는 일을 하려고 할까. 그것밖에는 내가 아는, 그리고 내가 할 수 있는 더 '좋은' 일이 없기 때문이다. 공부하고 글을 쓰는 일이 어째서 가장 좋은 일인가. 나에게는 공부하고 글을 쓴다는 것이 내가 할 수 있는 나에게도 좋고 다른 사람에게도 좋은 일이기 때문이다. 특히 글쓰기는 더욱 그렇다. 글쓰기가 좋다는 말은 글쓰기가 쉽다는 말이 아니다. 글쓰기가 나에게도 남에게도 좋은 일이 될 수 있고, 그런 점에서 내가 할 수 있고 하고 싶은 일이라는 뜻에서다. 물론 한 편 한 편의 글쓰기는 매번 어렵다. 그 매번의 글쓰기가 내게는 어디로 가야 할지 모르지만 어디론가 가지 않을 수도 없는 때이기 때문이다. 그리고 나는 어떤 목적이나 결론 이전에 지금

눈앞에 닥친 이 질문을 끌어안는 것으로써, 내가 할 수 있는 가장 좋은 일을 할 뿐이다. 그것이 내가 글을 쓰는 이유라면 이유다. 하나의 질문(글)으로 절룩거리며 나아가고, 그 질문이 끝나면 또 다른 질문이 있을 뿐이더라도.

매일 밤 단 하룻밤의 시간을 놓고 이야기를 쏟아 내는 셰에라자드와 그 이야기를 들으며 또 다음 날을 희망하는 디나르자드를 보라. 천 하룻밤이란 실제의 1,001일이 아니라 말 그대로 매일 매일이 단 하룻밤일 뿐인 그 유일한 하룻밤들의 영원함을 의미한다. 천 하룻밤을 쏟아 내면 목숨을 구할 수 있는 게 아니라 재밌는 이야기로 밤을 버티면 간신히 다음 날 하루를 연장했을 뿐이다. 그런 점에서 보면 셰에라자드와 디나르자드의 천 하룻밤은 날마다 첫 하룻밤이 있었을 뿐이다.

살다 보면, 하지 않을 수 없지만 한다고 해도 그 끝이 별로 좋을 게 없는 경우들이 얼마든지 있다. 다시 한번 공자님을 예로 들자면, 공자는 이것을 명(命)이라고 했다. 하지 않을 수 없는 소명 같은 게 있지만, 그 결과는 운명이다. 마찬가지로 공부(그리고 글쓰기)를 하다 보면 어느 순간 끝이 보이지 않는 것 같을 때가 있고 실력이 지지부진하게 되면 공부에 대해 이유 없이 배신감 같은 걸 느끼는 경우도 어쩌면 생길지 모르겠다. 공부하는 삶을 살기로 했다고 해서, 인생에서 만날 어려움과 고민 자체가 해소되는 것은 아니기 때문이다. 그런 점에서 공부하는 삶은 어느 순간 그저 하루하루 파능리(跛能履)하며 갈 뿐인 귀매 초효와 같은 모습이기도 하다. 그렇게 걷다 보면 막막한 사막 같기만 하던 대지에도 어느 순간 조금씩 표지가 될 만한 모래언덕이 눈에 띄듯 지형의 미세한 차이를 아주 가끔 느껴 보는 것 같을 때가 '어쩌면' 온다.

이제 이 글의 마지막 이야기를 해야겠다. 『주역』은 지금 우리가 어떠한 때에 이르렀는가, 그럴 때에는 어떠한 마땅한 도리가 있는가를 말하는 때(時)의 윤리학이다. 그리고 때에 적중한다(마땅함)는 것은 사실상 매 순간에 적절한 어떤 원칙(질서)을 찾는다는 말에 다름 아니다. 그런데 나는 귀매괘의 중요성이 여기에 있다고 생각한다. 귀매괘는 질서(차서)를 따를 수 없는 현실에서 출발한다. 이는 귀매괘가 절차를 무시해서가 아니고, 차서가 중요하지 않아서도 아니다. 일의 형세가 그러할 수밖에 없는 때, 어떤 절차도 따를 수 없지만 겪어 내지 않을 수도 없는 때, 또는 일부러라도 절차를 어그러뜨려서 나아가야 하는 때의 모순적 현실을 통찰하고 있기 때문이다. '역'(易)이란 모든 것은 변한다는 대원칙을 통해 이루어지지만, 모든 것은 변한다는 그 원칙만큼은 불변한다는 모순 같은 것이랄까. 모든 것은 때의 도리에 마땅해야 하지만, '때를 어길 수밖에 없는 때'라는 모순까지도 『주역』이 품으려 했던 것이라는.

귀매 초효는 말한다. 살다 보면 다리를 절룩이며 걸어야 할 때도 있는 법. 이때 절룩이지 않으려 하는 것보다 중요한 건, 절룩거리며 나아가는 것이다. 거기에 길(吉)이 있다. 이때 방점은 절룩거림에 있다. 그 절룩거리는 걸음걸이는 똑바른 걸음걸이에 대한 불구의 걸음걸이가 아니라, 지금 내가 할 수 있는 모든 것이고, 유일한 출구다. 그렇게 가는 것이 길이다.

55
뇌화 풍,

풍요로울수록
철학이 필요하다

성승현
———

雷火 豐
뇌화 풍

豐, 亨, 王假之, 勿憂, 宜日中. 풍, 형, 왕격지, 물우, 의일중.

풍괘는 형통하다. 왕만이 이를 제대로 감당할 수 있으니, 근심이 없으려면 마땅히

해가 중천에 뜬 듯이 해야 한다.

初九, 遇其配主. 雖旬, 无咎, 往有尙. 초구, 우기배주. 수순, 무구, 왕유상.

초구효, 짝이 되는 주인을 만남이다. 비록 둘 다 양이라 대등한 관계이지만 허물이

없으니, 그대로 나아가면 가상함이 있으리라.

六二, 豐其蔀. 日中見斗. 往得疑疾, 有孚發若, 吉. 육이, 풍기부. 일중

견두. 왕득의질, 유부발약, 길.

육이효, 짚으로 엮은 덮개에 많이 가려짐이라. 해가 중천에 떴는데도 북두성을 본다.

나아가면 의심과 질시를 얻으리니, 진실한 믿음을 가지고 감동시키면 길하리라.

九三, 豐其沛. 日中見沫. 折其右肱, 无咎. 구삼, 풍기패. 일중견매. 절기우

굉, 무구.

구삼효, 휘장을 둘러쓰고 있음이라. 해가 중천에 떴는데도 작은 별을 본다. 오른쪽

팔뚝이 부러졌으나 탓할 곳이 없다.

九四, 豐其蔀. 日中見斗. 遇其夷主, 吉. 구사, 풍기부. 일중견두. 우기이주, 길.

구사효, 짚으로 엮은 덮개에 많이 가려짐이라. 해가 중천에 떴는데도 북두성을 본

다. 대등한 상대를 만나면 길하리라.

六五, 來章, 有慶譽, 吉. 육오, 래장, 유경예, 길.

육오효, 아름답고 훌륭한 인재를 오게 하면 경사와 영예가 있어 길하리라.

上六, 豐其屋, 蔀其家. 闚其戶, 闃其无人, 三歲不覿, 凶. 상육, 풍기옥, 부

기가. 규기호, 격기무인, 삼세부적, 흉.

상육효, 집을 성대하게 하고도 그 집을 짚으로 엮은 덮개로 덮어 놓은 것이라. 집 안

을 엿보니 사람이 없어 3년이 지나도록 만나 보지 못하니 흉하다.

십여 년 전에 봤던 영화 얘기로 시작해 보려 한다. 〈하늘에서 음식이 내린다면〉이라는 애니메이션 영화인데, 그때 본 영상의 충격 때문인지 때때로 생각이 나곤 한다. 풍뢰 익괘를 보며 이 영화가 다시 떠올랐다. 이 둘은 모두 '풍요는 우리를 행복하게 하는가'라는 질문을 던지고 있기 때문이다. 영화 내용은 다음과 같다. 꿀꺽퐁당 섬은 '정어리'라는 생선으로 먹고사는 섬이었다. 그런데 '정어리는 비리다'는 소문이 나면서 정어리가 팔리지 않게 되었고, 섬 사람들은 정어리만 먹고 살게 되었다. 그 마을에 플린트라는 과학자 지망생 소년이 살고 있었는데, 불행한 마을 사람들을 위해 음식 복제기계를 만드는 데 성공한다. 기계에서 햄버거, 스파게티, 치즈, 아이스크림이 쏟아져 내리자 사람들은 행복해한다. 하지만 그 행복은 잠깐이었다. 어느새 문제가 폭발하기 시작했다. 음식물 쓰레기가 늘어나고, 환경이 오염됐다. 사람들은 비만에 시달렸고, 온갖 병에 걸렸다. 결국, 플린트의 고투 끝에 기계가 멈추게 되면서 마을 사람들은 정어리만으로도 행복함을 느끼게 되었다는 이야기다.

이 영화는 지금 우리 사는 모습과 꼭 닮았다. 재활용 분리수거를 할 때마다 영화에서 봤던 음식물 쓰레기를 보는 기분이 든다. 재활용이 산더미처럼 쌓여 있는 것을 매주 목격하게 되는데, 나도 이 산더미를 만드는 데 기여한다. 필요한 것만 주문했다고 생각하지만, 박스며 비닐과 플라스틱을 보고 있노라면 한숨이 절로 난다. 음식물 쓰레기도 마찬가지다. 음식물을 버릴 때마다 불필요한 소비에 대해 반성하지만, 방심하면 어느새 그 패턴을 반복하고 있는 것이다. 그런데, 이 풍요는 물질적인 것에서 그치지 않는다. 요즘 우리 일상을 잠식하고 있는 것 중에 유튜브가 있다. 유튜브에 올라온 수많은 영상들을 보고 있노라면, 위와 비슷한 기분이 든다. 과식한 기분이 들기도 하고, '저 많은 걸 언제 보지'라는 막막한 기분이 든다. 어떤가. 우리는 물질적으로, 정신적으로 유례없는 풍요를 누리고 있다. 그런데 이 풍요에는 어두운 그림자가 드리워 있다. 그러니 이제는 생각해야 한다. 풍요가 우리에게 어떤 영향을 미치고 있는지, 이 풍요의 시대를 어떻게 살아야 하는지 말이다.

풍괘의 '풍'(豊)은 일상에서 많이 쓰이는 글자다. 글자만 봐도 알 수 있듯이, 제기(豆) 위에 음식이 풍성하게 담겨 있는 모습이다. 그래서 풍요, 성대함, 충만함을 연상할 수 있다. 이렇게 풍요를 말하지만, 풍괘의 괘사와 효사의 내용을 보면 걱정과 근심으로 가득 차 있다. 풍괘에서는 '풍요'를 '해가 중천에 뜨면 기울고, 달이 차면 이지러지니, 하늘과 땅의 성쇠도 때에 따라 나아가고 물러나는 것'(정이천, 『주역』, 1087쪽)과 같다고 표현한다. 음양의 원리에 따라 보면 당연하다. 풍요로운 시기에 놓여 있다면, 이제 기울 일만 남아 있다는 것. 그래서일까. 풍괘의 효사 대부분이 낮인데도 북두칠성이 보일 정도로 어둡다는 이야기를 하고 있다. 풍요 이면에 도사리고 있는 쇠락의 징후를 잘 보여 주는 대목이다.

괘사에서도 말한다. 풍요의 속성이 이와 같기에 풍요는 왕만이 제대로 감당할 수 있다고(王假之왕격지). 누구나 풍요를 경험할 수는 있다. 하지만 이를 제대로 감당하기는 어렵다는 뜻이다. 왕만이 감당할 수 있다는 것은 어떤 뜻일까. 도올 김용옥은 풍요의 시대를 맞이해 "이 풍요를 맞이하고 어느 정도 지속시키는 데는 매우 고도의 철학이 필요하다"(김용옥, 『도올주역강해』, 674쪽)고 단언한다. 풍요의 시대를 어떻게 살아야 하는지, 그 윤리를 가르치기 위해서 풍괘를 '역'의 무대에 올렸다는 것이다. 왕은 풍요를 "마땅히 해가 중천에 뜬 듯이"(宜日中의일중) 운용해야 한다. 해가 중천에 떴다는 것은, 햇빛이 미치지 않는 곳이 없다는 뜻이다. 마찬가지다. 풍요 역시 공명정대하게 많은 사람들이 누릴 수 있도록 해야 하며, 누구도 소외되지 않는 상태가 되어야 한다. 그래야 왕은 비로소 근심을 덜어 낼 수 있다. 정이천 역시 말한다. 풍요의 성대함을 보존하는 것이 어찌 작은 재능과 작은 지혜로 가능할 수 있겠냐고.(정이천, 『주역』, 1087쪽)

풍괘의 효사 중 이를 실천할 수 있는 것은 두번째 효다. 육이효는 하괘인 리괘(離卦)에 자리해 밝은 빛의 주체라고 할 수 있다. 리괘는 밝음, 문명, 지혜 등을 상징하기에 그렇다. 게다가 중정(中正)을 얻었으니, 현명한 지혜를 가진 이라고 할 수 있다. 다만, 호응하고 있는 육오효가 유약한 자질을 가져서 위로 올라갈 수 없다. 정이천은 말한다. 육오효의 재능이 부족해서 이에 의지할 수 없는 상황이라면, 아무리 육이효가 밝은 빛을 가지고 있더라도 풍요를 이룰 수 없다고 말이다. 그래서 육이효의 상황을 "짚으로 엮은 덮개에 많이 가려짐이라. 해가 중천에 떴는데도 북두성을 본다"(豐其蔀풍기부, 日中見斗일중견두)고 표현했다. 이처럼 암울한 상황에서 육이효는 어떻게 할까. 그럼에도 불구하고 나아간다. 군주에게 나아가는 것이 아니다. 내면의 힘을 기르는 쪽으로 나아간다. 내면의 진실을 밝혀 어떤 방식으로든 계발시키는 노력을 해야(김용옥, 『도올주역강해』, 678쪽) 하는 것이다. 사실 육이효가 군주와 함께하려는 것은 풍요의 도를 함께 실천하고자 하는 것이다. 하지만 풍괘의 시대에는 그런 군주를 만나기 어렵다. 정이천은 군주가 '아름답고 훌륭한 인재를 오게 하면 경사와 영예가 있어 길할'(來章래장, 有慶譽유경예, 吉길) 것이라고 했는데, 실제로 그럴 수 없는 존재이기에 '만약'이라는 단서를 붙였다고 한다. 그러니 육이효는 내면의 힘을 키우는 일로 나아갈 수밖에 없다. 이를 무시하고 나아가면 의심과 질시를 받을(得疑疾득의질) 뿐이다.

나는 육이효가 내면의 진실을 밝히는 방식으로 나아간다는 대목에서, 〈감이당〉에서 만든 '북꿈'이 떠올랐다. 내면의 진실을 밝힌다는 것은 다른 게 아니다. 욕망으로 가득 채워진 마음을 비우는 일, 욕망으로 어두워진 마음을 밝히는 일이다. 북꿈은 이와 같은 취지에서 시작됐다. 당시 코로나가 전 세계적으로 퍼지고 있었다. 우리가 코로나를 겪은 것은, 욕망하는 대로 풍요를 누리며 살아온 것에 대한 응보라고 할 수 있다. 우리가 누린 풍요는 인간을, 동물을, 지구를 위협하고 있다. 전 세계가 팬데믹을 겪었고, 지구는 뜨거워졌다. 북극의 빙하가 녹기 시작했고, 북극곰은 서식지를 잃었다. 이런 상황에서 해야 할 일은, 우리 욕망의 온도를 내리고 소박한 삶으로 돌아가는 것이 아니겠는가. 북꿈에서는 온라인으로 낭송하고, 글을 쓰고, 토론한다. 책을 통해 얻은 지혜로 욕망의 불꽃을 끄는 것이다. 동시에 이 활동에서 파생되는 파동을 사방에 전파한다. 이 지혜의 파동은 욕망이 만드는 파동과 부딪치면서 새로운 파동을 만들어 낼 것이다. 사실, 북꿈 활동을 하면서 이러한 사실을 늘 새기지는 못했다. 이번에 풍괘를 만나면서, 북꿈의 활동이 곧 풍요의 시대에 철학하는 길이었다는 사실을 새삼 깨닫게 되었다.

56
화산 려,

유랑하는 청년들이
겨누어야 하는 것

안혜숙
———

火山旅 <sub>화산 려</sub>

旅, 小亨, 旅貞, 吉. 려, 소형, 려정, 길.

**려괘는 조금 형통하고, 유랑함에 올바르게 행동해야 길하다.**

初六, 旅瑣瑣, 斯其所取災. 초육, 려쇄쇄, 사기소취재.

**초육효, 유랑하는 자가 비루하고 쪼잔하니 이 때문에 재앙을 자초한다.**

六二, 旅卽次, 懷其資, 得童僕貞. 육이, 려즉차, 회기자, 득동복정.

**육이효, 유랑하는 자가 숙소에 드니 노잣돈을 지니고 있고 어린 종복의 충직함을**
**얻는다.**

九三, 旅焚其次, 喪其童僕貞, 厲. 구삼, 려분기차, 상기동복정, 려.

**구삼효, 유랑하는 자가 숙소를 불태우고 어린 종복의 충직함을 잃어버리니 위태롭다.**

九四, 旅于處, 得其資斧, 我心, 不快. 구사, 려우처, 득기자부, 아심, 불쾌.

**구사효, 유랑하는 자가 거처할 곳이 있고 그 노잣돈과 도끼를 얻었지만, 나의 마음**
**은 불쾌하다.**

六五, 射雉一矢亡. 終以譽命. 육오, 석치일시망. 종이예명.

**육오효, 꿩을 쏘아 맞히어 화살 하나로 잡은 것이다. 끝내 영예와 복록을 얻는다.**

上九, 鳥焚其巢, 旅人先笑後號咷. 喪牛于易, 凶. 상구, 조분기소, 려인선소**
후호도, 상우우이, 흉.

**상구효, 새가 둥지를 불태우는 것이니 유랑하는 자가 먼저 웃고 나중에는 울부짖는**
**다. 소홀히 여겨서 소를 잃어버리니 흉하다.**


려(旅)괘는 유랑하는 나그네, 여행자의 도를 말하는 괘다. 처음 려괘
를 만났을 때의 당혹감이 떠오른다. 홀가분하게 일상을 떠난 여행자,
자유롭게 떠도는 나그네 등의 이미지를 떠올리고 있던 내게 려괘는

완전히 그 반대의 이야기를 하고 있었기 때문이다. 자유롭고 홀가분하기는커녕 부자유하고 곤궁하기 짝이 없는 유랑자의 처지를 말하고 있었다. 그제서야 『주역』이 쓰여졌던 시대가 환기되었다. 그 당시 고대인에게 고향을 떠나 타지를 여행하는 일(보다 정확히는 떠도는 일)이란 지금 시대 우리가 생각하는 여행의 의미와는 완전히 달랐다는 것을 알았다.

우선 여행길 자체가 그렇다. 지금처럼 탈 것들이 있었던 때가 아니니, 오로지 걸어서 산 넘고 물 건너 이동해야 하고 먹고 자는 문제도 예삿일이 아니었을 것이다. 편안한 이동수단에 익숙해진 우리가 상상하기도 힘들 만큼 매우 위험하고 고단한 고생길이었으리란 것을 짐작하기 어렵지 않다. 그러고 보니 계속 이동하고 움직이는 여행의 괘에 왜 멈춤을 의미하는 산, 간괘가 자리잡고 있는지 이해가되었다. 려괘는 불을 상징하는 리(離)괘가 위에 있고 산을 상징하는 간(艮)괘가 아래에 있다. 산은 멈추어 움직이지 않으니 숙소나 의지처의 모습이고 불은 계속 타오르며 움직이니 여행자의 모습이라 한다. 어쨌든 그때나 지금이나 길 떠난 이에게 없으면 안되는 게 당장 잠잘 곳과 먹을 것이다. 노잣돈(資)과 사람의 도움이 필요한 것이다. 이도 저도 없을 때는 그야말로 고달프고 외롭고 때론 불안하고 위험한 고생길이 되기 십상이다.

그러나 유랑하는 나그네를 곤궁하게 보는 더 중요한 이유는 세상에 자기 자리가 없어서 떠도는 것으로 보기 때문이다. "자기 본래 삶의 터전을 잃고 타방에서 기탁해서 사는 삶을 려(旅)라고 하는 것이다"(공영달; 김용옥, 『도올주역강해』, 685쪽에서 재인용) 내면에 품은 뜻이 있어도 고향에서 뜻을 펼칠 수 없을 땐 타지를 떠돌 수밖에 없다. 높은 뜻을 지닌 공자님도 자신을 받아줄 곳을 찾아서 타지를 떠돌았다. 공자님도 그러했는데 타향을 떠돌면서도 마음속에 간직한 뜻마저 없다면 그야말로 려괘의 초효처럼 비루하고 곤궁한 타향살이가 될 뿐이라 한다.

려괘를 공부하며 〈감이당〉으로 〈남산강학원〉으로 공부하러 모여든 청년들이 떠올랐다. 십대부터 이십대, 삼십대의 청년들까지, 떠나온 이유야 무엇이든, 지금까지 익숙했던 집을 떠나와 동료들과 좌충우돌하며 몸고생, 마음고생 하는 청년들. 10년 가까운 시간 동안 왔다가 떠나갔던 많은 청년들도 떠올랐다. 려괘의 유랑자처럼 이 청년들도 세상에 자기 자리가 없기는 마찬가지다. 자의든 타의든 세상이 요구하는 가치나 자리에 안주하지 못하고 길 위로 나섰으니 유랑하고 있다고 할 수 있다. 처음엔 대부분 모든 것이 곤궁한 유랑자다. 의식주를 해결할 노잣돈도 곤궁하고 내면에 품은 뜻에서도 곤궁하다. 어디를 향해 가야 할지, 어떻게 살아야 할지 스스로 뜻을 세우지 못했다는 점에서도 그렇다. 이런 곤궁한 유랑자에게 려괘에서 알려주는 유랑의 도를 전해 주고 싶었다.

아래의 간괘는 멈춤을 상징하고 위의 리괘는 붙어 있음을 상징한다. 자신의 합당한 자리에 멈추어서 현명한 사람에게 붙어 있는 것! 이것이 유랑의 올바른 도리라 한다. "유랑하는 자에게는 유랑하는 상황에서의 중도가 있는 것이다. 현명한 자에게 멈추어서 의지한다면 그때의 마땅함을 잃지 않으니, 이렇게 한 뒤에야 유랑에 대처하는 방도를 얻는다."(정이천, 『주역』, 1107쪽) 집 떠나와 정처 없이 떠도는 것만큼 곤궁한 건 없을 터이다. 그래서 '합당한 자리에서 멈추어 현명한 자에게 의지하라!'가 유랑의 도에서 구해야 할 최선의 방도, 중도이다. 그런 점에서 현명한 스승에게 의지하고 지혜를 구하러 공부하는 공동체에 온 청년들은 '그때의 마땅함'은 얻은 것처럼 보인다. 그러나 이게 다가 아니다. 이렇게 한 뒤에야 유랑에 대처하는 방도를 얻는다 하니 각자 처한 자리와 때에 따라서 또한 최선의 방도를 찾아야 한다. 이 중도의 처신을 보다 구체적으로 보여 주는 게 육이효와 육오효다. 둘 다 음효이고 중의 자리에 있다. 유랑의 때에 중요한 덕성은 사람들과 협력할 수 있는 겸손함과 유순함이라는 걸 알 수 있다.

육이효에 비추어 공동체 청년들을 보고 있자니 웬걸! 이 청년들은 전혀 곤궁해 보이지 않는다. 딱 려괘의 육이효처럼 머물 곳(次)과 물자(資)와 도와주는 사람들(童僕)까지 완벽히 갖추었다. 곤궁하기는커녕 집 떠난 유랑자의 최선처럼 보인다. 삼삼오오 공동으로 머물 곳을 마련하고, 공동주방에서 함께 밥을 해결하고 어려울 때 도와주는 스승과 동료들이 있으니 뭐 하나 빠질 게 없다. 게다가 각자 이곳 공동체에서 맡은 일로 알바도 하고 자립하며 공부까지 하고 있으니 곤궁하기는커녕 풍요를 누리는 듯하다. 그러나 이는 밖에서 보는 나의 시선이자 생각일 뿐이었다. 정작 그들의 곤궁함은 외적 조건이 아니라 그들의 내면, 마음에 있었다.

실상 많은 청년들이 머물 곳과 경제적 이유보다는 동료들과의 소통과 관계 문제로 떠나갔다. 또래에 비해 두드러지게 명석하고 과제를 해내는 능력도 탁월했던 C는 정작 동료들에게 아무런 관심이 없었고 동료들 또한 C를 좋아하지 않았다. 그럭저럭 적응을 잘하며 원만하게 지내던 A는 동료와 연애를 시작하면서 연애가 모든 일의 중심이 되어 버렸다. 공부에도 다른 관계에도 관심이 멀어져 가는 게 보였다. J는 처음부터 끊임없이 동료들과 크고 작은 갈등으로 힘들어하곤 했다. 그러다 연애도 했지만 결국 마음을 붙이지 못하고 떠나갔다. 이들의 공통점은 모두 동료들과의 관계를 힘들어하고 마음을 얻지 못했다는 것이다. 그래서 구삼효처럼 결국 머무는 곳도 잃고(旅焚其次려분기차) 도와줄 사람의 마음도 잃어버리고 말았다(喪其童僕貞상기동복정).

공부하고 떠나는 건 자연스럽다. 아니 떠나기 위해 공부하는 것이다. 지금 여기의 곤궁한 삶, 곤궁한 마음, 곤궁한 관계 맺기에서 떠나고자 하는 것이 공부가 아닌가. 떠나고 안 떠나고가 중요한 게 아니라, 떠나되 어떤 마음으로, 어떤 관계 속에서 떠나는가가 중요한 이유다. 정이천은 곤궁한 유랑자에 대해 다시 이렇게 말한다. "곤궁하여 친한 사람이 적으면 유랑하는 사람이 되니, 반드시 바깥의 타향에 있는 경우에만 해당하는 것이 아니다."(정이천, 『주역』, 1115~1116쪽) 친한 사람이 적다는 건 함께하는 사람이 거의 없다는 말이다. 어디에 몸담고 살아가든 집을 떠났든 떠나지 않았든 함께하는 사람이 없는 삶은 위태롭다. 외롭고 곤궁한 유랑자의 위태로움이 따로 있는 게 아닌 것이다.

그런 점에서 일찌감치 십대 후반에 집을 떠나와 칠팔 년째 진득하게 머물고 있는 청년 H가 눈에 들어왔다. 나는 H와 아주 가까운 거리에 있지는 않았지만 H의 활동에 관한 거의 모든 역사를 듣고 보아

왔다. H는 눈에 띄게 두드러지지도 않지만 그렇다고 수동적이지도 않다. 자신이 있어야 하는 자리에서 조용히 제 역할을 한다. H가 공부하러 왔던 초반에 글쓰기를 가지고 혼나며 울던 모습이 엊그제 같은데 어느새 어엿한 저자가 되어 글쓰기 튜터가 되었다. 그 사이 연애도 하고 또 연애 상대가 떠나가기도 했다. 다른 청년들이 겪는 일들을 똑같이 겪으며 적지 않은 시간을 통과해 온 H. 여전히 제자리에서 제 할 일을 하며 공부하고 있는 청년 H를 보며 떠오르는 단어는 '자기 자리에 있음'이다.

려괘의 육오효는 유랑의 때에 가장 잘 대처하는 자다. 문명하고 유순한 덕이 있어, 윗사람과 아랫사람이 함께하려 한다. 꿩은 문명을 의미하는 리(離)괘를 상징하는 동물이다. 꿩을 쏘아 잡는 것(射雉석치)은 문명 속에 '자기 자리를 찾는다'는 의미다. 문명은 배움 없이는 이룰 수 없으니 곧 배움 속에서 자기 자리를 찾는다는 말이다. H의 자기 자리 역시 이 맥락에서 위치한다. 정이천은 단 한 발로 꿩을 쏘아 맞혔다고 해석한다. 그러나 나는 '첫 화살은 맞히지 못했다'(一矢亡일시망)는 도올과 주희의 해석이 더 마음에 든다. 집 떠나온 타향살이가, 공부의 길이 결코 쉽지 않다는 걸 의미하기 때문이다. 꿩을 쏘아 잡으려면 버리고 집중하지 않고는 잡을 수 없다. 마음의 중심에 공부와 배움에 대한 뜻이 자리잡아야 한다. 닥쳐 오는 사건·사고들 속에서 배움의 자기 자리를 지키는 힘은 여기서 나온다. 무엇이든 어떤 경우든 겸손히 배우겠다는 마음이 육오의 유순한 덕, 진실한 마음이다. 그럴 때 스승과 동료들의 신뢰도 절로 따라온다. 길 떠난 곤궁한 나그네의 처지로 배움 속에서 문명의 밝음을 얻고 사람들의 마음

을 얻어 함께하는 것보다 더한 영예와 복록(終以譽命종이예명)이 있을
까.

　　이제 몇 개월 후면 H도 떠난다. 동료와 함께 긴 여행길에 나선
다. 새로운 공부를 하기 위해서다. 아무리 시대가 바뀌었어도 집 떠
나면 (개)고생^^이다. 낯선 타지에서 잠잘 곳과 먹을 것, 노잣돈이 필
요한 곤궁한 나그네 신세임엔 분명하니까. 하지만 H에게는 든든한
'빽'(!)이 있다. 곤궁한 유랑자의 경험, 좌충우돌하며 고생한 공부 경
험이 그것이다. H는 낯선 타지에서 어떻게 배움이라는 과녁을 겨냥
하며 자기 자리를 찾아갈까. 벌써부터 흥미진진 기다려진다. 공부하
러 집 떠나와 유랑하는 청년들이여, 석치일시망(射雉一矢亡) 하기
를!

57
중풍 손,

공부는
사냥하는 것처럼

**성승현**

———

重風 巽
중풍손

巽, 小亨, 利有攸往, 利見大人. 손, 소형, 리유유왕, 리견대인.

**손괘는 조금 형통할 수 있으니 나아갈 바를 두는 것이 이롭고, 대인을 만나는 것이**

**이롭다.**

初六, 進退, 利武人之貞. 초육, 진퇴, 리무인지정.

**초육효, 나아갔다가 물러나니, 무인의 올바름이 이롭다.**

九二, 巽在牀下, 用史巫紛若, 吉, 无咎. 구이, 손재상하, 용사무분약, 길, 무구.

**구이효, 겸손하여 침상 아래에 있으니, 박수와 무당을 많이 쓰면 길하고 허물이 없다.**

九三, 頻巽, 吝. 구삼, 빈손, 린.

**구삼효, 이랬다저랬다 하는 공손함이니, 부끄럽다.**

六四, 悔亡, 田獲三品. 육사, 회망, 전획삼품.

육사효, 후회가 없어지니 사냥 나가서 세 등급의 짐승을 잡는 것이다.

九五, 貞吉. 悔亡, 无不利, 无初有終. 先庚三日, 後庚三日, 吉. 구오, 정

길. 회망, 무불리, 무초유종. 선경삼일, 후경삼일, 길.

**구오효, 올바름을 굳게 지키면 길하다. 후회가 없어져서 이롭지 않음이 없으니, 처음**

**은 없지만 끝맺음이 있다. 변혁에 앞서 3일, 변혁 이후 3일을 신중히 하면 길하리라.**

上九, 巽在牀下, 喪其資斧. 貞凶. 상구, 손재상하, 상기자부. 정흉.

**상구효, 자신을 낮추어 침상 아래에 있으니 노잣돈과 도끼를 잃는다. 올바름의 측**

**면에서 보면 흉하다.**


작년 이맘때 일이다. 한 해를 마무리하며 친구들과 함께 '내년 공부
는 어떤 마음으로 해야 할까'를 두고 주역점을 쳤다. 그때 얻은 괘
가 중풍 손괘의 구삼효였다. "이랬다저랬다 하는 공손함이니 부끄럽

다"(頻巽빈손, 흠린)는 것이었다. 삼효는 하체에 머물러 할 일이 있음에도, 위로 올라가려는 욕망을 가지고 있는 자리다. 삼효의 내용을 보면서 '욕심이 많아서 공부에 대한 공손함이 부족하다는 것일까', '공손하다고 생각하는데…', '공부에 대해 공손함을 갖는다는 것은 어떤 걸까'를 한동안 이렇게 저렇게 생각하다가 잊어버리고 지냈다. 이번에 중풍 손괘를 살펴보다가 작년 일이 생각났고, 공손함에 대해 다시 생각하게 됐다. 우리가 공손함에 대해 갖고 있는 보통의 상식이 있지 않은가. 아무리 높은 자리에 있어도, 어떤 성취를 얻었다고 해도 겸손함을 잃지 않는 것. 그래서 공손함이라고 하면 겸손함, 배려, 낮은 자세, 순종, 예의 등의 단어를 떠올리곤 한다. 그렇기에 공손하다는 것은 공부 좀 오래했다고 오만해지지 않도록 스스로를 돌보고, 늘 낮은 자세로 배우고자 하는 마음을 잃지 않는 거라 생각했다. 그런데, 손괘에서 말하는 공손함은 좀 달랐다. 주로 지나친 공손함이 흉하다 말하고, 오히려 적극성을 요구하는 것처럼 보였던 것이다.

우선, 내가 보였던 공손함을 해석하기 위해 올해의 나를 소환해 보았다. 나는 올해 중년의 방황을 겪고 있다는 코멘트를 들었다. 오춘기(^^;)를 겪는 중년이 어딘가를 헤매고 있다는 이야기다. 이상한 일이었다. 공부를 하지 않는 나를 상상해 본 적이 없으며, 시간을 쪼개서 공부하며 지냈다고 생각했는데, 도대체 방황은 어느 지점에서 일어난 것일까. 공부에 정처가 없다는 것은, 어디에도 마음을 붙이지 못하고 왔다 갔다 하는 것이다. 물론, 처음 공부를 시작할 때는 방향이 있었다. 번뇌를 만들어 내는 상식, 편견, 관념들을 조각냄으로써 다른 삶의 형태를 만들어 내겠다는 다짐과 결의로 가득했으니까. 그렇게 뜨거웠던 시간들이 지나가고 공부로 분주한 생활만이 남았던 걸까. 적당히 안정된 일상에 만족하고, 공부로 무엇을 하겠다는 뜻도 품지 않은 채 집과 〈감이당〉 사이를 정처 없이 떠다녔던 것도 같다.

아이러니하게도 중풍 손은 화산 려(火山 旅) 다음에 위치한다. 「서괘전」에서 '려괘는 용납될 곳이 없으므로 손괘로 받았다'고 하며, '공손함은 들어가는 것'(巽者손자, 入也입야)이라고 했다. 공손함을 '아래'(下) 즉 낮은 자세, 낮은 마음으로 설명하는 것이 아니라 '들어 감'(入), 즉 간여, 받아들임, 벼슬과 같은 능동적인 단어로 설명하고 있다. 낮추는 것이 아니라, 적극적으로 개입하는 것을 말하고 있는 것이다. 괘사에서 '나아갈 바를 두는 것이 이롭다'(利有攸往리유유왕), '대인을 만나는 것이 이롭다'(利見大人리견대인)를 말했는데, 두 개념이 이 적극성과 연결된다. 손괘는 그냥 나아가는 것이 아니라 나아갈 '바'를 두는 것이 중요하다. 확실한 비전이나 목표가 필요하다는 말이다. 그런데 손괘는 유약한 성질을 가졌기에 나아갈 바를 스스로 찾기 힘들다. 자칫 덕을 갖추지 못한 것에도 공손할 수 있기 때문이다. 그래서 '대인' 혹은 '대인이 품은 뜻'을 받아들여 실행하면 이롭게 되는 것이다. 요약하면 손괘는 대인의 뜻 안으로 들어가, 그것에 적극적으로 간여하는 것이라고 할 수 있겠다. 이것이 려괘의 떠돎, 방황을 멈추게 하는 방법이 된다. 이를 가장 잘 보여 주는 대목이 육사효의 '전획삼품'(田獲三品)이다. '사냥하는 공손함'에 대한 이야기라고 할 수 있는데, 이는 공손함(巽)과 들어감(入)의 조합으로 이루어진다. 분명 소극적인 느낌을 주는 두 글자인데, 이 두 글자가 얼마나 역동적인지 살펴보자.

육사효는 "후회가 없어지니 사냥 나가서 세 등급의 짐승을 잡는 것"(悔亡회망, 田獲三品전획삼품)을 뜻한다. 손괘의 주체는 초육과 육사인데, 공손한 때에 음의 자질로 위의 양들을 따르고 있기에 그렇다. 공손함이 지나쳐 진퇴를 번복하는 초육에게는 무인(武人)의 마음을 주문해 강한 올바름을 실천하도록 했는데, 육사효에게는 사냥을 주문하고 있다. 갑자기 사냥이라니? 사실, 육사효는 "호응하여 도와주는 사람이 없고, 받들고 있는 사람과 올라타고 있는 사람이 모두 강하니, 마땅히 후회가 있는"(정이천, 『주역』, 1127쪽) 자리이다. 하지만 육사효는 제자리에 위치해 마땅함을 얻었고, 그래서 올바름(正)을 지킬 줄 안다. 그렇기에 후회가 없다. 후회 없는 자가 하는 올바른 일이 '사냥'이다. 사냥 나가서 세 등급의 짐승을 잡는(田獲三品) 것이다. 정이천에 따르면, 세 등급의 짐승은 다음과 같다. 제사에 쓰일 말린 고기용 짐승, 군주의 푸줏간을 채우거나 손님에게 주기 위한 짐승, 수레와 말몰이꾼에게 주기 위한 짐승이다. 그렇게 잡은 짐승들은 제사지내는 데 쓰이거나, 높은 사람에게 바치기 위한 것이거나, 백성의 생활을 돕기 위한 것으로 쓰인다. 짐승을 잡아 자기 곳간을 채우는 것이 아니라, 위아래로 두루 미치도록 하는 것이 사냥의 이유다.

육사효가 사냥을 하는 이유는, 구오효에게 공을 돌리기 위해서다. 오효의 군주는 중정의 도를 실천함으로써 세상을 이롭게 하는 사람이다. 그래서 하늘에 제사를 지내고 백성들의 일상까지 돌봐야 하는데, 그 미션을 수행하는 것이 사효인 것이다. 군주의 뜻을 받아들여 사냥물을 골고루 쓰이도록 하는 것이 사효의 공손함인 것이다. 괘상으로 보면 더욱 이해가 된다. 바람(風)이 두 번 거듭해 부는 모습을 나타낸다. 공손함을 뜻하는 바람이 잇달아 부는 것이다. 한 번의 바람은 오효의 뜻에 순종하는 바람이고, 또 한 번의 바람은 아랫사람에게 순종하는 바람이다. 위의 뜻에 맞춰 아랫사람의 필요에 깊숙이 들어가는 것이 사효가 가진 공손함의 힘인 것이다. 이 대목을 보면서 내 방황에 대해 다시 생각해 봤다. 〈감이당〉에서 공부를 한 지 10년이 되어 간다. 이제는 강의를 듣기만 하지 않는다. 튜터와 강사의 활동을 병행하면서 더욱 적극적인 공부로 나아간 셈이다. 이제는 내 문제, 내 공부에만 집중할 수 없다. 아니, 그렇게 해서는 공부가 되지 않는다. 손괘의 사효가 사냥을 하면서 세 등급의 짐승을 잡는다고 했는데, 공부는 세 부류의 사람들을 만나는 일이기도 하다. 이제 공부를 시작한 사람들, 오랫동안 함께 공부한 친구들, 진심의 코멘트로 공부를 독려하는 스승. 이들과 만나는 모든 상황에 적극적으로 들어가야만 하는 것이다.

　나는 올해 이대로 공부해도 좋을까를 묻는 것이 아니라, 공부의 비전을 검토했어야 했다. 왜냐하면, 전자가 진퇴를 묻는 초육효의 질문이라면, 후자는 실행을 위한 육사효의 질문이기 때문이다. 손괘에서 말하는 공부법은 심플하다. 군주를 통해 천명을 알고 이를 실행하는 것이 육사효인 것처럼, 공부 역시 그러하다. 공부를 통해 지혜를 얻어야 하고, 그것을 나누어야 한다는 것! 그 뜻을 적극적으로 받아들이고 실천하는 것이 손괘의 공부법이다.

58
중택 태,

고전 공부의
기쁨과 독

송형진

———

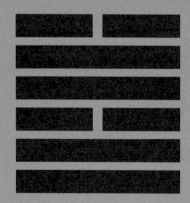

重澤兌 중택 태

兌, 亨, 利貞. 태, 형, 리정.

**태괘는 형통하니, 바르게 하는 것이 이롭다.**

初九, 和兌, 吉. 초구, 화태, 길.

**초구효, 조화를 이루면서 기쁘게 함이니 길하다.**

九二, 孚兌, 吉, 悔亡. 구이, 부태, 길, 회망.

**구이효, 진실한 믿음으로써 기쁘게 하니 길하고 후회가 없어진다.**

六三, 來兌, 凶. 육삼, 래태, 흉.

**육삼효, 아래로 내려가서 기쁘게 하니 흉하다.**

九四, 商兌未寧, 介疾有喜. 구사, 상태미령, 개질유희.

**구사효, 기쁨을 계산하느라 편안하지 못한 것이니, 구오의 군주에 대한 절개를 지키고 병이 되는 자를 미워하면 기쁜 일이 있으리라.**

九五, 孚于剝, 有厲. 구오, 부우박, 유려.

**구오효, 양을 벗겨 내려는 자를 믿으면 위태로움이 있으리라.**

上六, 引兌. 상육, 인태.

**상육효, 기쁨을 당겨서 연장하려는 것이다.**


최근에 뮤지컬 영화 〈영웅〉을 보았다. 조선통감부 초대 통감으로 제국주의의 맨 앞자리에 있던 이토 히로부미를 저격하고, 뤼순 감옥에서 생을 마감한 안중근 열사의 삶을 장중한 화면과 아름다운 노래로 담아내고 있는 영화였다. 일본인 재판장 앞에서 최후 진술을 통해 "누가 죄인인가"라고 당당하게 노래로 자신의 행동에 대한 정당성을 표현하는 장면과 자신의 정당한 행동에 대해서 일본인들에게 "목숨을 구걸하지 말라"는 안중근 어머니의 편지 장면 등이 매우 인상적이었다. 여기에 더해 다른 장면 하나가 눈에 들어왔다. 이토 히로부미가 자신의 제국주의적 야심을 펼치기 위해 하얼빈 방문을 앞두고, 붓글씨로 '至誠'지성이라는 글자를 쓰고 이를 설명하는 장면이었다. 자신이 하고자 하는 일에 대해서 지금까지 지극한 정성을 다했고, 앞으로도 다하겠다는 비장한 결의를 그 글자를 통해서 보여 주고자 한 것이다. 그 비장함에 공감은커녕 역겨움이 느껴지면서도 다른 생각 하나가 스쳐 지나갔다. '이자가 고전을 읽었구나.'

'지성'(至誠)이라는 말은 사서 중의 하나인 『중용』(中庸)에 여러 번 등장하는 말이다. 최근 세미나를 하면서 감동적으로 읽었기 때문에 뚜렷하게 기억에 남아 있는 글자였다. 그것을 이토 히로부미, 그 자도 그렇게 읽었고, 의미 있게 생각했음이 틀림없었다. 그래서 인터넷에서 이런저런 자료를 찾아보았다. 아니나 다를까 '지성'이 그의 좌우명이었고, 그것을 일본의 극우 정치인 아베가 이어받았다는 사실을 알게 되었다. 그리고, 일본 제국주의가 대동아공영을 명분으로 제국주의적 침탈을 추진할 때 공자의 사상을 이념적으로 활용했다는 점도 알게 되었다. 고전이 타인에 대한 폭력을 뒷받침하는 사상적 배경이 되었다는 깊은 탄식과 함께 '고전 공부의 기쁨이, 자칫 잘못하면 자신이나 타인에게 독(毒)이 될 수도 있겠구나'라는 자각과 질문이 생겼다.

이처럼 '고전 공부의 기쁨과 독'에 대해서 생각해 보고 있을 때, 마침 운명처럼 '기쁨'을 뜻하는 중택 태괘로 글쓰기를 해야 하는 상황이 생겼다. 『주역』의 64괘 중에는 소성괘 즉, 乾(하늘), 兌(연못), 離

(불), 震(우레), 巽(바람), 坎(물), 艮(산), 坤(땅)이 중첩되어 만들어진 괘가 8개 있다. 이 중에서 태(兌)괘가 중첩되어 만들어진 괘가 중택 태이다. 태괘는 '기쁨'을 뜻하고, 살아가는 데 있어 '기쁨의 도(道)'에 대해서 생각해 보게 하는 괘이다. 태는 연못(澤)인데, 연못이 땅을 적셔 주기 때문에 기쁨이라는 뜻이 있다. 태괘(☱)의 상을 보면, 하나의 음효가 두 개의 양효 위에 자리하고 있다. 「단전」에서는 이를 "강(剛)한 것이 중(中)에 있고, 유(柔)한 것이 밖(外)으로 드러났다"라고 풀이한다. 정이천은 이를 "양강(陽剛)한 것이 중의 위치에 자리하니 마음속이 진실한 모습이고, 유(柔)한 효가 밖에 있으니 타인과 관계하는 데 있어 조화롭고 유연하게 대하는 모습이므로, 남을 기쁘게 하면서도 스스로 올바를 수 있다"(정이천, 『주역』, 1135쪽)라고 풀고 있다.

이러한 풀이는 '기쁨'이라는 것이 우리가 흔히 알고 있듯 '기분이 좋거나', '무언가를 즐기는' 감정 이상의 것임을 말해 주고 있다. 이 괘에서 말하고 있는 '기쁨'을 풀어 보면, 첫째로, 강(剛)한 것이 중(中)의 위치에 있는 것이 기쁨인데, 그래서 기쁨은 내 안의 진실함으로 나를 충만하게 하는 것에서 비롯된다는 의미를 가진다. 둘째로 유(柔)한 것이 밖으로 드러난 것이 기쁨인데, 그것은 조화롭고 유연한 태도로 타인을 기쁘게 한다는 의미이다. 마지막으로, 타인을 기쁘게 하면서도 스스로의 올바름을 잃지 않아야 한다. 아부와 아첨, 혹은 강압적이거나 폭력적 방법으로 하지 않아야 한다는 의미이다. 정리해 보면, 기쁨은 나의 진실하고 충만한 것에서 비롯되고, 그것은 나만의 것이 아니어서 스스로의 올바름으로 타인을 기쁘게 하는 것이다. 그래서 그것은 나와 타인, '서로를' 유익하게 일이다. 나의 기쁨을 타인에게 강요할 때 그것은 폭력이 될 수도 있다.

이 지점에서 직관적으로 '공부의 기쁨'이 떠올랐다. 「대상전」에서 "붙어 있는 못(澤)이 태(兌)이니, 군자가 그것을 본받아 벗들과 강학하고 학습한다"(象日상왈, 麗澤이택, 兌태, 君子以군자이, 朋友講習붕우강습)고 했다. 정이천은 "두 못이 서로 붙어서 번갈아 서로 점점 적셔 서로 불어나고 유익하게 하는 상이 있다. 그러므로 군자가 그 상을 관찰하여 벗들과 강습하니, '벗들과 강습함'은 서로에게 유익하다"(정이천, 『주역』, 1137쪽)라고 풀이하고 있다. 서로를 유익하게 하는 것으로 '공부의 기쁨'만 한 것이 없음을 확인할 수 있다.

공부의 기쁨, 특히 고전 공부의 기쁨을 만끽하면서 살겠다는 마음을 다잡아 보면서도, 뭔가 충분하지 않다는 생각을 해본다. '이토히로부미의 지성(至誠)' 때문이다. 그래서 질문을 던져 본다. 내가 기쁘게 하는 고전 공부도 자칫 잘못하면 자신과 타인에게 독이 될 수 있지 않을까? 이 질문을 풀어 가기 위해 효사를 들여다보았다. 삼효의 '흉'(凶)이라는 단어가 눈에 들어왔다. '기쁨이 왜 흉으로 연결될 수 있을까?'라는 궁금함이 생긴다. 기쁨과 흉은 어울리지 않을 것 같은데 말이다. 육삼효는 "아래로 내려가서 기쁘게 하니, 흉하다"(來兌내태, 凶흉)이다. 정이천의 풀이를 보면, "육삼은 부드러운 음으로 중정하지 못한 사람이니, 기뻐하기를 도로써 하지 못하는 자이다. '와서 기뻐함'이란 나아가 기쁨을 구하는 것이다. 아래에 있는 양과 가까워서 자신을 굽히고 도가 아닌데도 나아가 기쁨을 구하니 이 때문에 흉하게 된다"(같은 책, 1140쪽)고 했다. 그러니까 육삼효의 기쁨은 자신의 진실한 내면의 충실함에서 비롯된 기쁨이 아니다. 또한, 육삼효는 아부와 아침 혹은 자신의 기쁨을 남에게 강요하는 등의 올바르지 않은 방법으로 기쁨을 구하는 자이다. 그래서 흉하다고 한 것이다.

'이토 히로부미의 지성'은 자신에게는 기쁨을 주었을지 모르겠지만, 당시 우리를 비롯한 동북 아시아인들을 비롯해 전 세계인들에게는 흉하게 작용했다. 그의 제국주의적 야심은 조선을 일본의 식민지로 만들고, 동북아를 비롯해 전 세계의 평화를 깨뜨렸기 때문이다. 그의 기쁨은 타인에게 폭력이었다. 그 자신의 기쁨은 탐욕이 넘쳐난 것이지, 내면의 진실함이나 충만함은 아니었고, 다른 타인에게 강압적이었지, 조화롭고 유연하게 대하지 않았다. 그리고 그는 강압적이고 폭력적인 방식을 쓰면서 스스로의 올바름을 잊어버렸다. 그래서 '그의 지성'은 흉하다. 그의 고전 공부는 자신의 제국주의적 야욕을 뒷받침하고 포장하는 데 활용되었다. 그래서 자신에게나 타인에게 결국 독이 되어 버렸다.

나의 고전 공부가 진실하고 충만한 기쁨이 되고, 그것에서 내 삶의 변화를 이끌어 내지 못하고, 살아온 삶을 단지 변호하고 포장하는 데 쓰이기만 한다면 독이 된다는 것이 태괘의 육삼효가 주는 가르침이라는 생각이 든다. 그래서 고전 공부를 이어 가고자 하는 나에게 그 가르침이 질문을 던진다. '고전 공부의 기쁨이 나의 충만함에서 비롯된 것인가? 타인과 조화롭고 유연하게 기쁨을 나누고 있는가? 스스로의 올바름을 잃지 않고 있는가?'라고 말이다. 이 질문을 놓치지 않는 것이 고전 공부의 기쁨을 만끽하며 살아가는 방법이라는 생각이 든다. 나의 기쁨이 나에게나 타인에게 독이 되지 않기 위해 태괘가 던지는 질문을 잊지 않고 살아야겠다.

59

풍수 환,

흩어지는 마음을
붙잡는 방법

**송형진**
———

風水渙
풍수 환

渙, 亨. 王假有廟, 利涉大川, 利貞. 환, 형. 왕격유묘, 리섭대천, 리정.

**환괘는 형통하다. 왕이 종묘를 두는 데 지극하면 큰 강을 건너는 것이 이로우니 올바름을 굳게 지키는 것이 이롭다.**

初六, 用拯馬壯, 吉. 초육, 용증마장, 길.

**초육효, 구제하려고 하되 말이 건장하니 길하다.**

九二, 渙, 奔其机, 悔亡. 구이, 환, 분기궤, 회망.

**구이효, 민심이 흩어지는 때에 기댈 곳으로 달려가면 후회가 없어지리라.**

六三, 渙, 其躬, 无悔. 육삼, 환, 기궁, 무회.

**육삼효, 민심이 흩어질 때에 그 자신만 후회가 없으리라.**

六四, 渙, 其羣, 元吉. 渙, 有丘, 匪夷所思. 육사, 환, 기군, 원길. 환, 유구, 비이소사.

**육사효, 민심이 흩어지는 때에 무리를 이루는 자라서 크게 길하다. 민심이 흩어질 때 사람이 언덕처럼 모이는 것은 평범한 사람이 생각할 수 있는 것이 아니다.**

九五, 渙, 汗其大號, 渙, 王居, 无咎. 구오, 환, 한기대호, 환, 왕거, 무구.

**구오효, 민심이 흩어질 때에 크게 호령하기를 몸이 땀에 젖어 들듯이 하면, 민심이 흩어짐에 왕이 왕답게 처신하니 허물이 없으리라.**

上九, 渙, 其血去, 逖出, 无咎. 상구, 환, 기혈거, 적출, 무구.

**상구효, 민심이 흩어질 때에 그 피를 제거하고 두려움에서 벗어나면 허물이 없으리라.**


언제부터인가 '동서양의 고전을 읽겠다'는 마음을 가지고 살아가고 있다. 학창 시절을 돌이켜보면, 나에게 '고전 읽기'는 의무감이나 숙제 같은 것이었다. 그러니까 특별히 좋아하거나 즐거운 취미 생활로 여겨지지는 않았다는 의미이다. 그런데 중년의 나이가 되어 〈감이당〉을 만난 지금은 '고전'을 자주 읽게 되었다. 그것도 즐거운 마음으로 말이다. 언제부터 그런 마음을 가지게 되었는지를 생각해 보니 몇년 전에 세미나를 마치고 책거리 겸 뒤풀이 때의 일이 떠올랐다. 당시 스피노자의 『에티카』를 수개월 동안 같이 읽은 사람들과 마지막 문장의 여운을 달래기 위해서 함께 저녁 자리를 같이했었다. 막걸리도 한잔씩 하며, 책과 책의 저자에 대한 여러 대화를 나누었다. 그러던 중 내가 '스피노자가 어쩌고저쩌고' 하고 있다는 사실에, 순간 어떤 전율을 느꼈었다. 내 입에서 나오는 말과 그 내용이 평상시 다른 사람들과 나누었던 대화들과는 너무나 달랐기 때문이다. 만나는 사람, 공간, 그리고 콘텐츠가 달라지니 내 말이 바뀐다는 사실이 내 마음에 기쁨이 들게 했다. 그 기쁨으로 인해서 다른 고전들도 읽게 되었다. 그렇게 시간이 지나면서 기쁜 마음이 내 안에 쌓이고 쌓였다. 그렇게 쌓이는 기쁨으로 그동안 마음의 중심을 차지하고 있던 내 삶의 믿음과 가치를 돌아보게 되었다. 질문과 회의가 생겼고, 그러면서 견고하던 그것이 흩어지고 있다는 느낌이 들었다.

재밌게도 『주역』 64괘를 보면, '기쁨'을 뜻하는 중택 태(重澤 兌) 다음에 '흩어짐'을 뜻하는 풍수환(風水 渙)이 이어진다. 이를 「서괘전」에서는 "태란 기뻐하는 것이니, 기뻐한 뒤에는 흩어지므로, 환괘로 받았다"고 설명하고 있다. 정이천은 "사람의 기분은 우울하면 뭉쳐 응집되고 기쁘면 느긋해지고 흩어지므로, 기뻐함에는 흩어지는 뜻이 있으니, 환괘가 태괘를 이었다"(정이천, 『주역』, 1148쪽)라고 풀이하고 있다. 기쁨의 감정이라는 것이 사람을 느긋하고 여유 있게 만들기 때문에 마음이 흩어지게 된다는 것이다. '동서양 고전 읽기'라는 즐거움과 기쁨이 내 마음을 흩어지게 한 것도 이러한 맥락에서 이해할 수 있지 않을까. 그렇게 흩어진 내 마음을 되돌아보고, 그럴 때 어떻게 해야 하는지를 환괘를 통해서 생각해 보려고 한다.

먼저, 괘상을 살펴보면, 환괘는 바람(風)을 상징하는 손괘(☴)가 위에 있고, 물(水)을 상징하는 감괘(☵)가 아래에 있는 모습이다. 물 위에서 바람이 불어오니, 물이 흩어지는 모양을 연상하게 한다. 정이천은 '흩어짐'은 "마음의 중심으로부터 시작되니, 사람의 마음이 떠나면 흩어져 떠난다. 흩어져 떠나는 것을 다스리는 것도 사람 마음의 중심인 중(中)에 근본하니, 사람의 마음을 수습하여 합치할 수 있다면 흩어져 떠난 것을 모을 수 있다"(같은 책, 1149쪽)라고 했다. 흩어진 마음을 모으는 가장 좋은 방법은 마음의 중심을 세우는 일이라고 말하고 있다. 그것을 가장 잘 보여 주는 예가 괘사에서 말하고 있는 '왕이 종묘를 두는 것에 이른다'(王假有廟왕격유묘)이다. 왕이 백성들의 흩어진 마음을 모으기 위해서 종묘를 활용했다면, 흩어지는 내 마음을 모으기 위해서는 어떤 방법을 생각해 볼 수 있을까? 흩어지고 떠나는 때에는 단독으로 처신하기보다는 서로 의지할 수 있는 관계를 중요하게 보고 있다. 그중에서 초육효의 건장한 말(馬)이 되어주는 구이효, 그 구이효에게 편안하게 기댈 곳(机)이 되어 주는 초육효, 이들 초육효와 구이효가 서로 의지하는 관계라는 점이 눈에 들어왔다. 특히, 중(中)의 자리를 얻었음에도 '편안히 의지할 곳'을 찾으려는, 그것도 '빨리 달려가서' 찾으려는 구이효에게 눈길이 더 갔다.

구이효의 효사는 "흩어지는 때, 편안히 기댈 곳으로 빨리 달려

가면 후회가 없어진다"(渙환, 奔其机분기궤, 悔亡회망)는 것이다. 「단전」에서 구이효와 관련하여 "강래이불궁"(剛來而不窮)이라고 했다. '강한 양이 구이의 자리로 내려왔다'(剛來)는 것은 "건괘(☰)에서 원래 사(四)의 자리에 있던 양효인 구(九)가 내려가 감괘(☵)의 이(二)의 자리에 위치"(정이천, 『주역』, 1163쪽)하게 되었다는 것이다. 건괘의 세 양효들이 응집되어 있다가 흩어지는 모양새이다. 그런 측면에서 환(渙)의 시기를 표현하고 있다. 마치 중년이 되어 느끼기 시작한 '고전 읽기'의 즐거움이 그동안의 견고했던 내 마음의 중심을 흩어지게 하고 있는 것처럼. 나는 역사는 항상 진보한다는 직선적 시간관의 가치를 가지고 있었다. 그런데 중년이 되어 동서양의 고전을 읽게 되면서, 견고하게 내 마음의 중심에 자리 잡았던 그 믿음과 가치에 대해서 질문하고 회의하게 되면서 그것이 흩어지고 있다는 느낌을 받고 있다. 처음에는 그것이 불편하기도 했지만, 지금은 의도적으로 더 흩어지게 해야 한다는 생각을 하면서 살아가고 있다.

그런데 마냥 그 마음의 중심을 흩어지게만 놔둘 수는 없다. 흩어지는 건괘의 맨 아래 양효도 내려와서 이효인 중(中)의 자리에 위치하기 때문에 '어려움을 겪게 되지 않는 것'(不窮)처럼 마음의 중심을 다시 잡으려고 해야 한다. 마음의 중심을 잡는 일은 살아가는 데 있어 중요하다. 그것은 삶을 살아갈 수 있게 하는 핵심 가치와 삶의 비전을 만들어 낼 수 있기 때문이다. 마음의 중심을 잡지 못하게 되면 후회가 생기거나 어려움을 겪게 될 가능성이 높아진다. 누군가의 생각에 쉽게 휘둘리거나 자기의 삶이 아닌 타인의 삶의 주변부에서 어슬렁거리는 삶을 살게 될 것이기 때문이다. 그러지 않기 위해서 이제 마음의 중심을 다시 잡으려 해야 한다. 그것은 지금 흩어지고 있는 믿음과 가치들을 제대로 '인식'하는 것이고, 마음의 중심에 새로운 가치들을 채우려고 하는 '기대'이자 '의지'(意志)이다. 이러한 삶을 생각하는 나에게 '고전 읽기'는 많은 에너지와 영양소가 되어 주고 있다. 세상과 나를 바라보는 눈을 확장시키고, 내 삶과 삶의 변화에 대해서 생각하게 해주는 즐거움이 되어 주고 있다.

그런 즐거움을 이어 가는 과정에서 '편안히 기댈 수 있는 곳'(机)을 찾거나 만드는 것이 아닐까. 그것은 아마도 삶을 살아가는 데 있어 멀리까지 갈 수 있도록 의지할 수 있는 친구나 스승을 만드는 일이다. 좀 더 풀어 보면, 그것은 동서양의 고전 그 자체일 수도 있고, 그 고전의 저자일 수도 있으며, 그 고전 안에 등장하는 인물일 수도 있다. 아니면, 그 고전을 함께 읽을 수 있는 현재를 같이 살아가는 사람일 수도 있다. 그것을 위해서 빨리 달려가야(奔) 한다. '빨리'라는 말에는 '신속'이라는 의미와 함께 '과감'의 의미도 포함되어 있다고 보아야 한다. 기존과는 다른 삶의 태도와 행동 방식이 요구되기 때문이다. 달리 말하면, 나이를 먹었으니 더 배울 것이 없다고 생각하기보다는 나이와 상관없이 끊임없이 새로운 것을 배우고 깨닫겠다는 겸허한 낮은 자세를 가지는 삶의 태도가 요구된다. 이것은 구이효가 자기보다 낮은 위치에 있는 초육효에 기대어 의지하려고 하는 자세이기도 하다. 이러한 마음과 함께 '고전 읽기가 내 삶에 어떤 변화를 가져오는가'라는 질문을 계속 던지면서 사유의 지평을 넓히고 삶의 비전을 생각하며 살아가려고 한다. 그렇게 친구와 스승을 만나는 고전 읽기의 즐거움을 이어 가며 편안히 기댈 수 있는 곳을 찾으리라.

60

수택 절,

'마감'의 기쁨을
누리려면

안혜숙
———

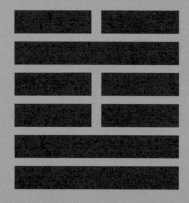

水澤 節 수택 절

節, 亨, 苦節, 不可貞. 절, 형, 고절, 불가정.

**절괘는 형통하니, 억지로 제어하는 것은 올바름을 굳게 지킬 수 없다.**

初九, 不出戶庭, 无咎. 초구, 불출호정, 무구.

**초구효, 문 바깥 정원에 나가지 않으면 허물이 없으리라.**

九二, 不出門庭, 凶. 구이, 불출문정, 흉.

**구이효, 집 안에 있는 정원에 나가지 않으니 흉하다.**

六三, 不節若, 則嗟若, 无咎. 육삼, 부절약, 즉차약, 무구.

**육삼효, 자신을 절도에 맞게 제어하지 않으면 탄식하게 될 것이니 탓할 곳이 없다.**

六四, 安節, 亨. 육사, 안절, 형.

**육사효, 절제함에 편안하니 형통하다.**

九五, 甘節, 吉, 往有尙. 구오, 감절, 길, 왕유상.

**구오효, 아름다운(감미로운) 절제라서 길하니 그대로 나아가면 가상함이 있다.**

上六, 苦節, 貞凶, 悔亡. 상육, 고절, 정흉, 회망.

상육효, 억지로 절제하는 것이니 고집하면 흉하고, 고치면 후회가 없어진다.


수택 절괘를 보고 자연스레 떠오른 것이 글쓰기였다. 〈감이당〉의 모토 중 하나가 '글쓰기로 수련하기'다. 매 학기 공부한 것을 글쓰기로 마무리하며 한 마디를 넘어간다. 학기 중에도 수시로 글쓰기의 미션은 주어진다. 수택 절괘의 절(節)은 마디, 절제, 절도라는 의미다. 글쓰기는 절의 과정 그 자체다. 일상에서부터 그렇다. 여기저기 산만한 일상의 동선을 가지치고 절제해 글쓰기에 시간과 마음을 모아야 한다. 그뿐인가. 어쩌면 이렇게 생각과는 다르게 엉뚱한 말이 튀어나오는지…. 제멋대로 흩어지는 생각과 말들을 수습하고 자르고 절제하지 않고는 글을 쓸 수가 없다. 하지만 글쓰기를 마치고 나면 힘들고 괴로운 절제의 시간만큼 기쁨과 성취감이 따라온다. 이렇게 글쓰기는 절제의 과정 그 자체다. 습관적으로 반복하던 일상, 말과 행동과 생각을 절제함으로써 지금까지 달려오던 삶의 리듬에 브레이크를 건다. 새로운 변화의 마디를 내는 것이다.

글쓰기는 마감과 함께 완성된다. 글쓰기를 이끌어 가는 힘이 마감에 있다고 해도 과언이 아니다. 언젠가 곰샘이 "마감이 우리의 구원이자 종교"라고 했다. 맞다. 정말 마감이 없으면 그 많은 글들이 세상에 나올 수 있었을까. 내가 마감이라는 약속 없이 한 편의 글이라도 제대로 써 낼 수 있었을까. 〈감이당〉에서의 글쓰기건 어떤 글쓰기건 마찬가지다. 아무런 절제의 과정 없이 그때그때 배설하듯 뱉어 내는 글이 아닌 한.

그런데 마감은 해야 하는데 글이 잘 진척이 안 되거나 시간에 쫓길 때는 글쓰기가 괴로운 미션이 된다. 억지로라도 마감을 해야 하는 괴로운 절제(苦節)인 것. 이런 고절로는 아무리 글쓰기에 둔 뜻이 좋아도 올바르지 않고(苦節不可貞고절불가정), 오래도록 글쓰기를 지속할 수도 없다(不能常불능상). 절괘에서 가장 경계하는 것이 괴로운 절제, 억지로 하는 절제다. 그래서 상육효에서는 '억지로 절제하는 것을 고집하면 흉하니 후회하지 않으려면 고치라'(苦節고절, 貞凶정흉, 悔亡회망)고 했다. 힘든 절제 끝에라도 어떻게든 마감하고 한 고비를 넘어가면 되려니 했는데 그게 아니다. 그런 고절을 계속하면 흉하기까지 하다니 고치지 않을 수 없다.

수택 절괘는 기쁨을 상징하는 태괘가 안(아래)에 있고 험난함을 상징하는 감괘가 밖(위)에 있다. 기뻐하면서 험난함을 겪는 것이 절이다. 이것이 절제의 묘미다. 글쓰기라는 절제의 과정이 힘들어도 그 과정에서 느끼는 기쁨이 글쓰기를 지속하게 한다. 험난하더라도 절제하는 것 자체가 기쁨이라는 말이다. 절제가 스스로 편안하게 여겨지는 상태가 안절(安節)이고, 몸에 체득되어 저절로 행해지는 경지가 오효의 아름다운 절제, 감미로운 절제다(甘節감절). 절제하는 것이 감미로운 경지라니! 글쓰기에서도 이런 편안하고 감미로운 경지가 가능할까. 그러려면 우선 괴로운 절제에서 벗어나는 법부터 배워야 한다.^^

「단전」에서 말하길 하늘과 땅도 절도가 있기에 24절기와 사계절을 이룬다(天地節而四時成천지절이사시성). 그러니 사람도 그 리듬에 맞추고 세상살이에 적용하라 한다. 그래야 손상되지 않고 피해를 입지 않는다고. 글쓰기의 마감에 쫓겨 잠도 편히 못하고 스트레스를 받는 것은 절도가 없어 순서를 잃었기 때문이다. 일상의 리듬을 잃은 것이다. 이는 절도로서 이루어지는 천지자연의 법칙에도 맞지 않을 뿐더러 몸을 손상하고 해롭게 하는 짓이 아니고 무엇인가. 아무리 글쓰기에 둔 뜻이 올바르더라도 그런 괴로운 절제로는 오래갈 수 없는 건 당연하다. 그러니 흉하다고 한 것이다.

그러나 흉함에서 벗어날 길 또한 알려 주는 게 『주역』이 아니던가. '고치면 후회가 없다!'(悔亡) 후회하지 않으려면 괴로운 절제를 해온 지금까지의 습벽을 고치라는 것. 어떻게? 그 길은 "과도함을 덜어 내고 중도를 따르는 것"(정이천, 『주역』, 1176쪽)이다. 중도란 모자라지도 넘치지도 않음이다. 「대상전」에서 그 구체적인 방법을 찾았다. 제수도(制數度), 의덕행(議德行)이 그것이다. 수(數)는 많고 적음이고 도(度)는 길고 짧은 것, 혹은 법으로 제정한 것을 말한다. 마치 제정된 법령과 규범을 지키듯이 구체적으로 자신에게 알맞은 양과 길이의 정도를 정해 지키라! 이렇게 스스로 자신에게 '적중한 절도'의 균형점을 찾아 실천하라! 이것이 바로 중도의 덕과 행위를 이루는 길(議德行)이라 한다.

그동안은 마감에 쫓기는 이유가 단지 미리미리 못해서라고 생각했다. 그래서 일찌감치 앞당겨 시작해도 이상하게 마감이 닥치면 여전히 비슷한 반복이었다. 그런데 절제에서 중도란 단순히 미리 시간을 앞당기고 말고가 아니다. 봄이 여름을, 여름이 가을을 미리 준비한다고 당길 수 없는 것처럼. 혹 억지로 당겨진다 해도 리듬에 어긋난 계절은 이상기후일 뿐 제대로 된 계절이 아니지 않은가. 사계절의 큰 마디들은 그 사이사이 24절기라는 작은 마디들을 통과해야 맞이할 수 있다. 글쓰기도 마찬가지다. 최종 마감이라는 큰 마디는 그 이전 마디마디들의 차서를 밟은 후에 이루어진다. 책을 읽고 자료를 모으고 메모하고 구상하며 글을 시작하는 모든 과정들이 그 차서의 마디들이다. 물론 이 과정들은 가능한 미리 할수록 여유가 있다. 그 마디마디의 내용들의 양과 정도와 순서를 자기의 형편에 맞게 구성하고(制數度), 그것을 일상의 리듬에 맞춰 실천할 때 제대로 된 절제의 마디를 만들 수 있다. 그럴 때 과하지도 모자라지도 않은 중도의 덕을 이루는 훈련이 된다(議德行). 마디마디의 내용들은 꾸준한 실천 속에서 재구성된다. 가장 중요한 건 글쓰기가 일상의 리듬 속에서 늘 함께하는 일이다. 한데 이런 사실을 알아도 혼자서 실천하고 훈련하기란 얼마나 어려운가. 작심삼일도 쉽지 않다는 게 고질적인 문제다.

어느 날 마감을 목전에 두고 전전긍긍하고 있는 우리들을 보다 못한 선생님이 언명했다. 원래 마감 날짜에서 한 주 앞당겨 글을 완성하라고. 마감이 닥쳐서 잠을 줄이거나 쫓기듯 글을 쓰는 자는 글을 쓸 자격이 없으니 글쓰기에서 하차하라고. 밤을 새서라도 마감을 일찍 끝내라는 말이 아니다. 미리미리 글쓰기의 차서를 제대로 밟는 훈련을 하라는 것이다. 이후 우리는 매주 서로 진척되는 상황을 체크하고 공유했다. 이렇게 법령과 규범처럼 함께하는 약속을 해놓으니 어떻게든 미리 생각하고 준비하게 된다. 덕분에 초고의 마감을 앞두고 시작한 이 글을 한결 여유롭게 최종 마감을 할 수 있게 되었다.

그간 글쓰기의 마감을 너무 수동적으로 받아들였다는 걸 알았다. 절괘의 도는 일상에서 저마다 만들어 내는 마디 없이, 절제의 훈련 없이 이루어지는 변화와 생성은 없음을 말한다. 매번의 마감은 매번의 변화이고 완성이자 새로운 마디의 시작점이다. 그러니 스스로, 적극적으로 마감을 향한 매일의 마디들을 만들어 낼 일이다. 그렇게 능동적으로 마감과 마디들을 생성할 때 괴로운 절제는 기쁜 절제가 되고, 여유로운 마감의 기쁨 또한 누릴 수 있으리라.

61
풍택 중부,

갈팡질팡하며
배우는 진실함

이경아

風澤 中孚
풍택 중부

中孚, 豚魚, 吉, 利涉大川, 利貞. 중부, 돈어, 길, 리섭대천, 리정.

**중부괘는 진실한 믿음이 돼지와 물고기에게까지 미치면 길하니, 큰 강을 건너는 것이 이롭고 올바름을 굳게 지키는 것이 이롭다.**

初九, 虞, 吉, 有他, 不燕. 초구, 우, 길, 유타, 불연.

**초구효, 믿을 상대를 깊이 헤아리면 길하니, 다른 사람을 두어 믿지 못할 상대를 만나면 편안치 못하리라.**

九二, 鳴鶴在陰, 其子和之. 我有好爵, 吾與爾靡之. 구이, 명학재음, 기자화지, 아유호작, 오여이미지.

**구이효, 그늘 속 학이 울고 있으니 그 새끼가 화답한다. 내게 좋은 술이 있으니 그대와 함께 나누고 싶다.**

六三, 得敵, 或鼓, 或罷, 或泣, 或歌 육삼, 득적, 혹고, 혹파, 혹읍, 혹가.

**육삼효, 상대을 얻어서 어떤 때는 북을 치고, 어떤 때는 그만두며, 어떤 때는 울고, 어떤 때는 노래한다.**

六四, 月幾望, 馬匹亡, 无咎. 육사, 월기망, 마필망, 무구.

**육사효, 달이 거의 가득 차오르니, 말이 짝을 잃으면 허물이 없다.**

九五, 有孚攣如, 无咎. 구오, 유부련여, 무구.

**구오효, 진실한 믿음으로 천하의 민심을 묶어 두듯이 하면 허물이 없다.**

上九, 翰音登于天, 貞凶. 상구, 한음등우천, 정흉.

**상구효, 새 날갯짓 소리가 하늘로 올라가니 고집하면 흉하다.**


나는 올해 처음으로 〈감이당〉 대중지성 담임을 맡았다. 여러 개의 대중지성 중 화요반(화성)이다. 대중지성 담임은 전체 커리큘럼을 짜고, 자신의 공부와 학인들의 공부를 함께 해나갈 수 있도록 하고, 1년 간 학인들이 공부에 전념할 수 있도록 돕는 역할이다. 14명이 화성에 모였고 우린 한배를 탔다. 학인들은 〈감이당〉에 처음인 분들이 대부분이었다. 전혀 모르던 사람들이 1학기를 거치면서 친해지기 시작했다. 약간의 갈등도 거치고, 글쓰기의 어려움도 함께 겪고, 속사정도 알면서 서로 마음을 열었다. 화성은 2학기에 1명이 합류해 15명이 순조로운 항해를 하고 있었다.

그러다 2학기 에세이 준비를 앞두고 한 학인(A)이 공부가 힘들고 공부에 대한 뚜렷한 목표가 없어 더 이상 못하겠다고 카톡으로 갑작스럽게 인사를 했다. 1학기 에세이를 마치고 코멘트로 힘들어했지만 (모두 힘들기에) 그래도 잘 지내는 것 같아 안심을 했는데 결국 그만뒀다. A는 조장을 맡을 정도로 적극적이었고 지각이나 결석도 거의 없이 잘 다니고 있었다. 그래서 나는 그녀가 공부를 좋아하고 있고, 1년 과정을 잘 마칠 수 있을 거라고 믿었다. 나는 그렇게 믿었던 학인이 그만두는 것을 겪으며 어떻게 해야 할지 몰랐다. 나도 공부가 힘들 때 그만둘까를 놓고 갈등한 적이 있었기에 그 학인의 입장을 충분히 이해했고, 그래서 억지로라도 붙잡아야 되는 건지 감이 안 왔다. 전화도 안 받고, 카톡도 안 읽고 잠수해 버린 학인 때문에 며칠을 마음을 졸였다. 이 일로 인해 내가 A에 대해 믿은 게 무엇이었는지, 앞으로 학인들과 어떤 마음으로 지내야 하는지 생각해 보게 되었다.

그동안 나에게 믿음이란 내가 원하는 바가 이루어지는 것이었다. 누군가를 믿는다는 것은 상대가 내 기대대로 해주는 것이었다. A에 대한 믿음도 내가 원하는 대로 그녀가 화성을 잘 마칠 거라는 나의 기대였다. 그럼 『주역』에서 말하는 믿음이란 뭘까? 풍택 중부(風澤 中孚)는 진실한 믿음을 의미하는 괘다. 중부괘는 연못을 상징하는 태(兌)괘 위에 바람을 상징하는 손(巽)괘가 있다. 바람이 연못 위로 불어 고요하고 텅 빈 물이 속에서 감응해 움직이는 상이다. 또한, 손(巽)괘는 나무를 뜻하니 나무로 만든 빈 배가 바람에 둥둥 떠가는 모습이다. 괘상을 보면 삼효와 사효는 음효로서 가운데가 비어 있다. 믿음이라고 하면 가운데가 꽉 차 있을 것 같은데 가운데가 비어 있다. 이것은 허심(虛心)을 의미한다. 물이 비어 있기에 바람을 만나 감응하는 것처럼 마음도 비어 있어야 무언가와 감응할 수 있다. 그런 허심이 진실함이다. 또한, 이효와 오효는 각자 양효로서 자기가 속한 괘에서 중을 차지하고 있다. 이들은 진실함을 실현할 수 있는 강중한 능력을 가지고 있다. 그러니 진실한 믿음이란(中孚) 내가 원하는 것을 믿는 게 아니라 허심으로 올바르게 행동해서 신뢰감을 보여 주는 것이다. 그런 진실함은 천하를 감동시킨다.

물이 비어 있기에 바람을 만나 감응하는 것처럼 마음도 비어 있어야 무언가와 감응할 수 있다. 나는 중부괘의 육삼효를 보면서 가슴이 뜨끔했다. 학인들의 반응에 촉각을 세우는 나를 보는 듯했다. 상대를 얻어서 어떤 때는 북을 치고, 어떤 때는 그만두며, 어떤 때는 울고, 어떤 때는 노래한다(六三육삼, 得敵득적, 或鼓혹고, 或罷혹파, 或泣혹읍, 或歌혹가)는 것이 육삼효이다. 육삼효는 양의 자리에 음이 와서 정도 아니고 중도 얻지 못했다. 육삼은 기쁨을 나타내는 태괘의 상효다. 상대인 상구를 얻었다는 기쁨으로 가득 차 있고, 연못의 얕은 물인 만큼 쉽게 동요하는 자다. 그저 상구와 호응하고 상구의 반응을 살피며 쫓아간다. 상구가 시키는 대로 북을 치라고 하면 북을 치고, 그만 치라고 하면 그만 친다. 또한, 상구의 상태에 따라 슬퍼서 울고, 즐거워서 노래한다. 그러다 제 풀에 지쳐서 울고, 또 풀어지면 노래를 한다.

담임을 맡은 게 처음이라 모든 것이 새롭고 즐거웠다. 같은 배를 탄 것만으로 학인들이 좋았고 모두 믿음직스러웠다. 그런데 학인들의 수업 참여도에 따라 마음이 오락가락하기 시작했다. 학인들이 암송이나 글쓰기 과제를 제때에 잘해 내면 신이 났다. 내가 학인들의 공부에 도움이 되는 것 같아 기뻤다. 또한, 학인들이 좋은 일이 있을 때 자발적으로 간식을 내는 것을 보면 고마웠다. 공동체에 마음을 내고 공간을 편하게 여기고 있다고 느껴서다. 그러다가도 자신의 글에 대한 코멘트에 부당하다고 이의를 제기하고, 『에티카』 같은 텍스트에 너무 어렵다는 이유로 회의적인 반응을 보이면 내가 부정당하는 느낌이었다. 힘들어서 공부를 그만둔다는 학인이 있을 때는 가슴이 철렁했다. 혹시 내가 무슨 잘못을 한 게 아닌지? 학인들이 그러는 게 내 탓인 것만 같았다. 나는 왜 학인들의 반응에 매여 있는 것일까?

정이천은 육삼을 "자기 신념의 주체가 없어서, 오직 상대가 믿는 것을 따른다. 자신이 처신하는 것이 올바름을 얻으면, 믿는 것에 자기 방향이 있다"(정이천, 『주역』, 1188쪽)고 해석한다. 자기 신념의 주체란 방향성을 말한다. 나는 학인들과의 관계에 방향성이 없었던 것 같다. 그저 담임은 학인들이 중도에 포기하지 않고 1년 과정을 무사히 마치도록 이끌어야 한다고 생각했다. 그래서 A가 그만둔 것에 흔들린 것 같다. 또한, 담임에 대한 과한 책임감으로 인해 학인들의 불만을 무겁게 받아들였다. 학인들이 공부를 통해 기쁨을 느끼기를 바랐기에 그들의 불만이 공부 포기로 이어질까 걱정이 되었다. 그런 책임감에는 처음 맡은 화성을 잘 이끌어서 내 능력을 드러내고 싶은 욕심도 있었다. 나를 비워야 학인들을 만날 수 있는데 이런 욕심으로는 학인들과 감응하기가 힘들다. 나는 어떻게 처신해야 할까?

나는 왜 학인들의 반응에 매여 있는 것일까? 중부의 배는 바람이 불어야 움직일 수 있다. 하지만 그 바람이 언제 어디서 불지 모른다. 내가 화성을 맡은 것도 학인들을 만난 것도 시절인연임을 안다면, A가 그만둔 것도 여러 인연에서 자신의 속도와 박자가 안 맞았을 수 있음을 안다면 내 행동은 달라질 것이다. 적어도 학인들의 반응에 얽매이지는 않을 것이다. 그렇다고 시절인연이라고 손 놓고 있으라는 게 아니다.

진실한 믿음이란 허심으로 상대와 감응하는 것이고, 조급한 동물인 돼지와 어리석은 물고기까지 감동시키는 진실함이다(中孚중부, 豚魚돈어). A가 나가는 것에 마음이 흔들릴 게 아니라 중간에 그만두더라도 마무리를 짓는 것도 공부임을 알려 주는 것, 어렵더라도 학인들과 마지막 인사를 나눌 수 있도록 하는 것, 공부의 인연을 다른 곳에서라도 이어 가도록 도와주는 것이 진실함 아닐까? 또한, 학인들이 무조건 공부에 마음을 내도록 조급해하는 것이 아니라 각자의 속도와 박자를 존중하면서 그들의 변화 가능성을 믿고 기다려 주는 것이 진실한 믿음 아닐까? 대중지성 담임이란 자신의 능력을 과시하는 자리가 아니라 허심을 수행하는 자리임을, 그럴 때 학인들과 감응할 수 있음을 중부괘를 통해 배웠다.

62
뇌산 소과,

과도했기에
길을 찾았다

전현주
———

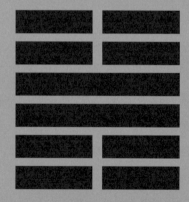

雷山小過 뇌산 소과

小過, 亨, 利貞. 可小事, 不可大事. 飛鳥遺之音, 不宜上, 宜下, 大吉. 소과, 형, 리정. 가소사, 불가대사. 비조유지음, 불의상, 의하, 대길.

**소과괘는 형통하니 올바름을 굳게 지키는 것이 이롭다. 작은 일은 할 수 있지만 큰일은 할 수 없다. 날아가는 새가 소리를 남기는 것이니 위로 올라가면 마땅치 않고 아래로 향하면 마땅하니 크게 길하다.**

初六, 飛鳥, 以凶. 초육, 비조, 이흉.

**초육효, 날아가는 새이니 흉하다.**

六二, 過其祖, 遇其妣, 不及其君, 遇其臣, 无咎. 육이, 과기조, 우기비, 불급기군, 우기신, 무구.

**육이효, 할아버지를 지나치고 할머니를 만나는 것이니, 군주의 권위에 도전하지 않고 신하의 도리에 합당하다면 허물이 없으리라.**

九三, 弗過防之, 從或戕之, 凶. 구삼, 불과방지, 종혹장지, 흉.

**구삼효, 지나칠 정도로 방비하지 않으면 이어서 해칠 수 있으므로 흉하다.**

九四, 无咎, 弗過遇之. 往厲必戒, 勿用永貞. 구사, 무구, 불과우지. 왕려필계, 물용영정.

**구사효, 허물이 없으니 과도하지 않아 적당한 것이다. 그대로 나아가면 위태로우니 반드시 경계해야 하며, 오래도록 고집하지 말아야 한다.**

六五, 密雲不雨, 自我西郊, 公, 弋取彼在穴. 육오, 밀운불우, 자아서교, 공, 익취피재혈.

**육오효, 구름이 빽빽하지만 비가 내리지 않는 것은 내가 서쪽 교외로부터 왔기 때문이니, 육오의 군주가 저 구멍에 있는 육이를 쏘아서 잡는다.**

上六, 弗遇過之, 飛鳥離之, 凶. 是謂災眚. 상육, 불우과지, 비조리지, 흉. 시위재생.

상육효, 적합하지 않아 과도하니, 날아가는 새가 빨리 떠나가는 것이라 흉하다. 이 것을 일러 하늘이 내린 재앙(災)과 인간이 자초한 화(眚)라고 한다.

나는 공부하는 백수다. 지난 10년 동안 공부하는 삶을 살면서 난 책을 읽고 글을 썼다. 세어 보진 않았지만, 그 글들은 적지 않을 것이다. 이만큼 썼으니 난 이제 글쓰기가 좀 편안해졌으면 좋겠다. 그러나 10년 전도 지금도, 글쓰기는 내게 매우 큰 산이다. 얼마큼 더 수련해야 나는 글쓰기라는 산을 여유롭게 올라갈 수 있을까?

글쓰기가 힘들다고 여기고 있을 때, 『주역』의 소과(小過)괘를 공부하게 되었다. 소과괘에 따르면 난 지금까지의 글쓰기 방식에서 벗어나야 했다. 나는 글쓰기가 왜 그리 힘든지 이제서야 이해할 수 있었다. 글쓰기라는 산에 올라가겠다며 그동안 길이 아닌 곳을 헤매고 있었다는 생각이 들었다. 난 잘못된 방식으로 산을 오르고 있었다.

『주역』은 우리 삶에 과도하게 행동해야 하는 때가 있음을 두 괘를 통해서 말해 준다. 택풍 대과(澤風 大過)괘는 많이 지나치게 행동하거나 큰일, 중대한 일에 있어서 과도하게 행동하는 때를 말한다. 뇌산 소과(雷山 小過)괘는 조금 지나치게 행동하거나, 작은 일·사소한 일에 있어서 과도하게 행동하는 때에 관한 이야기다.

뭔가 이상하다. 『주역』의 핵심은 중도(中道)를 찾는 것이 아니던가. 그런데 과하게 행동하라니. 얼핏 보면 중도와 과함은 반대되는 말 같다. 보통 자신의 사사로운 욕심을 채우기 위해 과도해지면서 우리는 중도에서 멀어진다. 반면 자신을 바로잡고자 할 때, 조금 노력하는 것으로는 아무런 변화를 만들어 내지 못하는 경우가 있다. 이럴 때 우리는 과도하게 힘을 써 자신을 적중함으로 이끌어야 한다. 예를 들자면 이러한 과함이다. 소과괘의 「대상전」은 "재물을 쓰는 데 검소함을 과도"하게 하라고 한다. 일상에서 우리는 종종 중도에서 벗어나 돈을 쓰게 된다. 그럴 때 돈 관리를 하지 못한 자신을 보지 않으면서 오히려 돈을 호탕하게 사용했다고 합리화할 수 있다. 그래서 『주역』은 이를 바로잡기 위해 과도하게 힘을 쓰며 검소해지라고 한다.

나의 일상에는 과도하게 힘을 써 바로잡아야 할 일들이 매우 많다. 적중함에서 벗어나 있는 내 글쓰기도 과도함이 필요한 부분이다. '작은(小) 일에서 과함(過)을 행하라'는 조언은 곧 글쓰기에서 내가 간과하던 부분을 과도하게 바로잡으라는 것이다.

뇌산 소과(雷山 小過)를 살펴보자. 상체는 우레(雷), 하체는 산(山)으로 구성된 소과괘는 산 위에서 울리는 우레를 나타낸다. 같은 크기의 우레가 하나는 들판에서 울리고, 다른 하나는 산 위에서 울린다고 가정해 보자. 들판에서 울린 우레는 분산되어 우리에게 걱정이나 놀라움을 일으키지 않는다. 반면 산 위에서 울리면 그 소리는 산 계곡에 반사되며 더 커진다. 산속에서 울리는 우레에 우리는 두려워질 것이다. 소과괘가 말해 주는 때는 작은 우레가 산속에서는 큰 소리로 들리듯 내게 작다고 여겨지는 것이 더 크게 다가와야 하는 시기다. 그래서 나는 그동안 글을 쓰며 내가 작은 것, 사소한 것이라고 여긴 부분을 생각해 보았다.

그러나 글쓰기에서 내가 사소하다고 여긴 것이 잘 떠오르지 않았다. 그만큼 의식도 못할 정도로 무시하고 있었나 보다. 그래서 난

반대로 내가 글을 쓰며 무엇을 중시하는지를 생각해 보았다. 내게 글쓰기의 핵심은 글의 내용이었다. 내 글은 나와 텍스트의 만남을 보여 준다. 글에는 내가 텍스트에서 배운 것과 텍스트가 내 삶에 어떻게 작동되는지가 담겨 있다. 나는 내 공부가 담긴 글에 다른 사람들이 공감하길 바랐다. 그렇기에 글을 쓸 때 나는 텍스트를 더 잘 이해하려 했고, 내가 깨닫게 된 바를 더 많이 이야기하려 했다.

여기에 집중하다 보니, 글에 있는 오탈자나 비문은 내 눈에 들어오지 않았다. 이런 글을 사람들 앞에 내놓을 때면 나는 조금 창피하긴 했다. 하지만 난 내가 전하고 싶은 내용이 글에 있으면 이런 것쯤은 넘어가도 된다고 생각했다. 잘못 나눈 문단이나 내용과 맞지 않은 소제목은 조그마한 실수였다. 또한 글에는 내 뜻을 잘 전달하고자 하는 마음 위에서 나온 어색한 문장도 있었다. 나는 내 글에서 형식이 잘못된 것을 모두 사소한 실수일 뿐이라고 생각하며 글을 썼다. 내가 글에서 사소하다고 여긴 지점은 이것이었다. 난 글의 '형식'을 놓쳐도 좋은 글이 나올 수 있다고 생각하고 있었다.

그동안 내용에 집중해 썼던 내 글이 받은 코멘트는 다음과 같다. 문장과 문장 사이가 비었다, 한 문단에 주제가 없고 대신 정리되지 않은 내용이 많다, 내가 하고자 하는 말이 정확하게 풀어지지 않았다, 머릿속 생각을 그냥 쏟아 낸 것 같다 등등. 난 글의 내용을 채워 넣고 수정하면서 이 코멘트를 반영했다.

형식을 무시하고 있음을 깨닫자 이 코멘트는 내게 다른 의미로 다가왔다. 문장과 문장 사이가 비었다는 말은 그곳에 단지 내용을 채워 넣어야 한다는 말이 아니었다. 하나의 글에서 문장들은 흐름을 갖는다. 그것은 내용의 흐름이기도 하고 형식의 흐름이기도 하다. 한 문장 다음에는 그 문장이 만든 리듬에 맞춰 흘러나오는 문장이 있다. 음악에서 음들이 서로를 따라 나올 때와 비슷한 상황이다. 음악에서 음 하나가 내용이며 형식이 되듯, 글에서 문장도 그러하다.

다른 코멘트도 이처럼 형식을 고려하지 않고는 수정할 수 없는 조언이었다. 한 문단의 주제란, 그 문단이 말하고자 하는 내용이며 동시에 형식적으로 갖추어야 하는 요소가 아니던가. 이렇듯 내용과 형식이 긴밀하게 엮이며 만들어지는 것이 바로 글이다. 그러나 난 내용과 형식을 분리했다. 나아가 내용만 있으면 형식쯤은 틀려도 된다고 여겼다.

이런 확신은 어디서 비롯되었을까. 나는 내가 말하고자 하는 내용, 머릿속에 있는 생각이 종이 위로 옮겨지면 그것이 글이 된다고 믿었던 것 같다. 그런데 과연 나에게 생각이라는 것이 따로 있을까. 글을 쓰기 전에 나는 책을 읽고 며칠 동안 이렇게 저렇게 고민했다. 그러다 보면 이 내용을 여기다 쓰고 저 내용은 저기다 쓰면 되겠다는 '생각'이 들었다. 그런데 정말 신기하게도 그 생각을 있는 그대로 문자로 옮기면 그것은 횡설수설이 되어 있었다. 그 글(?)을 보며 나는 답답해지고 막막해졌다. 이러한 글쓰기는 나를 매우 힘들게 했다.

내용만을 중요시하던 자신을 보게 되자 이런 질문이 떠올랐다. 내 머릿속에 있던 것이 '생각'이 아니라면? 그것이 단지 '~인 것 같은 느낌적인 어떤 것'이라면? 그러고 보니 그나마 소통이 되었다는 코멘트를 받던 글들이 새롭게 다가왔다. 그 글들은 여러 번의 피드백과 그만큼의 수정을 거친 후에야 완성되었다. 뭉게구름 같던 내 생각은 글을 고쳐 쓰는 과정에서 구체성을 갖게 되었다. 머릿속에 있던 다양한 파편들은 문장이라는 형식을 통해 여러 번 조직되었다 해체되면서 '내용'이 되었다. 형식을 갖추지 않은 내용은 따로 존재하지 않았다. 그런데 난 형식을 무시하고 있었다.

소과괘는 내가 중요하다고 여기는 것을 내려놓으라고 했다. 그리고 내가 무시하며 안 보고 있던 지점을 보라고 했다. 그곳이 바로 내가 과도하게 힘을 써야 할 곳이었다. 특히 소과괘의 삼효는 내 글쓰기를 방치하면 어떤 위험이 따르게 될지 알려 주었다.

구삼효는 이렇게 말한다. "지나칠 정도로 방비하지 않으면 이어서 해칠 수 있으므로 흉하다."(弗過防之불과방지, 從或戕之종혹장지, 凶흉) 여기서 과도하게 방비해야 할 대상은 내가 사소하다고 여긴 것이다. 그것을 계속 무시하면 내가 해를 입을 수 있다고 이 효는 경고해 준다. 그 흉함에서 벗어나기 위해서 나는 빨리 내 글쓰기 방식을 바꾸고 싶었다.

글을 '과도하게' 방비하고자 난 글에 '내용만 들어가면 된다'는 생각을 완전히(과도하게) 버리려 노력했다. 이 글을 쓰며 나는 글자와 문장에 집중하고 있다. 한 문장을 쓰고 질문을 던진다. 문장성분은 모두 있나? 글을 얼버무리기 위해 대명사를 쓰지는 않았나? 이 문장 다음에는 어떤 문장이 나와야 하는가? 이전이라면 5시간 정도 걸려 쓸 분량을 닷새 넘게 쓰고, 읽고, 고민한다. 난 과도하게 문장에 집중하며 글을 쓰고 있다.

과도하게 글을 쓰지 않으면(弗過防之) 뒤에서 다가와 상해를 당할 수 있다(從或戕之)는 말에 내가 너무 걱정한다고? 글을 좀 못 썼다고 설마 상해를 입겠냐고? 나는 그렇다고 생각한다. 앞서 말했듯이 이 글을 쓰는 것은 내 공부의 큰 부분이다. 글을 쓰지 않으면 책을 읽고 그것을 이해했다는 착각에 빠지게 된다. 반면, 글쓰기는 내가 어떤 생각을 하는지 알려 주고, 어느 부분을 제대로 이해 못 하는지 드러낸다. 내 머릿속에서 둥둥 떠다니는 것을 모아 생각으로 만들어 삶에 뿌리를 내리게 하는 것이 바로 글이다. 그 글을 기반으로 나는 함께 공부하는 친구들은 물론, 내가 만나지 못한 사람들과도 나의 공부를 나눌 수 있다.

적중한 글쓰기가 없으면 내 공부는 나의 머릿속처럼 허공에 떠 있게 된다. 뿌리 내리지 못한 공부는 결국 나를 허무에 빠뜨릴 것 같다. 무언가 한 것 같긴 한데 아무것도 한 것이 없는 느낌. 책을 읽고 이해한 것 같은데, 그것이 삶과는 괴리된 느낌. 이런 상태가 나에게 엄청난 상해이다.

일반적으로 『주역』의 삼효는 하체의 끝자리에 있는 자로서 상체로 도약하고자 한다. 소과괘에서 이 마음이 저 높은 곳에 도달하기만을 바라며 자신이 사소하다 여긴 것에 집중하지 않으면 결국 흉하게 된다. 반대로 작은 것을 지나치게 방비한다면 삼효는 위험에서 벗어날 수 있다. 양강한 자리에 있는 양강한 성향의 구삼효. 나는 그의 힘센 기운을 받아 나의 글쓰기에서 과도하게 방비해 보았다. 그렇게 한 단어씩, 한 문장씩 나아가다 보니 내 글에, 나 자신에 신뢰가 생겼다. 글쓰기는 여전히 힘들지만 이제 당당히 말하겠다. 나는 글쓰기가 좋다. 앞으로 계속하고 싶다.

63
**수화 기제,**

**허영심에 빠져**
**눌러앉았다**

**전현주**
———

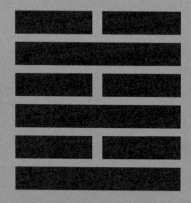

水火 旣濟 수화 기제

既濟, 亨小. 利貞, 初吉終亂. 기제, 형소. 리정, 초길종란.

**기제괘는 작은 일에 형통하다. 올바름을 굳게 지키는 것이 이로우니, 처음에는 길하고 끝에는 어지러워진다.**

初九, 曳其輪, 濡其尾, 无咎. 초구, 예기륜, 유기미, 무구.

**초구효, 수레바퀴를 뒤로 잡아당기고 여우가 그 꼬리를 적시면 허물이 없다.**

六二, 婦喪其茀, 勿逐. 七日得. 육이, 부상기불, 물축. 칠일득.

**육이효, 부인이 그 가리개를 잃은 것이니, 쫓아가지 말라. 그러면 7일 만에 얻으리라.**

九三, 高宗伐鬼方, 三年克之, 小人勿用. 구삼, 고종벌귀방, 삼년극지, 소인물용.

**구삼효, 고종이 귀방을 정벌하여 3년 만에야 이겼으니, 소인은 쓰지 말아야 한다.**

六四, 繻有衣袽, 終日戒. 육사, 유유의녀, 종일계.

**육사효, 배에 물이 스며들며 젖으니 헌옷가지를 마련하고 종일토록 경계하는 것이다.**

九五, 東隣殺牛, 不如西隣之禴祭, 實受其福. 구오, 동린살우, 불여서린지약제, 실수기복.

**구오효, 동쪽 이웃이 소를 잡아 성대하게 제사지내는 것이 서쪽 이웃이 간략한 제사를 올려 실제로 그 복을 받는 것만 못하다.**

上六, 濡其首, 厲. 상육, 유기수, 려.

**상육효, 머리까지 젖으니 위태롭다.**


30여 주에 이르는 '영어『주역』강의'를 마쳤다. 아니다. 사실은 지난 한 해 동안 내가 진행했던 두 강의 중 하나만 마쳤다. 그럼에도 내 마음은 모든 것이 끝난 것처럼 들썩들썩 거렸다. 지난 1년여 동안 여러 경로로 『주역』과 만나고 있었는데, 그 한편엔 리하르트 빌헬름 번역의 영문판 『주역』 강의가 있었다. 강의 초반엔 기대와 걱정이 이만저만 아니었다. 처음 해보는 공부일뿐더러, 1년 동안 오로지 내가 책임지고 진행해야 하는 수업이기 때문이었다. 그렇게 나를 전전긍긍하게 만들던 강의 중 하나를 무사히 끝마친 것이다. 이렇게 기쁠 수가!

이때 새로운 걱정거리가 생겨났다. 종강으로 마음이 들뜨자, 아직 안 끝난 다른 강의에 집중이 되지 않았다. 수업이 많이 남아 있는 것도 아니었다. 단 2회니까 조금만 더 힘내면 되는 상황. 하지만 평소 책을 재미있게 읽다가도 두세 페이지만 남으면 마음이 뜨는 성향이 있는 나다. 그와 비슷한 마음이 생긴 것 같은데, 걱정만 하고 수업 준비는 안 하고 있었다.

바로 이때, 얼마 전 공부했던 수화 기제괘의 상효가 이해되었다. 이 효는 "머리까지 젖으니 위태롭다"(濡其首유기수, 厲려)라고 말한다. 이 수수께끼 같은 말이 무슨 뜻이냐고? 이를 알아보기에 앞서 기제괘를 살펴보자. 기제(既濟)는 '이미 성취했다' 혹은 '이미 건넜다'라고 해석한다. 이 괘는 우리가 목표한 바를 완성한 때에 관한 이야기다. 이를 '건넜다'라고도 표현하는 것은 『주역』에서 강을 건너는 사건을 큰일 혹은 어려운 과업을 완성한 것으로 보기 때문이다.

우리와 달리 고대인들에게 강을 건너는 것은 매우 위험한, 어떨 때는 목숨을 걸고 해야 하는 일이었을 것이다. 그렇게 힘든 일을 완수하였다면 다음엔 무엇을 해야 할까. 나라면 이렇게 대답할 것이다. "당근 쉬어야지!"^^ 그러나 기제괘는 큰일을 이룬 다음에도 해야 할 일이 있음을 알려 준다. 그 일에 따라오는 추가적 사항들을 정비하거나, 들뜨는 마음을 잡기 위한 노력. 기제괘의 효들(초효에서 오효까지)은 바로 이러한 상황을 보여 준다.

그런데 상효는 이들과 결이 다른 말을 한다. "머리까지 젖으니 위태롭다." 몇 주 전까지는 이를 단순하게 생각했다. 머리는 신체에서 가장 위에 있는 부위니까 '완성의 때엔 끝에까지 이르면 안 좋다는 말이겠구나' 했다. 하지만 이 효가 바로 내 마음 상태라는 것이 보이자 깨달음과 함께 정신이 번쩍 들었다. 수업이 끝났음을 기뻐하며 그것에 취해 있는 나의 모습이 이 말에 포개져 있는 듯했다. 완수한 일에 머리가 젖도록 취해 다음 공부를 하지 않으면 위태로울 것이다! 수업 준비를 제대로 하지 않을 경우 나에게 일어날 일이 상상되었다.

지난 1년 동안 매주 함께했던 수강자들은 공부의 마무리를 제대로 못하게 될 것이다. 나는 이렇게 찝찝하게 강의를 끝낸 자신에 대해 자책하고 후회할 것이고. 이는 수강자들과 나의 공부를 방해하는 일이 될 것이다. 이대로 가면 위태로울 것이 확실했다. 앞으로 올 일이 상상되니 날뛰던 마음도 안정을 찾았다. 그렇게 마음을 잡고 공부에 전념했다.

정신을 차린 덕분에 남았던 강의도 무사히 끝낼 수 있었다. 마지막 수업은 마침 기제괘를 공부하는 시간이었다. 수강자들에게 내가 얼마나 위태로울 뻔했는지, 그러나 공부를 통해 그것을 어떻게 피해 갔는지에 대해 웃으며 이야기했다. 마음속으로는 이런 생각을 했다. '역시 공부는 이렇게 우리의 삶에 바로바로 적용 가능해! 그러니 어찌 안 할 수 있겠어. 그동안 『주역』을 공부한 것이 이렇게 나를 위험으로부터 구해 주는구나.' 뿌듯한 마음이 들었다.

모든 수업이 끝나자, 나는 비로소 1년 동안 갖고 있던 부담에서 벗어났다. 오래간만에 맞는 한가한 저녁 시간. '『주역』 공부는 이렇게 끝을 냈고, 한 해도 거의 마무리되어 가는구나. 내년엔 무슨 공부를 할까?'라며 이런저런 책을 검색해 보고 있었다. 그때 온 문자 하나. "무슨 일 있어요? 마지막 『주역』 스터디 모임에 말도 없이 안 와서요." 헉! 머리가 아찔해졌다.

『주역』 암송 공부를 함께하고 있는 친구한테서 온 문자였다. 지난 1년 동안 내가 해온 또 다른 『주역』 공부는 '『주역』 64괘 암송하기'였다. 몇 년 동안 『주역』을 공부해 왔지만, 나는 『주역』을 자유자재로 외우지 못했다. 공부 초반에는 자신이 없었고, 외우고 싶지도 않았다. 그러나 계속 공부할수록 『주역』을 통해 내가 군자가 될 수 있다는 생각이 들었다. 그 삶을 살고 싶어졌고, 『주역』을 외우면 그것에 더 가까이 다가갈 수 있을 것 같았다.

마음은 이러했으나, 혼자서 이 과정을 마칠 자신이 없었다. 친구들과 함께라면 가능하지 않을까? 『주역』을 공부하기 시작한 친구들에게 암송 모임을 제안했고 그들은 흔쾌히 동참했다. 우리는 연말에 『주역』 시험을 보는 것을 목표로 잡았고 이를 위해 일주일에 두 번 온라인으로 만나 공부했다. 이렇게 1년 동안 진행되던 모임이었는데, 나는 이 공부의 마지막 시간을 완전히 잊고 참석하지 않았다. 나의 머리가 '젖었던' 것이다.

앞서 보았듯이 기제괘는 강을 건너면서, 일을 완성하면서 시작한다. 그리고 이런저런 일들을 처리하는데, 마지막 상효에서 '머리가 젖는다'. 빌헬름 선생은 이 효에 대해 다음과 같이 말한다. "가던 길을 나아가는 대신 멈춰 서서 자신이 극복한 위험을 뒤돌아보는 것은 매혹적이다. 그러나 그러한 허영심에 찬 자화자찬은 흉함을 불러온다. (R. Wilhelm, *The I Ching: Or Book of Changes*, p.248)"

강을 건넌다는 것은 자신이 가는 길 위에서 만난 어려움을 극복한다는 뜻이다. 그러니 강을 건넜으면 가던 길을 계속해서 나아가야 한다. 그런데 수화 기제의 주인공은 나아가기는커녕 뒤를 돌아본다. 이미 건넌 강, 이룬 일을 바라보며 자신을 기특해한다. "바로 내가 저 일을 완성한 거라고! 하하!" 그는 강가를 서성이다 물에 빠진다. 머리까지 잠길 정도로 깊게. 허영에 취해 위태롭게 된 자의 모습이다.

무슨 일이 일어난 것일까? 당시 내 마음을 보면 이자가 이해될 것이다. 모든 수업이 끝나자 나는 뿌듯함과 함께 이제 쉬고 싶다는 생각이 제일 먼저 들었다. 그러나 시간이 지날수록 끝난 강의에 의미를 덧붙이기 시작했다. 1년짜리 수업을 한 번도 안 빠지고 내가 혼자 다 하다니. 주변에 나보다 더 오래, 더 깊게 『주역』을 공부하신 분들이 수두룩하지만 이 영어 『주역』 책을 다 읽은 사람은 나 하나야. 거기에 덧붙여, 한자 번역본보다 이해가 더 잘된다는 수강자의 말(벌써 몇 달 전에 한 말인데)이 귀에서 맴돌았다. '하하! 이는 다 내가 열공했기 때문이다! 물론 막판에 공부를 놓칠 뻔했지만 나는 그것마저 잘 극복했어.' 뿌듯한 마음은 어느새 허영심으로 변해 있었다.

그렇게 된 이유는 간단했다. 바로 『주역』 수업 종강을 '나 혼자' 한 일로 여겼기 때문이었다. 이는 조금만 생각해 봐도 어처구니가 없다. 애초에 수업을 연 것도, 그 수업에서 나에게 강의를 제안한 것도 다른 선생님들이었다. 나는 그분들이 만들어 놓으신 장의 일부만 담당하면 되었다. 나아가 그 공부의 장에 수강자들이 오시지 않았더라면 수업은 열리지 못했을 것이다. 거기에 더해 내가 수업을 빠지지 않을 수 있었던 것은 수많은 인연들 덕분이었다(중간에 코로나에도 걸렸지만 온라인 강의 시스템 덕에 휴강 없이 진행 가능했다).

나는 이 모든 것을 보지 않고 내가 해냈다는 자만에 빠져 있었다. 거기에 머무르고 싶어 다음 공부(『주역』 암송)를 위한 길로 나아가지 않았다. 영어 『주역』 강의가 끝났을 뿐인데, 『주역』 공부가 다 끝났다고 여겼다. 결국, 연말에는 64괘 시험을 엉터리로 보았다. 그 찝찝함은 여전히 남아 있고, 64괘를 외우지 못한 일은 올해 내 『주역』 공부에 많은 아쉬움을 주고 있다. 이것이 위태로움이 아니겠는가.

여기서 궁금해졌다. 첫번째 강의 종강 후 나는 이 효를 보고 깨닫고 두번째 수업을 잘 마무리하지 않았던가? 그때와 지금은 무엇이 달랐던 것일까. 돌이켜보니 당시 내가 깨달은 것은 '허영심에 빠지면 가던 길을 잊고 그 자리에 눌러앉게 된다'는 원리가 아니었다. 나는 오로지 '위태롭다'(厲)라는 말에만 눈이 갔다. 수업 준비를 하지 않으면 큰일 나겠다는 생각이 들었고 오로지 위태로움을 피하고자 공부했다. 나아가긴 했으나 이러한 사사로운 마음으로 길을 나아갔으니 결국 위험에 빠졌다.

그때 내가 강의를 완성할 수 있었던 것이 수많은 이들 덕분이었음을 깨달았다면, 두번째 강의가 끝났을 때 그것이 나의 공로라고 생각하지 않았을 것이다. 무엇인가를 이루었을 때 그것을 소중하다 여기고 '매혹'을 느끼는 이유는 그것이 오롯이 '내 것'이라는 생각 때문이 아닐까? 그렇기에 '허영심에 찬 자화자찬'이 되는 것이다.

기제괘를 공부하기 전까지 나는 어떤 일의 완성을 그것을 이룬 사람만의 공이라고 생각했던 것 같다. 물론 그 사람은 주도적으로 그 일을 위해 힘을 썼을 수 있다. 그렇다고 해서 그것이 온전히 그 혼자서 이룰 수 있는 것이 아니다. 여러 조건이 맞추어지고 많은 도움이 있어야지만 그것이 진정으로 끝날 수 있다. 그 위에서 우리는 '끝'이 없는 길로 나아갈 수 있다. 삶이란 멈추는 것, 눌러앉는 것이 아닌 길을 가는 것이다. 길을 못 가는 위태로움에서 벗어나는 방법은 딱 하나다. 이 인연들을 잊지 않고 '내가 했다'는 허영심에서 벗어나는 것. 나는 삶에서 강을 만날 때마다 이 숙제를 꼭 붙들고 건너기로 했다.

64
화수 미제,

글 고치기의 어려움,
영원한 미완성

김희진

火水 未濟 화수 미제

未濟, 亨. 小狐汔濟, 濡其尾, 无攸利. 미제, 형. 소호흘제, 유기미, 무유리.

미제괘는 형통하다. 어린 여우가 과감하게 강물을 건너는데 그 꼬리를 적시니, 이로울 것이 없다.

初六, 濡其尾, 吝. 초육, 유기미, 린.

초육효, 꼬리를 적셨으니 부끄럽다.

九二, 曳其輪, 貞吉. 구이, 예기륜, 정길.

구이효, 수레바퀴를 뒤로 잡아끌듯이 하면 올바르게 해서 길하다.

六三, 未濟, 征凶, 利涉大川. 육삼, 미제, 정흉, 리섭대천.

육삼효, 미제의 때에 나아가면 흉하지만 큰 강을 건너는 것이 이롭다.

九四, 貞吉, 悔亡, 震用伐鬼方, 三年有賞于大國. 구사, 정길, 회망, 진용벌귀방, 삼년유상우대국.

구사효, 올바름을 지키면 길하여 후회가 없어지니, 강한 힘을 써서 귀방을 정벌하면 3년 만에야 큰 나라에서 상을 받는다.

六五, 貞吉, 无悔, 君子之光, 有孚吉. 육오, 정길, 무회, 군자지광, 유부길.

육오효, 올바르게 행해서 길하여 후회가 없으니, 군자의 빛이 진실한 믿음이 있어 길하다.

上九, 有孚于飮酒, 无咎, 濡其首, 有孚失是 상구, 유부우음주, 무구, 유기수, 유부실시.

상구효, 진실한 믿음을 가지고 술을 마시면 허물이 없지만, 머리까지 젖으면 믿음에 있어 마땅함을 잃으리라.


벌써 3년 전 일이다. 출판사에서 연락이 왔다. 『홍루몽』을 리라이팅한 글을 수정을 좀 거치면 출판할 만하다는 기쁜 소식이었다. 출판사 대표님과 미팅을 했는데 황송한 마음에 약속한 기일까지 수정을 마치겠노라 다짐하고 벅찬 마음으로 연구실로 돌아왔다. 예스! 이럴 수가! 〈감이당〉에서 글쓰기를 배운 지 9년차, 처음 있는 일이었다. 나는 공부방에서 함께 공부하는 도반들에게 이 소식을 전했고, 모두들 자기 일처럼 기뻐해 주었다. 왜 안 그렇겠는가. 3년 동안이나 『홍루몽』을 읽고 쓰는 과정에서 혼나고 찔찔 짜며 몇 번이나 포기할 뻔했던 과정을 지켜본 도반들이다. 아직 계약도 하지 않았지만 마치 출판이라도 된 양 함께 기뻐할 수 있었던 이유는 이미 그 전해의 4학기 에세이 마지막 발표에서, 계획한 목차대로 글을 다 써서 완성했기 때문이다. 완성된 초고가 있고, 그 초고를 읽은 출판사에서 제안한 것이니 거진 다 된 것이나 다름없게 여겨졌다. 『주역』의 문법으로 말하자면 큰 강은 건넜다고 해야 하나?

그런데, 수정을 하려고 원고를 다시 꺼내 보니 그게 아니었다. 내 글인데도 남의 글 같고 헤어진 옛날 애인을 만난 듯 너무나 익숙하면서도 낯선 것이었다. 어디서부터 손을 대야 할지도 모르겠고, 지금 내 생각대로 손을 대서도 안 될 것 같았다. 그럼 그건 완공 불가능의 큰 공사가 된다. 그도 그럴 것이 이 글은 3년 동안이나 차곡차곡 쌓여 온 글로, 내 손을 떠난 지 오래된 글들이 많았다. 여행기는 2018년에, 남주인공에 대한 글은 2019년에, 여성 인물들과 가문에 대한 이야기는 2020년에 쓴 것이었으니까. 그 시간 동안 나의 생각도 바뀌었음은 물론이다. 이걸 어쩐단 말인가! 나는 큰 강을 건넌 줄 알았는데, 지금 다시 큰 강 앞에서 어쩔 줄 모르고 멈춰 선 꼴이다. 나는 마치 섣불리 건너려다가 꼬리를 적시고 되돌아와서 고민하는 미제(未濟)괘의 여우 처지가 된 것 같다.

『주역』은 건(乾), 곤(坤)으로 시작한 상경과 함(咸), 항(恒)으로 시작하는 하경으로 구성되어 있으며, 우주의 창조와 순환의 질서를 만들어 가는 과정을 담은 고전이다. 그리고 모든 것이 원활한 순환 가운데 있게 되는 완성이 63번째의 수화 기제(水火 旣濟)괘에서 이뤄진다. 물이 위에 있고, 불이 아래 위치해서 수승화강의 운동성, 즉 음양이 완벽하게 조화를 이룬 우주를 표현한 것이다. 기제괘에선 여섯 효가 모두 정위(正位)를 이뤘다. 그러나 『주역』에선 64번째에 '아직 끝나지 않음'이라는 괘를 두어 기제괘에서 정위를 이룬 모든 효를 뒤바꿔서 이 효들 전부를 다시 자기 위치를 잃어버리게 만든다. 물은 운동성을 잃어버리고 밑으로 가라앉았고, 불은 하늘을 향해 치솟는다. 마치 63단계를 힘들게 거쳐 온 '기제'의 완성을 도로아미타불로 만든 것처럼 얄밉기 그지없는 마무리가 아닌가!

그러나 정이천에 따르면 미제괘의 뜻은 '살리고 또 살리려는 뜻'(生生之義; 정이천, 『주역』, 1227쪽)이라고 한다. 완성된 걸 무너뜨리는 도로아미타불이 아니라, 살리는 거라고? 그럼 완성이란 것이 생명력을 잃었다는 뜻이란 말인가? 사실 기제괘는 조화로운 순환의 완성을 나타내는 상(象)과 달리 괘의 내용(辭)은 어지럽기 그지없다. 아직 손봐야 할 곳이 많고, 가리개를 잃어버리거나 배에 물이 새는 등 대부분의 효들이 총체적 난국의 상황이다. 그럼에도 불구하고 괘의 뜻은 '끝'을 얘기하고 있으니 뭔가 아직 수습할 일이 많이 남은 '끝'인 것이다.

고백하자면, 나의『홍루몽』초고도 아름다운 완성은 아니었다. 열심히 안 한 것도 아니고 쓰는 걸 게을리하지도 않았으나, 내 글이 견고한 틀을 깨지 못한다는 지적은 내내 계속됐다. 나는『홍루몽』에게 누만 끼칠 뿐인 글을 더 이상 쓰고 싶지 않았다. 하지만, 대중지성의 고전평론가반 1년 과정은 자기만의 텍스트가 있고 자신의 스케줄대로 읽고 쓰는 것이라서 내 텍스트가 없으면 수업이 없어지는 꼴이다. 나는 어쨌든 마무리는 해야 한다고 생각해서, 지적받은 걸 고쳐서 다시 발표하는 걸 그만두고, 목차에 남은 나머지 글을 모두 써 나가기 시작했다. 4학기엔 내 순서마다 새 글을 써서 발표하고 학기말 과제 땐 마지막 남은 두 편을 한꺼번에 발표했다. 물론 졸속이었다. 나는 그렇게『홍루몽』을 '끝'낼 작정으로 달려갔고, 헤어졌던 것이다.

미제괘의「상전」(象傳)은 말한다. 제자리를 잃은 이 효들, 아니 글들을 '신중하게 분별하여 제 위치에 자리하게'(愼辨物신변물, 居方거방) 하라고. 불이 물 위에 있는 것은 제 위치가 아니요, 각 효들 역시도 자리가 바르지 못하다. 나는 바야흐로 3년 동안 조각조각 써서 중복되고 동떨어진 글들을 다시 신중하게 고쳐서 바르게 위치시켜야 한다. 졸속으로 마무리하고 노트북 속에 영원히 묻힐 뻔한 원고에 생명력을 불어넣는 작업을 해야만 하는 것이다.

그러나 관건은 어린 여우가 어떻게 해야 이 어려움을 건너갈 수 있는가이다. 그때 안된 것이 지금 쉽게 될 리가 없다. 나는 이미 새로운 공부를 시작했고 한 해의 스케줄이 빡빡하게 짜여진 상태라서 수정 작업은 계획보다 자꾸만 뒤로 밀렸다. 무엇보다 원고를 보고 있자면 암담하기 짝이 없어 이 중차대하고 기쁜 기회가 날아가 버릴까 봐